अष्टावक्र महागीता भाग 6

न संसार न मुक्ति

अष्टावक्र महागीता भाग 6

न संसार न मुक्ति

ओशो द्वारा अष्टावक्र-संहिता के 298 सूत्रों में से
164 से 196 सूत्रों पर प्रश्नोत्तर सहित दिए गए
दस प्रवचनों का संकलन

फ्यूजन बुक्स

प्रकाशक

फ्यूजन बुक्स

X-30, ओखला इंडस्ट्रियल एरिया, फेज-II
नई दिल्ली-110020
फोन : 011-40712200
ई-मेल : sales@dpb.in
वेबसाइट : www.diamondbook.in

Na Sansar Na Mukti

अनुक्रम

प्रवचन : 51

शून्य की वीणा : विराट के स्वर

1 दिसंबर, 1976

अष्टावक्र उवाच।

कृतार्थोऽनेन ज्ञानेनेत्येवं गलितधीः कृती।
पश्यंच्छृण्वन्स्पृशजिं घ्रन्नश्नन्नास्ते यथासुखम्।।164।।
शून्या दृष्टिर्वृथा चेष्टा विकलानीन्द्रियाणि च।
न स्पृहा न विरक्तिर्वा क्षीण संसार सागरे।।165।।
न जागर्ति न निद्राति नोन्मीलति न मीलति।
अहो परदशा क्वापि वर्तते मुक्तचेतसः।।166।।
सर्वत्र दृश्यते स्वस्थः सर्वत्र विमलाशयः।
समस्तवासनामुक्तो मुक्तः सर्वत्र राजते।।167।।
पश्यंच्छृण्वनन्स्पृर्शाग्ज घ्रन्नश्नन्गृह्यन्वदन्वव्रजन्।
ईहितानीहितैर्मुक्तो मुक्त एव महाशयः।।168।।
न निन्दति न च स्तौति न हृष्यति न कुप्यति।
न ददाति न गृहणाति मुक्तः सर्वत्र नीरसः।।169।।

कृतार्थोऽनेन ज्ञानेनेत्येवं गलितधीः कृती।
पश्यंच्छृण्वन्स्पृशजिं घ्रन्नश्नन्नास्ते यथासुखम्।।

'इस ज्ञान से कृतार्थ अनुभव कर गलित हो गई है बुद्धि जिसकी, ऐसा कृतकार्य पुरुष देखता हुआ, सुनता हुआ, स्पर्श करता हुआ, सूंघता हुआ, खाता हुआ, सुखपूर्वक रहता है।'

यह जो ज्ञान है कि मैं साक्षी हूं, यह जो बोध है कि मैं कर्ता नहीं हूं—यही कृतार्थ कर जाता है। बड़ा विरोधाभासी वक्तव्य है। क्योंकि कृतार्थ का तो अर्थ होता है—करके जो तृप्ति मिलती है; कृति से जो अर्थ मिलता; कुछ कर लिया। एक चित्रकार ने चित्र बनाया; चित्र बन गया, तो जो तृप्ति होती है। कृतार्थ का तो अर्थ ऐसा है : तुम एक भवन बनाना चाहते थे, बना लिया। उसे देख कर प्रफुल्लित होते हो कि जो करना चाहा था कर लिया; हजार झंझटें थीं, रुकावटें थीं, बाधाएं थीं—पार कर गए, विजय मिली, वासना पूरी हुई।

तो कृतार्थ शब्द का तो साधारणतः ऐसा अर्थ होता है—करने से जो सुख मिलता है। अकृतार्थ वही है जिसने किया और न कर पाया; हारा, पराजित हुआ, गिर गया—तो विषाद से भर जाता है। लेकिन अष्टावक्र की भाषा में, ज्ञानियों की भाषा में कृतार्थ वही है जिसने यह जाना कि कर्ता तो मैं हूं ही नहीं। जो कर्ता बन कर ही दौड़ता रहा वह लाख कृतार्थ होने की धारणाएं कर ले—कभी कृतार्थ होता नहीं। एक चीज बन जाती है, दूसरी को बनाने की वासना पैदा हो जाती है। एक वासना जाती नहीं, दस की कतार खड़ी हो जाती है। एक प्रश्न मिटता नहीं, दस खड़े हो जाते हैं। एक समस्या से जूझे कि दस समस्याएं मौजूद हो जाती हैं। इसे कहा है संसार-सागर। लहर पर लहर चली आती है। तुम एक लहर से जूझो, किसी तरह एक को शांत करो, दूसरी आ रही है। लहरों का अनंत जाल है। इस भांति तुम जीत न सकोगे।

एक-एक समस्या से लड़ कर तुम कभी जीत न सकोगे—यह बहुमूल्य सूत्र है।

साधारणतः मनुष्य की बुद्धि ऐसा सोचती है, एक-एक समस्या से सुलझ लें।

मेरे पास लोग आते हैं। कोई कहता है, क्रोध की बड़ी समस्या है; क्रोध को जीत लूं तो बस सब हो गया। कोई कहता है, कामवासना से पीड़ित हूं, जाती नहीं; उम्र भी गई, देह भी गई, लेकिन वासना अभी भी मंडराती है; बस इससे छुटकारा हो जाए तो मुझे कुछ नहीं चाहिए। कोई लोभ से पीड़ित है, कोई मोह से पीड़ित है, किसी की और समस्याएं हैं। लेकिन अधिकतर ऐसा होता है कि जब भी कोई एक समस्या लेकर आता है तो वह एक खबर दे रहा है—वह खबर दे रहा है कि वह सोचता है : समस्या एक है। एक दिखाई पड़ रही है अभी; पीछे लगी कतार तुम्हें तभी दिखाई पड़ेगी जब यह एक हल हो जाए। क्यू लगा है। तो तुम किसी तरह क्रोध को हल कर लो, तो तुम अचानक पाओगे कि कुछ और पीछे खड़ा है। क्रोध ने नया रूप ले लिया, नया ढंग ले लिया।

पश्चिम में मनस्विद इसी चेष्टा में संलग्न हैं : एक-एक समस्या को हल कर लो। जैसे कि समस्याएं अलग-अलग हैं! वैसी दृष्टि ही गलत है। सब समस्याएं इकट्ठी जुड़ी हैं—एक जाल है।

देखा मकड़ी का जाला? एक धागे को हिला दो, पूरा जाल हिलता है! ऐसा समस्याओं का जाल है, संयुक्त है। क्रोध लोभ से जुड़ा है, लोभ मोह से जुड़ा है, मोह काम से जुड़ा है—सब चीजें संयुक्त हैं। तुम एक को हल न कर पाओगे। एक को हल करने चलोगे, कभी न हल कर पाओगे, क्योंकि अनेक हैं समस्याएं; एक-एक करके चले, कभी हल न होगा। यह तो ऐसा ही होगा जैसे कोई चम्मच-चम्मच पानी सागर से निकाल कर सागर को खाली करने की चेष्टा करता हो। यह तो तुमने बहुत छोटा मापदंड ले लिया। इस विराट को तुम हल न कर पाओगे।

इसलिए पूरब ने एक नई दृष्टि खोजी : क्या कोई ऐसा उपाय है कि हम सारी समस्याओं को एक झटके में समाप्त कर दें। इंच-इंच नहीं, टुकड़ा-टुकड़ा नहीं, पूरी समस्या को हल कर दें। समस्या मात्र उखड़ जाए। लहर से न लड़ें; उस हवा को ही बहना बंद कर दें, जिसके कारण हजारों लहरें उठती हैं।

वही सूत्र है साक्षी का : तुम समस्याओं को हल मत करो; तुम समस्याओं के पीछे खड़े हो जाओ। तुम बस देखो। तुम्हारी दृष्टि अगर थिर हो गई तो समस्याएं गिर जाएंगी। क्योंकि समस्याएं पैदा होती हैं तुम्हारी दृष्टि की अथिरता से। तुम्हारी दृष्टि का कंपन ही समस्याओं को पैदा करता है।

तो गहरे में एक ही समस्या है कि तुम अंधे हो। गहरे में एक ही समस्या है कि तुम्हारी दृष्टि थिर नहीं। गहरे में एक ही समस्या है कि तुम्हारी आंखों में अंधेरा है, या तुमने पलक खोलने की कला नहीं सीखी। उस एक को हल कर लो।

तो पूरब में हम कहते हैं : 'एक साधे सब सधे, सब साधे सब जाए।' यह सदियों की अनुभूति का निचोड़ है इन सीधे-सादे वचनों में : एक साधे सब सधे, सब साधे सब जाए। तो तुम खंड-खंड मत साधना, नहीं तो कभी जीत न पाओगे; पत्ती-पत्ती मत काटना, अन्यथा वृक्ष कभी गिरेगा नहीं। जड़ को काट डालना। जड़ है अहंकार। जड़ है तादात्म्य। जड़ है इस बात में कि मैंने मान रखा है कि मैं देह हूं, जो कि सच नहीं। मैं देह नहीं हूं। मैंने मान रखा है कि मैं मन हूं, जो कि सच नहीं है। इन झूठों की मान्यताओं के कारण फिर हजार झूठों की कतार खड़ी हो गई है। तुम मूल झूठ को हटा लो, तुम आधारशिला को खींच लो—यह ताशों का भवन जो खड़ा है, तत्क्षण गिर जाएगा। तुम आधार से जूझ लो। तुम अनेक से मत लड़ो। यह अनेक गुरियों के बीच पिरोया हुआ एक ही धागा है। तुम एक-एक गुरिए से सिर मत मारो। तुम उस एक धागे को खींच लो, यह माला बिखर जाएगी। यह माला बचेगी नहीं। और तुम एक-एक गुरिए से लड़ते रहे और भीतर का धागा मजबूत रहा, तो तुम जीत न पाओगे। गुरिए अनंत हैं। तुम्हारी सीमा है। तुम्हारा समय है। तुम्हारी क्षमता...। गुरिए अनंत हैं। क्या-क्या हल करोगे? मनुष्य-जाति हल करने में लगी है।

दुनिया में दो ही तरह के लोग हैं। एक, जो समस्याओं को अलग-अलग हल कर रहे हैं; और एक, जो समस्याओं के मूल के प्रति जाग रहे हैं। जो मूल के प्रति जागता है, जीत जाता है। देख लो खड़े हो कर। जरा भी चुनाव मत करो। क्रोध है—सही, रहने दो; तुम दूर खड़े होकर क्रोध को देखने वाले बन जाओ। कभी द्रष्टा का थोड़ा स्मरण करो। काम है, लोभ है—द्रष्टा का स्मरण करो। तुम चकित होओगे। तुम धन्य-भाव से भर जाओगे। जैसे ही तुम क्रोध को गौर से देखोगे, क्रोध जाने लगा। तुम्हारे देखते-देखते क्रोध का धुआं विलीन हो जाता है और अक्रोध की परम शांति छूट जाती है। तुम्हारे देखते-देखते वासना कहां खो गई, पता नहीं चलता—और एक निर्वासना का रस बहने लगता है।

'साक्षी के ज्ञान से कृतार्थ अनुभव कर गलित हो गई है बुद्धि जिसकी...।'

यह शब्द 'गलितधीः' बड़ा महत्वपूर्ण है। यह ध्यान की परिभाषा है। यह अनिर्वचनीय का निर्वचन है। जो नहीं कहा जा सकता है, उसकी तरफ बड़ा गहरा संकेत है। गलितधीः—जिसकी बुद्धि गल गई। ध्यान यानी गलितधीः—जिसकी बुद्धि गल गई।

बुद्धि क्या है? सोच-विचार, ऊहापोह, प्रश्न-उत्तर, चिंतन-मनन, तर्क-वितर्क, गणित-भाग। बुद्धि का अर्थ है : मैं हल कर लूंगा। 'बुद्धि गल गई' का अर्थ है : मेरे हल किए हल नहीं होता है। सच तो यह है जितना मैं हल करना चाहता हूं उतना उलझता है। मेरे हल करने से हल तो होता ही नहीं; मेरे हल करने से ही उलझन बढ़ी जा रही है।

गलितधीः का अर्थ है कि मैं अपने को हटा लेता हूं; मैं हल न करूंगा; जो है, जैसा है, रहने दो। मैं बीच से हटा जाता हूं। और चमत्कार घटित होता है : तुम्हारे हटते ही सब हल हो जाता है। क्योंकि मौलिक रूप से तुम्हीं कारण हो उलझाव के।

कभी तुमने देखा कि जिस समस्या के साथ तुम जुड़ जाते हो वहीं हल मुश्किल हो जाता है!

ऐसा समझो, किसी डाक्टर की पत्नी बीमार है। आपरेशन करना है। बड़ा सर्जन है डाक्टर, लेकिन अपनी पत्नी का आपरेशन न कर सकेगा। क्या अड़चन आ गई? न मालूम कितनी स्त्रियों का आपरेशन किया है! कभी हाथ न कंपे। अपनी पत्नी को टेबल पर लिटाते ही हाथ कंपते हैं। क्यों? अपनी है! जुड़ गया। एक तादात्म्य बन गया : 'यह स्त्री मेरी पत्नी है, कहीं मर न जाए! कहीं भूल-चूक न हो जाए! आखिर मैं आदमी ही हूं! बचा पाऊंगा, न बचा पाऊंगा!' दूसरी स्त्रियों के आपरेशन किए थे, तब ये सब बातें नहीं थीं। तब वह शुद्ध सर्जन था। तब कोई तादात्म्य न था। तब बड़ी तटस्थता थी। तब वह सिर्फ अपना काम कर रहा था। कुछ लेना-देना न था। बचेगी

न बचेगी, बच्चों का क्या होगा, क्या नहीं होगा—यह सब कोई चिंता न थी। वह बाहर था। उसने अपने को जोड़ा नहीं था। इस पत्नी के साथ उसने अपने को जोड़ लिया : 'यह मेरी है।' बस, यह मेरे के भाव ने समस्या खड़ी कर दी।

तो बड़े से बड़े सर्जन को भी अपने बच्चे या अपनी पत्नी का आपरेशन करना हो, तो किसी और सर्जन को बुलाना पड़ता है, चाहे नंबर दो के सर्जन को बुलाना पड़े, उससे कम हैसियत का हो सर्जन; लेकिन खुद हट जाना पड़ता है, क्योंकि तादात्म्य है।

जिस चीज से तुम जुड़ जाते हो वहीं समस्या खड़ी हो जाती है। जिस चीज से तुम हट जाते हो वहीं समस्या हल हो जाती है। इसे तुम अपने जीवन में पहचानना, परखना। जहां समस्या खड़ी हो, वहां गौर से देखना। तुम जुड़ गए हो। जरा छिटको। जरा अलग होओ। इस अलग हो जाने का नाम ही साक्षी है। और जुड़ कर फिर तुम हल करना चाहते हो! आदमी की बड़ी सीमा है। जगत विराट है। समस्या बड़ी है। और हमारे पास बड़ी छोटी बुद्धि है। है ही क्या हमारे पास बुद्धि के नाम पर? कुछ विचारों का संग्रह। इसी के आधार पर हम जीवन की इस महालीला को हल करने चले हैं।

ऐसा समझो कि एक चींटी आदमी के जीवन को समझना चाहे, तो तुम हंसोगे। तुम कहोगे, पागल हो जाएगी। ऐसा समझो कि एक चींटी गीता पर सरक रही है और गीता को समझने की चेष्टा करना चाहे, तो तुम हंसोगे। तुम कहोगे, पागल हो जाएगी। लेकिन अपनी तो सोचो। हमारी हैसियत इस विराट विश्व पर चींटी से कुछ ज्यादा है? शायद चींटी तो गीता को समझ भी ले, क्योंकि गीता और चींटी में बहुत बड़ा अंतर नहीं है। अनुपात, बहुत बड़ा भेद नहीं है। लेकिन हममें और विराट विश्व में तो अनंत भेद है। इतना विराट है यह विश्व और हम इतने छोटे हैं! हम इससे ही नापने चले हैं। हम अपने छोटे-छोटे विचारों को लेकर कल्पना कर रहे हैं कि जगत के रहस्य को हल कर लेंगे। यहीं भूल हुई जा रही है। हल तो कुछ भी नहीं होता, उलझन बढ़ती जाती है।

हमने जितना हल किया है उतनी उलझन बढ़ गई है। एक तरफ से हल करते हैं, दूसरी तरफ से उलझन बढ़ जाती है।

पश्चिम में एक नया आंदोलन चलता है, इकॉलॉजी—कि प्रकृति को नष्ट मत करो, अब और नष्ट कत करो। हालांकि हमने कोशिश की थी हल करने की। हमने डी. डी. टी. छिड़का, मच्छर मर जाएं। मच्छर ही नहीं मरते, मच्छरों के हटते ही वह जो जीवन की शृंखला है उसमें कुछ टूट जाता है। मच्छर किसी शृंखला के हिस्से थे। वे कुछ काम कर रहे थे।

हमने जंगल काट डाले। सोचा कि जमीन चाहिए, मकान बनाने हैं। लेकिन जंगल ही काटने से जंगल ही नहीं कटते, वर्षा होनी बंद हो गई। क्योंकि वे वृक्ष बादलों को भी निमंत्रण देते थे, बुलाते थे। अब बादल नहीं आते, क्योंकि वृक्ष ही न रहे जो पुकारें। उन वृक्षों की मौजूदगी के कारण ही बादल बरसते थे; अब बरसते भी नहीं; अब ऐसे ही गुजर जाते हैं। हमने जंगल काट डाले, कभी हमने सोचा भी नहीं कि जंगल के वृक्षों से बादल का कुछ लेना-देना होगा। यह तो बाद में पता चला जब हम जंगल साफ कर लिए। अब वृक्षारोपण करो। जिन्होंने वृक्ष कटवा दिए वही कहते हैं, अब वृक्षारोपण करो। अब वृक्ष लगाओ, अन्यथा बादल न आएंगे। हमने तो सोचा था अच्छा ही कर रहे हैं; जंगल कट जाएं, बस्ती बस जाए।

हमने आदमी के जीवन की अवधि को बढ़ा लिया, मृत्यु-दर कम हो गई। अब हम कहते हैं, बर्थ-कंट्रोल करो। पहले हमने मृत्यु-दर कम कर ली, अब हम मुश्किल में पड़े हैं, क्योंकि संख्या बढ़ गई। अब आदमी बढ़ते जाते हैं, पृथ्वी छोटी पड़ती जाती है। अब ऐसा लगता है अगर यह संख्या बढ़ती रही तो इस सदी के पूरे होते-होते आदमी अपने हाथ से खतम हो जाएगा।

तो जिन्होंने दवाएं ईजाद की हैं और जिन्होंने आदमी की उम्र बढ़ा दी है, पच्चीस-तीस साल की औसत उम्र को खींच कर अस्सी साल तक पहुंचा दिया—इन्होंने हित किया? अहित किया?—बहुत कठिन है तय करना। क्योंकि अब बच्चे पैदा न हों, इसकी फिकर करनी पड़ रही है। लाख उपाय करोगे तो भी झंझट मिटने वाली नहीं है। अब अगर बच्चों को तुम रोक दोगे तो तुम्हें पता नहीं है कि इसका परिणाम क्या होगा।

मेरे देखे, अगर एक स्त्री को बच्चे पैदा न हों तो उस स्त्री में कुछ मर जाएगा। उसकी 'मां' कभी पैदा न हो पाएगी। वह कठोर और क्रूर हो जाएगी। उसमें हिंसा भर जाएगी। बच्चे जुड़े हैं। जैसे वृक्ष बादल से जुड़े हैं, ऐसे बच्चे मां से जुड़े हैं—और भी गहराई से जुड़े हैं। फिर क्या परिणाम होंगे, मां को किस तरह की बीमारियां होंगी, कहना मुश्किल है। क्योंकि अब तक स्त्रियां अनेक बच्चे पैदा करती रही हैं, तो हमें पता नहीं है। अब हम कहते हैं: 'दो या तीन बस।' अब यह 'दो या तीन बस' कहने पर स्त्री पर क्या परिणाम होंगे, इसका हमें कुछ पता नहीं। अभी हम कहते हैं कि संतति-नियमन की टिकिया ले लो। यह टिकिया स्त्री के शरीर में क्या परिणाम लाएगी, इसका भी हमें कुछ पता नहीं है। कितनी स्त्रियां पागल होंगी, कितनी स्त्रियां कैंसर से ग्रस्त होंगी, क्या होगा—कुछ भी नहीं कहा जा सकता। अभी हमें पता नहीं है।

इंग्लैंड में एक दवा ईजाद हुई, जिससे कि स्त्रियों को बच्चे बिना दर्द के पैदा हो सकते हैं। उसका खूब प्रयोग हुआ। लेकिन जितने बच्चे उस दवा को लेने से पैदा हुए—सब अपंग, कुरूप, टेढ़े-मेढ़े...। मुकदमा चला अदालत में। लेकिन तब तक

तो भूल हो गई थी; अनेक स्त्रियां ले चुकी थीं। बिना दर्द के बच्चे पैदा हो गए, लेकिन बिना दर्द के बच्चे बिलकुल बेकार पैदा हो गए, किसी काम के पैदा न हुए। तब कुछ खयाल में आया कि शायद स्त्री को जो प्रसव-पीड़ा होती है, वह भी बच्चे के जीवन के लिए जरूरी है। अगर एकदम आसानी से बच्चा पैदा हो जाए तो कुछ गड़बड़ हो जाती है। शायद वह संघर्षण, वह स्त्री के शरीर से बाहर आने की चेष्टा और पीड़ा, स्त्री को और बच्चे को—शुभ प्रारंभ है।

पीड़ा भी शुभ प्रारंभ हो सकती है। अगर फूल ही फूल रह जाएं जगत में और कांटे बिलकुल न बचें, तो लोग बिलकुल दुर्बल हो जाएंगे; उनकी रीढ़ टूट जाएगी; बिना रीढ़ के हो जाएंगे।

जीवन ऐसा जुड़ा है कि कहना मुश्किल है कि किस बात का क्या परिणाम होगा! कौन सी बात कहां ले जाएगी! मकड़ी का जाला, एक तरफ से हिलाओ, सारा जाला हिलने लगता है।

नहीं, आदमी बुद्धि से कहीं पहुंचा नहीं। बुद्धि के नाम से जिसको हम प्रगति कहते हैं, वह हुई नहीं। वहम है। भ्रांति है। आदमी पहले से ज्यादा सुखी नहीं हुआ है, ज्यादा दुखी हो गया है। आज भी जंगल में बसा आदिवासी तुमसे ज्यादा सुखी है। हालांकि तुम उसे देख कर कहोगे: 'बेचारा! झोपड़े में रहता है या वृक्ष के नीचे रहता है। यह कोई रहने का ढंग है? भोजन भी दोनों जून ठीक से नहीं मिल पाता, यह भी कोई बात है? कपड़े-लत्ते भी नहीं हैं, नंगा बैठा है! दरिद्र, दीन, दया के योग्य। सेवा करो, इसको शिक्षित करो। मकान बनवाओ। कपड़े दो। इसकी नग्नता हटाओ। इसकी भूख मिटाओ।'

तुम्हारी नग्नता और भूख मिट गई, तुम्हारे पास कपड़े हैं, तुम्हारे पास मकान हैं—लेकिन सुख बढ़ा? आनंद बढ़ा? तुम ज्यादा शांत हुए? तुम ज्यादा प्रफुल्लित हुए? तुम्हारे जीवन में नृत्य आया? तुम गा सकते हो, नाच सकते हो? या कि कुम्हला गए और सड़ गए? तो कौन सी चीज गति दे रही है और कौन सी चीज सिर्फ गति का धोखा दे रही है, कहना मुश्किल है।

लेकिन पूरब के मनीषियों का यह सारभूत निश्चय है, यह अत्यंत निश्चय किया हुआ दृष्टिकोण है, दर्शन है कि जब तक बुद्धि से तुम चलोगे तब तक तुम कहीं न कहीं उलझाव खड़ा करते रहोगे।

गलितधीः... !

छोड़ो बुद्धि को! जो इस विराट को चलाता है, तुम उसके साथ सम्मिलित हो जाओ। तुम अलग-थलग न चलो। यह अलग-थलग चलने की तुम्हारी चेष्टा तुम्हें दुख में ले जा रही है।

आदमी कुछ अलग नहीं है। जैसे पशु हैं, पक्षी हैं, पौधे हैं, चांद-तारे हैं, ऐसा ही आदमी है—इस विराट का अंग। लेकिन आदमी अपने को अंग नहीं मानता। आदमी कहता है : 'मेरे पास बुद्धि है। पशु-पक्षियों के पास तो बुद्धि नहीं। ये तो बेचारे विवश हैं। मेरे पास बुद्धि है। मैं बुद्धि का उपयोग करूंगा और मैं जीवन को ज्यादा आनंद की दिशा में ले चलूंगा।' लेकिन कहां आदमी ले जा पाया! जितना आदमी सभ्य होता है, उतना ही दुखी होता चला जाता है। जितनी शिक्षा बढ़ती, उतनी पीड़ा बढ़ती चली जाती है। जितनी जानकारी और बुद्धि का संग्रह होता है, उतना ही हम पाते हैं कि भीतर कुछ खाली और रिक्त होता चला जाता है!

गलितधीः का अर्थ है : इस धारणा को ही छोड़ दो कि हम अलग-थलग हैं। हम इकट्ठे हैं। सब जुड़ा है। हम संयुक्त हैं। इस संयुक्तता में लीन हो जाओ, तो गलितधीः। तो तुमने बुद्धि को जाने दिया। यही ध्यान है। बुद्धि के साथ चलना तनाव पैदा करना है। बुद्धि को छोड़ कर चलने लगना विश्राम में हो जाना है।

'इस ज्ञान से कृतार्थ अनुभव कर गलित हो गई है बुद्धि जिसकी, ऐसा कृतकार्य पुरुष देखता हुआ, सुनता हुआ, स्पर्श करता हुआ, सूंघता हुआ, खाता हुआ, सुखपूर्वक रहता है।'

अष्टावक्र कहते हैं : फिर उसे न कुछ छोड़ना है, न कुछ पकड़ना है। जो मिल जाता है, स्वीकार है। जो नहीं मिलता तो नहीं मिलना स्वीकार है। जो होता है, वह होने देता है। उसका जीवन सहज हो जाता है।

इस सूत्र को खयाल में लेना।

तुम जिनको साधु कहते हो, उनको साधु कहना नहीं चाहिए, क्योंकि उनका जीवन सहज नहीं है। तुम्हारा जीवन असहज है, उनका जीवन भी असहज है। तुम्हारा जीवन एक दिशा में असहज है, उनका जीवन दूसरी दिशा में। तुम ज्यादा खा लेते हो, वे उपवास कर लेते हैं। मगर दोनों में कोई भी सहज नहीं। तुम जब टेबल पर बैठे हो भोजन करने तो तुम भूल ही जाते हो कि शरीर अब कह रहा कि 'कृपा करो, रुको, अब ज्यादा हुआ जाता है। अब स्थान और नहीं है पेट में। अब मत लो। अब तो पानी पीने को भी जगह न रही।' लेकिन तुम खाए चले जा रहे हो। सुनते ही नहीं। असहज हो। फिर तुमसे विपरीत तुम्हारा साधु है। साधु तुमसे विपरीत का ही नाम है। तुम एक भूल कर रहे हो, वह विपरीत भूल करता है। वह बैठा है आसन जमाए। वह कहता है, भोजन करेंगे नहीं, आज उपवास है। शरीर कहता है, भूख लगी है, पेट में आग पड़ती है। पर वह नहीं सुनता। वह कहता है : 'मैं शरीर थोड़े ही हूं। मैं तो शरीर का विजेता हो रहा हूं। मैं जीत कर रहूंगा। यहीं तो मेरा सारा अहंकार दांव पर लगा है कि कौन जीतता है—शरीर जीतता है कि मैं जीतता!' यह भी असहज हो गया। एक का शरीर कह रहा था, बस

करो और उसने बस न की। और एक का शरीर कह रहा था, थोड़ी कृपा करो, भूख लगी है, जल्दी पानी ले आओ, कुछ रोटी मांग लाओ। वह कहता है, नहीं जाएंगे। अपनी जिद पर अड़ा है। एक ने ज्यादा खाने की जिद की थी, एक ने न खाने की जिद कर ली—दोनों हठी हैं। दोनों में कोई भी सहज नहीं। दोनों असहज हैं।

लेकिन साधु तुम्हें सहज मालूम पड़ता है, क्योंकि तुम समझ नहीं पा रहे हो कि असहज का अर्थ क्या होता है। साधु तुम्हें संयमी मालूम पड़ता है। तुम्हें संयम का अर्थ नहीं मालूम। संयम का अर्थ होता है—संतुलित, मध्य में, अति पर जो नहीं गया। संतुलित आदमी तो तुम्हें साधु ही न मालूम पड़ेगा। जब तक अति पर न जाए तब तक तुम्हें दिखाई ही न पड़ेगा। तुम अति की ही भाषा समझते हो। अगर संयमी आदमी हो—जैसा मैं संयम का अर्थ कर रहा हूं, जैसा अष्टावक्र करते हैं—संतुलित आदमी हो तो तुम्हें पता ही न चलेगा कि इसकी विशेषता क्या है। अगर कोई आदमी उतना ही भोजन करता हो जितना उसके शरीर को जरूरत है, तो तुम्हें पता कैसे चलेगा? उपवास न करे तो पता ही नहीं चलेगा। कोई आदमी उतना ही सोए जितनी शरीर को जरूरत है, तो तुम्हें पता कैसे चलेगा—जब तक वह तीन बजे उठ कर और राम-भजन न करे! जब तक वह मुहल्ले की नींद खराब न कर दे, तब तक तुम्हें पता ही नहीं चलेगा कि कोई आदमी धार्मिक है। जब तक वह सिर के बल खड़ा न हो जाए, शीर्षासन न करे, तब तक तुम मानोगे नहीं कि योगी है। कुछ उल्टा करे। कुछ ऐसा करे जो विशिष्ट मालूम पड़े, असाधारण मालूम पड़े।

मैं तुमसे कहता हूं, अगर ठीक सहज आदमी हो, तुम्हारी पहचान में ही नहीं आएगा। सहज आदमी इतना शांत होगा कि तुम्हारे पास से भी निकल जाएगा, तुम्हें पता भी न चलेगा कि कोई निकल गया। तुम्हें पता ही असहज का चलता है। या तो आदमी बहुमूल्य हीरे-जवाहरातों से लदा हो, राज-सिंहासन पर बैठा हो, तो तुम्हें पता चलता है। या सड़क पर नग्न खड़ा हो जाए तो तुम्हें पता चलता है। नग्न खड़ा हो जाए तो भी पता चलता है। क्योंकि यह भी विशिष्ट हो गया। सिंहासन पर हो तो भी पता चल जाता है, क्योंकि यह भी विशिष्ट है। सामान्य, सीधा-सादा आदमी, सहज—पता ही न चलेगा। क्योंकि जो चाहिए, वह वही कपड़े पहनेगा; जितना भोजन चाहिए, भोजन करेगा; जितनी नींद चाहिए, नींद लेगा। उसके जीवन में इतना संयम और संतुलन होगा कि वह तुम्हें चुभेगा नहीं, किसी भी कारण से चुभेगा नहीं। तुम्हें उसका बोध ही न होगा। तुम्हें उसका स्मरण ही न आएगा।

और मैं तुमसे कहता हूं, जिस दिन तुम ऐसे हो जाओ कि किसी को तुम्हारा पता न चले; कब आए, कब गए, पता न चले; कैसे आए, कैसे गए, पता न चले—तभी जानना कि तुम सहज हुए। सहज यानी साधु।

अष्टावक्र कहते हैं: 'ऐसा कृतकार्य हुआ पुरुष देखता हुआ, सुनता हुआ, स्पर्श करता हुआ, सूंघता हुआ, खाता हुआ, सुखपूर्वक रहता है।'

न तो उपवास के पीछे पड़ता है, न त्याग के पीछे पड़ता है, न शीर्षासन लगा कर खड़ा होता है, न शरीर पर कोड़े मारता है।

ईसाई फकीर हुए हैं, जो रोज सुबह उठ कर कोड़े मारते थे। कौन फकीर कितने कोड़े मारता है, उतना ही बड़ा फकीर समझा जाता था। उनके घाव कभी मिटते ही न थे। क्योंकि रोज कोड़े मारेंगे सुबह, तो घाव भरेंगे कैसे? उनसे लहू बहता ही रहता था। और भक्त आकर देखते कि किसने कितने मारे। जिसने सौ मारे वह उससे बड़ा है जिसने नब्बे कोड़े मारे। तुम भी अपने साधुओं की जांच कैसे करते हो! किसी ने दस दिन का उपवास किया; किसी ने तीस दिन का किया—तीस दिन करने वाला बड़ा। उसने तीस कोड़े मारे, किसी ने दस कोड़े मारे।

तुमने कभी यह भी सोचा कि जो लोग इन साधुओं को कोड़े मारते हुए देखने जाते थे, ये बीमार हैं; रुग्ण हैं। एक तरह की विक्षिप्तता है। और ये दुष्ट हैं। और ये कारणभूत हैं। क्योंकि जब साधु कोड़े मार रहे हों और भीड़ देखने आई, और भीड़ उसकी प्रशंसा करती है जो ज्यादा कोड़े मार लेता है—तो स्वभावतः जो दस मार सकता था वह भी बारह मार लेगा। दो कोड़े तुम्हारे कारण मार लेगा। और प्रतियोगिता पैदा हो जाएगी कि कौन ज्यादा मारता है। वहां भी अहंकार का संघर्ष शुरू हो जाएगा। तुमको भी समझ में आ जाए, क्योंकि हिंदुस्तान में कोड़े मारने वालों का संप्रदाय नहीं है, तो तुम भी मान लोगे कि यह बात ठीक है, ये लोग कुछ दुखवादी हैं जो देखने जाते हैं। लेकिन तुम जब कोई मुनि, जैन मुनि उपवास करता है और तुम चरण स्पर्श करने जाते हो, तो तुम क्या करने जाते हो? यह भी कोड़ा मारना है। शायद कोड़े मारने से भी ज्यादा खतरनाक है। क्योंकि कोड़ा तो ऊपर मारा जाता है चमड़ी के, यह उपवास भीतर गहरे में कोड़ा मारना है। तुम कहते हो: 'हमारे महाराज ने तीन महीने का उपवास किया। तुम्हारे महाराज ने कितने दिन का उपवास किया?' जिस—जिसके महाराज जरा पीछे पड़ गए हैं, वह जरा दीन हो जाता है।

मैं एक दिगंबर घर में बहुत दिन तक रहा—एक दिगंबर जैन के परिवार में। तो मेरे पास कभी-कभी श्वेतांबर साधु-साध्वियां मिलने आवें, तो वह दिगंबर परिवार उनको नमस्कार भी नहीं करता था। मैंने पूछा, 'मामला क्या है? ये लोग जैसे साधु हैं...।' उन्होंने कहा, 'ये भी कोई साधु हैं? साधु होते हैं हमारे, नग्न रहते हैं! ये कोई साधु हैं! कपड़े पहने—जैसे हम पहने हैं, ऐसे ये पहने हैं। फर्क क्या है? साधु देखना है तो हमारे देखो, जो नग्न रहते हैं। धूप हो, ताप हो, नग्न रहते हैं। ये कोई साधु हैं! इनको क्या नमस्कार करना! ये तो गृहस्थ ही हैं।'

श्वेतांबर साधु की दिगंबर जैन के मन में कोई प्रतिष्ठा नहीं है। हो भी कैसे? क्योंकि सब दुखवादी हैं। और सब देख रहे हैं, कौन कितना दुख झेल रहा है—उतना ही। उतना ही। और जांच रख रहे हैं कि कहीं कोई किसी तरह से बच तो नहीं रहा है। आंख गड़ाए बैठे हैं। यह दुष्टों की जमात है। और ये दुष्ट जिसको भी जितना सताने में सफल हो जाते हैं उसकी उतनी प्रशंसा करते हैं स्वभावतः। यह प्रशंसा सौदा है।

तुम किसका आदर करते हो? कांटे पर कोई साधु लेटा है, तुम आदर करते हो। अगर कोई साधारण दरी बिछाकर बिछौना करके लेटा है, तो तुम कहोगे, 'आदर की बात ही क्या है? ऐसे तो हम भी लेटते हैं।' मामला ऐसा है कि तुम्हारा अपने प्रति भी कोई आदर नहीं है। क्योंकि तुम जब तक कांटों पर न लेटोगे, आदर करोगे कैसे? तुम्हारा आदर ही विक्षिप्त है।

रूस में ईसाइयों का एक संप्रदाय था जो अपनी जननेंद्रियां काट लेता था। उसका आदर था। उसके मानने वाले दूसरों के साधु को दो कौड़ी का समझते थे—कि तुम्हारा साधु किस मतलब का? पक्का क्या कि यह ब्रह्मचारी है? कहीं धोखा दे रहा हो! साधु तो हमारा पक्का है, क्योंकि उसके ब्रह्मचर्य में धोखा देने का कोई कारण ही नहीं है।

यह किस तरह के रुग्ण लोगों की जमात है! इसमें तुम असहज की पूजा करते हो और सहज का तुम्हें पता ही नहीं चलता।

किसी ने पूछा है कि अष्टावक्र ने इतना महत्वपूर्ण ग्रंथ जगत को दिया, लेकिन उनका संप्रदाय क्यों नहीं बना? अष्टावक्र का संप्रदाय तभी बन सकता है जब जगत में स्वस्थ लोग होंगे। अस्वस्थ लोगों में अष्टावक्र का संप्रदाय बन नहीं सकता। क्योंकि अष्टावक्र कहते हैं: 'खाओ, पीओ, सूंघो, स्पर्श करो! जो सहज है वैसे जीओ। न यहां असहज, न वहां असहज। साक्षी भर रहो।'

तुम कहोगे: 'साक्षी! इसमें तो बड़ा धोखा है। क्या पता यह आदमी साक्षी हो या न हो। मजे से खा रहा है, सो रहा है, बैठ रहा है और कहता है, हम साक्षी हैं! इसका पक्का क्या? ऐसे तो कुछ पता चलता नहीं। साक्षी तो भीतर है, बाहर कैसे पता चले?' तुम्हें बाहर प्रमाण चाहिए कि कोई आदमी साधु हुआ कि नहीं। और प्रमाण क्या है? तुम जो कर रहे हो उससे विपरीत करे तो प्रमाण है। तुम पागल हो। वह तुमसे विपरीत दिशा में पागल हो जाए तो प्रमाण है।

इस सूत्र का एक और अर्थ भी हो सकता है—इससे भी ज्यादा गहरा।

कृतार्थः अनेन ज्ञानेन इति एवम् गलितधीः कृती।

—मैं अद्वैत आत्मज्ञान द्वारा कृतार्थ हुआ हूं, ऐसी बुद्धि भी जिस ज्ञानी को उत्पन्न नहीं होती, वही कृतकार्य हुआ, वही कृतार्थ हुआ।

फिर वह देखता हुआ देखता, सुनता हुआ सुनता, स्पर्श करता, सूंघता, खाता हुआ सुखपूर्वक रहता है।

इस वचन का यह अर्थ भी हो सकता है कि जिसको यह भाव भी नहीं उठता अब कि मैं ज्ञान को उपलब्ध हो गया हूं—जिसकी ऐसी बुद्धि भी गलित हो गई।

कृतार्थः अनेन ज्ञानेन इति एवम् गलितधीः कृती।

—ऐसी बुद्धि भी नहीं रही अब भीतर कि मैं ज्ञान को उपलब्ध हो गया हूं।

क्योंकि जिसको ऐसी बुद्धि हो भीतर कि मैं ज्ञान को उपलब्ध हो गया, अभी द्वंद्व और द्वैत के बाहर नहीं गया। अभी अज्ञानी और ज्ञानी में फर्क बना है। अभी वह कहेगा, तुम ज्ञान को उपलब्ध नहीं हुए, मैं ज्ञान को उपलब्ध हो गया हूं। तो अभी ञ्मैंङ्ग मिटा नहीं। 'मैं' ने नया रूप ले लिया। कल कहता था, तुम गरीब हो, मैं अमीर हूं; तुम गैर-पढ़े-लिखे, मैं पढ़ा-लिखा; तुम कुरूप, मैं सुंदर; तुम कमजोर, मैं सबल। अब कहता है, मैं ज्ञानी, आत्मज्ञानी; तुम अज्ञानी। मगर फर्क बना हुआ है। मैं-तू का फर्क मौजूद है।

इसलिए दूसरा अर्थ और भी गहरा है। पहला ठीक; दूसरा बहुत-बहुत ठीक। ऐसी बुद्धि भी अब पैदा नहीं होती। उपनिषद कहते हैं : जो कहे कि मैंने जान लिया, जानना कि अभी जाना नहीं। क्योंकि ज्ञानी यह भी घोषणा नहीं करेगा कि मैंने जान लिया। यह घोषणा भी अस्मितापूर्ण है। ज्ञानी तो इतना भी नहीं कहेगा कि पा लिया। क्योंकि फिर भेद खड़ा हो गया : जिन्होंने नहीं पाया, उनसे हम ऊपर हो गए। फिर हमने खड़ी कर ली पुरानी धारणा। अब दूसरे नीचे रह गए, अब हम ऊपर हो गए। पहले धन के कारण ऊपर थे, अब आत्मज्ञान के कारण ऊपर हो गए। लेकिन अहंकार नये खेल रचाने लगा, नई लीला करने लगा।

'मैं अद्वैत आत्मज्ञान द्वारा कृतार्थ हुआ हूं, ऐसी बुद्धि भी जिस ज्ञानी को उत्पन्न नहीं होती...।'

जिसमें बुद्धि ही उत्पन्न नहीं होती; जिसमें विचार ही उत्पन्न नहीं होता—वही कृतार्थ हुआ है। जो अवक्तव्य है। जो इस तरह की कोई घोषणा नहीं करता।

बुद्ध से लोग जाकर पूछते हैं कि ईश्वर है? बुद्ध चुप रह जाते हैं। बुद्ध से किसी ने एक दिन सुबह आकर पूछा, आपको ज्ञान हुआ? बुद्ध चुप रह गए। उस आदमी ने कहा, आप साफ-साफ कह दें। हुआ हो तो हां कह दें; न हुआ हो तो ना कह दें। उलझन में क्यों डालते हैं?

बुद्ध फिर भी चुप रहे। वह आदमी चला गया। वह यही सोच कर गया कि हुआ नहीं है, तो कहने की हिम्मत नहीं है। उसने बुद्ध के शिष्यों को कहा कि अभी कुछ हुआ नहीं ज्ञान इत्यादि, क्योंकि मैं पूछ कर आ रहा हूं। अगर हुआ होता तो कहते कि

हुआ है। शिष्य हंसने लगे। उन्होंने कहा, तुम पागल हो। हुआ है इसीलिए चुप रह गए। कहने को क्या है?

और तब एक बड़ा उपद्रव संसार में खड़ा होता है। तुम उन्हीं की सुनते हो जो दावेदार हैं। जो जितने जोर से दावा करता है, उसकी ही तुम मान लेते हो। और परम ज्ञान की अवस्था में कोई दावा नहीं होता—कोई दावा नहीं है। परम ज्ञानी के पास तो तुम तभी टिक पाओगे जब तुम गैर-दावेदार को समझने में सफल और कुशल हो जाओगे। परम ज्ञानी के पास तो तुम तभी टिक पाओगे जब ज्ञानी तुमसे कहे कि मैं अज्ञानी हूं और तो भी तुम समझने में सफल रहो। ज्ञानी तुमसे कभी न कहे कि मैं जानता हूं, तो भी तुम उसकी सन्निधि के लिए आतुर रहो—तो ही तुम किसी ज्ञानी का सत्संग पा पाओगे। अन्यथा तुम किसी धोखेधड़ी में पड़ जाओगे; किसी दावेदार की उलझन में आ जाओगे।

दावेदार बहुत हैं। जिनकी उपलब्धि है, वे बहुत थोड़े हैं। और तुम्हारे पास एक ही उपाय है जानने का: 'कौन जोर से चिल्ला रहा है। कौन पीट रहा टेबल को जोर से?' जो जितने जोर से चिल्लाता है, तुम कहते हो जरूर...अगर हुआ न होता तो इतने जोर से कैसे चिल्लाता?

जिसको हो जाता है, वह चिल्लाता ही नहीं। निवेदन करता है, दावा नहीं करता। उसके प्राणों में प्रार्थना होती है, आग्रह नहीं होता।

इसलिए मैं निरंतर कहता हूं कि 'सत्याग्रह' शब्द अच्छा नहीं है। सत्य का कोई आग्रह होता ही नहीं। सब आग्रह असत्य के होते हैं। इसलिए तो महावीर जैसे परम ज्ञानी ने स्यादवाद को जन्म दिया। स्यादवाद का अर्थ होता है, अनाग्रह। तुम पूछो उनसे ईश्वर है? वे कहते हैं: 'स्यात्। हो, न हो।' स्यात्! यह तो अज्ञानी की भाषा मालूम पड़ती है। यही तो महावीर के विरोधियों ने उन पर आरोप लगाया है कि यह तो अज्ञानी की भाषा हो गई। तुमको पक्का पता नहीं! तुम कहते हो: 'स्यात्। शायद।' अरे पता हो तो हां कह दो, न पता हो तो ना कह दो। यह 'शायद' क्या बात हुई? या तो ईश्वर है या नहीं है।

महावीर कहते हैं कि शायद है, शायद नहीं है।

कठिन हो गई बात। तुम वैसे ही डांवांडोल हो, और ये महापुरुष डांवाडोल किए दे रहे हैं। तुम वैसे ही अनिश्चित थे, अब यह और महा अनिश्चय की घोषणा हो गई। तुम इस आशा में आए थे कि महावीर के पास निश्चय हो जाएगा, पकड़ लेंगे किसी धारणा को, घर लौटेंगे संपत्ति लेकर—ये और मुश्किल में डाले दे रहे हैं। थोड़े-बहुत मजबूती से आए थे, वह भी डांवाडोल कर दिया। ये कहते हैं, 'शायद!' आत्मा है? ये कहते हैं, 'शायद है, शायद नहीं है।'

महावीर का विचार बड़ा अदभुत है! महावीर यह कह रहे हैं, मुझसे निश्चय न मांगो। निश्चय तो तुम्हारे अनुभव से आएगा। तुम उधार अनुभव मत मांगो। मैं तुम्हें निश्चित करने वाला कौन? और मैंने अगर तुम्हें निश्चित कर दिया तो मैं तुम्हारा दुश्मन।

मेरे पास लोग आ जाते हैं। एक सज्जन वर्षों से आते हैं। मैं उनसे कहता हूं: 'आते हैं आप, सुनते हैं, कभी ध्यान करें।' वे कहते हैं: 'क्या ध्यान करना? अब आपको तो मिल ही गया। तो जो आप कह देंगे, हम तो मानते ही हैं आपको। हमें कोई संदेह थोड़े ही है। जिनको संदेह हो वे ध्यान इत्यादि करें। हमें तो स्वीकार है। आपको हो गया। और आप जो कहते हैं, हम मानते हैं। इतना काफी है कि आपके चरण छू जाते हैं। आपका आशीर्वाद चाहिए, और क्या चाहिए!'

मेरा निश्चय तुम्हारा निश्चय कैसे हो सकता है? मैंने जाना, यह तुम्हारा जानना कैसे बनेगा? और मैंने जाना कि नहीं जाना, यह तुम कैसे जानोगे? मेरा दावा ही कुल भरोसे का कारण हो सकता है? लेकिन दावा...दावा सत्य का कोई होता ही नहीं।

लेकिन तुम सत्य को खोजना नहीं चाहते। तुम मुफ्त चाहते हो। तुम श्रम नहीं उठाना चाहते। तुम कहते हो, कोई कह दे तो झंझट मिटे। कोई पक्का कह दे, प्रमाण दे दे, तो हम इस खोजबीन के उलझाव से बच जाएं। ये पहाड़ी रास्ते और यह दूर की यात्रा और यह हमसे हो नहीं सकता। आप होकर आ गए हैं, आप बता दें कि मानसरोवर कैसा है? सुंदर है, ठीक है! हमें आप पर श्रद्धा है। हम श्रद्धालु हैं।

यह जगत श्रद्धालुओं से भरा हुआ है। इन झूठे श्रद्धालुओं के कारण जगत में धर्म नहीं है। कोई हिंदू बन कर बैठ गया है, कोई मुसलमान, कोई जैन, कोई बौद्ध, कोई ईसाई; सब श्रद्धालु बने बैठे हैं। मंदिर, मस्जिद, गिरजाघर, सब झूठों से भरे हैं। इनमें से कोई जाना नहीं चाहता। ईसाई कहते हैं, बस, जीसस ने कह दिया तो ठीक। अब कोई झूठ थोड़े ही कहेंगे! जैन कहते हैं, महावीर ने कह दिया तो बस हो गई बात।

तुम क्या कर रहे हो? अपने को धोखा दे रहे हो।

परम ज्ञानी का तो कोई दावा नहीं है। परम ज्ञानी का तो आमंत्रण है। आग्रह नहीं है, अनाग्रह। परम ज्ञानी तो कहता है: 'देखो मुझे, आओ मेरे पास। चखो मुझे, स्वाद लो मेरा। और यात्रा को तत्पर हो जाओ।' परम ज्ञानी की मौजूदगी यात्रा पर भेजेगी तुम्हें, निश्चय नहीं दे देगी—उस यात्रा पर भेजेगी जहां अंतिम निर्णय में, अंतिम निष्कर्ष में निश्चय होगा। निश्चय तुम्हारे भीतर जन्मेगा।

कृतार्थोऽनेन—वही हुआ कृतार्थ।

ज्ञानेन इति एवम्—जिसे 'मैं ज्ञानी हो गया' ऐसी बुद्धि भी नहीं पैदा होती।

गलितधीः कृती—उसकी ऐसी बुद्धि भी गल गई।

यह आखिरी बात गिर गई। अब कोई भेद न रहा। ज्ञान-अज्ञान में भी भेद न रहा। संसार और मोक्ष में भी भेद न रहा। बंधन-मुक्ति में भी भेद न रहा। सब भेद गिर गए। अभेद उपलब्ध हुआ। अभेद में कैसा विचार? विचार में हमेशा भेद आ जाता है। जहां विचार आया, दीवाल उठी। जहां विचार आया, रेखा खिंची। भेद शुरू हुआ। निर्विचार में तो कोई भेद नहीं।

'जिसका संसार-सागर क्षीण हो गया है, ऐसे पुरुष में न तृष्णा है, न विरक्ति है। उसकी दृष्टि शून्य हो गई है, चेष्टा व्यर्थ हो गई है और उसकी इंद्रियां विकल हो गई हैं।'

शून्या दृष्टिर्वृथा चेष्टा विकलानीन्द्रियाणि च।
न स्पृहा न विरक्तिर्वा क्षीण संसार सागरे।।

दृष्टिः शून्या—उस परम दशा में दृष्टि शून्य हो जाती है।

तुम्हारी आंखें बहुत भरी हुई हैं, हजार-हजार विचारों से भरी हुई हैं। तुम कुछ भी निर्विचार नहीं देखते, खाली आंख से नहीं देखते। तुम जब भी देखते हो पक्षपात से देखते हो, निष्पक्ष नहीं देखते। तुम कुछ भी देखने जाते हो, देखने के पहले ही कोई निर्णय करके जाते हो।

यहां मेरे पास तुम सुनने आए। कोई निर्णय करके आ जाता है कि यह आदमी बुरा है। कोई निर्णय करके आ जाता है कि आदमी अच्छा है। आए बिना, आने के पहले निर्णय कैसे किया अच्छे का या बुरे का? कोई निर्णय करके न आते तो ही निर्णय हो सकता था। तुम निर्णय करके पहले ही आ गए, अब निर्णय बहुत मुश्किल होगा। अब बहुत संभावना यह है कि तुम अपने ही निर्णय को पक्का कर के लौट जाओगे। जो आदमी तय कर के आ गया है कि यह आदमी भला है, वह उतनी-उतनी बातें चुन लेगा जिनसे उसका निर्णय मजबूत होता है। वह चुनाव कर लेगा। जो आदमी तय कर के आ गया है कि आदमी बुरा है, वह भी निर्णय कर के जाएगा कि पक्का है, ठीक सोच कर आए थे : आदमी बुरा है। वह अपने हिसाब से निर्णय कर लेगा। वह अपनी बातें चुन लेगा—अपने पक्ष में। जो उसके पक्ष को मजबूत करे, वह चुन लेगा। और दोनों यह सोच कर जाएंगे, वे मेरे पास होकर गए। वे आए ही नहीं। उनका पक्षपात आने कैसे देगा? पक्षपात बीच में खड़ा था, वे मुझे देख ही न पाए। पक्षपात ने सब रंग दिया। उनकी आंख पर चश्मा था।

तुम्हारी हालत करीब-करीब ऐसी है कि चश्मा ही चश्मा है, आंख तो है ही नहीं। चश्मे पर चश्मे हैं और आंख भीतर है ही नहीं। क्योंकि आंख तो शून्य की ही होती है।

दृष्टिः शून्या।

बड़ी अपूर्व बात है। आंख तो होती ही तब है जब शून्य होती है; जिस पर कोई राग-रंग नहीं होता; जिस पर कोई पक्ष नहीं होता, कोई धारणा नहीं होती, कोई सिद्धांत, कोई शास्त्र, कुछ भी नहीं होता।

एक ईसाई वृद्धा ने मुझे आकर कहा कि 'आपके वचन सुन कर मैं बहुत प्रसन्न हुई। आपने ईसाइयत में मेरी श्रद्धा को मजबूत कर दिया। आपने जो कहा वही तो जीसस ने कहा है।'

इस महिला को हुआ क्या? यह भरी है जीसस से। खयाल सब तैयार है। इसने वही-वही चुन लिया जिससे मेल खाता था; वह सब छोड़ दिया होगा जो मेल नहीं खाएगा। वह प्रसन्न हो गई। वह मुझे धन्यवाद देने आई। मैंने कहा कि तू आई ही नहीं यहां। तेरा पहुंचना ही नहीं हुआ। तूने मुझे सुना कहां?

उसने कहा कि आप गलती में हैं। आपने देखा न होगा, मैं पंद्रह दिन से सुनती हूं।

मैंने कहा कि तू पंद्रह साल भी सुन तो भी तू मुझे सुनेगी नहीं। खाली आंख होकर आ। ईसाई बन कर मत सुन। हिंदू बन कर मत सुन। मुसलमान बन कर मत सुन। कुछ बन कर मत सुन, अन्यथा सुनना कैसे होगा? सिर्फ सुन। और मैं तुझसे कहता नहीं कि मुझसे राजी हो जा। राजी की भी क्या जल्दी है? सुन ले पहले, फिर तू अपना निर्णय कर लेना। लेकिन सुन तो ले। सुनने के पहले ही निर्णय कर लिया तो बहुत मुश्किल हो जाएगा।

मुल्ला नसरुद्दीन गांव का काजी हो गया था। पहला ही मुकदमा आया। उसने एक पक्ष को सुना और उसने कहा कि बिलकुल ठीक है। क्लर्क ने कहा कि महानुभाव, यह तो अभी एक ही पक्ष है; अभी आप दूसरा तो सुनें। उसने कहा कि दूसरा सुनूंगा तो बड़ा डांवांडोल हो जाएगा चित्त। फिर निर्णय करना मुश्किल हो जाएगा। अभी आसानी है। अभी कर लेने दो।

उस क्लर्क ने कहा कि यह अन्याय हो जाएगा। आपको पता नहीं अदालत के नियम का।

तो उसने कहा, अच्छा ठीक है। दूसरे को सुन लिया। दूसरे से भी बोला कि बिलकुल ठीक है। उसके क्लर्क ने कहा कि आप होश में हैं? इतनी जल्दी न करें। दोनों ठीक कैसे हो सकते हैं?

उसने कहा कि भाई, तू भी बिलकुल ठीक है। इस झंझट में हमें पड़ना ही नहीं था।

आदमी जल्दी निर्णय करने में लगा है—जल्दी हो जाए! तुम ईसाई घर में पैदा हुए; हिंदू घर में पैदा हुए—तुमने एक ही पक्ष सुना है। इस संसार में तीन सौ धर्म हैं। और तुमने निर्णय कर लिया! तुम हिंदू बन गए। तुम जैन बन गए! और तुमने एक ही

पक्ष सुना है। और यहां तीन सौ पक्ष थे। इतनी जल्दी! नहीं, घबड़ाए हुए हो तुम कि कहीं तीन सौ पक्ष सुन कर ऐसा न हो कि निर्णय करना मुश्किल हो जाए। जल्दी कर लो!

छोटा बच्चा पैदा नहीं होता कि मां-बाप उस पर संस्कार डालने शुरू कर देते हैं। 'खतना करो।' अभी बच्चे की जान में जान नहीं, मुसलमान बनाने लगे, उसका खतना कर दो। शुरुआत की उन्होंने उपद्रव की। कि मुंडन-संस्कार कर दो, कि जनेऊ पहना दो। आ गया ब्राह्मण, पंडित, पुरोहित—पूजा-पाठ, सब शुरू हो गया। अभी इस बच्चे को बोध भी नहीं है। अभी इसकी आंख भी ठीक से नहीं खुली है। अभी इसे कुछ पता भी नहीं है। मगर तुम ढालने लगे। इसके पहले कि इसका बोध जगे, तुम इसको बना डालोगे। तुम इसको संस्कारित कर दोगे। तो इसका बोध कभी जगेगा ही नहीं।

इस दुनिया में इतना उपद्रव इसीलिए है कि यहां बोध नहीं है; बोध जगने का मौका नहीं है। मां-बाप बड़े उत्सुक हैं, बड़े जल्दी में हैं। सारे धर्मगुरु सिखाते रहते हैं कि धर्म की शिक्षा दो, धर्म की शिक्षा होनी चाहिए।

धर्म की कभी शिक्षा नहीं होनी चाहिए! ध्यान की शिक्षा होनी चाहिए, धर्म की नहीं। ध्यान सिखा दो। लोगों को शांत होना सिखा दो। लोगों को निर्विचार होना सिखा दो। फिर उनका निर्विचार उन्हें जहां ले जाए, वहीं उनका धर्म होगा। फिर उनका निर्विचार जहां ले जाए...।

और मैं तुमसे कहता हूं, निर्विचार कभी किसी को हिंदू नहीं बनाएगा और मुसलमान नहीं बनाएगा। निर्विचार व्यक्ति को धार्मिक बनाएगा।

दुनिया में धर्म हो सकता है, अगर बच्चों के मन हम पहले से ही विकृत न करें, जहर न डालें। लेकिन हम बड़ी जल्दी में होते हैं, हम बड़े घबड़ाए होते हैं कि इसके पहले कि कहीं कोई और बात मन में घुस जाए, अपनी बात घुसा दो।

इस जगत में जो बड़े से बड़े अनाचार हुए हैं मनुष्य-जाति पर, उनमें सबसे बड़ा अनाचार है बच्चों के ऊपर। अबोध, असहाय, तुम्हारे हाथ में पड़ गए हैं। तुम जो चाहो—खतना करो, चोटी रखवाओ, चोटी कटवाओ, जनेऊ पहनाओ—जो चाहो करो। बच्चा कुछ भी तो नहीं कह सकता। क्योंकि अभी कुछ पता ही नहीं है उसे कि क्या हो रहा है। अभी हां-ना कहने का उपाय भी नहीं है। और इसके पहले कि वह हां-ना कहे, तुम वर्षों तक इतना दीक्षित कर दोगे उसे कि हां-ना कहना मुश्किल हो जाएगा।

गलितधीः का अर्थ होता है, यह जो संस्कार तुम्हें दूसरों ने दिए हैं, इन सबका त्याग।

शून्याः दृष्टि—तब तुम शून्य-दृष्टि हो जाते हो।

चेष्टा वृथा...।

और जो साक्षी हो गया उसे दिखाई पड़ता है कि चेष्टा करने की कोई जरूरत नहीं है—जो होना है अपने से हो रहा है। नदी चेष्टा थोड़े ही कर रही है सागर जाने की। जा

रही है जरूर, मगर चेष्टा नहीं कर रही है। वृक्ष बड़े होने की चेष्टा थोड़े ही कर रहे हैं—बड़े हो रहे हैं जरूर। बादल बरसने की चेष्टा थोड़े ही कर रहे हैं—बरस रहे हैं जरूर। चांद-तारे घूमने की चेष्टा थोड़े ही कर रहे हैं—घूम रहे हैं जरूर। घूमने की चेष्टा हो तो किसी दिन सूरज सुबह देर से उठे—कि हो गया बहुत, आज आराम करेंगे। सारी दुनिया में छुट्टी होती है। रविवार...सूरज का दिन है रविवार। सारी दुनिया छुट्टी मना रही है, मगर सूरज को छुट्टी नहीं। वह कह दे कि आज रविवार है, आज नहीं आते, आज आराम करेंगे। फिर कभी तो थक जाए, अगर चेष्टा हो। कभी तो विश्राम करना पड़े। नहीं, चेष्टा है ही नहीं। थकान कैसी? छुट्टी कैसी? अवकाश कैसा? कोई कुछ कर थोड़े ही रहा है, सब हो रहा है।

जिसकी दृष्टि शून्य हो जाती है, जिसकी बुद्धि गल जाती—वह अचानक जाग कर देखता है: मैं नाहक ही पागल बना! क्या-क्या करने की योजनाएं कर रहा था, क्या-क्या बनाने की योजनाएं कर रहा था! सब अपने से हो रहा है। मैं व्यर्थ ही बोझ ढोता था। कर्ता बन कर नाहक तनाव और चिंता ले ली थी। विक्षिप्त हुआ जा रहा था।

'जिसका संसार-सागर क्षीण हो गया, ऐसे पुरुष में न तृष्णा है, न विरक्ति; उसकी दृष्टि शून्य हो गई, चेष्टा व्यर्थ हो गई, और उसकी इंद्रियां विकल हो गयीं।'

इंद्रियाणि विकलानी...।

अभी जो ऊर्जा है हमारी, जीवन की ऊर्जा, वह सारी की सारी इंद्रियों के साथ जुड़ी है। जैसे ही व्यक्ति शांत होता, शून्य होता, साक्षी बनता, ऊर्जा इंद्रियों से मुक्त होकर ऊपर की तरफ उठनी शुरू होती है। इंद्रियां ऊर्जा को नीचे की तरफ लाने के उपाय हैं।

जिसके भीतर ऊर्जा ऊपर नहीं उठ रही है उसके लिए प्रकृति ने उपाय दिया है कि ऊर्जा इकट्ठी न हो जाए, नहीं तो तुम फूट जाओगे। तो ऊर्जा नीचे से निकल जाए। जिस दिन ऊर्जा ऊपर उठने लगती है, इंद्रियां अपने आप शांत हो जाती हैं। इंद्रियों की जो प्रबल चेष्टा है वह शांत हो जाती है। देखते हो फिर तुम तब भी, लेकिन आंख कहती नहीं कि देखो सौंदर्य को, चलो देखो सौंदर्य को! सुनते हो तुम तब भी, पर कान कहते नहीं कि चलो सुनो, सुंदर मधुर संगीत को। स्वाद तुम तब भी लेते हो, लेकिन जिा तुम्हें पीड़ित नहीं करती, परेशान नहीं करती, सपने नहीं उठाती, वासना नहीं जगाती कि चलो, भोजन करो; अगर भोजन नहीं तो कम से कम सपने में ही बैठ कर भोजन करो; कल्पना ही करो स्वादिष्ट भोजनों की। नहीं, सब काम चलते रहते हैं। लेकिन इंद्रियों से जो पुराना पैशन, वह जो पुरानी वासना थी, वह जो बल था, वह विलीन हो जाता है।

कृष्ण ने अर्जुन को कहा है: 'या निशा सर्वभूतानां तस्यां जागर्ति संयमी। यस्यां जाग्रति भूतानि सा निशा पश्यतो मुनेः।' संपूर्ण भूतों की जो आत्म-अज्ञानरूपी रात्रि है

और जिसमें सब भूत सोए हुए हैं उसमें ज्ञानी जागता है। और जिस अज्ञानरूपी दिन में सब भूत जागते हैं, उसमें ज्ञानी सोया हुआ है।

अज्ञानी जहां जागता है वहां ज्ञानी सो जाता है। और जहां अज्ञानी सोया है, वहां ज्ञानी जाग जाता है। तुम इंद्रियों में जागे हुए हो, स्वयं में सोए हुए; ज्ञानी स्वयं में जाग जाता, इंद्रियों में सो जाता है। उसकी इंद्रियां शांत होकर शून्य हो जाती हैं। उसका साक्षी जागता है।

ऊर्जा तो वही है। जब साक्षी जागता है तो इंद्रियों के जागने की कोई जरूरत नहीं रह जाती। उनमें ऊर्जा नहीं बहती। साक्षी सारी ऊर्जा को अपने में लीन कर लेता है। तुम जहां जागे हो, वहां ज्ञानी सो जाता है; तुम जहां सोए हो, वहां ज्ञानी जाग जाता है। जो तुम्हारा दिन, उसकी रात्रि। जो तुम्हारी रात्रि, उसका दिन।

'वह न जागता है, न सोता है। न पलक को खोलता है और बंद करता है। अहो, मुक्तचेतस की कैसी उत्कृष्ट परम दशा रहती है!'

समझना।

न जागर्ति न निद्राति नोन्मीलति न मीलति।
अहो परदशा क्वापि वर्तते मुक्तचेतसः।।

न जागर्ति...।

ज्ञानी कुछ करता ही नहीं। इसलिए यह भी कहना ठीक नहीं कि वह जागता है। यह भी कहना ठीक नहीं कि वह सोता है। जब कर्तृत्व ही खो गया तो परमात्मा ही जागता है, और परमात्मा ही सोता है—ज्ञानी नहीं। इस भेद को खयाल रखना।

तुम बड़ी कोशिश करते हो, नींद नहीं आ रही है। तुम सोने की कोशिश करते हो। तुम सोचते हो शायद सोने की कोशिश से नींद आ जाएगी। कोशिश से नींद का कोई संबंध है? जब आती है, तब आती है। जब परमात्मा सोना चाहता है, तब सोता है; तुम्हारे सुलाने से नहीं। परमात्मा कोई छोटा बच्चा नहीं है कि तुमने लोरी गा दी, थपकी मार दी और सुला दिया। तुम्हारे भीतर जब सोने की जरूरत होती है, तो नींद आ जाती है।

मेरे पास कोई आकर कहता है कि नींद नहीं आती है, तो उससे मैं कहता हूं, न आने दो। शांत बिस्तर पर पड़े रहो। तुम कुछ करो भी मत। तुम्हारी चेष्टा से कुछ हल होगा भी नहीं। चेष्टा से नींद का कोई संबंध नहीं है। सच तो यह है कि चेष्टा के कारण ही नींद नहीं आ रही है। तुम्हारी चेष्टा ही बाधा बन रही है। नहीं आती तो ठीक है, जरूरत नहीं होगी।

अब बूढ़े आदमी हैं, वे भी चाहते हैं कि आठ घंटे सोएं। बूढ़े आदमी को आठ घंटे सोने की जरूरत नहीं रह गई। तीन-चार घंटा बहुत है। उनको चिंता होती है।

क्योंकि पहले वे आठ घंटा सोते थे। वे यह भूल ही गए कि पहले वे जवान थे। जरूरतें अलग थीं। मां के पेट में बच्चा चौबीस घंटे सोता है, तो क्या बुढ़ापे में भी चौबीस घंटे सोओगे? बच्चा पेट से पैदा हो जाता है तो अठारह घंटे सोता है, बीस घंटे सोता है, तो क्या तुम अठारह-बीस घंटे सोओगे? बच्चे की जरूरत अलग है। जैसे-जैसे तुम्हारी उम्र बढ़ने लगी, नींद की जरूरत कम होने लगी।

लेकिन हमारी अड़चनें हैं। पैंतीस साल के पहले आदमी जितना भोजन करता है, पैंतीस साल के बाद भी करता चला जाता है। वह यह याद ही नहीं करता कभी कि अब ढलान शुरू हो गई। तो फिर भोजन सारा पेट में इकट्ठा होने लगता है। अब वह कहता है: 'मामला क्या है? इतना ही भोजन हम पहले करते थे, तब कुछ गड़बड़ न होती थी।' चालीस के आस-पास ही पेट बड़ा होना शुरू होता है। कारण कुल इतना है कि पैंतीस तक तो तुम चढ़ाव पर थे। अब उतार पर हो। सत्तर साल में मरना है, तो उतरोगे भी न? पैंतीस साल लगेंगे उतरने में। चढ़ तो गए पहाड़, अब उतरेगा कौन? अब तुम उतरने लगे। अब इतने पेट्रोल की जरूरत नहीं। सच तो यह है कि पेट्रोल की जरूरत ही नहीं है। अब तुम पेट्रोल की टंकी बंद कर दे सकते हो, कार उतरेगी। अब कम भोजन की जरूरत है। अल्प भोजन की जरूरत है। अल्प निद्रा की जरूरत है। लेकिन पुरानी आदत को हम खींचते चले जाते हैं।

हम सुनते ही नहीं प्रकृति की। और प्रकृति परमात्मा की आवाज है। तो हम मरते दम तक भी जीवन से जकड़े रहते हैं। अगर हम चुपचाप प्रकृति को सुनते चलें तो प्रकृति हमें सब चीजों के लिए राजी कर लेती है। जब नींद कम हो जाएगी तो हम जानेंगे कि अब जरूरत कम हो गई।

ज्ञानी का अर्थ है, जो अपनी तरफ से कुछ भी नहीं करता। आ गई नींद तो ठीक, नहीं आई तो पड़ा रहता है। आंख खुल गई तो ठीक, नहीं खुली तो भी पड़ा रहता है। न तो ज्ञानी कर्मठ होता, और न आलसी होता। ज्ञानी कुछ होता ही नहीं। ज्ञानी उपकरण, निमित्तमात्र होता है। परमात्मा जो करवा लेता है, कर देता है। नहीं करवाता तो प्रतीक्षा करता है; जब करवाएगा तब कर देंगे।

न जागर्ति न निद्राति...।

वह न तो अपने से सोता, न अपने से जागता। यहां तक कि—

नोन्मीलति न मीलति।

पलक भी नहीं झपकता अपने से। झपकी तुमने भी कभी नहीं है, खयाल ही तुमको है कि तुम झपक रहे हो। अभी कोई एक जोर से हाथ तुम्हारे पास ले आएगा, पलक झपक जाएगी। अगर तुम सोच-विचार करोगे, तब तो दिक्कत हो जाएगी। तब

तक तो आंख मुश्किल में पड़ जाएगी। पलक तो अपने से झपकती है। प्राकृतिक है। वैज्ञानिक कहते हैं : 'रिफ्लेक्स ऐक्शन।' अपने से हो रहा है, तुम कर नहीं रहे हो।

तुमने नींद में देखा, कीड़ा चढ़ रहा हो, तुम झटक देते हो। तुम्हें पता ही नहीं है। सुबह तुमसे कोई पूछे कि कीड़ा चढ़ रहा था चेहरे पर, तुमने झटका? तुम कहोगे, हमें याद नहीं। किसने झटका? तुम्हें याद ही नहीं है! लेकिन कोई तुम्हारे भीतर जागा हुआ था, झटक दिया। रात गहरी से गहरी नींद में भी तुम्हारा कोई नाम पुकार देता है कि राम! तुम करवट लेकर बैठ जाते हो कि कौन उपद्रव करने आ गया? सारा घर सोया है। किसी को सुनाई नहीं पड़ा, तुम्हें सुनाई पड़ गया। तुम्हारा नाम है, तो तुम्हारे अचेतन से कोई ऊर्जा उठ गई। नींद में भी तुम सुन लेते हो। मां सोती है, तूफान उठे, बादल गरजें, बिजली चमके, उसे सुनाई नहीं पड़ता। लेकिन उसका बच्चा जरा कुनमुना दे, वह तत्क्षण उठ जाती है। तुम्हारे भीतर कोई सूत्रधार है।

अष्टावक्र कहते हैं : अहो परदशा क्वापि वर्तते मुक्त चेतसः।

धन्य है! अहो! कैसी है मुक्तचेतस की उत्कृष्ट परमदशा कि न तो पलक झपकता, न पलक खोलता; न सोता, न जागता। अपने से कुछ करता ही नहीं। कर्ता-भाव सारा समाप्त हो गया।

तुम जरा सोचो तो इस परमदशा की बात। सोच कर ही तुम आह्लादित होने लगोगे। काश तुम्हारा कर्ता विसर्जित हो जाए, तो कैसी चिंता! चिंता पैदा कैसे होगी? चिंता कर्ता की छाया है। कर्ता गया कि चिंता गई। चिंता तो तुम छोड़ना चाहते हो, कर्ता नहीं छोड़ना चाहते। इसलिए चिंता कभी छूटती नहीं। और एक नई चिंता पकड़ जाती है कि चिंता कैसे छूटे। और चिंता में नया जोड़ हो जाता है।

पूर्वीय मनोविज्ञान मनुष्य की चेतना की चार दशाएं मानता है। पहली दशा जागृति, जिसको हम जागृति कहते हैं। जागृति में अहंकार होता, कर्ता का भाव होता, मैं की बड़ी पकड़ होती।

दूसरी अवस्था को स्वप्न कहता है। स्वप्न में अहंकार क्षीण हो जाता है। रोज तुम जब रात सो जाते, सपने में तुम्हारा अहंकार क्षीण हो जाता है। ब्राह्मण ब्राह्मण नहीं रह जाता, शूद्र शूद्र नहीं रह जाता। राष्ट्रपति को पता नहीं रहता, राष्ट्रपति हूं; चपरासी को पता नहीं रहता कि चपरासी हूं। अस्मिता क्षीण हो जाती है। बिलकुल समाप्त नहीं हो जाती—कुछ-कुछ झलक मारती रहती है। धूमिल हो जाती है। अहंकार तो नहीं रहता, लेकिन अहंकार का प्रतिबिंब रह जाता है। यह स्वप्न दूसरी दशा है।

तीसरी दशा है सुषुप्ति—जब स्वप्न भी खो गए, कुछ भी न बचा। तब अहंकार का अभाव हो जाता है। तब तुम्हें पता ही नहीं रहता कि मैं हूं। कर्ता का भी अभाव हो जाता है। तुम करने वाले नहीं रह जाते। श्वास चलती है, चलती है। भोजन पचता है,

पचता है। खून बहता है, बहता है। तुम कुछ करने वाले नहीं रह जाते। तुम कुछ नहीं करते सुषुप्ति में। मैं की छाया भी नहीं रह जाती, जैसी सपने में थी। जागृति में मैं बहुत मजबूत था, सपने में छाया थी, सुषुप्ति में छाया भी खो गई। एक अंधकार फैल जाता है। सुषुप्ति एक नकारात्मक दशा है, निगेटिव। कुछ भी नहीं होता। जैसे तुम नहीं रहे, ऐसा हो जाता है।

फिर चौथी दशा है, परमदशा, अहोदशा। उसका नाम है : तुरीय। तुरीय जागृति जैसी जाग्रत और सुषुप्ति जैसी शांत। तुरीय का अर्थ है, जैसी गहरी नींद में शांति होती है ऐसी शांति। लेकिन गहरी नींद में अंधकार होता है, तुरीय में प्रकाश होता है। गहरी नींद में अहंकार खो जाता है, तुरीय में भी अहंकार खो जाता है। लेकिन गहरी नींद में निर-अहंकार पैदा नहीं होता। गहरी नींद में सिर्फ अहंकार खो जाता है। वह नकारात्मक स्थिति है। तुरीय की अवस्था में निर-अहंकार-भाव पैदा होता है। वह विधायक स्थिति है। बोध जगता है। होश जगता है। अकर्ता का भाव स्पष्ट हो जाता है। तुरीय अवस्था में व्यक्ति परमात्मा का संपूर्ण रूप से निमित्त हो जाता है। व्यक्ति मिट जाता है और परमात्मा ही शेष रहता है।

यह चौथी ही अवस्था का वर्णन है, तुरीय अवस्था का वर्णन है—

अहो क्वापि परदशा मुक्तचेतसः वर्तते।

कैसी धन्य दशा है मुक्त चैतन्य की! कैसी उत्कृष्ट, कैसी परम! जहां न तो वह जागता, न सोता, न पलक को खोलता, न बंद करता—और सब अपने से होता है। सब नैसर्गिक! सब सहज!

'मुक्त पुरुष सर्वत्र स्वस्थ, सर्वत्र विमल आशय वाला दिखाई देता है और वह सब वासनाओं से रहित सर्वत्र विराजता है।'

सर्वत्र दृश्यते स्वस्थः!

वह जो मुक्त पुरुष है तुम उसे हर स्थिति में, हर परिस्थिति में स्वयं में स्थित पाओगे। तुम उसे कभी विचलित होते न देखोगे। तुम उसे कभी अपने केंद्र से च्युत होते न देखोगे। यह तुरीय अवस्था में ही संभव है—जहां केंद्र उपलब्ध हो जाता है और केंद्र पर पैर जम जाते हैं। जैसे वृक्ष ने जड़ें जमा लीं जमीन में, ऐसा ही मुक्त पुरुष अपनी तुरीय अवस्था में जड़ें फैला देता है।

सर्वत्र दृश्यते स्वस्थः...।

तुम उसे हर जगह स्वस्थ पाओगे। दुख हो या कि सुख हो; सफलता हो कि विफलता हो; जीवन आए कि मृत्यु आए—तुम उसे स्वस्थ पाओगे। तुम उसे मृत्यु में भी स्वस्थ पाओगे। तुम उसे डांवांडोल न देखोगे।

सर्वत्र विमलाशयः...।

और हर जगह तुम पाओगे उसका आशय निर्मल है। उसके आशय को तुम कहीं भी कठोर न पाओगे। उसके आशय को कहीं विकृत न पाओगे। उसका आशय सदा ही शुभ होगा। ऐसा नहीं कि वह शुभ करना चाहता है। वह तो बात गई। करने इत्यादि की तो बात गई। ऐसा नहीं कि वह नैतिक बनने की चेष्टा करता है। वह तो बात गई। अनीति नहीं बची, नीति नहीं बची। अब तो उसका जो शुद्ध सहज व्यवहार है, वही उसका विमल आशय है। तुम उसके पास एक सुगंध पाओगे। तुम उसके पास एक शांत वातावरण पाओगे। तुम अगर जरा राजी हो, तो तुम उसके वातावरण में डुबकी ले सकते हो; जैसे कोई गंगा में स्नान कर ले, ताजा हो जाएगा।

ज्ञानी पुरुष ही असली तीर्थ है। इसलिए जैनों ने महावीर को तीर्थंकर कहा। नदियों के किनारे नहीं हैं तीर्थ, ज्ञानियों के आस-पास हैं। क्योंकि ज्ञानियों के भीतर बह रही है असली गंगा। जल की गंगा से तो ठीक है, तुम्हारी देह धुल जाएगी; लेकिन चैतन्य की गंगा से धुलेगा तुम्हारा चैतन्य, तुम्हारी आत्मा भी स्नान कर लेगी।

समस्त वासनामुक्तो।

वह समस्त वासनाओं से मुक्त हो गया है।

मुक्तः सर्वत्र राजते।

और तुम उसे हमेशा पाओगे राज सिंहासन पर। चाहे वह धूल में बैठा हो, लेकिन तुम उसकी बादशाहत पहचान लोगे। उसका सम्राट होना सिंहासनों पर निर्भर नहीं है; उसका सम्राट होना बड़ा आंतरिक है। वह चाहे नग्न फकीर की तरह खड़ा हो रास्ते पर, तुम पहचान लोगे कि उसका साम्राज्य है। जीसस ने इसी साम्राज्य की बात की है: 'किंगडम ऑफ गॉड'; प्रभु का राज्य!

जीसस को बहुत बार उनके दुश्मन पकड़ने आए। लेकिन पास आकर बदल गए। एक बार पुरोहितों ने आदमी भेजे, दुष्ट से दुष्ट आदमी भेजे कि जीसस को पकड़ लाओ। वे आकर उनकी बात सुनने लगे, मंत्रमुग्ध हो गए। जब लौट कर आए और पुरोहितों ने पूछा: तुम लाए नहीं? तो उन्होंने कहा, बड़ा मुश्किल है। यह आदमी बड़ा अदभुत है। इसके पास एक गरिमा है, कि हम एकदम दब गए। यह बादशाहत है इसके पास कोई, कि हम एकदम दीन-हीन मालूम होने लगे। कैसे तो इसके हाथ में हथकड़ियां डालें? हमने अपनी हथकड़ियां छुपा लीं। यह आदमी बहुत अदभुत है। ऐसा आदमी कभी हुआ नहीं।

इसलिए फिर जीसस को अंधेरी रात में पकड़ा। दिन में पकड़ने की फिर कोशिश नहीं की; क्योंकि दिन में कोशिशें कीं, वे व्यर्थ गयीं।

तुम देखते हो, महावीर नग्न खड़े हैं। लेकिन फिर भी क्या कोई बादशाह इनसे बड़ी बादशाहत को कभी उपलब्ध हुआ है?

स्वामी राम अपने को बादशाह कहते थे। उन्होंने एक किताब लिखी है : राम बादशाह के छः हुक्मनामे। था तो उनके पास कुछ नहीं—लंगोटी। छह हुक्मनामे! उसमें छह आदेश दिए हैं दुनिया के नाम, फरमान—कि ऐसा करो। जब वे अमरीका गए तो वहां भी अपने को बादशाह राम ही कहते रहे! लोगों ने उनसे पूछा कि आप फकीर हैं, अपने को बादशाह क्यों कहते हैं? उन्होंने कहा : इसीलिए, क्योंकि मेरे पास सब है। जिस दिन मैंने छोटा घर छोड़ा, यह सारा ब्रह्मांड मेरा घर हो गया। मैंने क्षुद्र क्या छोड़ा, विराट मेरी संपदा हो गई। अब मेरे पास सब है, सारी संपदा है। सारे जगत की संपदा मेरी है। चांद-तारे मेरे लिए चलते हैं। सूरज मेरे लिए उगता है। यह सब मेरे इशारे पर हो रहा है।

लोग समझते कि दिमाग इनका थोड़ा कुछ खराब है। तुम्हारे इशारे पर हो रहा है! लेकिन राम ठीक कह रहे हैं। एक ऐसी घड़ी है : जब तुम मिट जाते हो, तब तुम्हारे भीतर से परमात्मा ही बोलता है।

किसी ने उनसे पूछा, आपके इशारे से हो रहा है? उन्होंने कहा, और किसके इशारे से होगा? मेरे अतिरिक्त कोई है नहीं। मैंने ही इनको चलाया। जब पहली दफा मैंने इनको धक्का दिया, तो मैं ही था। ये चांद-तारे मैंने बनाए। मेरे इशारे से चल रहे हैं। पहले ही से मेरे इशारे से चल रहे हैं।

यह किसी और महत लोक की बात है। राम में बादशाहत थी।

समस्त वासना मुक्तो मुक्तः सर्वत्र राजते।

सर्वत्र...जिसकी वासना शून्य हो गई है वह अपने आंतरिक सिंहासन पर विराजमान है। जो ऐसे सिंहासन पर विराजमान है वही विराजमान है, शेष सब तो भिखारी हैं।

'देखता हुआ, सुनता हुआ, स्पर्श करता हुआ, सूंघता हुआ, खाता हुआ, ग्रहण करता हुआ, बोलता हुआ, चलता हुआ, प्रयास और अप्रयास से मुक्त महाशय निश्चय ही जीवन-मुक्त है।'

सब करता है और फिर भी कुछ नहीं करता। चलता है और चलता नहीं। बोलता है और बोलता नहीं। खाता है और खाता नहीं।

जैन शास्त्रों में एक उल्लेख है। एक जैन मुनि का आगमन हुआ। वह यमुना के उस पार ठहरे। यमुना में बाढ़ आई है। और रुक्मिणी ने कृष्ण से पूछा कि मुनि ठहरे हैं उस पार, नाव लगती नहीं, कौन उन्हें भोजन पहुंचाएगा? भोजन हमें पहुंचाना चाहिए।

कृष्ण ने कहा, तो पहुंचाओ। पर उसने कहा : पार कैसे जाएं? नाव लगती नहीं।

उन्होंने कहा : इतना ही कह देना कि अगर मुनि सदा से उपवासे हैं तो यमुना राह दे दे। अगर मुनि उपवासे हैं तो यमुना राह दे देगी।

बड़ी मीठी कहानी है। रुक्मिणी ने थाल सजाए। वह अपनी सखियों के साथ पहुंची। उसने जाकर कहा नदी को कि हे नदी, मुनि उस तरफ भूखे हैं और अगर वे सदा के उपवासे हों तो तू राह दे दे।

और कहते हैं, नदी ने राह दे दी। चकित, नदी से रुक्मिणी गुजर गई। उस तरफ जाकर मुनि को भोजन कराया। तब याद आई कि यह तो बड़ी मुश्किल हो गई। लौट कर नदी से क्या कहेंगे? क्योंकि अब तो मुनि ने भोजन कर लिया। अब तो वे उपवासे नहीं हैं। और कृष्ण से हमने पूछा ही नहीं। आने की बात तो पूछ ली थी, जाने की नहीं पूछी। आने तक तो ठीक था कि मुनि सदा के उपवासे हैं—तो रहे होंगे, नदी ने राह दे दी। प्रमाण हो गया। लेकिन अब तो मुनि को हमने अपनी आंख के सामने खुद ही भोजन करवा दिया है। अब कैसे उपवासे हैं? और वे बहुत थाल सजा कर लाई थीं। मुनि सारे थाल समाप्त कर गए। अब वे बड़ी घबड़ाने लगीं। उन्हें बेचैन देख कर मुनि ने कहा, तुम बड़ी चिंतित मालूम पड़ती हो, बात क्या है? उन्होंने कहा कि ऐसा-ऐसा मामला है। कृष्ण ने कहा था, यह सूत्र बोल देना। हमने बोला भी, काम भी पड़ गया। नदी ने राह भी दे दी। अब हम क्या करें? हम लौटने की बात पूछना भूल गए।

मुनि ने कहा : पागल हुई हो! वही बात फिर कहना नदी से कि मुनि अगर सदा के उपवासे हों तो राह दे दो।

अब तो उन्हें भरोसा भी नहीं था इस बात पर। भरोसा होता भी कैसे? लेकिन कोई चारा भी न था। जाकर कहा, गैर-भरोसे से कहा, लेकिन नदी ने फिर राह दे दी। कृष्ण से आकर उन्होंने पूछा कि अब हमारे बिलकुल सूझ-बूझ के बाहर बात हो गई। तो कृष्ण ने कहा : मुनि सदा ही उपवासा है। भोजन करने न करने से कोई संबंध नहीं। उपवास का अर्थ जानती हो? उपवास का अर्थ होता है, जो अपने भीतर विराजमान है। अपने पास बैठा-उपवास। इसका भोजन लेने-देने से संबंध ही नहीं। भोजन नहीं किया, तो अनशन। उपवास का क्या संबंध है? उपवास का अर्थ होता है : जो अपने पास है; जो अपने निकटतम बैठा है; जो वहां से हटता नहीं। यह मतलब है उपवास का।

जो अपने भीतर विराजमान हो गया है, वह भोजन करते हुए भी भोजन नहीं करता है; क्योंकि भोजन तो शरीर में ही जाता, उसमें नहीं जाता। वह साक्षी ही बना रहता है। वह चलते हुए चलता नहीं, क्योंकि चलता तो शरीर है।

तुम कभी चले हो आज तक? चलोगे कैसे? तुम्हारे कोई हाथ-पैर हैं? शरीर चलता है। तुम बोलोगे कैसे? शरीर बोलता है। तुम सोचोगे कैसे? मन सोचता है। तुम इन सब के पार, सारी क्रियाओं के पीछे साक्षी-रूप हो।

'देखता हुआ, सुनता हुआ, स्पर्श करता, सूंघता, खाता हुआ, ग्रहण करता हुआ, बोलता हुआ, चलता हुआ, प्रयास और अप्रयास से मुक्त...।'

न तो वह ऐसा करता, न ऐसा नहीं करता। जो होता है, होने देता है। सबको मार्ग देता है। जो प्रभु करवा ले, वही ठीक। उसकी अपनी कोई इच्छा नहीं रही। वह अपना हिसाब नहीं रखता। वह हर हालत में प्रभु के साथ है। उसने तैरना बंद कर दिया। वह नदी के साथ बहा जाता है। इस बहाव का नाम जीवन-मुक्ति है।

'ऐसा महाशय निश्चय ही जीवन-मुक्त है।'

ईहितानीहितैः मुक्तः मुक्तः एव महाशयः।

'मुक्त पुरुष सर्वत्र रसरहित है। वह न निंदा करता, न स्तुति करता, न हर्षित होता, न क्रुद्ध होता, न देता और न लेता है।'

न निंदति न च स्तौति न हृष्यति न कुप्यति।
न ददाति न गृहणाति मुक्तः सर्वत्र नीरसः।।

इसे समझना। नीरस से कुछ गलत अर्थ मत ले लेना। मुक्त पुरुष नीरस है, क्योंकि उसे परम रस मिल गया। इस जगत में अब उसका रस नहीं रहा। मुक्त पुरुष नीरस है, क्योंकि उसे वह मिल गया है जिसको हम कहते हैं: 'रसो वै सः'। उसने परम धन पा लिया। तुम्हारे ठीकरों में उसे धन नहीं दिखाई पड़ता। इसलिए नहीं कि ठीकरे उसने छोड़ दिए, त्याग दिए। त्यागने योग्य भी उनमें कोई मूल्य नहीं है। उसमें कुछ है ही नहीं जो त्यागा जा सके, कि भोगा जा सके। तुम जिन-जिन चीजों में रस लेते, उसका रस खो जाता। तुम जहां जागे, वहां वह सो जाता है। तुम जहां सोए, वहां वह जाग जाता है। एक परम रस पैदा हुआ है। अब अहर्निश अमृत की धार बरस रही है। अब जहर को कौन पीए, किसलिए पीए!

तुम जिसे रस कह रहे हो, वह रस नहीं है। क्योंकि अगर रस होता तो तुम्हारे जीवन में रसमुग्धता आ गई होती। तुम रसपूर्ण हो गए होते। तुम्हारे जीवन में महोत्सव फलता, फूल खिलते, नाच होता, उत्सव होता। कुछ भी तो नहीं है। तुम रूखे-सूखे, मरुस्थल जैसे पड़े हो। थके-हारे, सर्वहारा, सब खोए पड़े हो। तुम्हारे जीवन में कहीं भी तो कोई फूल खिलता मालूम नहीं होता। कांटे ही कांटे तुम्हारे जीवन में फैल गए हैं। तुम्हारी सारी कथा कांटों की कथा है। दुख ही दुख और दंश ही दंश। और तुम कहते हो रस! तुम जरूर किसी गलत चीज को रस कह रहे हो। जहां रस नहीं है वहां तुम रस देख रहे हो। इस रस का तो विसर्जन हो जाता है।

इसलिए यह सूत्र कहता है 'नीरसः'। वैसा परम ज्ञानी नीरस हो जाता है। तुम्हारे रस की दृष्टि से, तुम्हारी भाषा में नीरस हो जाता है। लेकिन अगर तुम दूसरी तरफ से देखो, ज्ञानी की तरफ से देखो तो वह पहली दफा रस से भरता है। वह रस का सागर हो जाता है। उसके जीवन में महाकाव्य पैदा होता है। उसके जीवन में बड़ा संगीत जन्म

लेता है। उसके जीवन में विराट की वीणा बजती है और परमात्मा के प्रसून खिलते हैं। उस अर्थ में वह नीरस नहीं है।

यह मैं तुम्हें स्पष्ट कर दूं, क्योंकि तुम्हारे साथ सदा खतरा है। तुम्हारे साथ खतरा यह है कि तुम नीरस आदमियों को ज्ञानी समझ सकते हो। तुमने ऐसे बहुत से ज्ञानी बना बिठा रखे हैं चारों तरफ, जिनके भीतर कुछ भी नहीं है; जो बिलकुल सूखे हैं। बाहर का छोड़ दिया, भीतर का हुआ नहीं। और तुमने यह सोच कर कि बाहर का छोड़ दिया, नीरस हो गए, त्यागी हो गए, विरक्त हो गए। नहीं, असली विरक्ति की यही पहचान है, कि बाहर के सारे रस चले गए हों और भीतर से अहर्निश रस की धार बह रही हो। तुम जहां रस देखते हो, वहां रस न दिखाई पड़ता हो और फिर भी जीवन में एक परम रस हो। बुद्ध ने तो इस अवस्था को धर्म-मेघ समाधि कहा है। जैसे मेघ बरसता है, रस से भर जाता है, ऐसे।

कबीर ने बार-बार कहा है कि खूब घने मेघ घिर गए हैं। अमृत की वर्षा हो रही है और कबीर मगन होकर नाच रहा है।

तुम्हारा रस निश्चित खो जाता है। तुम्हारा रस रस ही नहीं है, पहली बात। तो तुम्हारे रस के खोने से आदमी नीरस नहीं होता है। तुम्हारे रस के खोने से ही आदमी के परम रस का द्वार खुलता है। अब दो बातें हैं। या तो तुम परम रस का द्वार खोल लो, तो इस जीवन से रस चला जाए। या तुम इस जीवन का रस छोड़ दो, तो पक्का नहीं है कि परम द्वार खुलेगा या नहीं खुलेगा।

अष्टावक्र की पूरी प्रक्रिया और मेरा पूरा उपदेश यही है कि तुम पहले उस परम द्वार को खोल लो। तुम बड़े रस को पा लो, छोटा रस अपने से छूट जाएगा।

क्षुद्र छूट ही जाता है जब विराट हाथ में आता है। व्यर्थ छूट ही जाता है जब सार्थक की गंध मिलती है। जिसको बड़ी संपदा मिल जाती है, वह फिर छोटी संपदा की चिंता कहां करता! तब त्याग में एक मजा है। तब त्याग में एक सहजता है। बिना किए हो जाता है, करना नहीं पड़ता है। जो त्याग करना पड़े वह झूठा है। उसमें कर्ता तो बच ही जाएगा और अहंकार निर्मित होगा।

न निंदति न च स्तौति न हृष्यति न कुप्यति।

ऐसा पुरुष तुम्हारे सब रसों से रहित है। वह न निंदा करता है, न स्तुति करता है।

तुम जरा हैरान होना; रस की चर्चा में निंदा-स्तुति की बात अष्टावक्र ने क्यों उठा दी? निंदा तुम्हारा रस है। तुम जब निंदा का मजा लेते हो, तुम जब किसी की निंदा करते हो, तब तुम्हारा चेहरा देखो, कैसा रसपूर्ण मालूम होता है! जीवन में बड़ी ऊर्जा मालूम होती है। निंदा करते लोगों को देखो, कैसे प्रसन्न मालूम होते हैं! दिखता है, यही उनकी एकमात्र प्रसन्नता है। तुम्हें अगर निंदा करने को न मिले तो तुम बड़े विरस हो जाओगे।

तुम निंदा क्यों करते हो? आखिर लोग निंदा में इतना-इतना मजा क्यों लेते हैं? काव्यशास्त्र ने नौ रस गिनाए हैं, पता नहीं वह निंदा को क्यों छोड़ गए हैं, क्योंकि वह महारस मालूम होता है। कविता वगैरह तो लोग कभी-कभी पढ़ते-सुनते हैं। और रस तो ठीक ही हैं, निंदा बिलकुल सार्वलौकिक रस है, सार्वभौम। अगर कोई तुम्हारे पास बैठ कर कुछ कहने लगे, किसी की निंदा करने लगे, तुम लाख काम छोड़ देते हो। यह मौका छोड़ते नहीं बनता। अगर वह आदमी बीच में रुक जाए, कहे कि अब कल कह देंगे, तो बड़ी मुश्किल हो जाती है। कल तक समय बिताना मुश्किल हो जाता है। तुम कहते हो: अरे भाई, कह ही दो, निपटा ही दो, नहीं तो मन में अटका रहेगा।

आखिर निंदा में इतना रस क्या है? रस है! निंदा का अर्थ होता है दूसरे को छोटा दिखाना। दूसरे के छोटे दिखाने में तुम्हें अपने बड़े होने का मजा आता है। तुम बड़े तो हो नहीं। सीधे-सीधे तो तुम बड़े हो नहीं। दूसरे की निंदा करके तुम एक छोटा सा मजा ले लेते कि तुम बड़े हो।

सुनी तुमने कहानी अकबर की कि एक लकीर खींच दी उसने दरबार में और कहा: इसे बिना छुए कोई छोटा कर दे। सोचा बहुत, बिना छुए कैसे छोटी होगी। छूना तो पड़ेगा, तभी छोटी होगी। लेकिन बीरबल ने उठ कर एक बड़ी लकीर उसके नीचे खींच दी। बीरबल को निंदा-रस का पता होगा। उसने बिना छुए एक लकीर खींच दी बड़ी-छोटी हो गई लकीर, पहली लकीर छोटी हो गई।

तुम जब किसी की निंदा में रस लेते हो तो तुम उसकी लकीर छोटी कर रहे हो। उसकी छोटी होती लकीर के कारण तुम्हारी लकीर बड़ी हो रही है। तुम प्रफुल्लित होते हो कि अरे, तो हम से भी बुरे लोग हैं दुनिया में, कोई हम ही बुरे नहीं! और हम तो फिर कुछ भी बुरे नहीं, इतने बुरे लोग हैं। धीरे-धीरे तुम कहते हो, तो हम तो भले ही हैं। बुरे लोगों का संसार है, इसमें हम नाहक परेशान हो रहे थे।

तुमने एक बात खयाल की, अगर कोई किसी की निंदा करता हो तो तुम प्रमाण कभी नहीं मांगते। तुम यह नहीं कहते कि प्रमाण क्या? लेकिन कोई अगर किसी की प्रशंसा करता हो तो तुम प्रमाण मांगते हो। कोई कहे कि फलां आदमी परम ज्ञान को उपलब्ध हो गया, तुम कहते, प्रमाण? तुम्हारे कहने से न मान लेंगे। सबूत क्या है? कोई प्रत्यक्ष प्रमाण लाओ, कहने से क्या होता है?

लेकिन कोई अगर कहे कि फलां परम ज्ञानी भ्रष्ट हो गया, तो तुम प्रमाण नहीं मांगते। तुम कहते हो, हमको तो पहले से ही पता था, यह होना ही था। वह भ्रष्ट था ही।

तुम अपने मन को जरा गौर करना। कोई अगर किसी की बुराई करे तो तुम बिना तर्क मान लेते हो। कोई किसी की भलाई करे तो तुम हजार तर्क खड़े करते हो। क्यों?

क्योंकि दूसरे की भलाई का मतलब है, उसकी लकीर बड़ी हो रही है, तुम्हारी छोटी हो रही है। बुराई का अर्थ है, उसकी लकीर छोटी हो रही है, तुम्हारी बड़ी हो रही है। यह भीतर का हिसाब है।

ऐसा नहीं है कि तुम सदा निंदा में ही रस लेते हो; कभी-कभी तुम स्तुति में भी रस लेते हो। तब भी तुम खयाल रखना कि वहां भी कुछ गणित काम करता है। तुम स्तुति किसकी करते हो? जिसके साथ तुम अपना तादात्म्य कर लेते हो, उसकी स्तुति करते हो। तुम्हारा गुरु, तो तुम उसकी स्तुति करते हो। तुम कहते हो, हमारा गुरु महागुरु! दूसरे कहते हैं, गुरुघंटाल; तुम कहते हो महागुरु। तुम क्यों कहते हो महागुरु? क्योंकि महागुरु हो तो ही तुम महाशिष्य। अब तुमने उसकी लकीर के साथ अपनी लकीर जोड़ दी। उसकी जितनी लकीर बड़ी होती जाए उतनी तुम्हारी होती है; नहीं तो तुम भी गए। अब तुम तो रेल के डब्बे हो, वह इंजिन। अब वह चले तो तुम चले, नहीं तो तुम भी गए।

तो जिनके साथ तुम अपना तादात्म्य कर लेते हो, उनकी तुम प्रशंसा करते हो। तुम्हारा बेटा—तुम कहते हो: 'अरे, लाखों में एक!' और ये सब लाखों में एक बेटे कहां खो जाते हैं, पता नहीं चलता। हरेक अपने बेटे की तारीफ कर रहा है। क्योंकि लाखों में एक बेटा तभी होता है जब करोड़ों में एक बाप हो। क्योंकि फल से ही वृक्ष तो पहचाना जाता है। तो जब बेटा सिद्ध नहीं होता लाखों में एक, तो तुम्हें बड़ी पीड़ा होती है। जो बेटा तुम्हारे अहंकार को बड़ा नहीं करता, तुम उसकी चर्चा नहीं करते।

मेरे एक मित्र थे, उनके दो बेटे थे। एक मिनिस्टर हो गया और एक साधारण दुकानदार। वे जब भी आते अपने मिनिस्टर बेटे की चर्चा करते। मैंने उनसे कहा कि आपका दूसरा भी बेटा है, आप उसकी कभी चर्चा नहीं करते। वे बोले: उसकी क्या चर्चा करना? मैंने कहा कि यह भी कोई बात हुई? मिनिस्टर की ही चर्चा करते हैं। मिनिस्टर से उनको बड़ी आशाएं थीं। वे सोचते थे कि उनका बेटा जो मिनिस्टर है, वह कभी न कभी प्राइम मिनिस्टर होने वाला है; वह पंडित जवाहरलाल नेहरू की जगह लेने वाला है। उनकी कल्पना में...। और वे मोतीलाल थे। वह उनके दिमाग में बैठा था। अब वे दूकानदार की तो बात ही नहीं करते, क्योंकि दूकानदार...। अब किराने की दूकान कोई चलाए, उस बेटे के बाप होने में सार ही क्या है!

फिर उनका जो बेटा मिनिस्टर था और जवाहरलाल होने वाला था मर गया बीच में। वह मरा मिनिस्ट्री की वजह से। चिंता-भार...विक्षिप्त हो गया। फिर विक्षिप्तता में प्राण भी चले गए। तो वे बहुत-बहुत रोए। आत्महत्या करने को उतारू हो गए। मैंने उनसे पूछा कि अगर तुम्हारा दूसरा बेटा मर जाता तो तुम इस तरह के उपद्रव करते? तो वे रो रहे थे; आंखों से उनके आंसू रुक गए। उन्होंने कहा: आप हमेशा दूसरे बेटे

की बात क्यों उठाते हैं? मैंने कहा कि मैं इसलिए उठाता हूं कि मुझे पता तो चले कि यह बाप का हृदय है या सिर्फ अहंकार ही काम कर रहा है।

फिर संयोग की बात, जब पहला बेटा मर गया, तो दूसरे बेटे को उन्होंने धीरे-धीरे धक्का दिया, उसको मिनिस्टर बनवा दिया। तब से वे दूसरे बेटे की बात करने लगे। तब से वह दूसरा बेटा भी सार्थक मालूम होने लगा।

तुम जिसके साथ अपना अहंकार जोड़ देते हो, बस उसके साथ तो तुम्हारी स्तुति जुड़ जाती है। इसलिए जैन कहता है कि महावीर, बस इनसे बड़ा कोई ज्ञानी कभी नहीं हुआ। ईसाई कहता है जीसस, वे ईश्वर के इकलौते बेटे। 'इकलौते' पर जोर देता है। क्योंकि अगर दूसरा भी बेटा हो तो झंझट खड़ी होगी। फिर कोई दूसरा धर्म दावा कर दे कि यह दूसरा बेटा है और जीसस के बड़े भाई हैं ए। तो इकलौते पर जोर देते हैं कि इकलौता बेटा! तो दूसरे का उपाय ही नहीं छोड़ते।

मुसलमान कहते हैं: मोहम्मद आखिरी पैगंबर, उनके बाद अब कोई नहीं। ईश्वर ने आखिरी पैगाम भेज दिया, अब इसमें कोई तरमीम नहीं, कोई सुधार नहीं। भेज दी आखिरी बात, आखिरी किताब आ चुकी। अब कोई किताब नहीं आएगी। क्योंकि अगर ऐसा आगे भी दरवाजा खुला रखें तो फिर हजारों लोग हैं, हर कोई दावा कर देगा कि हम दूसरी किताब ले आए। यह आ गई किताब दूसरी। फिर इलहाम हो गया हमें। यह सब रोकना पड़ेगा। मोहम्मद को अप्रतिम बनाना होगा, आखिरी बनाना होगा। इनके ऊपर फिर किसी को जाने न देना होगा। फिर इससे तुमने जोड़ लिया कि हम मुसलमान और हमारा पैगंबर आखिरी पैगंबर।

हिंदुओं से पूछो। वे कहते हैं कि वेद परमात्मा की किताब, और कोई किताब परमात्मा की नहीं। और वेद परमात्मा का पहला इलहाम।

एक आर्यसमाजी मुझसे मिलने आए। वे कहने लगे कि आप बाइबिल की इतनी प्रशंसा करते हैं और जीसस की इतनी प्रशंसा करते हैं; लेकिन आप हमारी बात पर ध्यान दें। परमात्मा ने सबसे पहले तो वेद उतारा। तो वेद सबसे ज्यादा प्राचीन है। और परमात्मा कुछ गलती थोड़े ही करता है—जो एक दफे भेज दिया, भेज दिया। फिर उसमें सुधार की कोई जरूरत ही नहीं है। फिर सारे धर्म तो बाद में आए। तो ये सब आदमियों की ईजाद है। परमात्मा तो कोई भूल कर ही नहीं सकता। ऐसा थोड़े ही है कि एक भेजा, फिर दस-पचास साल बाद उसने सोचा कि अरे, इसमें कुछ भूल हो गई, फिर दूसरा भेजें, फिर तीसरा भेजें।

तो वे कहने लगे कि हमारी किताब सबसे पहले आई—वह सबूत है इस बात का कि फिर बाकी किताबें सब आदमियों की हैं।

उनकी दलील...वेद से अपने को जोड़ लिया। सनातन धर्म, सबसे पुराना धर्म, सबसे प्राचीन। परमात्मा की पहली किताब।

ईसाई कहते हैं कि समय के साथ रोज, जीवन के साथ रोज बदलाहट होती है। मुसलमान कहते हैं, समय के साथ बदलाहट होती है। तो पुरानी किताब तो सड़ चुकी। वह जिनके लिए भेजी थी, वे भी अब नहीं हैं। वह बात गई। वह तो पहली क्लास की किताब थी। अब मनुष्यता पहुंच गई है विश्वविद्यालय में। अब तुम वही क ख ग पढ़ते रहोगे?

सबकी अपनी दलीलें हैं—अपनी को श्रेष्ठतम सिद्ध करने की दलीलें हैं। लेकिन पीछे बहुत गहरे में यह भाव छिपा है कि हम श्रेष्ठतम से जुड़े हैं, तो हम श्रेष्ठतम हो गए हैं।

स्तुति में भी तुम रस लेते हो। ध्यान रखना, न निंदा में रस लेना, न स्तुति में रस लेना। दोनों रुग्ण रस हैं, बीमार हैं। दोनों को तुम छोड़ दो तो तुम्हारा अहंकार बेसहारा हो जाए। धीरे-धीरे तुम्हारे अहंकार की लकीर पूरी की पूरी विलुप्त हो जाएगी। और जब अहंकार खो जाता है तो जो शेष रह जाता है, वही पाने योग्य है। फिर न तो कुछ देने को है, न कुछ लेने को है। जो है, है।

न ददाति न गृहणाति मुक्तः सर्वत्र नीरसः।

फिर न तो मुक्त पुरुष को कुछ लेना है किसी से, न किसी को कुछ देना है। सब उसका है और कुछ भी उसका नहीं है। सब उसे मिला है और किसी की उसे आकांक्षा नहीं है। वह समस्त के साथ एक हो गया; सर्व के साथ एक हो गया, सर्व-रस में लीन हो गया—इसलिए नीरस है।

इन सूत्रों पर ध्यान करना। और इन सूत्रों को सिर्फ सिद्धांत की तरह मत समझना। ये तुम्हारे जीवन के लिए स्पष्ट निर्देश हैं। इनका जरा उपयोग करोगे तो तुम्हारा अनगढ़ पत्थर गढ़ा जाने लगेगा। तुम्हारे अनगढ़ पत्थर में तुम्हारी प्रतिमा उकरने लगेगी। धीरे-धीरे रूप प्रकट होगा। प्रत्येक व्यक्ति अपने भीतर परमात्मा को छिपाए बैठा है। थोड़े निखार की जरूरत है। थोड़े स्नान की जरूरत है। धूल बह जाए। गलितधीः—विचार गिर जाएं—तो परम आनंद तुम्हारा स्वभाव है।

हरि ॐ तत्सत्!

* * *

प्रवचन : 52

तू स्वयं मंदिर है

2 दिसंबर, 1976

पहला प्रश्न: आपने कहा कि संसार के प्रति तृप्ति और परमात्मा के प्रति अतृप्ति होनी चाहिए। और आपने यह भी कहा कि कोई भी आकांक्षा न रहे; जो है उसका स्वीकार, उसका साक्षी-भाव रहे। इन दोनों वक्तव्यों के बीच जो विरोधाभास है, उसे स्पष्ट करने की अनुकंपा करें।

विरोधाभास दिखता है, है नहीं। और दिखता इसलिए है कि तुम जो भाषा समझ सकते हो वह सत्य की भाषा नहीं। और सत्य की जो भाषा है वह तुम्हारी समझ में नहीं आती।

जैसे समझो...जो तुम समझ सको वहीं से समझना ठीक होगा।

कहते हैं, प्रेम में हार, जीत है। दिखता है विरोधाभास है। क्योंकि हार कैसे जीत होगी? जीत में जीत होती है। और अगर प्रेम को न जाना हो तो तुम कहोगे, यह तो बात उलटबांसी हो गई, यह तो पहेली हो गई। हार में कैसे जीत होगी? लेकिन अगर प्रेम की एक बूंद भी तुम्हारे जीवन में आई हो, जरा सा झोंका भी प्रेम का आया हो, एक लहर भी उठी हो, तो तुम तत्क्षण पहचान लोगे विरोधाभास नहीं है।

प्रेम में हार जाना ही जीत जाना है। जो हारा वही जीता। प्रेम में समर्पण विजय का मार्ग है। लेकिन प्रेम जाना हो तो यह प्रेम की भाषा समझ में आ जाएगी; न जाना हो तो समझने का कोई उपाय नहीं। अगर तुमने तलवार की ही भाषा जानी है, हिंसा

से ही परिचय है, दबा-दबा कर ही लोगों को जीता है, तो तुम्हें कोई पता नहीं हो सकता कि झुक कर भी जीता जा सकता है।

ठीक ऐसी ही बात है। परमात्मा के लिए अतृप्ति, महातृप्ति है। संसार में तो तृप्ति भी तृप्ति नहीं है। संसार में तो अतृप्ति ही अतृप्ति है। संसार का स्वभाव जलना है, जलाना है—लपटें ही लपटें हैं।

बुद्ध ने जब अपना राजमहल छोड़ा और उनका सारथी उन्हें समझाने लगा कि आप कहां जाते हैं? कहां भागे जाते हैं? पीछे लौट कर देखें महल—ये स्वर्णमहल, यह सब सुख-शांति, यह तृप्ति का साम्राज्य, यह पत्नी सुंदर, यह बेटा, यह पिता—ये कहां मिलेंगे? ये सब सुख-चैन! बुद्ध ने लौट कर देखा और कहा : मैं तो वहां केवल लपटों के अतिरिक्त कुछ भी नहीं देखता हूं। सब जल रहा है। न कोई स्वर्णमहल है, न कोई पत्नी है, न कोई पिता है। सब जल रहा है। सिर्फ लपटें ही लपटें हैं!

सारथी, बुद्ध ने कहा, तुम लौट जाओ। मैं अब इन लपटों में वापस न जाऊंगा।

सारथी ने बड़ी कोशिश की। बूढ़ा आदमी था और बचपन से बुद्ध को जाना था, बड़े होते देखा था; लगाव भी था। समझाया-बुझाया, चुनौती दी। आखिर में कुछ न बना तो उसने चोट की। उसने कहा : यह पलायन है। यह भगोड़ापन है। कहां भागे जा रहे हो? यह कोई क्षत्रिय का गुण-धर्म नहीं।

बुद्ध हंसे और उन्होंने कहा : घर में आग लगी हो तो घर के बाहर आते आदमी को तुम भगोड़ा कहोगे? और वह जो आग के बीच में बैठा है उसको तुम बुद्धिमान कहोगे?

तो उस सारथी ने कहा : लेकिन आग लगी हो तब न?

बुद्ध ने कहा : वही कठिन है, मुझे दिखाई पड़ता है कि आग लगी है; तुम्हें दिखाई नहीं पड़ता आग लगी है। हमारी भाषाएं अलग हैं। मैं कुछ कह रहा हूं, तुम कुछ समझ रहे हो। तुम कुछ कहते हो, उससे मेरे संबंध टूट गए हैं।

संसार में तृप्ति भी कहां तृप्ति है? सब झूठ है यहां। तुमसे कोई पूछता है, कहो कैसे हो? तुम कहते हो, सब ठीक है। कभी तुमने गौर किया? इस 'सब ठीक' के भीतर कुछ भी ठीक है? कहते हो : सब चंगा। इसमें कुछ भी चंगा है? कहने को कह देते हो, लेकिन कभी गौर से देखा, जो कह रहे हो उसमें जरा सा भी सत्य है, सत्य की झलक भी है?

नहीं, यहां तुमने जो भी जाना है उसमें तृप्ति नहीं है। तृप्ति यहां हो नहीं सकती।

तो जब मैंने तुमसे कहा, संसार के प्रति तृप्ति, तो मैंने यह कहा कि संसार पर बहुत ध्यान ही मत दो; ध्यान देने योग्य नहीं है। यहां तो जो है, ठीक है। क्योंकि यहां ठीक कुछ भी नहीं है। इसलिए तुमसे कहता हूं : जो है सो ठीक है। अब इसमें बहुत

दौड़-धूप मत करो। दौड़-धूप करके भी ठीक न हो सकेगा। संसार का स्वभाव ही ठीक होना नहीं है।

सुना है मैंने, एक महिला अमरीका के एक सुपर मार्केट में खिलौने खरीद रही थी। बच्चों का एक खिलौना है, जिसमें टुकड़े-टुकड़े हैं और बच्चे को जमाना है। वह जमा-जमा कर देखती है, लेकिन वह जमता नहीं। उसका पति भी खड़ा है, वह गणित का प्रोफेसर है। वह भी जमाने की कोशिश करता है, लेकिन वह जमता नहीं। आखिर उन दोनों ने सिर-पच्ची करने के बाद दुकानदार से पूछा कि यह मामला क्या है? मैं गणित का प्रोफेसर हूं, मैं इसे जमा नहीं पा रहा, मेरा छोटा बेटा कैसे जमाएगा?

वह दूकानदार हंसने लगा। उसने कहा, यह खिलौना बनाया ही इस तरह गया है कि यह जम नहीं सकता। जमाने के इरादे से बनाया नहीं है। यह तो खिलौना इस आधुनिक जगत का सबूत है, प्रतीक है, कि कितनी ही कोशिश करो, जमेगा नहीं। न तुमसे जमेगा, न तुम्हारे बेटे से। जम ही नहीं सकता, क्योंकि यह बनाया ही नहीं गया है जमने के लिए।

संसार जमने के लिए बना नहीं है। जम जाता तो तुम परमात्मा को खोजते ही नहीं। परमात्मा की खोज क्यों पैदा होती है? क्योंकि संसार नहीं जमता। अगर जम जाता तो बुद्ध खोजते? अगर जम जाता तो महावीर खोजते? जम जाता तो अष्टावक्र खोजते? अगर संसार जम जाए तो परमात्मा गैर-अनिवार्य हो गया!

इसे तुम समझो। अगर संसार में तृप्ति संभव हो सके तो धर्म व्यर्थ हो गया। फिर धर्म का अर्थ क्या है? संसार में तृप्ति नहीं हो सकती है, इसलिए धर्म की सार्थकता है। तो हम तृप्ति को कहीं और खोजते हैं।

इसलिए मैंने तुमसे कहा कि जो भी है यहां--थोड़ा या ज्यादा—इससे राजी हो जाओ। राजी होने का मतलब यह नहीं है कि इससे तृप्ति मिल जाएगी। इससे राजी होने का मतलब यह है कि अब इसमें और दौड़-धूप मत करो। अब इस खिलौने को और मत जमाओ; यह जमने वाला नहीं है। और परमात्मा के लिए अतृप्त हो जाओ। वहां अतृप्ति ही तृप्ति है। वहां प्यास ही प्यास का बुझ जाना है। वहां प्यास जितनी प्रबल होगी उतना ही सरोवर निकट आ जाता है। जिस दिन प्यास इतनी गहरी होती है कि प्यास ही बचती है, तुम नहीं बचते—उसी क्षण वर्षा हो जाती है। तुम जिस दिन सिर्फ एक लपट रह जाते हो, एक प्यास...।

शेख फरीद एक नदी के किनारे बैठा था और एक आदमी ने उससे आकर पूछा कि परमात्मा को कैसे खोजें? फरीद ने उस आदमी की तरफ देखा। फरीद थोड़ा अजीब फकीर था। उसने कहा, मैं स्नान करने जा रहा हूं, तू भी स्नान कर ले। या तो स्नान के बाद तुझे बता देंगे, अगर मौका लग गया तो स्नान में ही बता देंगे।

वह आदमी थोड़ा डरा भी : स्नान में बता देंगे! यहां तक तो बात समझ में आती है कि स्नान के बाद बता देंगे—स्नान कर लो, फिर जिज्ञासा करना—मगर स्नान में बता देंगे! उसने सोचा कि फकीरों की बातें हैं, सधुक्कड़ी भाषा है, कुछ मतलब होगा। उतर पड़ा वह भी। फरीद तो मजबूत आदमी था। जैसे ही उसने नदी में डुबकी लगाई—उस आदमी ने—फरीद ने उसकी गर्दन पानी के भीतर पकड़ ली और छोड़े न। वह आदमी बड़ी ताकत लगाने लगा। फरीद से बहुत कमजोर था, लेकिन एक ऐसा वक्त आया कि उसने इतनी जोर से ताकत लगाई कि वह फरीद के फंदे के बाहर हो गया। बाहर निकल कर तो वह आगबबूला हो गया। उसने कहा : हम आए ईश्वर को खोजने, आत्महत्या करने नहीं। तुम हमें मारे डालते हो!

फरीद ने कहा : यह बात पीछे, एक सवाल पूछना है। जब पानी में मैंने तुझे डुबा दिया, तो कितनी वासनाएं तेरे मन में थीं?

उसने कहा : कितनी वासनाएं! एक ही वासना बची थी कि एक श्वास हवा किसी तरह मिल जाए। फिर तो वह भी खो गई। फिर तो उसका भी होश न रहा। फिर तो मुझमें और मेरी श्वास को पाने की आकांक्षा में भेद ही न रहा। मैं ही वही आकांक्षा हो गया। उसी वक्त तो मैं तुम्हारे पंजे के बाहर निकल पाया।

फरीद ने कहा : बस यह मेरा उत्तर है। जिस दिन परमात्मा को इस भांति चाहेगा कि चाहने वाले में और चाह में भेद न रह जाएगा, उसी दिन मिलना हो जाएगा। अब तू जा।

जब मैंने तुमसे कहा कि परमात्मा के लिए अतृप्ति, तो मेरा अर्थ है, संसार के लिए तृप्त हो जाओ, यहां तृप्ति मिलती नहीं है; परमात्मा के लिए अतृप्त हो जाओ, वहीं तृप्ति मिलती है।

प्यास गहरी ही स्वयं में तृप्ति है
तृप्ति बाहर से कहीं आती नहीं।

प्रश्न का उत्तर मिलेगा तब कि जब
तुम पूछने में प्रश्न खुद बन जाओगे
और वह संगीत जन्मेगा तभी
गीत बन कर गीत जब तुम गाओगे
साधना तो सिद्धि का पर्याय ही है
सिद्धि बाहर से कहीं आती नहीं।
प्यास गहरी ही स्वयं में तृप्ति है
तृप्ति बाहर से कहीं आती नहीं।

आत्मदर्शन द्वार पूरा खोल दे
प्राप्ति की प्रेयसी उसी से आएगी
छोड़ दे ओढ़े अहं के आवरण को
मुक्ति तेरी अंकिनी हो जाएगी
तू स्वयं मंदिर स्वयं ही वंदना है
मूर्ति बाहर से कहीं आती नहीं।
प्यास गहरी ही स्वयं में तृप्ति है
तृप्ति बाहर से कहीं आती नहीं।

पूर्ण एवं शून्य में अंतर नहीं कुछ
एक ही स्थिति के प्रकट दो रूप हैं
एक ही सागर समाया है अतल में
दूर से देखो तभी दो कूप हैं
दृश्य द्रष्टा में नहीं मध्यस्थ कोई
दृष्टि बाहर से कहीं आती नहीं
प्यास गहरी ही स्वयं में तृप्ति है
तृप्ति बाहर से कहीं आती नहीं।

तो जब मैं तुमसे कहता हूं परमात्मा के लिए परिपूर्ण रूप से अतृप्त हो जाओ, प्यासे—उसी प्यास में से तृप्ति उमगेगी। वही प्यास बीज बन जाएगी। उसी बीज से तृप्ति का वृक्ष पैदा होगा। ऐसा नहीं है कि प्यासे तुम होओगे तो तृप्ति कहीं बाहर से आएगी। तुम्हारी प्यास में ही तृप्ति का जन्म है। प्यास गर्भ है। तृप्ति उसी गर्भ में बड़ी होती है। तुम्हारे प्यास के गर्भ से ही तृप्ति का जन्म होता है।

रमण महर्षि अपने साधकों को कहते थे: एक प्रश्न पूछते रहो, मैं कौन हूं? मैं कौन हूं? मैं कौन हूं? ऑसबर्न नाम का विचारक उनके पास आया और उसने पूछा कि क्या यह पूछते रहने से उत्तर मिल जाएगा? क्या ऐसी घड़ी आएगी कभी जब कि उत्तर मिलेगा?

रमण ने कहा: उत्तर? उत्तर इस प्रश्न में ही छिपा है! तुम इसे जिस दिन इस प्रगाढ़ता से पूछोगे कि तुम अपना सब कुछ उस पूछने में दांव पर लगा दोगे, बस यही प्रश्न उत्तर बन जाएगा। उत्तर कहीं बाहर से आता नहीं। तुम्हें जो मिलने वाला है, तुम्हारे भीतर छिपा है।

परमात्मा की अतृप्ति का इतना ही अर्थ है कि जो बाहर है, अब बहुत खोज चुके, उसे मत खोजो। अब जो भीतर है उसे खोजो।

'आपने कहा कि संसार के प्रति तृप्ति और परमात्मा के प्रति अतृप्ति होनी चाहिए। और आपने यह भी कहा कि कोई भी आकांक्षा न रहे।'

परमात्मा कोई आकांक्षा नहीं है, क्योंकि परमात्मा तुम्हारा स्वभाव है। आकांक्षा मात्र पर की होती है। परमात्मा पर है ही नहीं। इसलिए कुछ ज्ञानियों ने तो 'परमात्मा' शब्द का उपयोग ही नहीं किया; सिर्फ 'आत्मा' शब्द का उपयोग किया है, क्योंकि परमात्मा में पर आ जाता है। शब्द में तो आ जाता है, कि जैसे कोई दूसरा। आकांक्षा सदा पर की है; कुछ और की, जो नहीं मिला है, उसकी है। परमात्मा तो तुम्हें मिला ही हुआ है। वह तुम्हारा स्वभाव है। तुम उसे खो भी नहीं सकते; सिर्फ भूल सकते हो या याद कर सकते हो। अतृप्ति तुम्हें याद दिला देगी। जो सदा से तुम्हारे भीतर मौजूद था उसकी प्रतीति और साक्षात्कार हो जाएगा। आकांक्षा का तो अर्थ होता है, जो मेरे पास नहीं है।

एक युवक ने मुझसे आकर पूछा कि आप मुझे क्या देंगे अगर मैं संन्यस्त हो जाऊं? तो मैंने उससे कहा, मैं तुम्हें वही दे दूंगा जो तुम्हारे पास है ही और तुमसे वही छीन लूंगा जो तुम्हारे पास नहीं है।

कुछ चीजें हैं जो तुम्हारे पास नहीं हैं और तुम सोचते हो तुम्हारे पास हैं। और कुछ चीजें हैं जो तुम्हारे पास हैं और तुमने भूल कर भी नहीं सोचा कि तुम्हारे पास हैं। मैं तुम्हें वही दे दूंगा जो तुम्हारे पास है। और तुमसे वही ले लूंगा जो तुम्हारे पास नहीं है। जो नहीं है, वह छीन लूंगा; जो है, वह दे दूंगा।

अंतरतम की इस अतृप्ति में तुम्हें सिर्फ अपना ही साक्षात्कार होगा।

अब इस साक्षात्कार के दो मार्ग हैं, जैसा मैं बार-बार कहता हूं। एक मार्ग प्रेम का है, एक मार्ग ध्यान का। अगर तुम प्रेम के मार्ग से चल रहे हो तो तुम साक्षी की बात ही भूल जाओ। 'साक्षी' शब्द प्रेम के मार्ग पर नहीं आता। वह प्रेम के भाषा-कोष में नहीं है। प्रेमी साक्षी थोड़े ही होता है, भोक्ता होता है। प्रेमी भगवान को भोगता है, साक्षी थोड़े ही! प्रेमी भगवान को जीता है, पीता है; साक्षी थोड़े ही। 'साक्षी' शब्द प्रेम की भाषा का हिस्सा नहीं है। इसलिए तुम्हें अड़चन हो गई। अगर प्रेम की भाषा का उपयोग करते हो, अगर प्रेम के मार्ग पर चलते हो, तो तुम अतृप्त हो जाओ, जैसे पागल प्रेमी। जैसे मजनू। ऐसे तुम पागल हो जाओ। भूलो, साक्षी इत्यादि का फिर कोई प्रयोजन नहीं है। अगर तुम प्रेम के मार्ग पर नहीं चल सकते, अगर प्रेम तुम्हारा स्वाभाविक गुणधर्म नहीं है और ध्यान के मार्ग पर चलते हो, तो फिर अतृप्ति नहीं। फिर साक्षी। फिर तुम जागो। जो है उसे देखो।

प्रेम का अर्थ है: जो है उसमें डूबो। साक्षी का अर्थ है: जो है उसे देखो।

साक्षी का अर्थ है: किनारे बैठ जाओ। प्रेम का अर्थ है: सागर में डुबकी लगाओ।

अब यह तुम्हें कठिन होगा एकदम से समझना कि जिसने सागर में डुबकी लगा ली प्रेम के, वह किनारे पर बैठ जाता है। अब यह विरोधाभास मालूम होगा। और जो किनारे पर बैठ गया साक्षी हो कर, उसकी डुबकी लग जाती है। ये दोनों उपाय एक ही जगह पहुंचा देते हैं। उपाय की तरह भिन्न हैं, अंतिम निष्पत्ति की तरह भिन्न नहीं हैं। मगर तुम उस उलझन में अभी न पड़ो। या तो किनारे पर बैठ जाओ। और जिस दिन किनारे पर बैठे-बैठे अचानक पाओगे डुबकी लग गई, बैठे-बैठे लग गई, किनारे पर ही मंझधार पैदा हो गई—उस दिन तुम समझोगे कि अरे, विरोधाभास नहीं था। अलग-अलग भाषावली थी। अलग-अलग कहने का ढंग था। या, सागर में डुबकी लगा कर जब तुम अचानक आंख खोलोगे और पाओगे किनारे पर बैठे हो—जल छूता भी नहीं, कमलवत—तब तुम समझोगे कि वह जो साक्षी की बात कर रहे थे वे भी ठीक ही बात कर रहे थे।

ध्यान और प्रेम अंतिम चरण में मिल जाते हैं। लेकिन अंतिम चरण में ही मिलते हैं, उसके पहले नहीं। उसके पहले दोनों के रास्ते बड़े अलग-अलग हैं। प्रेमी रोता है—रसविभोर, पुकारता है, विकल हो कर। ध्यानी शांत होकर बैठ जाता है—न पुकार, न विरह। ध्यानी तो बिलकुल शून्य होकर बैठ जाता है; कहीं जाता ही नहीं, कुछ खोजता ही नहीं; सब आकांक्षा से शून्य हो जाता है। प्रेमी सारी आकांक्षाओं को एक ही आकांक्षा में बदल देता है—प्रभु को पाने की। ध्यानी शून्य हो जाता; प्रेमी परमात्मा को अपने में भरने लगता है। और शून्य और पूर्ण आखिरी स्थिति में एक ही चीज सिद्ध होते हैं—एक ही चीज को देखने के दो ढंग।

तुम इस उलझाव में मत पड़ना। मुझे सुनने वाले इस उलझाव में पड़ सकते हैं। ऐसी झंझट पहले न थी। कम से कम दूसरे गुरुओं के साथ न थी। मीरा कहती तो प्रेम की ही बात कहती थी; साक्षी की बात ही न उठाती थी। और अष्टावक्र कहते तो साक्षी की ही बात कहते; प्रेम की बात न उठाते। सुनने वालों को सुविधा थी। मैं कभी तुमसे प्रेम की बात कहता हूं, कभी साक्षी की—इससे विरोधाभास पैदा हो जाता है।

लेकिन मैं तुमसे यह कहना चाहता हूं कि अष्टावक्र आधी मनुष्यता के लिए बोले और मीरा भी आधी मनुष्यता के लिए बोली—मैं पूरी मनुष्यता के लिए बोल रहा हूं; पूरे मनुष्य के लिए बोल रहा हूं। इससे अड़चन आती है। और इस बोलने के पीछे कुछ प्रयोजन है। प्रयोजन यह है कि अब तक जितने धर्म पैदा हुए सब अधूरे हैं। जैसे जैन धर्म है, वह साक्षी का धर्म है। उसमें स्त्री को जगह नहीं। उसमें प्रेमी को जगह नहीं। उसमें भक्ति-भाव को जगह नहीं।

दुनिया में आधी स्त्रियां हैं, आधे पुरुष हैं। तुम जान कर हैरान होओगे, जैन शास्त्र कहते हैं कि स्त्री-पर्याय से मोक्ष नहीं। अगर किसी स्त्री को कभी मोक्ष मिलेगा तो पहले

पुरुष-पर्याय में होना पड़ेगा, तब मोक्ष मिलेगा। क्यों? बुद्ध का मार्ग भी साक्षी का मार्ग है। बुद्ध ने वर्षों तक इंकार किया, स्त्रियों को दीक्षा नहीं देंगे। टालते रहे। क्यों? दुनिया में आधी स्त्रियां हैं। अगर जैन धर्म जीत जाए तो आधी ही दुनिया धार्मिक हो पाएगी। और इस बात को खयाल रखना, अगर स्त्रियां अधार्मिक रहें तो पुरुष धार्मिक हो न पाएंगे। क्योंकि उनका आधा अंग अधार्मिक रहेगा। बहुत कठिन हो जाएगी बात। यात्रा बहुत दूर तक न हो पाएगी। टूटा-फूटा धर्म होगा, खंडित धर्म होगा।

मीरा है, चैतन्य हैं, कबीर हैं—वे प्रेम की बात करते हैं। अगर उनकी बात सही है तो ध्यान का क्या होगा? अगर उनकी ही बात सही है तो उन लोगों का क्या होगा जो प्रेम करने में समर्थ नहीं? जिनके हृदय में मरुस्थल जैसा सन्नाटा है, शून्य है—वे भी हैं। उनका क्या होगा? उनकी भी संख्या आधी है।

मेरे हिसाब में, इस जगत में एक गहरा संतुलन है। जैसे आधी स्त्रियां, आधे पुरुष; आधा दिन, आधी रात; धूप और छाया का मेल है—ऐसे हर चीज आधी-आधी है। यहां आधे लोग ध्यान के मार्ग से पहुंचेंगे और आधे लोग भक्ति के मार्ग से पहुंचेंगे।

अब तक दुनिया के जितने धर्म थे, वे अधूरे-अधूरे थे। और किसी धर्म ने मनुष्य की पूर्णता को छूने की चेष्टा नहीं की। खतरा था। वह खतरा मैं उठा रहा हूं। खतरा यह है कि अगर मनुष्य की पूर्णता को ध्यान में रखा जाए तो बातें बड़ी विरोधाभासी हो जाती हैं। साधक को साफ-सुथरापन नहीं मालूम होता। उसे लगता है : 'क्या करें, क्या न करें? यह भी ठीक है, यह भी ठीक है—हम क्या चुनें?'

तुम चाहते हो कोई निश्चयपूर्वक कह दे कि यही ठीक है, और सब गलत है। यही तुमसे तुम्हारे धर्मगुरु कहते रहे कि यही ठीक है, बस यही ठीक है, और सब गलत है। इसलिए नहीं कि और सब गलत है; सिर्फ इसलिए ताकि तुम निश्चित हो जाओ; ताकि तुम्हारे संदेह से भरे मन में निश्चय की किरण पैदा हो जाए।

नहीं, मगर यह निश्चय की किरण बड़ी महंगी पड़ी। मुसलमान समझते हैं, मुसलमान ठीक हैं, हिंदू गलत है। हिंदू समझते हैं हिंदू ठीक, मुसलमान गलत है। इस निश्चय की किरण से धर्म तो आया नहीं, युद्ध आए। इस निश्चय की किरण से संघर्ष हुआ, हिंसा हुई, खूनपात हुआ।

नहीं, मैं तुम्हें यह निश्चय की किरण नहीं देना चाहता। मैं तुम्हें समझ की किरण देना चाहता हूं। मेरे देखे, जितना समझदार आदमी होगा उतना ही 'मुझसे विपरीत भी सही हो सकता है' इसकी उदारता उसमें होगी। वही उदारचित्त 'महाशय' है। वह यह जानेगा कि मैं ही ठीक हूं, ऐसा नहीं; मुझसे विपरीत भी ठीक हो सकता है। क्योंकि परमात्मा बड़ा है। वह मुझसे विपरीत को भी सम्हाल सकता है। परमात्मा में विरोधाभास लीन हो सकते हैं, एक-दूसरे में समाहित हो सकते हैं। परमात्मा विरोधों के बीच संगीत है।

इसलिए जो ज्ञान समझपूर्वक पैदा हो—निश्चय के कारण नहीं, अंधी श्रद्धा के कारण नहीं, जबरदस्ती आंख बंद करके नहीं...। नहीं तो फिर मैं ठीक हूं, तुम गलत हो। क्योंकि तब तो ऐसा लगता है : या तो तुम ठीक हो या मैं ठीक हूं। दोनों कैसे ठीक हो सकते हैं?

मैं तुमसे कहता हूं : दोनों ठीक हैं। इसका यह मतलब नहीं है कि मैं तुमसे कह रहा हूं, तुम दोनों मार्ग पर चलो। दोनों पर चलोगे तो मुश्किल में पड़ोगे। कोई दो नाव पर सवार हो सकता है? या कोई दो घोड़ों पर बैठ सकता है? मैं तुमसे यह कह रहा हूं : दूसरा घुड़सवार भी पहुंच जाएगा; तुमसे नहीं कह रहा हूं कि तुम दो घोड़ों पर बैठो। तुमसे इतना ही कह रहा हूं, उदार चित्त रखो, दूसरा भी पहुंच जाएगा। दूसरे की निंदा मत करो। यह मत कहो कि स्वर्ग सिर्फ हमारा है और तुम्हारे लिए सब नरक है।

स्वर्ग सबके लिए है। स्वर्ग सबका है; किसी की मालकियत नहीं है। और तुम्हें जिस भांति सहज होने में सुविधा मिले, तुम उसी घोड़े पर सवार हो जाओ। एक पर ही सवार होना होगा। चलते समय तो एक ही रास्ता चुनना होगा। तुम्हें पता है कि पहाड़ पर सभी रास्ते ऊपर पहुंच जाते हैं, फिर भी कोई आदमी दो रास्तों पर साथ-साथ तो नहीं चल सकता। जानते हुए कि सभी रास्ते पहाड़ के ऊपर पहुंच जाते हैं, चोटी पर, फिर भी तो तुम्हें एक ही रास्ते पर चलना होगा। तुम दो पर तो चल न सकोगे। तुम अपने पर चलो। लेकिन दूसरे रास्तों वाले लोग भी पहुंच जाते हैं, यह बोध तुम्हें बना रहे। इसलिए मैं सारे मार्गों की इकट्ठी बात कर रहा हूं।

तुम्हें विरोधाभास लगेगा, क्योंकि चित्त को उदार होने में बड़ी कठिनाई होती है। चित्त उदार नहीं है, चित्त बहुत संकीर्ण है। और इस बात का मजा भी तुम्हारा खो जाता है कि हम ही सत्य हैं और दूसरे गलत हैं। लोगों को सत्य की उतनी चिंता नहीं है जितने अहंकार का रस लेने की चिंता है कि मैं ठीक! ठीक की कोई चिंता नहीं है कि ठीक क्या? इसकी चिंता ज्यादा है कि मैं ठीक। यह मजा कि मैं ठीक हूं और तुम गलत हो!

दूसरे को गलत सिद्ध करने में हम बड़े उत्सुक हैं। मैं तुमसे कह रहा हूं : दूसरे को दूसरे पर छोड़ो। अगर उसे मंदिर में बैठ कर मूर्ति पूजनी है, कहो कि प्रभु तुम्हारे मार्ग से तुम्हें मिले, निश्चित मिले। अगर मैं भी पहुंच सका अपने मार्ग से तो अंत में मिलेंगे। फिलहाल के लिए नमस्कार! मगर मेरी शुभकामनाओं के साथ तुम यात्रा करो। और मेरे लिए भी प्रार्थना करना तुम्हारे प्रभु से, तुम्हारे मंदिर की मूर्ति से कि मैं भी पहुंच जाऊं।

इतना उदार चित्त पृथ्वी पर पैदा हो तो पृथ्वी धार्मिक हो पाएगी। मैं चाहता हूं कि दुनिया में न हिंदू हों, न मुसलमान, न सिक्ख, न ईसाई, न पारसी—दुनिया में धार्मिक आदमी हों।

दूसरा प्रश्नः मैंने सुना है कि साधक को साधना के चार चरणों से गुजरना पड़ता हैः तरीकत, शरीअत, मारिफत और हकीकत। अंतिम है हकीकत, जहां साधक अपने सनम से मिलता है और सत्य के साथ उसका साक्षात्कार हो जाता है। भगवान, कृपया पहली तीन स्थितियों को समझाएं।

ये शब्द सूफियों के हैं। बड़े महत्वपूर्ण हैं। बहुत सीधे-साफ भी हैं। पहला है तरीकत। तरीकत का अर्थ होता हैः तौर-तरीका, विधि-विधान, उपाय, योग। तरीकत का अर्थ होता हैः कुछ करना है, तो उसे पा सकेंगे; बिना किए तो न मिलेगा। कुछ रास्ता चलना है; मार्ग खोजना है; पगडंडी बनानी है। कुछ जीवन में अनुशासन लाना है, व्यवस्था देनी है। तरीकत का अर्थ होता है, उसके योग्य हो सकें, इसका तौर-तरीका सीखना है।

तुम किसी सम्राट के दर्शन करने जाते हो, तो तुम उसके दरबार का तौर-तरीका सीखते हो। ऐसे ही तो नहीं चले जाते। ऐसे ही तो स्वीकार न हो सकोगे। तुम सीखोगे कि कैसे वहां बैठेंगे, कैसे वहां उठेंगे, कैसे वहां झुकेंगे। सम्राट से मिलने जा रहे हो तो सम्राट के जीवन का जो ढंग है उस ढंग का कुछ स्वाद तुम्हें लेना होगा।

परमात्मा से मिलने चले हैं तो परमात्मा की थोड़ी सी सुगंध अपने में बसा लें।

तुम्हारे घर कोई मेहमान आता है तो तुम घर को तैयार करते हो। परमात्मा जैसे मेहमान को बुलाया है तो तैयारी तो करोगे न, कुछ इंतजाम तो करोगे, नई चादर तो बिछाओगे पलंग पर, कमरे साफ तो करोगे, रंग-रोगन तो करोगे! तौर-तरीका!

बड़ा प्यारा शब्द है तरीकत। इसका अर्थ हैः जाओ, सदगुरु के चरणों में बैठो। सीखो उससेः कैसे बैठना, कैसे उठना?

अर्जुन ने कृष्ण से पूछा हैः मुझे बताएं प्रभु, स्थितिधी कैसे चलता? कैसे उठता? कैसे बैठता? कैसे बोलता? वह, जिसकी प्रज्ञा थिर हो गई है, उसके उठने, बैठने, चलने का तौर-तरीका मुझे बताएं। तो मैं भी उस ढंग से उठूं, उस ढंग से बैठूं; थोड़ा उस मार्ग की व्यवस्था को समझूं। अनुशासन, डिसिप्लिन।

दूसरा हैः शरीअत। शरीअत का अर्थ है तल्लीनता—जब साधक और साधना एक हो जाए। पहले में तो तरीका रहता है। और तुम जरा सावधानीपूर्वक तरीके का व्यवहार करते हो, क्योंकि अभी नये-नये हो। नया-नया टाइपराइटर चलाते हो या नई-नई कार सीखते हो, तो बड़ा हिसाब रखना पड़ता है। नई कभी कार चलाना सीखा? तो कई चीजें एक साथ संभालनी पड़ती हैं। रास्ता भी देखो, स्टेअरिंग भी खयाल में रखो, ऐक्सीलरेटर पर भी पैर जमाए रखो, ब्रेक का भी ध्यान रखो। गेयर बदलना हो तो क्लिच को दबाना भी न भूल जाओ—सारी फिकर! सिक्खड़ को बड़ी

मुश्किल होती है। इतनी चीजें, अकेली जान! एक तरफ ध्यान देता है, दूसरा चूक जाता है। नीचे की तरफ देखता है तो रास्ता भूल जाता है, रास्ते की तरफ देखता है तो पैर ब्रेक से फिसल जाता है। ऐक्सीलरेटर ज्यादा दब जाता है, क्लिच लगाना भूल जाता है—यह सब होता है। लेकिन धीरे-धीरे जैसे-जैसे तुम पारंगत होते, कुशल होते, फिर...फिर तुम गपशप करते रहते, गाना गाते रहते, रेडियो सुनते रहते और कार चलती रहती है। अब तौर-तरीका तौर-तरीका न रहा, अब तुम्हारे साथ तालमेल हो गया। अब तुम अलग नहीं हो।

मनोवैज्ञानिक तो कहते हैं कि कभी-कभी ऐसी घड़ी आ जाती है रात में, तीन और चार के बीच, कि ड्राइवर को झपकी भी लग जाती है। क्षण भर को आंखें बंद हो जाती हैं, मगर गाड़ी चलती रहती है। उसी वक्त सबसे ज्यादा एक्सीडेंट होते हैं—तीन और चार के बीच। अगर रात भर कोई ड्राइवर गाड़ी चला रहा है तो सबसे ज्यादा खतरनाक समय तीन और चार के बीच है। क्योंकि उस वक्त सबसे ज्यादा गहरी नींद का समय है। उस वक्त कभी-कभी ऐसा हो जाता है कि ड्राइवर सोचता है कि आंख खुली है और आंख बंद हो जाती हैं। ऐसा भी हो जाता है कि आंख बंद हो जाती हैं और मन धोखा देता है; रास्ता भी दिखाई देता है। वह सपना है रास्ते का! रास्ता अब है नहीं। और गाड़ी चलती रहती है।

शराब पी कर भी ड्राइवर ठीक-ठीक चला लेता है। सच तो यह है कि अगर किसी ड्राइवर की परीक्षा लेनी हो कि ठीक-ठीक ड्राइवर है कि नहीं, तो पिला कर ही चलवा कर देख लेना। अगर पीकर भी चला ले तो ठीक ड्राइवर है। तो अब इसमें और इसकी ड्राइविंग में फासला नहीं रहा है।

शरीअत का अर्थ होता है, अब अनुशासन अलग नहीं रह गया, खून में एक हो गया—हड्डी-मांस-मज्जा में समा गया। ऐसा नहीं है कि अब तुम्हें चेष्टा करके करना पड़ता है। अब तुमसे होता है। अब तुम न भी ध्यान दो तो भी वैसा ही होता है जैसा होना चाहिए।

एक तो प्रार्थना है जो याद रख कर करनी पड़ती है। एक तो ब्रह्ममुहूर्त में उठना है कि अलार्म भरो तो उठ सकते हैं। फिर, एक घड़ी आती है जब ब्रह्ममुहूर्त का आनंद इतना लीन कर लेता है तुम्हें कि ब्रह्ममुहूर्त में तुम सोना भी चाहो तो नहीं सो सकते; नींद खुल ही जाती है। तब तरीकत शरीअत बन गई।

तरीकत में उपाय है, विधि है और मैं का भाव है, सेल्फ कांशस। जो आदमी तरीकत में जी रहा है वह अभी अहंकार के बाहर नहीं गया है। अहंकार से बाहर जाने का आयोजन कर रहा है, लेकिन अभी अहंकार के भीतर है। शरीअत में तल्लीनता आ गई : साधक और साधना में भेद न रहा। अहंकार विसर्जित होने लगा। शरीअत में मैं खो जाता है।

फिर तीसरी स्थिति है: मारिफत। पहले में मैं रहता, दूसरे में मैं खो जाता और तीसरे में परमात्मा की झलक मिलनी शुरू होती है। पहले में सिर्फ तौर-तरीका था; दूसरे में साधना जीवन का अनुषंग बन गई, लीनता आ गई; तीसरे में परमात्मा की झलक मिलनी शुरू होती है। क्योंकि जहां मैं मिटा, वहीं झलक आई, झरोखा खुला। लेकिन अभी झलक जैसे दूर से आ रही है; जैसे हजारों मील दूर से किसी दिन सुबह उगते हुए सूरज में—आकाश खुला हो—तो तुमने हिमालय का शिखर देखा हो। चमकता हुआ धूप में, हजारों मील दूर से दिखाई पड़ जाता है। लेकिन अभी फासला बहुत है। अभी झलक मिली है परमात्मा की!

चौथे में, जिसको सूफी हकीकत कहते...। हकीकत बनता है 'हक' शब्द से। हक का मतलब होता है सत्य। तुमने सुना होगा, अलहिल्लाज मंसूर का प्रसिद्ध वचन: 'अनलहक'—मैं सत्य हूं। हकीकत पर पहुंच गया। जिसको भारत में ब्रह्मज्ञान कहते हैं—हकीकत। ब्रह्मज्ञान से भी अच्छा शब्द है हकीकत। क्योंकि सत्य, सिर्फ सत्य की बात है। अब परमात्मा की भी बात न रही। जब तक परमात्मा है तब तक तुम और परमात्मा थोड़े अलग-अलग, फासला है। झलक मिली। तुम्हारा 'मैं'-भाव मिट गया है, लेकिन अभी परमात्मा में 'तू'-भाव मौजूद है।

तो ऐसा समझो, तरीकत में 'मैं' मौजूद है; शरीअत में 'मैं' नहीं; मारिफत में 'तू' उदय हुआ—परमात्मा प्रकट हुआ। और हकीकत में न 'तू' रहा न 'मैं'; सिर्फ सत्य रह गया—अद्वैत, एक। 'मैं' और 'तू' के सारे फासले गिर गए।

यह साधक की यात्रा है। तीन पड़ाव हैं, चौथी मंजिल है। तीन पर कहीं बीच में मत रुक जाना। बहुत लोग तौर-तरीके में ही रुक जाते हैं। वे सदा यही सीखते रहते हैं कि बाएं नाक को दबा कर दाएं से सांस लें, कि दाएं को दबा कर बाएं से सांस लें, कि नौली-धोती करें, कि शीर्षासन लगाएं। सब अच्छा है। बुरा कुछ भी नहीं। लेकिन जिंदगी भर यही करते रहे, सदा इसी में रम गए...। ऐसे बहुत लोग हैं। जिनको तुम योगी कहते हो वे अक्सर इसी में उलझ गए होते हैं। इसका ही फैलाव फैल जाता है। बस वे शरीर की ही शुद्धि में लगे रहते हैं। कभी उपवास करेंगे, कभी जल लेंगे; कभी फलाहार करेंगे—बस इसी में सारा, चौबीस घंटे, जीवन का क्रम इसी में उलझ गया।

तरीकत की आवश्यकता है, लेकिन तरीकत कोई लक्ष्य नहीं है। यह ठीक है कि घर को सजाओ, लेकिन सजाते ही मत रहो। यह ठीक है कि मेहमान आता है तो तैयारी करो, लेकिन मेहमान को भूल ही मत जाओ, कि मेहमान आकर द्वार पर भी खड़ा हो जाए और तुम तैयारी में ही लगे हो। और तुम्हारी तैयारी ऐसी हो गई है कि तुम अब उसकी भी फिकर नहीं करते, तुम उससे भी कहते हो: 'रुको जी! तैयारी हो जाने दो! बीच-बीच में बाधा मत डालो!'

रामतीर्थ ने कहा है कि एक युवक परदेस गया। उसकी प्रेयसी उसकी बहुत दिन तक राह देखती रही। पत्र उसके आते रहे। वह कहता, अब आऊंगा, तब आऊंगा, लेकिन आता-करता नहीं। आखिर प्रेयसी थक गई। और वह पहुंच गई परदेस। वह पहुंच गई उसके द्वार पर। वह कुछ लिख रहा था। तो वह बैठ गई देहली पर, कि वह लिखना पूरा कर ले। वह बड़ी तल्लीनता से लिख रहा है। उसके आंसू बह रहे हैं। वह बड़े भाव में निमग्न है। उसको पता ही नहीं चला कि यह आकर बैठी है। आधी रात होने लगी। तब उस प्रेयसी ने कहा कि अब रुको भी, कब तक लिखते रहोगे? मैं कब तक बैठी रहूं? वह तो घबड़ा कर उसने आंख खोली। उसको तो भरोसा न आया। उसने तो समझा कोई भूत-प्रेत है, कि मर गई मेरी प्रेयसी, या क्या हुआ! 'तू यहां कैसे?' वह तो एकदम थरथराने लगा।

उसने कहा: अरे घबराओ मत, मैं यहां बड़ी देर से बैठी हूं।

तो उसने कहा: तूने पहले क्यों नहीं कहा?

तो उसने कहा: मैंने सोचा कि आप कुछ लिख रहे हैं।

उसने कहा: क्या खाक लिख रहा हूं, पत्र लिख रहा हूं तुझी को। तू पहले ही कह दी होती!

तो कुछ लोग ऐसे हैं: बहियां रखे बैठे हैं। राम-राम, राम-राम लिख रहे हैं। अगर राम भी आकर खड़े हो जाएं, वे कहेंगे: ठहरो, हमारी बही पूरी होने दो! कोई मंत्र पढ़ रहा है, तो मंत्र में ही लगा है। वह सुनेगा भी नहीं। तो वह भगवान की भी नहीं सुनेगा।

तरीकत में उलझ मत जाना। बहुत लोग उलझ गए हैं। क्रियाकांडी हो जाते हैं। उनका काम ही यही होता है।

मैं एक सज्जन को जानता था। उनकी बड़ी प्रतिष्ठा थी। गांव के लोग कहते बड़े धार्मिक हैं। मैं कभी-कभी उस गांव जाता था। मैंने पूछा कि मामला क्या है, इनके धार्मिक होने का राज? तो उन्होंने कहा कि ये बड़े शुद्धि से जीते हैं। तो मैं एक दिन चौबीस घंटे उनका खयाल रखा कि वे किस तरह जीते, क्या करते हैं। उनकी शुद्धि अदभुत थी। वे पानी भरने जाएं नल से—गरीब आदमी थे, घर में नल भी न था, सड़क के नल से पानी भर कर लाएं—मगर अगर स्त्री दिखाई पड़ जाए तो वे फौरन उलट दें। अशुद्ध हो गया पानी! फिर मल कर वह अपनी गगरी को साफ करें। अब स्त्रियों का कोई ठिकाना है! रास्ता चल रहा है, फिर कोई स्त्री निकल गई। वह फिर उनका उलट गया। कभी पचास दफे भी! मगर चाहे सांझ हो जाए, मगर वे शुद्ध पानी लेकर ही लौटें। फिर खुद ही अपने हाथ से भोजन बनाना। फिर खुद ही कपड़े धोना।

मैंने उनसे पूछा कि तुम्हें और कुछ करने को फ़ुर्सत मिलती है? उन्होंने कहा: फुरसत कहां? शुद्धि में ही सब समय चला जाता है। और शुद्धि हर चीज की। घी भी

खुद बनाना। तीन घंटे से ज्यादा पुराना हो जाए घी, अशुद्ध हो गया। आटा रोज पीसना। रखा कल का आटा बासा हो गया।

मैंने उनसे पूछा कि तुम भगवान का कब ध्यान करोगे? वे कहने लगे कि कभी-कभी मुझे भी सोच आता है कि यह मैं किस जाल में पड़ा हूं! मगर अब पड़ गया हूं और इसी में मेरी प्रतिष्ठा है! यह गांव भर मुझे पूजता है। लोग गेहूं दे जाते, चावल दे जाते, दूध दे जाते—यही मेरी प्रतिष्ठा है। मगर मैं मर गया शुद्धि में! मेरी जिंदगी ऐसे बीत गई। अब मुझे भी डर लगता है कि स्त्री निकल जाए...कभी-कभी मैं भी सोचता हूं भर लो, कौन देख रहा है। मगर यह भी डर रहता है कि किसी ने देख लिया! अब एक जाल में फंस गया हूं। अब निकलना मुश्किल हो रहा है।

तुम अपने साधुओं को देखो, मुनियों को देखो—एक जाल है जिसमें फंस गए हैं।

एक जैन मुनि ने मुझे कहा कि फुर्सत ही नहीं मिलती कि कभी ध्यान कर लें। और साधु इसीलिए हुए थे कि ध्यान करना है। मगर फुर्सत मिले तब न! क्रियाकांड ऐसा है, उस क्रियाकांड में ही सब समय चला जाता है। फिर थोड़ा-बहुत समय बचता है तो श्रावक आ जाते हैं, उनके साथ सत्संग करना पड़ता है। सत्य अभी खुद भी मिला नहीं। उस सत्य को बांटना पड़ता है, सत्संग करना पड़ता है! जो बात खुद भी पता नहीं चली वह दूसरों को समझानी पड़ती है। और ज्यादा से ज्यादा परिणाम यही होगा कि इनमें से कोई श्रावक फंस जाएगा तो जो दुर्दशा इनकी हुई वही उसकी होगी। ऐसे जाल चलता है।

हमारे पास एक शब्द है, गोरखधंधा। अगर तरीकत में उलझ गए तो गोरखधंधा हो जाता है। गोरखधंधा आया है संत गोरखनाथ से। गोरखनाथ ने इतनी विधि-विधियां खोजीं, इतनी नौली-धोती, ऐसा करो वैसा करो, कि उससे ही यह शब्द बन गया 'गोरखधंधा'—कि जो फंस गया गोरखधंधे में, वह फिर निकल नहीं पाता। विधियों का तो अनंत जाल है। तुम उससे कभी बाहर न आ सकोगे। बाहर आने का कोई उपाय ही न पाओगे। एक विधि में से दूसरी निकलती जाती है। दूसरी में से तीसरी निकलती आती है।

तरीकत की एक सीमा है। सीमा का ध्यान रहे। एक मर्यादा है। मर्यादा की सूझ रहे, समझ रहे। फिर शरीअत है। तो ही शरीअत आएगी। अगर तरीकत से ऊपर उठे, अगर गोरखधंधे में न खो गए, तो ही दूसरी घड़ी आएगी। दूसरी घड़ी बड़ी आवश्यक है—तल्लीनता की। विधि-विधान से छूटे, जीवन थोड़ा सहज हुआ। अब बोध से जीयो, विधि-विधान से नहीं। अब ब्रह्ममुहूर्त में ही उठना है, ऐसी जिद मत करो। अब जब उठ आओ तब ब्रह्ममुहूर्त समझो। और तुम धीरे-धीरे पाओगे कि ब्रह्ममुहूर्त में ही

उठने लगे। अब ऐसी क्षुद्र बातों पर मत उलझे रहो कि किसने भोजन बनाया, ब्राह्मण ने बनाया कि गैर-ब्राह्मण ने बनाया। इन क्षुद्र बातों पर बहुत मत उलझे रहो। पार जाना है। थोड़ी तैयारी कर लो।

तुमने देखा हवाई जहाज उड़ता थोड़ी दूर, तो रास्ते पर चलता है—वह तरीकत। दौड़ता थोड़ा रन वे पर। फिर इसके बाद उठता है। अब दौड़ता ही रहे और कभी उठे ही नहीं, तो हवाई जहाज खाक हुआ। फिर एअर बस न हुई, बस ही हो गई। फिर अपने बस में ही बैठ जाते, वही बेहतर थी। इसमें झटके ज्यादा होंगे और ज्यादा उपद्रव लगेगा। हवाई जहाज उड़ने को है। एक सीमा है, जहां तक वह दौड़ता है; फिर आ गई सीमा रेखा, फिर वहां पर रुकता है, गति को पूरा कर लेता है; फिर उस गति के सहारे ऊपर उठ जाता है।

तरीकत की सीमा है। उसके पार जाना है। शरीअत तभी पैदा होगी। साधना तभी सुगंधित होगी, जब तुम विधि-विधान भूल जाओगे।

एक सूफी फकीर यात्रा पर जा रहा था—तीर्थ-यात्रा पर। उसने कसम खाई थी कि एक महीने का उपवास रखेंगे, यह पूरी यात्रा उपवासी-अवस्था में करेंगे। तीन-चार दिन बीते, एक गांव में आया। गांव में आया तो आते ही खबर मिली कि तुम्हारा एक भक्त है, अदभुत भक्त है। गरीब आदमी है। उसने अपना झोपड़ा जमीन सब बेच दी और तुम्हारे स्वागत में भोज का आयोजन किया है। और सारे गांव को निमंत्रित किया है।

फकीर के शिष्यों ने कहा : यह कभी नहीं हो सकता। हमने कसम खाई है, एक महीने उपवास रहेगा। हम अपने व्रत से कभी डांवांडोल नहीं हो सकते।

लेकिन जब उन्होंने आकर फकीर को कहा, फकीर ने कहा, फिर ठीक है। कसम का क्या, कोई हर्जा नहीं।

शिष्य तो बड़े हैरान हुए कि जिस पर इतना भरोसा किया...यह तो पाखंडी मालूम होता है। कसम खाई और चार दिन में बदल गया! भोजन के प्रति इसकी लोलुप दृष्टि मालूम होती है। मगर अब सबके सामने कुछ कह भी न सके। लेकिन जब गुरु ही भोजन कर रहा था तो उन्होंने कहा, अब हम भी क्यों छोड़ें। जब यही सज्जन भ्रष्ट हो गए तो हम तो इन्हीं के पीछे चल रहे थे, अब हमें क्या मतलब!

सब ने भोजन किया। रात जब लोग विदा हो गए तो शिष्यों ने गुरु को पकड़ लिया और कहा कि क्षमा करें, आप यह बताएं, यह क्या मामला है? यह तो बात ठीक नहीं।

गुरु ने कहा : क्या बात ठीक नहीं?

'कि हमने एक महीने की कसम खाई थी और आपने चार दिन में तोड़ दी।'

गुरु ने कहा: कौन तुम्हें रोक रहा है। चार दिन छोड़ो, आगे का एक महीना उपवास कर लेंगे। एक महीने की कसम खाई थी न, जिंदगी पड़ी है, घबड़ाते क्यों हो? मगर इस गरीब को तो देखो! अब इससे यह कहना कि हमने एक महीने की कसम खाई है...इसने जमीन बेच दी, मकान बेच दिया। इसके पास कुछ भी नहीं है। इसने सारे गांव को निमंत्रित किया...इसका गुरु गांव में आता है। इसको तो पता नहीं हमारी कसम का। अब कसम की बात उठानी जरा हिंसात्मक हो जाएगी। इस गरीब के प्रेम को भी तो देखो। हमारी कसम का क्या है? एक महीना अभी आगे कर लेंगे। तुम इतने घबड़ाते क्यों हो?

इसको मैं कहता हूं, यह आदमी तरीकत से ऊपर उठा। इसके पास अब बोध है; समझपूर्वक जीता है। अब ऐसा कोई तौर-तरीके में बंध जाने का पागलपन नहीं है। कोई तौर-तरीका जेलखाना नहीं है, कि ऐसा ही होना चाहिए।

अक्सर तुम पाओगे कि लोग अपने आपको जेलखाने में रूपांतरित कर लेते हैं, खुद ही अपने हाथ से! उससे सावधान रहना। जब भी तुम्हें कोई धार्मिक आदमी ऐसा मालूम पड़े कि गहरी परतंत्रता में जी रहा है, तो समझना कि वह चूक गया, उसने पड़ाव को मंजिल समझ लिया।

तल्लीनता इतनी गहरी हो जाए कि 'मैं' बिलकुल डूब जाए। तो तीसरी घड़ी आएगी जब तुम्हारा 'मैं' बिलकुल शून्य हो जाता है। तब प्रभु की किरण तुम्हारे गहन अंधकार में उतरती है और तुम्हें रूपांतरित करती है। तो जब तक प्रभु की किरण न उतरे तब तक समझना कि 'मैं' अभी बाकी है—कहीं न कहीं छिपा होगा। कहीं किसी कोने में बैठ कर देख रहा होगा, राह देख रहा होगा, कि अरे अभी तक आए नहीं, प्रभु का आगमन नहीं हुआ! अगर ऐसा कोई तुम्हारे भीतर छिपा हुआ देख रहा हो तो प्रभु का आगमन होगा भी नहीं। कोई अपेक्षा कर रहा हो...कोई बैठा, वहां बैठा हो और कह रहा हो कि अभी तक नहीं आए, बड़ी देर हो गई—और मैंने इतना किया, इतना किया; कितनी साधना की, कितने व्रत-उपवास किए, कितनी प्रार्थना की। अन्याय हो रहा है प्रभु अब। मुझसे जो पीछे चले थे वे पहुंच गए और मैं अभी तक नहीं पहुंचा। अब आओ!

नहीं, इतना भी भाव रह जाए तो 'मैं' मौजूद है। जब 'मैं' पूरा तल्लीन हो जाता है, तो आदमी प्रतीक्षा करता है—अपेक्षा-शून्य। वह कहता है, जब आना हो आ जाना, मुझे तुम तैयार पाओगे। मैं द्वार पर बैठा रहूंगा। तुम्हारी प्रतीक्षा भी प्रीतिकर है। तुम्हारी प्रतीक्षा है न, तो प्रीतिकर है। तुम्हारी ही तो राह देख रहा हूं, तो प्रीतिकर है। माना कि मेरे मन में बड़ी गहरी प्यास है। लेकिन प्यासा बैठा रहूंगा इस द्वार पर, दरवाजे बंद न करूंगा, रात-दिन न देखूंगा। तुम जब आओगे तब तुम मुझे तैयार पाओगे।

जीसस ने कहा है अपने शिष्यों को कि एक धनपति तीर्थयात्रा को गया। उसने अपने नौकरों को कहा कि ध्यान रखना, चौबीस घंटे दरवाजे पर रहना, क्योंकि मेरा कुछ पक्का नहीं है मैं किस समय वापस लौट आऊं। दरवाजा बंद न मिले।

तो चौबीस घंटे चाकरों को, नौकरों को दरवाजा खोल कर रखना पड़ता और वहां बैठे रहना पड़ता। दो-चार दिन, पांच दिन, सात दिन बीते, उन्होंने कहा : अब यह भी हद हो गई, अभी तक तो आना नहीं हुआ! उन्होंने कहा, छोड़ो भी, अब मजे से दरवाजा बंद करके सो जाओ। जब आएगा तब देख लेंगे।

जिस रात वे दरवाजा बंद करके सोए, वह आ गया।

जीसस कहते थे : ऐसी ही भूल तुम मत कर लेना। तुम दरवाजा खोल कर बैठे रहना। जब भी आए, जब उसकी मर्जी हो—आए। जब तैयारी होगी तभी आएगा।

कहते हैं, जब शिष्य तैयार होता है, गुरु आ जाता है। जब भक्त तैयार होता है, भगवान आ जाता है। तुम्हारी तैयारी अनिवार्य रूप से फल ले आएगी। अगर परमात्मा न आता हो तो परमात्मा पर नाराज मत होना, शिकायत मत करना। इतना ही अर्थ समझना कि तुम्हारी तल्लीनता अभी परिपूर्ण नहीं हुई है। तो और तल्लीन हो जाना, और डुबकी लगाना। और गुनगुनाना, और नाचना, और अपने को विस्मरण करना। जिस क्षण भी विस्मरण पूरा हो जाता है, उसी क्षण, तत्क्षण, एक क्षण बिना खोए परमात्मा की किरण उतर आती है। तीसरी स्थिति पैदा हो जाती है : मारिफत। धन्यभाग की स्थिति है। दूर से ही सही, प्रभु के दर्शन हुए। किरण तो आई! हृदय को गुदगुदाया। नये फूल खिले। स्वाद मिला। अब, अब कोई डर नहीं। अब पहली दफा साफ हुआ कि परमात्मा है। अब तक श्रद्धा थी—अंधेरे में टटोलती सी, भटकती सी। अब श्रद्धा परिपूर्ण हुई। अब आस्था समग्र हुई। अब तो परमात्मा भी भूल जाएगा। अब तो उसकी भी याद रखने की जरूरत न रही।

हम याद तो उसी की रखते हैं जिसे भूल जाने का डर होता है। यह तुमने कभी सोचा?

एक प्रेमी विदा होता था और उसने अपनी प्रेयसी को कहा कि मुझे भूल मत जाना, याद रखना। उसने कहा : तुम पागल हुए हो? याद रखने की जरूरत तो तब पड़ेगी जब मैं तुम्हें भूल जाऊं। याद तो कैसे करूंगी, क्योंकि मैं तुम्हें भूल ही न सकूंगी।

याद तो तब करनी पड़ती है जब तुम भूल-भूल जाते हो, तो याद करनी पड़ती है। इसे समझना। याद करने का मतलब ही यह होता है कि तुम भूल जाते हो। कोई कहता है कि परमात्मा को याद कर रहे हैं। इसका मतलब हुआ कि तुम भूल-भूल जाते हो। याद क्या करोगे? अगर भूलना मिट गया तो याद सतत हो जाती है। याद जैसी भी नहीं रह जाती।

कबीर से किसी ने पूछा है कि कैसी करें याद? तो कबीर ने कहा है: ऐसी करो याद जैसे कि कोई पनघट से पानी भर कर पनिहारिन घर की तरफ चलती है, सिर पर घड़े रख लेती है। हाथ भी छोड़कर गपशप करती है अपनी सहेलियों के साथ, बातचीत करती है, राह पर चलती है, राह को भी देखती है; लेकिन फिर भी भीतर गहरे में घड़े को संभाले रखती है। वे घड़े गिरते नहीं। बात करती है, राह चलती है, सब चलता है; लेकिन भीतर घड़े संभाले रहती है।

ऐसे ही भक्त सब करता रहता है। अब भगवान को बैठ कर अलग से याद भी नहीं करता, लेकिन भीतर गहरे में याद बनी रहती है। सतत उसकी धार हो जाती है।

दो तरह की धार होती है। तुमने कभी एक बर्तन से दूसरे बर्तन में पानी डाला, तो धार बीच-बीच में टूट जाती है। तेल डाला, तो तेल की सतत होती है। तो कबीर कहते हैं, तेल की धार की तरह हो जाती है याद, टूटती नहीं। याद भी नहीं आती अब। विस्मरण ही नहीं होता। ऐसा कहो कि याद सतत हो जाती है, श्वास-श्वास में पिरो जाती है, धड़कन-धड़कन में बस जाती है।

श्वास की तुम याद रखते हो? चलती रहती है तुम्हारी याद के बिना। कहां याद करते हो? हां, कभी अड़चन आती है तो याद करते हो। खांसी आ जाए, कोई सर्दी-जुकाम हो जाए, श्वास में कोई अड़चन हो, अस्थमा हो, तो याद आती है। अन्यथा याद नहीं आती, श्वास चलती रहती है।

ऐसी ही प्रभु की याद हो जाती है जब, तो चौथी घटना घटती है। मैं भी भूल गया, तुम भी भूल गए। अब जो शेष रह गया, मैं-तू के पार, वही है हकीकत।

तीसरा प्रश्न: कबीर, मीरा और अष्टावक्र तीनों समर्पण की बात करते हैं। कृपया बताएं कि उनके समर्पण के भाव में फर्क क्या है?

भक्त जब समर्पण की बात करता है तो वह कहता है: परमात्मा के प्रति। भक्त के समर्पण में पता है—प्रति। उसमें ऐड्रेस है। और जब ज्ञानी समर्पण की बात करता है तो उसमें कोई के प्रति नहीं है, शुद्ध समर्पण है। फर्क समझना।

भक्त का समर्पण भगवान के प्रति है; ज्ञानी का समर्पण सिर्फ समर्पण है, किसी के प्रति नहीं है। ज्ञानी का समर्पण संघर्ष का अभाव है। वह कहता है, लड़ाई बंद। अब लड़ना नहीं। ज्ञानी ने हथियार डाल दिए; किसी के समक्ष नहीं, बस हथियार डाल दिए—हथियारों से ऊब कर। संघर्ष से ऊब कर ज्ञानी संघर्ष छोड़ देता है।

भक्त परमात्मा के प्रति समर्पण करता है। भक्त के समर्पण में समर्पण की पूर्णता नहीं है; अभी कोई मौजूद है, जिसके प्रति समर्पण है। आखिर में ऐसी घड़ी आएगी

जब भक्त और भगवान भी दोनों एक-दूसरे में लीन हो जाएंगे, समर्पण ही बचेगा—वैसा ही जैसा साक्षी-भाव में अष्टावक्र का समर्पण है।

एक समर्पण है जो बोध से पैदा होता है और एक समर्पण है जो प्रेम से पैदा होता है। इसलिए ज्ञानी नहीं समझ पाता भक्त के समर्पण को। भक्त कहीं पत्थर की मूर्ति रख लेता है...।

तुम देखते इस देश में, झाड़ के नीचे कोई अनगढ़ पत्थर ही रखा है, उसको ही रंग लिया, सिंदूर लगा दिया, उसी के सामने बैठ कर फूल चढ़ा कर भक्ति शुरू हो गई। ज्ञानी हंसता है। ज्ञानी कहता है, यह क्या कर रहे हो? खुद ही भगवान बना लिया, अब खुद ही उसकी पूजा करने लगे!

लेकिन भक्त को समझने की कोशिश करो। भक्त यह कह रहा है: पूजा करनी है, अब बिना किसी सहारे कैसे पूजा करें? कोई आलंबन चाहिए। कोई बहाना चाहिए। यह पत्थर बहाना हो गया। असली बात तो पूजा है। असली बात तो पूजा का भाव है। यह पत्थर तो बहाना है। इसके बहाने पूजा आसान हो जाती है। यह तो सहारा है। जैसे हम छोटे बच्चों को सिखाते हैं ग गणेश का या ग गधे का। यह तो बहाना है। बच्चा एक दफा सीख जाएगा ग गणेश का, फिर हम छोड़ देंगे यह बात। फिर ग को बार-बार थोड़े ही दोहराएंगे कि ग गणेश का। जब भी पढ़ेंगे तो थोड़े ही दोहराएंगे ग गणेश का। वह तो बात गई! वह तो एक सहारा था, ले लिया था। बात भूल गई। आ आम का। अब आ किसी का भी नहीं रहता बाद में।

पूजा के लिए शुरू-शुरू में, पहले-पहले कदम रखने के लिए कोई सहारा चाहिए। भक्त कहता है: बिना सहारे हम न जा सकेंगे। भक्त कहता है: हमें कोई चाहिए जिस पर हम प्रेम को उंडेल दें। पत्थर ही सही! जिस पर भी भक्त अपने प्रेम को उंडेल देता है वही भगवान हो जाता है।

ज्ञानी को पत्थर दिखाई पड़ता है, भक्त को पत्थर नहीं दिखाई पड़ता, क्योंकि भक्त ने अपना प्रेम उंडेल दिया।

तुमने कभी फर्क देखा, अपने जीवन में भी तुम्हें मिल जाता होगा। कोई मित्र तुम्हें एक रूमाल भेंट दे गया है, चार आने का है। इकट्ठा थोक में खरीदो तो दो ही आने में मिल जाए। लेकिन तुम संभाल कर रख लेते हो, जैसे कोई बड़ी थाती है, कोई बहुत बहुमूल्य हीरा है! कोई दूसरा देखेगा तो कहेगा चार आने के रूमाल को ऐसा क्या सम्हाले फिरते हो? क्या पागल हुए फिरते हो? क्यों छाती के पास इसे रखा हुआ है? तुम कहोगे, यह सिर्फ रूमाल नहीं, एक मित्र की भेंट है। इस रूमाल में तुम्हारे लिए कुछ भावनात्मक जुड़ा है जो दूसरे को दिखाई नहीं पड़ेगा। क्योंकि भावना दिखाई तो नहीं पड़ती। भावना तो बड़ी अदृश्य है।

– अष्टावक्र महागीता : भाग-6

जब तुम किसी भक्त को पत्थर की मूर्ति के सामने पूजा करते देखो तो तुम्हें पत्थर दिखाई पड़ रहा है; तुम्हें पत्थर पर भक्त की तरफ से बरसती जो भावना है वह दिखाई नहीं पड़ रही है। वही भावना असली भगवान है। लेकिन भक्त यह मानता है कि हम अभी क ख ग पढ़ रहे हैं। हम अबोध हैं। हमें सहारा चाहिए। धीरे-धीरे सहारे से चलेंगे, बैसाखी से चल कर एक दिन इस योग्य हो जाएंगे, तो बैसाखी छोड़ देंगे। एक घड़ी आती है जब भक्त और भगवान दोनों मिट जाते हैं। लेकिन भक्ति की यात्रा में वह अंत में आती है और साक्षी की यात्रा में प्रथम आती है।

साक्षी कहता है : कोई भगवान नहीं। इसलिए तो बुद्ध और महावीर कहते हैं : कोई परमात्मा नहीं। ये साक्षी के धर्म हैं। इसलिए हिंदू और ईसाई को बड़ी अड़चन होती है, मुसलमान को बड़ी अड़चन होती है कि यह बौद्ध धर्म भी कैसा धर्म है! यह कोई धर्म हुआ जिसमें भगवान नहीं? वे साक्षी के धर्म हैं। वहां भगवान को पहले कदम पर छोड़ देना है। बुद्ध कहते हैं : जो अंतिम कदम पर होना है उसको पहले से क्यों पकड़ना? वे कहते हैं : इसे अभी छोड़ दो।

कुछ के लिए वह भी बात जमती है। अगर तुम इतने हिम्मतवर हो कि अभी ही सहारा छोड़ सकते हो तो अभी छोड़ दो।

तुमने देखा, छोटे बच्चे घसिटते हैं, चलते हैं। कोई बच्चा दो साल में चलने लगता है, कोई तीन साल में चलता है, कोई चार साल में चलता है, किसी को और भी देर लग जाती है। बच्चे-बच्चे में फर्क है।

जिनकी हिम्मत है वे अभी छोड़ दें। जिनको लगे हम न छोड़ पाएंगे या जिनको लगे छोड़ना हमारा धोखे का होगा, या जिनको लगे कि छोड़ना तो हमारा केवल बहाना है न खोजने का...बेईमानी मत करना अपने साथ। क्योंकि बहुत हैं ऐसे जो कहेंगे, 'क्यों लें सहारा? हम तो बिना सहारा चलेंगे!' और चलते ही नहीं। बैठे हैं, चलते इत्यादि नहीं। लेकिन सहारे की बात कहो तो वे कहते हैं, 'क्यों लें सहारा? क्यों किसी का सहारा?'

कहीं ऐसा न हो कि न सहारा लेना अहंकार हो। अगर अहंकार के कारण तुम कहते हो, क्यों लें सहारा, तो तुम बड़े खतरे में पड़ोगे। साक्षी के कारण अगर कहते हो कोई सहारे की जरूरत नहीं, तब ठीक है। इन दोनों में भेद करना। अहंकार की अगर यह घोषणा हो...।

अधिक अहंकारी ईश्वर को मानने को राजी नहीं होते। यही फर्क है। महावीर ईश्वर को नहीं मानते, चार्वाक भी ईश्वर को नहीं मानते। मार्क्स भी ईश्वर को नहीं मानते, बुद्ध भी ईश्वर को नहीं मानते। पर इनमें कुछ फर्क है। मार्क्स या नीत्शे या

चार्वाक—इनका अस्वीकार अहंकार के कारण है। ये कहते हैं : मैं हूं, परमात्मा हो कैसे सकता है? बुद्ध और महावीर कहते हैं : मैं तो हूं ही नहीं, परमात्मा की जरूरत क्या है? जब मैं ही नहीं हूं...। मैं को मिटाने के लिए परमात्मा का सहारा लिया जाता है। अगर मैं नहीं हूं तो फिर परमात्मा के सहारे की भी कोई जरूरत नहीं है। बीमारी ही नहीं तो औषधि की क्या जरूरत?

तो खयाल से देख लेना, अगर बीमारी हो तो औषधि की जरूरत है।

'समर्पण'—दोनों एक ही शब्द का उपयोग करते हैं। लेकिन दोनों के अर्थ अलग हैं। जब भक्त कहता है समर्पण, तो वह कहता है किन्हीं चरणों में। और जब ज्ञानी कहता है समर्पण, तो वह कहता है, यहां कोई नहीं, किससे लड़ रहे? लड़ना बंद करो। छोड़ो लड़ना। जो है, जैसा है, वैसे में राजी हो जाओ।

ज्ञानी के समर्पण का अर्थ है : तथाता। जैसा है उसके साथ राजी हो जाओ। भक्त के समर्पण का अर्थ है : अपने को मिटा दो। जो है उसमें लीन हो जाओ। अंतिम घड़ी में दोनों मिल जाते हैं।

भेद भाषा का है। भक्त की भाषा रसपूर्ण है।

आ मेरी आंखों की पुतली
आ मेरे जी की धड़कन
आ मेरे वृंदावन के धन
आ ब्रज-जीवन मनमोहन
आ मेरे धन, धन के बंधन
आ मेरे जन, जन की आह
आ मेरे तन, तन के पोषण
आ मेरे मन, मन की चाह!

भक्त प्रेम की भाषा बोलता है; प्रार्थनापूर्ण भाषा बोलता है।

भक्त का अर्थ है : स्त्रैण हृदय। साक्षी का अर्थ है : पुरुष हृदय। और जब मैं कहता हूं स्त्रैण हृदय, तो तुम यह मत समझना कि स्त्रैण हृदय सिर्फ स्त्रियों के पास होता है। बहुत पुरुषों के पास स्त्रैण हृदय है। और जब मैं कहता हूं पुरुष हृदय, तो तुम ऐसा मत सोचना कि सिर्फ पुरुषों के पास होता है। बहुत स्त्रियों के पास पुरुष का हृदय होता है। पुरुष हृदय और स्त्रैण हृदय का संबंध शरीर से नहीं के बराबर है।

मैं कल एक चित्र देखता था। चीन में एक प्रतिमा पूजी जाती है : क्वानइन। क्वानइन बुद्ध की ही एक प्रतिमा है—लेकिन बड़ी अनूठी प्रतिमा है! प्रतिमा स्त्री की है। तो मैंने खोजबीन की कि मामला क्या हुआ? यह बुद्ध की प्रतिमा स्त्री की कैसे हो गई? जब पहली दफा बुद्ध की खबर चीन में पहुंची तो चीन के मूर्तिकारों को वहां के

सम्राट ने कहा कि प्रतिमा बनाओ बुद्ध की। तो उन्होंने बुद्ध का जीवन जानना चाहा, उनका आचरण जानना चाहा, उनके गुण जानना चाहे—क्योंकि प्रतिमा कैसे बनेगी? जब उन्होंने सारे गुण और सारे आचरण की खोजबीन कर ली, तो उन्होंने कहा : यह आदमी पुरुष तो हो ही नहीं सकता! भला पुरुष शरीर में रहा हो, लेकिन यह आदमी पुरुष नहीं हो सकता। इसमें ऐसी करुणा है, ऐसी ममता है, ऐसा प्रेम है—स्त्री ही होगा। तो उन्होंने जो प्रतिमा बनाई वह क्वानइन के नाम से अब भी बनी है, मौजूद है। बड़ी गहरी सूचना है। हमने भी जो प्रतिमा बुद्ध की बनाई है, अगर गौर से देखो तो चेहरे पर स्त्रैण भाव ज्यादा है, पुरुष भाव कम है। कुछ कारण होगा। गुणों की बात है। शरीर का उतना सवाल नहीं है, जितना भीतरी गुणों की बात है।

तो खयाल रखना, जब मैं कहता हूं स्त्रैण, तो स्त्री से मेरा मतलब नहीं है। और पुरुष तो पुरुष से मेरा मतलब नहीं है। पुरुष चित्त से मेरा अर्थ है, जो समर्पण करने में असमर्थ है। स्त्री से मेरा अर्थ है जो समर्पण के बिना जी ही नहीं सकती। स्त्री तो ऐसे ही है जैसे लता—वृक्ष पर छा जाती है; पूरे वृक्ष को घेर लेती है—लेकिन वृक्ष के सहारे।

तुमने किसी वृक्ष को लता के सहारे देखा? कोई वृक्ष लता के सहारे नहीं होता। लता वृक्ष के सहारे होती है। वृक्ष धन्यभागी हो जाता है, लता उसे घेर लेती है तो—प्रफुल्लित होता है, आनंदित होता है। किसी ने उसे घेरा अपनी बांहों में, प्रफुल्लित क्यों न हो! लेकिन लता सहारे होती है। वृक्ष अपने सहारे होता है।

पुरुष चित्त का लक्षण है अपने सहारे होना। इसलिए पुरुष चित्त ने जो धर्म पैदा किए हैं उन धर्मों में साक्षी पर जोर है—सिर्फ जाग जाओ! कृष्णमूर्ति जिस धर्म की बात कर रहे हैं वह पुरुष चित्त का धर्म है—सिर्फ जाग जाओ। कुछ और नहीं। होश से अपने भीतर केंद्रित होकर खड़े हो जाओ। अष्टावक्र कहते हैं : स्वस्थ हो जाओ, स्वयं में स्थित हो जाओ। कहीं जाना नहीं। कहीं झुकना नहीं। कोई मंदिर नहीं, कोई मूर्ति नहीं, कोई पूजा नहीं, कोई प्रार्थना नहीं।

लेकिन यह बात स्त्री चित्त को तो बड़ी बेबूझ मालूम पड़ेगी। यह तो धार्मिक ही न मालूम पड़ेगी। स्त्री चित्त को तो इसमें कुछ रस आता मालूम न पड़ेगा। स्त्री तो मीरा की तरह नाचना चाहेगी। स्त्री तो लता है, तो कृष्ण के वृक्ष पर छा जाना चाहेगी। वह तो किसी के सहारे डूब जाना चाहेगी।

तो स्त्री चित्त के लिए अलग भाषा है।

इस पुरातन प्रीति को नूतन कहो मत!
की कमल ने सूर्य-किरणों की प्रतीक्षा
ली कुमुद की चांद ने रातों परीक्षा
इस लगन को प्राण, पागलपन कहो मत!

इस पुरातन प्रीति को नूतन कहो मत!
मेह तो प्रत्येक पावस में बरसता
पर पपीहा आ रहा युग-युग तरसता
प्यार का है, प्यास का क्रंदन कहो मत!
इस पुरातन प्रीति को नूतन कहो मत!
प्यार का है, प्यास का क्रंदन कहो मत!

स्त्री के प्यार से ही उठती है प्रार्थना। स्त्री के प्यार से ही उठती है पूजा। स्त्री के प्यार की ही सघनीभूत स्थिति है परमात्मा।

इन दोनों में मैं नहीं कह रहा हूं कि इसको चुनो और इसको छोड़ो। मैं इतना ही कह रहा हूं कि जो तुम्हें रुचिकर लगे, जो मन भावे, जो तुम्हें रुचे, जो तुम्हें स्वादिष्ट मालूम हो, उसमें डूब जाओ। अगर स्त्री-शरीर में हो तो इस कारण यह मत सोचना कि तुम्हें भक्ति में ही डूबना है। जरूरी नहीं है।

कश्मीर में एक स्त्री हुई, लल्लाह। कश्मीर में लोग लल्लाह का बड़ा आदर करते हैं। कश्मीर में तो लोग कहते हैं, कश्मीर दो नामों को ही जानता है: अल्लाह और लल्लाह। लल्लाह बड़ी अदभुत औरत थी। शायद मनुष्य-जाति के इतिहास में महावीर से टक्कर ले कोई स्त्री, तो लल्लाह। वह नग्न रही। पुरुष का नग्न रहना तो इतना कठिन नहीं। बहुत पुरुष रहे। यूनान में डायोजनीज रहा। और भारत में बहुत पुरुष नग्न रहे हैं। नंगे साधुओं की बड़ी परंपरा है, पुरानी परंपरा है। लेकिन लल्लाह अकेली औरत है जो नग्न रही। बड़ी पुरुष चित्त की रही होगी। स्त्रैण भाव ही न रहा होगा।

स्त्री तो छुई-मुई होती है। स्त्री तो छुपाती है, अवगुंठित होती है। स्त्री तो अपने को प्रकट नहीं करना चाहती। स्त्री को प्रकट करने में लाज आती है। स्त्री तो घूंघट में होना चाहती है। चाहे ऊपर का घूंघट चला भी जाए, वस्त्र का घूंघट चला भी जाए, तो भी प्राणों पर घूंघट में रहने की ही आकांक्षा होती है स्त्री की। वह हर किसी के सामने उघड़ नहीं जाना चाहती। वह तो किसी एक के सामने उघड़ेगी, जिससे प्रेम बन जाएगा।

लेकिन लल्लाह नग्न खड़ी हो गई। बड़ी हिम्मतवर स्त्री रही होगी। स्त्री ही न रही होगी। लल्लाह की गिनती पुरुषों में होनी चाहिए।

और जैनों ने वैसा ही किया भी है। जैनों के चौबीस तीर्थंकरों में एक स्त्री थी, मल्लीबाई। लेकिन जैनों ने उसका नाम भी बदल दिया। वे कहते हैं: मल्लीनाथ। वह नग्न रही। जैन ठीक कहते हैं। अब उसको स्त्री गिनना ठीक नहीं है। स्त्रैण चित्त ही नहीं है। मल्लीबाई क्या खाक कहो! मल्लीनाथ ठीक। पुरुष का भाव है।

ऐसा स्मरण बना रहे और तुम अपने को ठीक से कस लो तो तुम्हारा मार्ग साफ हो जाएगा। अगर तुम्हें लगता हो, बिना सहारे तुम अपने को समर्पित न कर सकोगे

तो भक्ति। अगर तुम्हें लगे सहारे की कोई जरूरत नहीं, तुम अपने पैरों पर खड़े हो सकते हो...। इतना ही खयाल रखना कि यह अपने पैरों पर खड़ा होना अहंकार की घोषणा न हो। इसमें अहंकार न बोले। बस फिर ठीक।

अहंकार तो फूटी गागर है। तुम उसे कितना ही भरो, कभी भर न पाओगे। कुएं में डालोगे, शोरगुल बहुत होगा। जब गागर वापस लौटेगी तो खाली आएगी।

जगह-जगह से गागर फूटी
राम, कहां तक ताऊं रे!
ताऊं रे, भाई ताऊं रे!
पार करूं पनघट की दूरी
चलूं गगर भर-भर कर पूरी
जब घर की चौखट पर पहुंचूं
बिलकुल छूंछी पाऊं रे
जगह-जगह से गागर फूटी
राम, कहां तक ताऊं रे!

अहंकार फूटी गागर है। कभी भरता नहीं। किसी का कभी भरा नहीं। अहंकार के कारण अगर अकड़ कर खड़े रहे तो खाली रह जाओगे। अगर साक्षी-भाव के कारण खड़े हुए...।

क्या फर्क है? फर्क है: अहंकार में कर्ता का भाव होता है और साक्षी में कर्ता का कोई भाव नहीं होता। अहंकार में लगता है मैं खड़ा हूं: अपने पैरों पर। साक्षी में लगता है: मैं कौन हूं? परमात्मा ही खड़ा है। मैं हूं ही नहीं। अस्तित्व खड़ा है।

अहंकार तो सदा रोता ही रहता है।
जैसा गाना था गा न सका।
गाना था वह गायन अनुपम
क्रंदन दुनिया का जाता थम
अपने विक्षुब्ध हृदय को भी मैं
अब तक शांत बना न सका
जैसा गाना था गा न सका।
जग की आहों को उर में भर
कर देना था मुझको सस्वर
निज आहों के आशय को भी मैं
जगती को समझा न सका
जैसा गाना था गा न सका।

अहंकार को तो सदा लगता है कि आंगन टेढ़ा है और नाचना हो नहीं पा रहा है। आंगन टेढ़ा नहीं है। अहंकार ही टेढ़ा है और नाच सकता नहीं। गीत तो हो सकता है, अहंकार ही कंठ को दबाए है। अहंकार ही फांसी की तरह लगा है। गीत को पैदा नहीं होने देता। कंठ से स्वर निकलने नहीं देता।

जितना ही तुम्हें लगता है मैं हूं, उतने ही तुम बंधे-बंधे हो। जितना ही तुम्हें लगेगा मैं नहीं, वही है-फिर इस 'वही' को तुम परमात्मा कहो, सत्य कहो, जो तुम्हें नाम देना हो। भक्त कहेगा परमात्मा, ज्ञानी कहेगा सत्य। ज्ञानी कहेगा हकीकत। लेकिन वही है। ऐसी भाव-दशा में समर्पण हो गया-बिना किसी के चरणों में झुके और समर्पण हो गया।

आखिरी प्रश्न : यदि अहंकार, अचुनाव, 'च्वायसलेसनेस' का निर्णय कर ले तो उसकी क्या दशा होगी?

अहंकार ऐसा निर्णय कर ही नहीं सकता। अचुनाव, च्वाइसलेसनेस तो जब अहंकार नहीं होता, उस चित्त की दशा का नाम है। अहंकार ऐसा चुनाव नहीं कर सकता कि चलो, अब हम चुनावरहित हो गए। यह तो चुनाव ही हुआ। यह तो फिर तुमने चुन लिया। तुम चुनने वाले बने ही रहे।

मेरे पास लोग आते हैं। वे कहते हैं, मन शांत नहीं होता, ध्यान की बड़ी कोशिश करते हैं, मन शांत नहीं होता। मैं उनसे कहता हूं, तुम शांति की फिकर ही छोड़ दो। तुम सिर्फ ध्यान करो, शांत हो जाएगा। वे कहते हैं : 'तो फिर शांत हो जाएगा?' मैं तुमसे कह रहा हूं कि तुम फिकर छोड़ो। वे कहते हैं : हम राजी हैं फिकर भी छोड़ने को, मगर फिर शांत होगा कि नहीं? वे फिकर छोड़ते ही नहीं। अगर वे राजी भी हो जाते हैं तो भी राजी कहां हैं? महीने-पंद्रह दिन बाद फिर आ जाते हैं। वे कहते हैं : आपने कहा था फिकर छोड़ दो, हमने छोड़ भी दी, मगर अभी तक शांत नहीं हुआ। अब वे यह भी नहीं सोचते कि क्या कह रहे हैं। 'छोड़ भी दी।' अगर छोड़ ही दी तो अब कौन कह रहा है कि शांत नहीं हुआ? छोड़ दी तो छोड़ दी—अब हो या न हो। अब बात ही खतम हुई। नहीं, लेकिन छोड़ी नहीं। यह भी तरकीब थी। उन्होंने सोचा : चलो, यह तरकीब शायद काम कर जाए। शांति की फिकर छोड़ने से शायद शांति हो जाए। तो ऐसे पास में सरका कर रख दी। मगर नजर उसी पर लगी हुई है।

अहंकार तो कैसे चुनाव करेगा अचुनाव का? अहंकार ही तो सब चुनाव कर रहा है। वह कहता है : ऐसा होना चाहिए, ऐसा नहीं होना चाहिए; इसमें सुख है, इसमें

दुख है; यह शुभ, यह अशुभ; यह पुण्य, यह पाप; ऐसा करो, ऐसा मत करो। अहंकार तो प्रतिपल भेद खड़े कर रहा है।

अब तुमने मेरी बात सुनी या अष्टावक्र को सुना। और तुमने सुना कि निर्विकल्प हो जाओ, चुनाव-रहित। छोड़ दो चुनाव करना। द्वंद्व को भूल जाओ। तुमने कहा : चलो ठीक, यह भी कर लें। तुमने सुने अष्टावक्र के वचन कि जो द्वंद्वरहित हो जाता है, परम आनंद को उपलब्ध हो जाता है। लोभ पैदा हुआ। तुमने कहा : परम आनंद तो हमको भी होना ही चाहिए। अष्टावक्र कहते हैं, सच्चिदानंद ब्रह्म की प्राप्ति हो जाती है, और हम अभी बैठे क्या करते रहे—तो चलो, यह भी करके देख लें, अचुनाव कर लें। लोभ है यह। और लोभ तो अहंकार का ही हिस्सा है।

बहुत लोग लोभ के कारण धार्मिक हो जाते हैं। सोचते हैं स्वर्ग मिलेगा, अप्सराएं मिलेंगी, शराब के चश्मे मिलेंगे, मजा करेंगे!

तुम्हारा स्वर्ग कहीं बाहर नहीं है। तुम्हारा स्वर्ग कुछ ऐसा नहीं है कि कहीं राह देख रहा है तुम्हारी और तुम वहां पहुंचोगे। और न ही नरक कहीं और है।

दिनेश ने एक छोटी सी कहानी भेजी है, महत्वपूर्ण है।

अरबी रवायत है कि एक सदगुरु ने अपने शिष्य को चिलम सुलगाने के लिए आग लाने को कहा। शिष्य ने प्रयास किया, लेकिन वह कहीं भी आग न पा सका। उसने गुरु को आकर कहा, आग नहीं मिलती। तो सदगुरु ने झल्लाने का अभिनय करते हुए कहा : जहन्नुम में मिल जाएगी। वहां तो मिलेगी न, वहां से ले आ!

और कथा कहती है कि वह शिष्य जहन्नुम पहुंच गया—दोजख की आग लाने। द्वारपाल ने उससे कहा : भीतर जाओ और ले लो, जितनी चाहिए उतनी ले लो। शिष्य जब अंदर गया तो बड़ा हैरान हुआ, वहां भी आग न मिली! जहन्नुम से भी खाली हाथ लौटना पड़ेगा! लौट कर उसने द्वारपाल से कहा : हमने तो सुना था वहां आग ही आग है, और यहां तो आग का कोई पता नहीं! यहां भी आग नहीं मिली तो अब क्या होगा? अब कहां आग खोजेंगे?

द्वारपाल ने कहा : यहां आने वाला हर इंसान अपनी आग अपने साथ लाता है!

नरक भीतर है और स्वर्ग भी। नरक भविष्य में नहीं है और न स्वर्ग भविष्य में है। अभी और यहीं! तुम्हारी दृष्टि...! तुम जहां जाते हो, अपना स्वर्ग अपने साथ ले जाते हो। तुम जहां जाते हो, अपना नरक अपने साथ ले जाते हो। तुम्हारी मर्जी, नरक में रहना हो तो तुम कहीं भी रहोगे, नरक में रहोगे। स्वर्ग में भी रहे तो भी नरक में रहोगे। और ऐसे महाशय भी हैं कि उनको नरक में भी डाल दो तो भी स्वर्ग में रहेंगे। उनका स्वर्ग उनके भीतर है।

जिस सुख की लालसा से तुम धार्मिक होने की चेष्टा करते हो वह सुख कहीं और नहीं है। वह लोभ के अंत में नहीं है। वह लोभ के पूर्व है, लोभ के बाद में नहीं। लोभ गिर जाए तो अभी है।

अचुनाव का अर्थ होता है: तुम कर्ता न रहो। तुम कौन हो? तुम क्या कर पाओगे? तुम्हारी सामर्थ्य कितनी है! न जन्म तुमने लिया, न मौत तुम कर पाओगे, न जीवन तुम्हारा है। श्वास जब तक आती, आती; न आएगी तो क्या करोगे? एक श्वास भी तो न ले पाओगे जब न आएगी। न आई तो न आई। तुम्हारा होना तुम्हारे हाथ में है? तुम इसके नियंता हो? इस छोटे से सत्य को समझ लो कि तुम इसके नियंता नहीं।

तुम्हारा होना तुम्हारी मालकियत नहीं है। तुम क्यों हो, इसका भी तुम्हें पता नहीं है। तुम क्या हो, इसका भी तुम्हें पता नहीं है। तो जिसने तुम्हें जन्म दिया और जो तुम्हारे जीवन को अभी भी सम्हाले हुए है; जो तुम्हारे भीतर श्वास ले रहा है और एक दिन श्वास नहीं लेगा—वही है! उसी पर सब छोड़ दो। तुम कर्ता न रहो, तो चुनाव समाप्त हो गया।

अब प्रश्न तुमने पूछा है कि यदि अहंकार अचुनाव का निर्णय कर ले, तो क्या होगा?

अहंकार तो निर्णय कर ही नहीं सकता। अगर करे भी तो अहंकार का निर्णय अचुनाव नहीं हो सकता। वह तो निर्णय ही इसलिए करेगा कि 'अचुनाव के पीछे लोग कह रहे हैं, बड़ा रस भरा है, आनंद भरा है, ब्रह्म-रस बह रहा है; चलो, लूट लो इसको। कर लो अचुनाव।' यह तो चुनाव ही हुआ। अचुनाव का चुनाव कर लो! मगर यह चुनाव ही हुआ।

इस भेद को खूब गहरे में समझ लेना। यह जो विराट अस्तित्व चल रहा है: चांद-तारे, सूरज, यह इतना जो गहन विस्तार है, जो इसे चला रहा है, वह तुम्हारे छोटे से जीवन को न चला पाएगा? इतना विराट सम्हला है, तुम नाहक मेहनत कर रहे हो खुद को सम्हालने की। जिसके सहारे सब सम्हला है उसके सहारे तुम भी सम्हले हुए हो। लेकिन तुम बीच-बीच में सोच कर अपने लिए बड़ी चिंता पैदा कर रहे हो कि ङक्या होगा, क्या नहीं होगा? मैं मर जाऊंगा तो क्या होगा? मैं अगर न रहा तो दुनिया का क्या होगा? ऐसी चिंता करने वाले लोग भी हैं।

तुम्हारे बिना कोई कमी न पड़ेगी। तुम नहीं थे तब भी दुनिया थी। तुम नहीं रहोगे, तब भी दुनिया होगी। सब ऐसे ही चलता रहेगा। तुम्हारे होने से रत्ती भर भेद नहीं पड़ता, तुम्हारे न होने से भेद नहीं पड़ता। तुम तो एक तरंग मात्र हो। सागर पर एक तरंग को यह खयाल आ जाए कि अगर मैं न रही तो सागर का क्या होगा? तो वह

तरंग पागल हो जाएगी। तरंग के न रहने से सागर का क्या होता है? सारी तरंगें भी शांत हो जाएं तो भी सागर होगा। और तरंग है भी नहीं—सागर ही है। सागर ही तरंगायित है। सब लहरें सागर की हैं।

तुमने एक बात खयाल की, सागर तो बिना लहरों के हो सकता है, लेकिन लहरें बिना सागर के नहीं हो सकतीं! यह अस्तित्व तो मेरे बिना था, मेरे बिना होगा। लेकिन मैं इस अस्तित्व के बिना नहीं हो सकता, एक क्षण नहीं हो सकता। तो निश्चित ही मेरा होना अलग-थलग नहीं है। मैं इस विराट के साथ एक हूं, इसी की एक तरंग हूं!

ऐसा जान लेता है जो, उसमें अचुनाव पैदा हो जाता है। वह अकर्ता हो जाता है। उसके भीतर साक्षी का जन्म होता है। और साक्षी हो जाना इस जगत में महत्तम से महत्तम घटना है, चैतन्य का ऊंचा से ऊंचा शिखर है।

जब तक वैसा शिखर न मिले, तुम दुख में रहोगे। जब तक वैसा कमल तुम्हारे सहस्रार में न खिले तब तक तुम दुखी रहोगे। दुख यही है कि जो हम हो सकते हैं, हम नहीं हो पा रहे हैं। और नहीं हो पा रहे हैं हम अपने ही...अपने ही उपद्रव के कारण। चिंता में शक्ति जा रही है, फूल खिलें कैसे? विषाद में प्राण अटके हैं, फूल खिलें कैसे? रोने में तो सारी योजना डूबी जा रही है, मुस्कुराहट आए कैसे? सारा जीवन तो आंसुओं से बहा जा रहा है, फूल ढलें तो ढलें कैसे?

तुम अगर चुनाव छोड़ दो, तुम सिर्फ साक्षी हो जाओ, देखते रहो, और जो प्रभु कराए करते रहो, कर्ता न बनो, ऐसा न कहो कि मैंने किया—उसने करवाया। बुरा तो बुरा, भला तो भला। न पीछे के लिए पछताओ, न आगे के लिए योजना बनाओ। इसको अष्टावक्र ने कहा है : आलसी शिरोमणि। वह जो आलस्य के परम शिखर पर पहुंच गया। इसका यह अर्थ नहीं है कि उसके कर्म शून्य हो जाते हैं। सिर्फ कर्ता शून्य हो जाता है, कर्म की विराट लीला तो चलती ही रहती है। नाच चलता रहता है, नाचनेवाला खो जाता है। गीत चलता रहता है, गायक खो जाता है। यात्रा चलती रहती है, यात्री खो जाता है।

और ध्यान रखना, तीर्थयात्रा का यही अर्थ है : यात्रा चलती रहे, यात्री खो जाए। यात्री न बचे, यात्रा बचे—बस तीर्थयात्रा आ गई। तुम तीर्थयात्रा बन गए। तुम स्वयं तीर्थ बन गए। अब तीर्थंकर होने में ज्यादा देर नहीं है।

हरि ॐ तत्सत्!

* * *

प्रवचन : 53

धर्म अर्थात सन्नाटे की साधना

3 दिसंबर, 1976

अष्टावक्र उवाच।

सानुरागां स्त्रियं दृष्ट्वां मृत्युं वा समुपस्थितम्।
अविलमना स्वस्थो मुक्त एव महाशयः।।170।।
सुखे दुःखे नरे नार्यां संपत्सु च विपत्सु च।
विशेषो नैव धीरस्य सर्वत्र समदर्शिनः।।171।।
न हिंसा नैव कारुण्यं नौद्धत्यं न च दीनता।
नाश्चर्यं नैव च क्षोभः क्षीणसंसरणे नरे।।172।।
न मुक्तो विषयद्वेष्टा न वा विषयलोलुपः।
असंसक्तमना नित्यं प्राप्ताप्राप्तमुपाश्नुते।।173।।
समाधानासमाधान हिताहित विकल्पनाः।
शून्यचित्तो न जानाति कैवल्यमिव संस्थितः।।174।।
निर्ममो निरहंकारो न किंचिदिति निश्चितः।
अंतर्गलित सर्वाशः कुर्वन्नपि करोति न।।175।।
मनः प्रकाशसंमोहस्वप्नजाड्यविवर्जितः।
दशां कामपि संप्राप्तो भवेद्गलितमानसः।।176।।

पहला सूत्र :

सानुरागां स्त्रियं दृष्ट्वां मृत्युं वा समुपस्थितम्।
अविलमनाः स्वस्थो मुक्त एव महाशयः।।

'प्रीतियुक्त स्त्री और समीप में उपस्थित मृत्यु को देख कर जो महाशय अविचलमना और स्वस्थ रहता है, वह निश्चय ही मुक्त है।'

यह मुक्त पुरुष की परिभाषा—किसे हम मुक्त कहें?

जीवन के बंधन दो हैं। एक तो बंधन है राग का और एक बंधन है भय का। तुम जिन हथकड़ी-बेड़ियों में बंधे हो, वे राग और भय की हैं। राग है जीवन के प्रति; भय है मृत्यु के प्रति। दोनों एक ही सिक्के के दो पहलू हैं। क्योंकि जीवन से राग है, इसलिए मृत्यु से भय है। अगर जीवन से राग चला जाए, जीवेषणा चली जाए, तो मृत्यु का भय भी गया। यदि मृत्यु का भय चला जाए, तो जीवन का राग भी गया। वे साथ-साथ जुड़े हैं। इसे खयाल में लेना, तो सूत्र बहुत साफ हो जाएगा।

हम जीना चाहते हैं। हम बिना जाने कि क्यों जीना चाहते हैं, जीना चाहते हैं। हजार विपदाएं हों, जीवन से कुछ सार न मिले, तो भी जीने की आकांक्षा प्रबल रहती है, मिटती ही नहीं है। हाथ-पैर टूट जाएं, अंधे हो जायें, बूढ़े हो जायें; शरीर सड़ने लगे, गलने लगे, नाली में पड़े हों, दुर्गंध में डूबे हों—तो भी जीना चाहते हैं। जैसे इससे कुछ फर्क ही नहीं पड़ता कि हमारी दशा कैसी है!

तुम्हें कभी खयाल आया राह के किनारे किसी भिखारी को देख कर—हाथ-पैर टूटे हैं, अपंग है, अंधा है, घसिट रहा है, एक-एक पैसा मांग रहा है, दुत्कारा जा रहा है—कभी ऐसा विचार नहीं उठता कि आखिर यह आदमी जीना क्यों चाहता है? जीने से मिलेगा क्या? अब मिलने को क्या है? आंखें चली गयीं, हाथ-पैर चले गए, देह कृश हो गई, कीड़े-मकोड़ों की जिंदगी जी रहा है, सब तरफ से अपमान है, सब तरफ से दुर्दशा है; फिर भी जीए जा रहा है! क्यों जीना चाहता है? ऐसा प्रश्न उठता है कभी? लेकिन तब तुम अपने को उस आदमी की जगह रख कर देखना कि अगर तुम अंधे हो, हाथ-पैर टूट गए हों, भीख मांग कर जीना पड़े, तो जीयोगे या मर जाना चाहोगे? जल्दी मत करना। उस आदमी पर कठोर मत हो जाना। तुम भी जीना चाहोगे। वह भी तुम्हारे जैसा ही आदमी है।

जीवेषणा बड़ी प्रबल है! बड़ी अंधी वासना है जीने की! अकारण हम जीना चाहते हैं। कुछ नहीं मिलता तो भी जीना चाहते हैं। ऐसी पकड़ क्यों होगी जीवन पर? ऐसी पकड़ का कारण है।

जीवन में हमने कुछ पाया नहीं; आशा कल पर लगी है। कल होगा तो शायद मिल जाए; आज तक तो मिला नहीं। आज तक तो हम खाली के खाली रहे हैं। आज

तक तो हमारा जीवन राख ही राख है। कोई फूल खिला नहीं; एक आशा से जी रहे हैं कि शायद कल खिल जाए। इसलिए मरें कैसे ?

अब मैं तुमसे एक विरोधाभास कहना चाहता हूं : जो आदमी ठीक से जी लेता है, उसकी जीवेषणा मिट जाती है। जो आदमी नहीं जी पाता, वही जीना चाहता है। जो आदमी जितना कम जीया है, उतना ही ज्यादा जीना चाहता है। और जो आदमी ठीक-ठीक जी लिया है और जीवन को भर-आंख देख लिया है, वह आदमी जीवन की वासना से मुक्त हो जाता है। उसकी मौत अभी आए तो वह स्वागत करेगा। वह उठ कर तैयार हो जाएगा। वह कहेगा, मैं तैयार ही था। वह क्षण भर की देरी न लगाएगा। वह तैयारी के लिए समय भी न मांगेगा। वह यह भी न कहेगा कि कुछ अधूरे काम पड़े हैं, वे निबटा लूं; घड़ी भर में आया। कुछ भी अधूरा नहीं है। जीवन जिसने सीधा-सीधा देख लिया, आंख मिला कर देख लिया... ! मगर आशा के कारण आंख हमारी कहीं और है।

कल रात मैं एक किताब पढ़ रहा था। जिसने लिखी है उससे अधिक लोग राजी होंगे। किताब बहुत बिकी है। किताब का नाम है: 'होप फॉर दि टर्मिनल मैन' (आशा, अंतिम आदमी के लिए) । पुस्तक के कवर पर ही उसने लिखा है: 'बिना भोजन के आदमी चालीस दिन जी सकता है; बिना पानी के तीन दिन; बिना श्वास के आठ मिनट; बिना आशा के एक सेकेंड भी नहीं।'

अधिक लोग राजी होंगे। बिना आशा के कैसे जीयोगे एक सेकेंड? आशा जिला रही है। अभी तक नहीं हुआ, कल हो जाएगा! कल तक और जी लो! कल तक और गुजार लो! थोड़ी घड़ियां दुख की हैं, इन्हें बिता दो! रात है, सुबह तो होगी! कभी तो होगी!...इससे मौत से डर है।

मौत क्या करती है? मौत तलवार की तरह आती है और कल को मिटा डालती है। मौत के बाद फिर कोई कल नहीं है। मौत तुम्हें आज पर छोड़ देती है। एक झटके में रस्सी काट देती है कल की। भविष्य विसर्जित हो जाता है। मौत तुम्हें थोड़े ही मारती है; मौत भविष्य को मार देती है। मौत तुम्हें थोड़े ही मारती है; मौत आशा को जहर बन जाती है। अब तो कोई आशा न रही।

इसलिए आदमी ने पुनर्जन्म के सिद्धांत में बड़ी श्रद्धा रखी। फिर हमने नई आशा खोज ली : कोई हर्जा नहीं, इस जीवन में नहीं हुआ, अगले जीवन में होगा। मैं यह नहीं कह रहा हूं कि पुनर्जन्म का सिद्धांत सही है या गलत—यह मैं कुछ नहीं कह रहा हूं। मैं इतना ही कह रहा हूं कि अधिक लोग जो पुनर्जन्म के सिद्धांत में मानते हैं, वे जानने के कारण नहीं मानते। उनकी मान्यता तो बस आशा का ही विस्तार है। मौत को भी झुठला रहा है उनका सिद्धांत। वे कहते हैं: कोई फिकर नहीं; मौत आती है, कोई फिकर नहीं; आत्मा तो रहेगी! जो अभी नहीं कर पाए हैं, अगले जन्म में कर लेंगे।

जीवन की आकांक्षा का अर्थ है : जीवन से हम अपरिचित रह गए हैं। जीवन की आकांक्षा का अर्थ है : जीवन मिला तो, लेकिन पहचान न हो पाई।

तुम्हें पता ही नहीं, तुम कौन हो! तुमने कभी गहन में यह पूछा ही नहीं कि मैं कौन हूं! तुमने कभी यह जानने की चेष्टा ही न की, यह जीवन जो घटा है, यह क्या है? इसका अर्थ, इसका रहस्य, इसका प्रयोजन, इसके पीछे क्या छिपा है? यह रोज उठ आना, भोजन कर लेना, दफ्तर भागे जाना, दफ्तर से भागे आ जाना, फिर भोजन कर लेना, फिर थोड़ी कलह पत्नी से, फिर थोड़ा सो जाना, फिर सुबह...यह तुम करते रहे हो—इसे तुम जीवन कह रहे हो? और इसी को तुम आगे भी लंबाना चाहते हो! तो तुमने शायद जाग कर देखा भी नहीं कि तुम क्या जी रहे हो। कुछ भी तो नहीं जी रहे हो, फिर भी जीवन की आशा है। इसलिए जीवन की आशा है। इसलिए जीवन की बड़ी पकड़ है। तुम अंधे भिखमंगे पर सोचना मत कि यह क्यों जी रहा है।

यह जान कर तुम हैरान होओगे, गरीब जातियों में, गरीब देशों में आत्महत्या कम होती है। जंगली आदिवासियों में तो आत्महत्या होती ही नहीं। कोई पागल है जो अपने को मारे! आत्महत्या की संख्या बढ़ने लगती है जैसे-जैसे समाज समृद्ध होता है। धनी ही आत्महत्या करते हैं, गरीब नहीं। भिखमंगों ने कभी आत्महत्या की है, सुना तुमने? भिखमंगा तो जीवन को इतने जोर से पकड़ता है; तुम कह रहे हो आत्महत्या! सोच भी नहीं सकता, सपना भी नहीं देख सकता।

जिसने जीवन जितना कम जीया है उतना ही जीवन को जोर से पकड़ता है। यह बात अगर तुम्हें स्पष्ट हो जाए तो रास्ते पर बड़ी सुविधा हो जाएगी। तुम भी जीवन को पकड़े हुए हो, बहुत जोर से पकड़े हुए हो! पुनर्जन्म के सिद्धांत को पकड़े हुए हो कि कोई हर्जा नहीं, यह तो गया मालूम पड़ता है अब, अब अगले में भरोसा रखो! लेकिन इस भरोसे का, इस अगले की आशा का आधारभूत कारण क्या है? इतना ही कि तुम जीवन को देख नहीं पाए। देख लेते तो मृग-मरीचिका थी।

पहला सूत्र कहता है : 'जो व्यक्ति जीवन और मृत्यु के बीच अविचलमना है... !'

जिसका मन विचलित नहीं होता है; जो स्वस्थ रहता है; जीवन आए तो ठीक, जाए तो ठीक; मृत्यु आए तो ठीक, न आए तो ठीक; जिसके लिए अब जीवन और मृत्यु से कोई भेद नहीं पड़ता।

'वही निश्चय रूप से मुक्त है।'

अब यहां एक प्रतीक-शब्द है, जो समझना :

'प्रीतियुक्त स्त्री और समीप में उपस्थित मृत्यु को देख कर... !'

तुम्हें थोड़ी हैरानी होगी कि स्त्री और मृत्यु को एक ही वचन में और एक तराजू के दो पलड़े की तरह रखने का कारण क्या होगा? कारण है।

पूरब में जितना ही हमने गौर से समझ पाई, उतना ही हमें दिखाई पड़ा, कुछ बातें दिखाई पड़ीं। एक, जन्म मिलता है स्त्री से तो निश्चित ही मृत्यु भी स्त्री से ही आती होगी। क्योंकि जहां से जन्म आता है वहीं से मृत्यु भी आती होगी। स्त्री से जब जन्म मिलता है तो मृत्यु भी वहीं से आती होगी। जहां से जन्म आया है, वहीं से जन्म खींचा भी जाएगा।

तुमने देखा, काली की प्रतिमा देखी! काली को मां कहते हैं। वह मातृत्व का प्रतीक है। और देखा गले में मनुष्य के सिरों का हार पहने हुए है! हाथ में अभी-अभी काटा हुआ आदमी का सिर लिए हुए है, जिससे खून टपक रहा है। 'काली खप्पर वाली!' भयानक, विकराल रूप है! सुंदर चेहरा है, जीभ बाहर निकाली हुई है! भयावनी! और देखा तुमने, नीचे अपने पति की छाती पर नाच रही है! इसका अर्थ समझे? इसका अर्थ हुआ कि मां भी है और मृत्यु भी। यह कहने का एक ढंग हुआ—बड़ा काव्यात्मक ढंग है। मां भी है, मृत्यु भी! तो काली को मां भी कहते हैं, और सारा मृत्यु का प्रतीक इकट्ठा किया हुआ है। भयावनी भी है, सुंदर भी है!

स्त्री प्रतीक है। स्त्री से तुम 'स्त्री' मत समझ लेना, अन्यथा सूत्र का अर्थ चूक जाओगे। स्त्री से तुम यह महत्वपूर्ण बात समझना कि स्त्री जन्मदात्री है। तो जहां से वर्तुल शुरू हुआ है वहीं समाप्त होगा।

ऐसा समझो, वर्षा होती है बादल से। पहाड़ों पर वर्षा हुई, हिमालय पर वर्षा हुई; गंगोत्री से जल बहा, गंगा बनी, बही, समुद्र में गिरी। फिर पानी भाप बन कर उठता है, बादल बन जाते हैं। वर्तुल वहीं पूरा होता है जहां से शुरू हुआ था। बादल बन कर ही वर्तुल पूरा होता है।

पूरब में हमने हर चीज को वर्तुलाकार देखा है। सब चीजें वहीं आ जाती हैं। बूढ़ा फिर बच्चे जैसा असहाय हो जाता है। जैसे बच्चा बिना दांत के पैदा होता है, ऐसा बूढ़ा फिर बिना दांत के हो जाता है। जैसा बच्चा असहाय था और मां-बाप को चिंता करनी पड़ती थी—उठाओ, बिठाओ, खाना खिलाओ—ऐसी ही दशा बूढ़े की हो जाती है। वर्तुल पूरा हो गया।

जीवन की सारी गति वर्तुलाकार है, मंडलाकार है। स्त्री से जन्म मिलता है तो कहीं गहरे में स्त्री से ही मृत्यु भी मिलती होगी। अब अगर स्त्री शब्द को हटा दो तो चीजें और साफ हो जायेंगी। क्योंकि हमारी पकड़ यह होती है: स्त्री यानी स्त्री।

हम प्रतीक नहीं समझ पाते; हम काव्य के संकेत नहीं समझ पाते। स्त्रियों को लगेगा, यह तो उनके विरोध में वचन है। और पुरुष सोचेंगे, हमें तो पहले ही से पता था, स्त्रियां बड़ी खतरनाक हैं! यहां स्त्री से कुछ लेना-देना नहीं है, तुम्हारी पत्नी से

कोई संबंध नहीं है। यह तो प्रतीक है, यह तो काव्य का प्रतीक है, यह तो सूचक है—कुछ कहना चाहते हैं इस प्रतीक के द्वारा।

कहना यह चाहते हैं कि काम से जन्म होता है और काम के कारण ही मृत्यु होती है। होगी ही। जिस वासना के कारण देह बनती है, उसी वासना के विदा हो जाने पर देह विसर्जित हो जाती है। वासना ही जैसे जीवन है। और जब वासना की ऊर्जा क्षीण हो गई तो आदमी मरने लगता है। बूढ़े का क्या अर्थ है? इतना ही अर्थ है कि अब वासना की ऊर्जा क्षीण हो गई; अब नदी सूखने लगी; अब जल्दी ही नदी तिरोहित हो जाएगी। बचपन का क्या अर्थ है?—गंगोत्री। नदी पैदा हो रही है। जवानी का अर्थ है: नदी बाढ़ पर है। बुढ़ापे का अर्थ है: नदी विदा होने के करीब आ गई; समुद्र में मिलन का क्षण आ गया; नदी अब विलीन हो जाएगी।

कामवासना से जन्म है। इस जगत में जो भी, जहां भी जन्म घट रहा है—फूल खिल रहा है, पक्षी गुनगुना रहे हैं, बच्चे पैदा हो रहे हैं, अंडे रखे जा रहे हैं—सारे जगत में जो सृजन चल रहा है, वह काम-ऊर्जा है, वह सेक्स-एनर्जी है। तो जैसे ही तुम्हारे भीतर से काम-ऊर्जा विदा हो जाएगी, वैसे ही तुम्हारा जीवन समाप्त होने लगा; मौत आ गई।

मौत क्या है? काम-ऊर्जा का तिरोहित हो जाना मौत है। इसलिए तो मरते दम तक आदमी कामवासना से ग्रसित रहता है, क्योंकि आदमी मरना नहीं चाहता।

तुम चकित होओगे जान कर, पुराने ताओवादी ग्रंथों में इस तरह का उल्लेख है—और उल्लेख महत्वपूर्ण है—कि सम्राट चाहे कितना ही बूढ़ा हो जाए, सदा नई-नई जवान लड़कियों से विवाह करता रहे। कारण? क्योंकि जब भी सम्राट नई लड़कियों से विवाह करता है तो थोड़ी देर को भ्रांति पैदा होती है कि मैं जवान हूं। सम्राट जब बूढ़ा हो जाए तो दो जवान लड़कियों को अपने दोनों तरफ सुला कर रात बिस्तर पर सोए। जवान लड़कियों की मौजूदगी उसके भीतर से वासना को तिरोहित न होने देगी, और मौत को टाला जा सकेगा। मौत को दूर तक टाला जा सकेगा। इसमें कुछ राज है। बात में कुछ सचाई है।

तुमने कभी खयाल किया, तुम्हारी उम्र पचास साल है और अगर तुम बीस साल की युवती के प्रेम में पड़ जाओ तो अचानक तुम ऐसे चलने लगोगे जैसे तुम्हारी उम्र दस साल कम हो गई; जैसे तुम थोड़े जवान हो गए; फिर से एक पुलक आ गई; फिर से वासना ने एक लहर ली; फिर तरंगें उठीं। बूढ़ा आदमी भी किसी के प्रेम में पड़ जाए तो तुम पाओगे उसकी आंख में बुढ़ापा नहीं रहा, वासना तरंगित होने लगी, धूल हट गई बुढ़ापे की। धोखा ही हो हट जाना, लेकिन हटती है। जवान आदमी को भी कोई प्रेम न करे तो वह जवानी में ही बूढ़ा होने लगता है; ऐसा लगने लगता है, बेकार

हूं, व्यर्थ हूं! इसलिए तो प्रेम का इतना आकर्षण है और मरते दम तक आदमी छोड़ता नहीं; क्योंकि छोड़ने का मतलब ही मरना होता है।

इसलिए कामवासना के साथ हम अंत तक ग्रसित रहते हैं। उसी किनारे को पकड़ कर तो हमारा सहारा है। न स्त्रियां उपलब्ध हों तो लोग नंगे चित्र ही देखते रहेंगे; फिल्म में ही देख आयेंगे जा कर; राह के किनारे खड़े हो जायेंगे; बाजार में धक्का-मुक्की कर आएंगे। कुछ जीवन को गति मिलती मालूम होती है।

मुल्ला नसरुद्दीन अपने छज्जे पर बैठा था और अचानक अपने नौकर को कहा कि जल्दी कर, जल्दी कर, मेरे दांत उठा कर ला। वह जब तक आया दांत ले कर, उसने कहा: बहुत देर कर दी। नौकर ने कहा: अभी दांत की अचानक जरूरत क्या पड़ी? अभी तो कोई भोजन आप कर नहीं रहे? उसने कहा: पागल! अभी एक जवान लड़की निकलती थी; सीटी बजाने का मन हुआ!

जब बूढ़ा आदमी सीटी बजाता है, तब उसकी उम्र उसे भूल जाती है। तब मौत करीब है, यह भी भूल जाता है। बूढ़े को दूल्हा बना कर, घोड़े पर बिठा कर देखो, तुम पाओगे वह बूढ़ा नहीं रहा। गठिया इत्यादि था, वह सब शिथिल हो गया है; चल पाता है ठीक से अब। वह जो लकवा लग गया था, उसका पता नहीं चलता। वह जो लंगड़ाने लगा था, अब लंगड़ाता नहीं है। जैसे जीवन की ज्योति में एक नया प्राण पड़ गया; दीये में किसी ने तेल डाल दिया!

वासना, काम जीवन है। जीवन का पर्याय है काम। और काम का खो जाना है मृत्यु। इसलिए इन दोनों को एक साथ रखा है।

'प्रीतियुक्त स्त्री और समीप में उपस्थित मृत्यु को देख कर जो महाशय अविचलमना और स्वस्थ रहता है, वह निश्चय ही मुक्त है।'

अगर मरता हुआ आदमी स्त्री को देख कर वासना से भर जाए तो मौत को खड़ी देख कर भी कंपेगा। अगर मरता हुआ व्यक्ति स्त्री को ऐसा देख ले जैसे कुछ भी नहीं तो मौत को भी देख कर कंपेगा नहीं। और जो स्त्री के संबंध में सच है, वह स्त्रियों के लिए पुरुष के संबंध में सच है। चूंकि ये किताबें पुरुषों ने लिखी हैं और उनको कभी खयाल नहीं था कि स्त्रियों के संबंध में भी कुछ कहें, स्त्रियों के लिए निवेदित नहीं थीं, इसलिए बात भूल गई। लेकिन मैं यह तुम्हें याद दिला दूं: जो पुरुष के संबंध में सही है वही स्त्री के संबंध में सही है। मरते क्षण स्त्री अगर पुरुष को देख कर—प्रीतियुक्त पुरुष को देख कर, जिसका सौंदर्य लुभाता, जिसका स्वास्थ्य आकर्षित करता, जिसकी स्वस्थ बलशाली देह, जिसकी भुजाएं, जिसका वक्ष निमंत्रण देते और जो तुम्हारे प्रति प्रेम से भरा है—ऐसे पुरुष को देख कर अगर मन में कोई विचलन न हो, तो ऐसी स्त्री मृत्यु को भी स्वीकार कर लेगी।

कहने का अर्थ इतना है : जिस दिन तुम कामवासना से अविचलित हो जाते हो, उसी दिन तुम मृत्यु से भी अविचलित हो जाते हो। यह सूत्र बड़ा महत्वपूर्ण है। तो मृत्यु तो कभी आएगी, उसका तो आज पक्का पता नहीं है। और मृत्यु की तुम तैयारी भी नहीं कर सकते, क्योंकि मृत्यु कोई रिहर्सल भी नहीं करती कि आए और कहे कि अब पंद्रह दिन बाद आएंगे, अब तुम तैयार हो जाओ। अचानक आ जाती है। कोई संदेशा भी नहीं आता। कोई नोटिस भी नहीं निकलते कि नंबर एक का नोटिस, नंबर दो, नंबर तीन—जैसा इनकम टैक्स आफिस से आते हैं, ऐसा नहीं होता। सीधी अचानक खड़ी हो जाती है—कोई खबर किए बिना! मरने वाले को क्षण भर पहले तक भी आशंका नहीं होती कि मर जाऊंगा। क्षण भर पहले तक भी मरने वाला आदमी जीवन की ही योजनाएं बनाता रहता है। सोचता रहता है—बिस्तर से उठूंगा तो क्या करना? किस धंधे में लगना? कैसे कमाना? कहां जाना? मरता हुआ आदमी भी जीवन की योजनाओं में व्यस्त रहता है। अधिकतर लोग तो जीवन की योजना में व्यस्त रहते-रहते ही मर जाते हैं; उन्हें पता ही नहीं चलता कि मौत आ गई।

तो मौत का तो साक्षात्कार एक ही बार होगा, अनायास होगा, अचानक होगा, बिना बुलाए मेहमान की तरह द्वार पर खड़ी हो जाएगी। मृत्यु को अतिथि कहा है पुराने शास्त्रों ने। अतिथि का अर्थ होता है जो बिना तिथि को बताए आ जाए। मृत्यु अतिथि है!

लेकिन एक उपाय है फिर। और वह उपाय है कामवासना। अगर कामवासना के प्रति तुम सजग होते जाओ और कामवासना की पकड़ तुम पर छूटती जाए तो जिस मात्रा में कामवासना की पकड़ छूट रही है, उसी मात्रा में तुम्हारे ऊपर मृत्यु का भय भी छूट रहा है। तो जीवन भर तुम मृत्यु की तैयारी कर सकते हो। और मृत्यु का साक्षात्कार बिना भय के जिसने कर लिया वह अमृत हो गया। उसकी फिर कोई मृत्यु नहीं है।

तुम बार-बार सुनते हो, आत्मा अमर है। अपनी मत सोच लेना। तुम्हारी तो अभी आत्मा है भी कहां! आत्मा तो तभी है जब वासना गिर जाती है। और वासना के गिरने के बाद तुम्हारे भीतर सिर्फ चैतन्य शेष रह जाता है। वही आत्मा है। अभी तो तुम्हारी आत्मा इतनी दबी है कि तुम्हें उसका पता भी नहीं हो सकता। अभी तो जिसको तुम अपनी आत्मा समझते हो वह बिलकुल आत्मा नहीं है। अभी तो किसी ने शरीर को आत्मा समझ लिया है, किसी ने मन को आत्मा समझ लिया है, किसी ने कुछ और आत्मा समझ ली है। आत्मा का तुम्हें अभी साक्षात्कार हुआ नहीं है। वासना की धुंध में आत्मा खोई है; दिखाई नहीं पड़ती। वासना की धुंध छंटे तो आत्मा का सूरज निकले। वासना का धुआं हटे तो आत्मा की ज्योति प्रकट हो!

आत्मा निश्चित अमर है। लेकिन इसे तुम मत सोच लेना कि तुम्हारे भीतर जो तुम जानते हो वह अमर है। उसमें तो कुछ भी अमर नहीं है। अभी अमर से तो तुम्हारी पहचान ही नहीं हुई है। अगर पहचान अमर से हो जाए तो तुम मृत्यु से डरोगे नहीं। क्योंकि तब तुम जानोगे : कैसी मृत्यु! किसकी मृत्यु! जो मरता है वह मैं नहीं हूं। शरीर मरेगा, क्योंकि शरीर पैदा हुआ था। मन मरेगा, क्योंकि मन तो केवल संयोगमात्र है। लेकिन जो शरीर और मन के पार है, दोनों का अतिक्रमण करता है, वह साक्षी बचेगा। पर साक्षी को जानोगे तब न!

और साक्षी को जानने का जो गहरे से गहरा प्रयोग है, वह कामवासना के प्रति साक्षी हो जाना है। क्योंकि वही हमारी सबसे बड़ी पकड़ है। उससे ही छूटना कठिन है। उसका वेग अदम्य है। उसका बल गहन है। उसने हमें चारों तरफ से घेरा है। और घेरने का कारण भी है।

तुम्हारा शरीर निर्मित हुआ है काम-अणु से—पिता का आधा, मां का आधा। ऐसा दान है तुम्हारे शरीर में। दोनों के काम-अणुओं ने मिल कर पहला तुम्हारा अणु बनाया। फिर उसी अणु से और अणु पैदा होते रहे। आज तुम्हारे शरीर में, वैज्ञानिक कहते हैं, कोई सात करोड़ कामाणु हैं। ये जो सात करोड़ कामाणुओं से बना हुआ तुम्हारा शरीर है, इसके भीतर छिपा है तुम्हारा पुरुष। पुरुष यानी इस नगर के भीतर जो बसा है; इस पुर के भीतर जो बसा है। यह जो सात करोड़ की बस्ती है, इसके भीतर तुम कहीं हो। निश्चित ही सात करोड़ अणुओं ने तुम्हें घेरा हुआ है; सब तरफ से घेरा हुआ है। और उनकी पकड़ गहरी है। तुम उस भीड़ में खो गए हो। उस भीड़ में तुम्हें पता ही नहीं चल रहा है कि मैं कौन हूं? भीड़ क्या है? किसने मुझे घेरा है? तुम्हें अपनी याद ही नहीं रह गई है। और इन सात करोड़ के प्रवाह में तुम खिंचे जाते हो। जैसे घोड़े, बलशाली घोड़े रथ को खींचे चले जाएं, ऐसा तुम्हारे जीवन की छोटी सी ज्योति को ये बलशाली सात करोड़ जीवाणु खींचे चले जाते हैं। तुम भागे चले जाते हो। यही मौत में गिरेंगे, क्योंकि जन्म के समय इनका ही कामवासना से निर्माण हुआ था।

ऐसा समझो : जो कामवासना से बना है वही मृत्यु में मरेगा। तुम तो बनने के पहले थे; तुम मिटने के बाद भी रहोगे। लेकिन यह प्रतीति तभी तुम्हारी स्पष्ट हो सकेगी—शास्त्र को सुन कर नहीं; स्वयं को जान कर; जाग कर।

सानुरागां स्त्रियं दृष्टवां मृत्युं वा समुपस्थितम्।

पास खड़ी हो प्रेम से भरी हुई स्त्री, युवा, सुंदर, सानुपाती, रागयुक्त, तुम्हारे प्रति उन्मुख, तुम्हारे प्रति आकर्षित, और खड़ी हो मृत्यु, इन दोनों के बीच अगर तुम अविचलमना, जरा भी बिना हिले-डुले खड़े रहे, जैसे हवा का झोंका आए और दीये

की लौ न कंपे, ऐसे तुम अकंप बने रहे, तो ही जानना कि तुम मुक्त हुए हो। जीवन-मुक्ति की यह भीतर की कसौटी है।

मुझसे लोग आकर पूछते हैं, हम कैसे समझें कि कोई आदमी मुक्त हुआ या नहीं? दूसरे को समझने का उपाय भी नहीं है, क्योंकि दूसरे को तो तुम कैसे समझोगे? बस, स्वयं को समझने का उपाय है। और यह प्रश्न ही गलत है कि तुम समझने की कोशिश करो कि दूसरा मुक्त हुआ या नहीं। तुम्हारा प्रयोजन? और बाहर से तुम समझोगे कैसे? बाहर से तो जो मुक्त हुआ है वह भी वैसा ही है जैसे तुम हो। भूख लगती है तो खाना खाता है, तुम्हारे जैसा ही। नींद आती तो सो जाता है, तुम्हारे जैसा ही! हां, कुछ फर्क भी है। लेकिन फर्क भीतरी है, उसका बाहर से कोई पता नहीं चलता। वह जब भोजन करता है तो होशपूर्वक करता है। मगर वह होश तो बाहर दिखाई नहीं पड़ेगा। वह जब सो जाता है, तब भी भीतर उसके कोई जागा रहता है। लेकिन उसे तो तुम भीतर जाओगे तो जानोगे। अभी तो तुम अपने भीतर नहीं गए तो दूसरे के भीतर जाने की तो बात ही छोड़ो। वह तुमसे न हो सकेगा।

यह तो पूछो ही मत कि मुक्त का लक्षण क्या है? अगर लक्षण पूछते हो तो अपने लिए पूछो। यह सूत्र तुम्हारे लिए है। इससे तुम दूसरे को जांचने मत चले जाना। नहीं तो तुम कहोगे, कृष्ण अभी मुक्त नहीं हुए। देखो, सखियां नाच रहीं और कृष्ण बांसुरी बजा रहे और डोल रहे हैं! तो ये तो विचलित होते मालूम होते हैं। डोल रहे हैं, देखो! जैसा बीन बजाने से सांप डोलता है, ऐसे कृष्ण डोल रहे हैं। ये तो विचलित मालूम होते हैं। तो ये फिर मुक्त नहीं हैं।

जो डोल रहा है, वही अगर कृष्ण होते तो तुम्हारी बात सही थी। इस डोलने के बीच में कोई अनडोला खड़ा है। यह बांसुरी बज रही है और भीतर कोई बांसुरी नहीं बज रही। इस नृत्य के बीच में कोई बिलकुल शांत है। इन लहरों के बीच में कोई बिलकुल मौन है। मगर उसे तुम कैसे देखोगे? उसे तो तुमने अपने भीतर देख लिया हो तो ही तुम पहचान पाओगे। तो तत्क्षण तुम्हें कृष्ण के भीतर भी दिखाई पड़ जाएगी वह ज्योति, वह लपट। जिन्होंने कृष्ण को पहचाना वे पहले अपने को पहचाने, तो ही।

बुद्ध से कोई पूछता है एक दिन कि हम कैसे आपको पहचानें? आपकी घोषणा हमने सुनी कि आप बुद्धत्व को उपलब्ध हो गए हैं, कि आपको महाज्ञान फलित हुआ है, कि आपकी मुक्ति हो गई, कैवल्य हो गया। हम आपको कैसे पहचानें? हमें कुछ आधार दें। बुद्ध ने कहा: मुझे पहचानने चलोगे तो भटक जाओगे। तुम अपने को पहचानने में लगो। जिस दिन तुम अपने को पहचान लोगे उस दिन क्षण भर की भी देर न लगेगी, तुम मुझे भी पहचान लोगे।

इन सूत्रों को तुम दूसरों के लिए उपयोग मत करना। आदमी बड़ा बेईमान है! आदमी को कुछ भी समझ में आए तो समझ का भी दुरुपयोग ही करता है। फिर वह कहने लगता है कि अच्छा, तो फलां आदमी फिर अभी मुक्ति को उपलब्ध नहीं हुआ।

तुम अपने भीतर इस कसौटी को सम्हाल कर रखो। राह से निकलते हो, एक सुंदर स्त्री पास से गुजर गई या सुंदर पुरुष पास से गुजर गया; तुम्हारे भीतर कुछ कंपता है? अगर नहीं कंपता तो प्रसन्न हो जाओ। थोड़ा सा तुम्हें जीवन का स्वाद मिला! अकंप है जीवन! तुम थोड़े बाहर हुए धुएं के! खुशी मनाओ! कुछ तुम्हें मिल गया!

धीरे-धीरे यही अभ्यास सघन होता जाएगा तो किसी दिन मौत आएगी। कामवासना का अंतिम परिणाम मृत्यु में ले जाएगा। शरीर चूंकि बना ही कामवासना से है, इसलिए मृत्यु तो होगी। अगर तुम कामवासना के प्रति जागते रहे तो एक दिन मृत्यु में भी जाग जाओगे। और जो जाग कर मर जाता है, फिर उसका लौटना नहीं है; फिर उसका पुनरागमन नहीं है। तुमने बार-बार सुना है यह कि कैसे आवागमन मिटे। यह है रास्ता आवागमन के मिटने का।

जीते-जी तुम मुक्त हो सकते हो। जीते-जी, जीवन-मुक्त का अर्थ होता है: जो काम से मुक्त हुआ; जिसे अब स्त्री या पुरुष का आकर्षण नहीं खींचता। और सब आकर्षण छोटे हैं। धन का आकर्षण है, गौण है। पद का आकर्षण है, वह भी गौण है। काम का आकर्षण सबसे गहरा है। वस्तुतः हम धन भी इसीलिए चाहते हैं ताकि कामवासना को तृप्त करना सुगम हो जाए और पद भी इसीलिए चाहते हैं ताकि कामवासना को तृप्त करना सुगम हो जाए।

तुमने देखा, राजाओं को हजारों स्त्रियां रखने की सुविधा थी! मन तो सभी का है। मन तो सभी के राजा के हैं। लेकिन रख नहीं सकते, क्योंकि एक ही रखना महंगा पड़ जाता है; एक के साथ ही मुश्किल खड़ी हो जाती है। सम्राटों की हजारों स्त्रियों की कथा तुम पढ़ते हो, वे झूठी नहीं हैं। उनके पास सुविधा थी, धन था, पद था, प्रतिष्ठा थी। वे समाज, नीति-नियम सबको तोड़ सकते थे; मर्यादा के बाहर जा सकते थे। कौन उनका क्या बिगाड़ लेगा! कोई उनका कुछ बिगाड़ न सकता था।

फ्रायड ने कहा है कि लोग धन खोजते, पद खोजते, लेकिन गहरे में खोज यही है कि जब बल होगा धन का, पद का, तो कामवासना को तृप्त कर लेंगे। फिर जैसा करना चाहेंगे वैसा कर लेंगे। लेकिन सबसे गहरे में कामवासना है।

अविलमना स्वस्थो मुक्त एव महाशयः।

'अविलमना', जिसका मन अब विल नहीं होता, कंपता नहीं, निष्कंप हो गया है।

स्त्री से प्रयोग करो, पुरुष से प्रयोग करो। जीवन इसी का अवसर है। थोड़े-थोड़े जागते-जागते एक दिन महाजाग भी आएगी। रत्ती-रत्ती प्रकाश इकट्ठा करते-करते एक दिन महासूर्य भी प्रकट होगा।

साथ चलो तो मैं खड़ा चलने को तैयार
सन्नाटे के बीच से—सन्नाटे के पार।

जब तुम पैदा हुए, सन्नाटे से आए थे। जब तुम मृत्यु में जाओगे, फिर सन्नाटे में जाओगे। झेन फकीर कहते हैं : अपने उस चेहरे को खोज लो जो जन्म के पहले तुम्हारा था और मृत्यु के बाद फिर तुम्हारा होगा। यह बीच का चेहरा उधार है। यह चेहरा तो तुम्हारे मां और पिता से मिला है; यह चेहरा तुम्हारा नहीं। यह मौलिक नहीं।

साथ चलो तो मैं खड़ा चलने को तैयार
सन्नाटे के बीच से—सन्नाटे के पार।

इसलिए समस्त धर्म सन्नाटे की साधना है—शून्य की, मौन की, ध्यान की।

तुमको चिंता राह की, मुझको चिंता और
यहीं न हमको रोक ले कोई मंजर-मौर।

राह की बहुत फिकर मत करो। सब राहें परमात्मा की तरफ जाती हैं। एक ही फिकर करना कि रास्ते पर कोई अटकाव में अटक मत जाना; किसी पड़ाव को मंजिल मत समझ लेना। सब पहुंच जाते हैं, अगर चलते रहें, अगर चलते रहें। रुके कि अटक जाते हैं। तुम कहीं भी रुकना मत—धन पर, पद पर, मोह पर, लोभ पर, राग पर। कहीं रुकना मत। चलते ही जाना। जागते ही जाना।

चढ़ो न मन की पालकी चलो न अपनी छांव
बटमारों का देश है, नहीं सजन का गांव।
सबमें सबकी आत्मा, सबमें सबका योग
ऐसे भी थे दिन कभी, ऐसे भी थे लोग।

तुम भी ऐसे ही हो सकते हो। जो अष्टावक्र को हुआ, तुम्हें हो सकता है। जो मुझे हुआ, तुम्हें हो सकता है। जो एक को हुआ, सभी को हो सकता है।

सबमें सबकी आत्मा, सबमें सबका योग
ऐसे भी थे दिन कभी, ऐसे भी थे लोग।

नहीं, यह बात समाप्त नहीं हो गई है। ऐसा नहीं है कुछ कि बुद्धपुरुष होना बंद हो गए। कभी बंद नहीं होते। जहां सोए लोग हैं वहां कोई न कोई, कभी न कभी जागता ही रहेगा। नींद में जागने के कमल खिलेंगे ही। जहां पाप है, वहां पुण्य भी प्रकट होगा। और जहां रात है, सुबह भी होगी। अंधेरा है तो प्रकाश भी कहीं पास ही होगा। घबड़ाओ मत!

गोरी अपने गांव में पनपा ऐसा रोग
हमसे परिचय पूछते हमीं हमारे लोग।

भारी रोग फैला है। रोग एक ही है : पता नहीं अपना ही, कि हम कौन हैं! तुमसे जब कोई पूछता है आप कौन हैं, तो कभी तुमने ईमानदारी से कहा कि मुझे पता नहीं। तुम जो भी पता देते हो सब झूठा है, सब कामचलाऊ है। तुम कहते हो, राम कि रहीम; कि इस गांव रहते कि उस गांव रहते, कि इस मोहल्ले रहते कि उस मोहल्ले रहते; कि यह मेरे मकान का नंबर है। यह सब ठीक है, और फिर भी कुछ ठीक नहीं। तुम्हें अपना पता ही नहीं है।

गोरी अपने गांव में पनपा ऐसा रोग
हमसे परिचय पूछते हमीं हमारे लोग।

दूसरे तो पूछते ही हैं, यह ठीक ही है; तुम खुद भी तो पूछ रहे हो यही कि मैं कौन हूं! जन्म की जो पहली जिज्ञासा है वह यही है। और आखिरी जिज्ञासा भी यही है।

मनोवैज्ञानिक कहते हैं कि बच्चे को जो पहला प्रश्न उठता है, सबसे पहला प्रश्न, वह यही है कि मैं कौन हूं। होना भी यही चाहिए। हालांकि इसका कोई पक्का प्रमाण नहीं है, क्योंकि बच्चे बोलते नहीं। और बच्चों में क्या पहला प्रश्न उठता है, कहना कठिन है। लेकिन सब हिसाब से यह मालूम पड़ता है, यही प्रश्न उठता होगा। और कोई प्रश्न उठने के पहले यही प्रश्न उठता होगा कि मैं कौन हूं! चाहे इस तरह के शब्द न भी बनते हों, सिर्फ भावमात्र होता हो; लेकिन बच्चे को यह तो खयाल होता होगा कि मैं कौन हूं। कभी-कभी बच्चे पूछते भी हैं कि मैं कौन हूं? मैं यहां क्यों हूं? मैं कहां से आया हूं? मैं ऐसा ही क्यों हूं जैसा कि मैं हूं? हम सब टाल देते हैं उनके प्रश्न कि ठहरो, जब बड़े हो जाओगे पता चलेगा।

बड़े होकर तुमको भी पता नहीं चला है। बड़े होकर किसी को पता नहीं चलता। बड़े होने से पता चलने का क्या संबंध है? बड़े होकर पता चलना और मुश्किल हो जाएगा, क्योंकि और कूड़ा-कर्कट तुम्हारी खोपड़ी पर इकट्ठा हो जाएगा। अभी तो बच्चे की बुद्धि निर्मल थी, अभी बेईमान न था; बड़ा होकर तो बेईमान हो जाएगा।

पहला प्रश्न, मनस्विद कहते हैं, होना यही चाहिए गहरे से गहरे में कि मैं कौन हूं? स्वभावतः और प्रश्न पैदा हों, इसके पहले यह जिज्ञासा तो उठेगी ही कि यह मैं कौन हूं! और अंतिम प्रश्न भी मरते समय यही होता है। होगा भी। जो पहला है, वही अंतिम भी होगा। जहां से चलते हैं, वहीं पहुंच जाते हैं। मरते क्षण भी यही प्रश्न होता है कि मैं कौन हूं। जी भी लिया, सुख-दुख भी झेले, सफल-असफल भी हुआ, खूब शोरगुल भी मचाया, झंझटें, झगड़े-झांसे भी किए; कभी जमीन से उलझे, कभी

आसमान से उलझे; सब किया-धरा, सब मिट्टी भी हो गया; अब मैं जा रहा हूं, और यह भी पता नहीं चला कि मैं कौन हूं!

मैं कौन हूं, इसका उत्तर उसी को मिलता है, जो अविचलमना हो गया। जब तक मन विचलित होता है, इसका पता नहीं चलता। क्योंकि विचलन के कारण तुम्हें अपनी ठीक-ठीक छवि दिखाई नहीं पड़ पाती। ऐसा नहीं है कि कहीं कोई उत्तर लिखा रखा है। इतना ही है कि अगर तुम बिलकुल शांत हो जाओ, एक तरंग न उठे चित्त में, तो उस निस्तरंग दशा में जिसे तुम देखोगे, जानोगे, वही तुम हो। नाच उठोगे! ऐसा भी नहीं है कि तुम दूसरों को बता सकोगे कि मैं कौन हूं। नहीं, गूंगे का गुड़! लेकिन तुम जानोगे! और तुम्हें अगर कोई गौर से देखेगा, तुम्हारे पास बैठेगा, तुम्हारी धारा में थोड़ा बहेगा, तो उसे भी थोड़ा-थोड़ा रस मिलेगा, उसे भी थोड़ी-थोड़ी सुगंध आएगी। अज्ञात लोक उसे भी खींचने लगेगा!

लेकिन जिंदगी भर तो हम रेत के घर बनाने में बिताते हैं। जिंदगी भर तो हम कागज की नावें तैराते हैं! जिसको तुम जिंदगी कहते हो, सिवाय कागज की नाव बनाने के और क्या है?

> कुछ अंधेरे रोशनी के साथ आते हैं
> कुछ उजाले हैं कि साए छोड़ जाते हैं
> एक वे हैं पांव कल की सीढ़ियों पर हैं
> एक हम इतिहास पर जिल्दें चढ़ाते हैं
> जो समय के साथ समझौता नहीं करते
> एक उपजाऊ धरातल छोड़ जाते हैं
> जिंदगी का अर्थ हमने यों लगाया है
> हम नदी में रेत के टीले बनाते हैं
> कुछ हवाएं हैं कि इतनी तेज चलती हैं
> पत्थरों के आदमी भी थरथराते हैं
> हम हजारों व्यक्तियों से मिल चुके होंगे
> सब हथेली पर यहां सरसों उगाते हैं
> यहां बड़े पागलपन में लोग उलझे हैं।
> हम हजारों व्यक्तियों से मिल चुके होंगे
> सब हथेली पर यहां सरसों उगाते हैं
> जिंदगी का अर्थ हमने यों लगाया है
> हम नदी में रेत के टीले बनाते हैं

मरते वक्त तुम्हें लगेगा, सब किया अनकिया हो गया; सब बना, मिट रहा है। तुम्हीं मिट रहे हो! जहां तुम्हारा ही रहना तय नहीं है, वहां तुम्हारा बनाया हुआ क्या रहेगा? जहां से तुम ही हटा लिए जाते हो, वहां तुम्हारे कर्तृत्व के, तुम्हारे कर्ता होने के क्या चिह्न रह जाएंगे!

अष्टावक्र कहते हैं: तुम अगर अविचल हो जाओ तो तुम उसे जान लो जो न पैदा होता, न मरता; तुम उसे जान लो जो न करता—जो बस है! उस है—पन में डूब जाना परम शांति है, परम मुक्ति है।

'समदर्शी धीर के लिए सुख और दुख में, नर और नारी में, संपत्ति और विपत्ति में कहीं भी भेद नहीं है।'

सुखे दुःखे नरे नार्यां संपत्सु च विपत्सु च।
विशेषो नैव धीरस्य सर्वत्र समदर्शिनः।।

सुखे दुःखे...!

सुख और दुख हमें दो दिखाई पड़ते हैं। हमें दो दिखाई पड़ते हैं, क्योंकि हम सुख को चाहते हैं और दुख को नहीं चाहते। हमारे चाहने और न चाहने के कारण दो हो जाते हैं। तुम एक दफा चाह और न-चाह दोनों छोड़ कर देखो, तुम अचानक पाओगे सुख और दुख का भेद खो गया, उनमें कुछ भेद न रहा। उनकी सीमा-रेखा हमारी चाह बनाती है। इसे समझो।

कभी-कभी ऐसा होता है कि जिस चीज को तुम नहीं चाहते थे क्षण भर पहले तक, उसमें दुख था, और फिर तुम चाहने लगे तो उसी में सुख हो गया। जो आदमी सिगरेट नहीं पीता, उसको सिगरेट पिला दो—आंख में आंसू आ जाएंगे, खांसी उठेगी, घबड़ाएगा, चेहरा तमतमा जाएगा, सिगरेट फेंक देगा। कहेगा कि पागल हो गए हो, यह क्या भला-चंगा था और तुमने यह कहां का रोग लगा दिया! दुखी होता है। लेकिन उससे कहो कि धीरे-धीरे अभ्यास करो, यह बड़ा योगाभ्यास है; यह कोई ऐसे नहीं सधता, साधने से सधता है, और बड़ी कठिन बात है, तुम थोड़ा अभ्यास करोगे तो सध जाएगा। थोड़ा अभ्यास करेगा तो निश्चित सध जाएगा। सध क्या जाएगा, अभ्यास करने से वह जो अब तक शरीर के संवेदनशील तंतु विरोध किए थे, विरोध नहीं करेंगे। शरीर की संवेदनशीलता ने जो इनकार किया था, वह इनकार नहीं आएगा। शरीर राजी हो जाएगा कि ठीक है, तुम्हारी मर्जी, जो करना हो करो। खांसी नहीं उठेगी, आंख में आंसू नहीं आएंगे। और यह आदमी कहने लगेगा, अब सुख मिलने लगा।

तुमने शराब चखी? चखोगे तो तिक्त और कड़वी, स्वादहीन, लेकिन चखते ही चले जाओ तो सब स्वाद व्यर्थ हो जाते हैं, शराब का स्वाद ही फिर एकमात्र स्वाद रह जाता है।

मुल्ला नसरुद्दीन की पत्नी उससे बहुत परेशान थी। रोज पी कर चला आए। एक दिन सब समझा कर हार चुकी थी तो मधुशाला पहुंच गई—सिर्फ डरवाने। मुल्ला भी घबड़ाया, क्योंकि वह यहां कभी नहीं आई थी। घर ही घर बात करती थी। आ गई मधुशाला, आकर उसकी टेबल पर बैठ गई और कहा : आज तो मैंने भी तय किया कि मैं भी पीना शुरू करती हूं। तुम तो रुकते नहीं; मैं भी शुरू करती हूं। मुल्ला थोड़ा घबराया भी कि यह क्या मामला हो रहा है! एक ही पीने वाला घर में काफी है। अब उसको यह भी डर लगा कि कहीं यह भी पीने लगे तो जो बदतमीजी मैं इसके साथ करता रहा, वही बदतमीजी अब यह मेरे साथ करेगी। मगर अब कोई यह भी नहीं कह सकता कि मत पीओ, क्योंकि अब किस मुंह से कहे मत पीओ! यही तो पत्नी समझाती रही।

और इसके पहले कि वह कुछ कहे पत्नी ने अपनी गिलास में शराब ढाल ली। पहला ही घूंट लिया कि हाथ से गिलास पटक दिया और उसने कहा : अरे, यह तो जहर है! थू-थू किया। मुल्ला ने कहा : देखो! और तुम समझती थी कि मैं मजे लूट रहा हूं! हजार बार समझाया कि यह बड़ी कठिन चीज है। और तुम यही सोचती थी सदा कि मैं बड़े मजे लूट रहा हूं!

अभ्यास करो तो दुख सुख जैसा मालूम होने लगता है। चाह पैदा हो जाए तो दुख सुख हो जाता है। तुमने यह देखा? एक स्त्री को तुम चाहते; एक पुरुष को तुम चाहते—जब तक चाह है तब तक सुख है! विवाह कर लिया, दोनों साथ रह लिए; चाह क्षीण हो गई। अब चाह तो खतम हो गई। अब सुख नहीं मालूम पड़ता। तुमने किसी पति को किसी पत्नी के साथ सुखी देखा? अगर रास्ते से तुम देख लो कि पति-पत्नी दोनों सुख से चले जा रहे हैं तो समझ लेना कि ये पति-पत्नी नहीं हैं।

मैं एक ट्रेन में सवार था और एक महिला मेरे सामने ही सीट पर बैठी थी। हर स्टेशन पर एक आदमी उससे मिलने आता—हर स्टेशन पर। फिर भाग कर अपने डब्बे में जाता, फिर आता। कभी शर्बत लाता, कभी कुछ। मैंने उससे पूछा कि तुम्हारे पति मालूम होते हैं। उसने कहा : हां। मैंने पूछा : कितने दिन हुए विवाह हुए? उसने कहा कि सात साल हो गए। मैंने कहा : झूठ तो मत बोल। सात साल! तो तू विवाहित भी नहीं है इनके साथ। सात साल बाद कोई पति दूसरे डब्बे में से हर स्टेशन पर...शर्बत और चाय और कॉफी और आइसक्रीम कभी लेकर आए, सुना है? ऐसा हुआ कहीं? कलियुग में तो नहीं होता। सतयुग में भी होता था, ऐसा भी कोई उल्लेख किसी पुराण में नहीं है। तू झूठ बोल ही मत। तू सच-सच कह दे, मैं किसी से कहूंगा नहीं। उसने कहा : 'आपने कैसे पहचाना? हम तो विवाहित नहीं हैं।'

इसमें पहचानने की बात ही क्या है? पति तो एक दफा बिठा कर जो नदारद होता, फिर पूरी यात्रा उसका पता नहीं चलना था। ऐसा सौभाग्य तो कभी-कभी मिलता है।

तुमने देखा, पति-पत्नी साथ बैठे हों, कैसे उदास और गंभीर मालूम होते हैं! कोई मेहमान आ जाता है तो दोनों प्रफुल्लित हो जाते हैं कि चलो, कोई आ गया तो कुछ थोड़ा रस तो आएगा।

मेरे एक मित्र हैं; हिम्मतवर आदमी हैं। ऐसा एक दिन मुझसे बात करते थे। मैंने उनसे पूछा कि अब कब तक धंधे में पड़े रहोगे? खूब कमा लिया। उन्होंने कहा कि जिस दिन मैं पैंतालीस साल का हो जाऊंगा, उसी दिन छोड़ दूंगा। सच में हिम्मत के आदमी हैं। पैंतालीस साल के हो गए तो उन्होंने उसी दिन सब बंद कर दिया। मुझसे पूछने लगे कि अब बोलो क्या करें, क्योंकि अब मैं खाली हूं! तो मैंने कहा, अब अच्छा है, तुम किसी पहाड़ी जगह पर चले जाओ। सब तुम्हारे पास सुविधा है। अब शांति से रहो। उन्होंने कहा, वह तो ठीक है; लेकिन यह भी तो देखो कि पत्नी से, जब मेरी उम्र पंद्रह साल की थी, तब मेरा विवाह हुआ। तीस साल से हम साथ हैं। अब तो हम दोनों अगर संग रह जाते हैं तो एकदम संकट हो जाता है। आप चलोगे हमारे साथ पहाड़ पर रहने? क्योंकि हमें कोई एक तो चाहिए ही, तो थोड़ा रस रहता है। हम तो किसी सफर पर भी नहीं जाते बिना मित्र को लिए।

तुमने देखा, पति-पत्नी कहीं जा रहे हैं तो किसी मित्र को या मित्र की पत्नी को या मित्र के परिवार को साथ लेना चाहते हैं! कारण? अगर पति-पत्नी अकेले छूट गए तो वे एक-दूसरे को उबाते हैं, और कुछ भी नहीं। जो कहना था कह चुके बहुत बार, जो करना था कर चुके बहुत बार, जो देखना था देख चुके बहुत बार; अब तो सिर्फ ऊब हाथ रह गई है। अब तो कोई उपाय नहीं रह गया है। अब तो कोई रस नहीं रह गया है। शायद इसी स्त्री के लिए दीवाने थे, इसी पुरुष के लिए दीवाने थे। और अब मिल गए तो सब शांत हो गया है। दुख हो जाता है।

सुख को तुमने दुख में बदलते देखा या नहीं? जिस दिन तुम यह देख लोगे कि दुख सुख में बदल जाता है, सुख दुख में बदल जाता है, उस दिन तुम्हें एक बात साफ हो जाएगी कि दोनों अलग-अलग नहीं हैं। तुम्हारी चाह का ही भेद है। चाहो तो सुख, चाहो तो दुख। जैसा तुम चाह लेते, बस उसके अनुकूल सुख-दुख की सीमा-रेखा खिंच जाती है। लेकिन जिसकी कोई चाह नहीं, उसकी सोचो। उसके लिए सुख और दुख दोनों विसर्जित हो गए।

अष्टावक्र कहते हैं:

सुखे दुःखे नरे नार्यां संपत्सु च विपत्सु च।

न तो संपत्ति में न विपत्ति में, न नर में न नारी में, न सुख में न दुख में—ऐसे व्यक्ति को कोई भेद नहीं रह जाता।

विशेषो नैव धीरस्य सर्वत्र समदर्शिनः।

ऐसा व्यक्ति सब जगह एक ही दर्शन में, एक ही दृष्टि में स्थिर रहता है। उसे कुछ भेद नहीं दिखाई पड़ता। उसका मतलब यह मत समझ लेना कि वह स्त्री से कहने लगता है कि आप कहां जा रहे, या पुरुष से कहने लगता है कि अच्छी आ गईं, बैठिए! इसका यह मतलब नहीं है कि उसे भेद नहीं दिखाई पड़ता। भेद सब ऊपरी रह जाते हैं, व्यावहारिक रह जाते हैं; आंतरिक भेद नहीं रह जाता।

आंतरिक भेद तुम्हारी देह में है ही नहीं; आंतरिक भेद तो तुम्हारी चाह में है। जब भीतर कामवासना प्रगाढ़ होती है तो स्त्री अलग मालूम पड़ती है, पुरुष अलग मालूम पड़ता है। जब भीतर की कामवासना गिर गई तो अब स्त्री और पुरुष बाहर अलग हैं, यह अंतर नहीं रह जाता।

इसका यह मतलब नहीं है कि तुम्हें स्त्री स्त्री नहीं दिखाई पड़ती। स्त्री अब भी स्त्री दिखाई पड़ती है। लेकिन यह भेद औपचारिक है, सामाजिक है, शारीरिक है। इस भेद में वस्तुतः कोई भेद नहीं है। भिन्नता मालूम होती है; भेद नहीं मालूम होता है। दोनों अलग-अलग ढंग से बने हैं, लेकिन दोनों में एक का ही वास है। ऊपर का ढांचा थोड़ा भिन्न है, शरीर और रासायनिक भिन्नता है; लेकिन भीतर आत्मा एक ही जैसी है। न कोई पुरुष है न कोई स्त्री है। सब आत्मा है। जो स्वयं आत्मवान होता है, उसे सब तरफ आत्मा का ही दर्शन होता है।

'क्षीण हो गया है संसार जिसका, ऐसे मनुष्य में न हिंसा है न करुणा है, न उद्दंडता और न दीनता, न आश्चर्य न क्षोभ।'

न हिंसा नैव कारुण्यं नौद्धत्यं न च दीनता।
नाश्चर्यं नैव च क्षोभः क्षीणसंसरणे नरे।।

क्षीणसंसरणे नरे—जिसका संसार क्षीण हो गया।

खयाल करना, संसार से मतलब यह नहीं है जो तुम्हारे चारों तरफ फैला है; यह तो कभी क्षीण नहीं होता। कितने बुद्धपुरुष हो गए, यह तो चलता जाता है। 'संसार क्षीण हो गया' का अर्थ है : जिसके भीतर अब संसार के प्रति कोई आकर्षण-विकर्षण न रहा। हो तो ठीक, न हो तो ठीक। जैसा है वैसा है। इसमें अन्यथा करने की कोई वासना नहीं है। आज खो जाए तो ठीक; चलता रहे अनंत-काल तक तो ठीक। संसार बाहर का तो रहेगा ही, लेकिन भीतर का संसार खो जाता है।

भीतर के संसार का अर्थ है : विचारों का, वासनाओं का संसार।

क्षीणसंसरणे नरे—जिस व्यक्ति का यह अंतर-संसार शांत हो गया।

न हिंसा नैव कारुण्यं—ऐसे व्यक्ति में न तो हिंसा रह जाती, न करुणा।

यह समझने जैसी बात है।

हम कहते हैं : महावीर महाकरुणावान हैं। वह हमारी गलती है। हमारी तरफ से ठीक लगता है। लेकिन महावीर की तरफ से सोचने पर गलती है। जिसका क्रोध ही चला गया, उसमें करुणा कैसे बचेगी? जिसमें क्रोध ही न रहा, उसमें करुणा का क्या उपाय है? और जिसमें हिंसा न बची, उसमें अहिंसा कैसे होगी? जो दूसरे को दुख नहीं देना चाहता, वह दूसरे को सुख कैसे देना चाहेगा? उसे तो सुख-दुख बराबर हो गए। जो दूसरे को मारना नहीं चाहता, वह दूसरे को बचाना भी क्यों चाहेगा? क्योंकि वह जानता है, अब न तो कुछ मरता है, न कुछ बचाया जाता है।

लेकिन हमारी तरफ से ठीक लगता है, क्योंकि हम देखते हैं, महावीर का क्रोध खो गया, हिंसा खो गई। तो तत्क्षण हम नाम देते हैं : अहिंसक, महाकरुणावान! ये नाम हमारे हैं; और भ्रांत हैं। हम भ्रांत हैं तो हमारी दी हुई सारी व्याख्याएं भी भ्रांत होती हैं।

महावीर की तरफ से देखने पर द्वंद्व चला गया—हिंसा-अहिंसा का, प्रेम-घृणा का, राग-द्वेष का। सारा द्वंद्व चला गया। जहां-जहां द्वंद्व है वहां-वहां निर्द्वंद्वता की स्थिति आ गई।

तो सूत्र कहता है : ऐसे मनुष्य में न हिंसा है न करुणा; न उद्दंडता है और न दीनता है।

ऐसा व्यक्ति न तो अहंकारी होता है और न निर-अहंकारी होता है। ऐसा व्यक्ति विनम्र भी नहीं होता, दंभी भी नहीं होता। इसलिए तुम्हें बड़ी कठिनाई होगी ऐसे व्यक्ति को पहचानने में। ऐसा व्यक्ति न तो किसी को दबाता और न किसी से दबता।

तुम दो तरह के आदमी जानते हो : दबाने वाले और दबने वाले। तुम आदमी जानते हो : आज्ञाकारी और उद्दंड, परंपरा को मानने वाले और परंपरा का खंडन करने वाले, आस्तिक और नास्तिक। ऐसे तुम आदमी जानते हो।

बुद्ध या महावीर न तो आस्तिक हैं न नास्तिक; न तो परंपरा के अंधे अनुयायी हैं, न क्रांतिकारी हैं; न तो आज्ञा मान कर चलते समाज की, न अवज्ञा करते हैं। ये बातें ही व्यर्थ हो गईं। ये तो अपने भीतर की सहजता से जीते हैं। इस सहजता से तुम्हारा मेल खा जाए तो तुम्हें लगेगा, समाज की आज्ञा मानते हैं। इससे मेल न खाए तो तुम्हें लगेगा समाज की अवज्ञा करते हैं। लेकिन ये तुम्हारी धारणाएं हैं। ऐसे व्यक्ति तो अपनी मौज से जीते हैं—स्वच्छंद जीते, सहज भाव से! उनकी स्फुरणा आंतरिक है। बहुत मौकों पर तुमसे मेल खा जाता है; बहुत मौकों पर तुमसे मेल नहीं खाता। लेकिन तुमसे न तो मेल बिठाने की चिंता है और न तुमसे तालमेल तोड़ने की चिंता है। यहीं तुम फर्क समझ लेना।

परंपरावादी वह है, जो हमेशा कोशिश करता है : जो सब चल रहे हैं, भेड़चाल, वैसी ही चाल मेरी रहे; जरा भी अन्यथा न हो जाऊं। अन्यथा अड़चन आती है; लोग चौंक कर देखने लगते हैं। जैसे कपड़े लोगों ने पहने हैं, वैसे ही मैं पहनूं; जैसे बाल उन्होंने कटाए वैसे मैं कटाऊं; जो बातें वे करते हैं वही बातें मैं करूं; जिस ब्रांड की सिगरेट पीते हैं वही मैं पीऊं; जिस फिल्म को देखने जाते हैं वही मैं देखूं; जो किताब पढ़ते हैं वही मैं पढूं। लोगों से अलग होना ठीक नहीं, क्योंकि भीड़ नाराज होती है कि अच्छा, तो तुम व्यक्ति होने की चेष्टा कर रहे, तो तुम विशिष्ट होने की चेष्टा कर रहे! भीड़ पसंद नहीं करती।

भीड़ कहती है : तुम भीड़ के साथ रहो। भीड़ को इससे बड़ी तृप्ति मिलती है कि सब उसके साथ हैं। भीड़ बड़ी डरी है। देखा भेड़ों को चलते—घसर-पसर एक-दूसरे के साथ! ऐसा आदमी चलता है। अगर कोई भेड़ अलग चलने लगे तो पूरी भीड़ उसके विपरीत हो जाती है। यह एक बात हुई।

फिर एक दूसरा आदमी है, जो इस भेड़चाल से घबड़ा जाता है और जो प्रतिक्रिया में वही करने लगता है, जो भीड़ कहती है मत करो; वही करने लगता है जिसका भीड़ में विरोध है। भीड़ से विपरीत करने लगता है। खयाल करना, यह दूसरा आदमी भी भीड़ से ही प्रभावित हो रहा है; जैसा भीड़ कहती है, उससे विपरीत करने लगता है, लेकिन भीड़ के ही अनुसार चलता है। अनुकूल नहीं करता, प्रतिकूल करता है। भीड़ कहती है, शराब मत पीयो तो वह शराब पीएगा। भीड़ कहती है, लंबे बाल मत बढ़ाओ तो वह लंबे बाल बढ़ा लेगा। भीड़ कहती है, स्नान करो तो वह स्नान न करेगा।

हिप्पियों को देख रहे हैं! उन्होंने सारे भीड़ के मापदंड तोड़ दिए। वे ऐसे जीएंगे जैसा भीड़ चाहती है कोई न जीए; मगर अभी भी भीड़ से ही प्रभावित हैं। उनका भी आदेश आता है भीड़ से ही। भीड़ स्नान करती है तो वे स्नान नहीं करते; भीड़ सुंदर कपड़े पहनती है तो वे गंदे कपड़े पहनते हैं।

मैंने ऐसा भी सुना है कि अमरीका में ऐसी दुकानें भी खुल गई हैं जहां कपड़े गंदे तैयार करके बेचे जाते हैं। क्योंकि हिप्पियों की भी तो मांग है! नया कपड़ा तो हिप्पी पहन नहीं सकता, क्योंकि वह ताजा, साफ-सुथरा मालूम पड़ता है। तो दुकानें हैं जहां उनको गंदे करके, चीर-फाड़ कर, खराब करके, पुराना ढंग देकर बेचते हैं। उनके विज्ञापन मैंने पढ़े हैं। तब खरीदेगा हिप्पी कि ठीक, अब ठीक है। बासा, पुराना, गंदा, कई मौसम देख चुका, घिसा-पिटा, तब!

मेरे एक मित्र हैं; नेपाल में उनकी फैक्टरी है। उस फैक्टरी में वे एक ही काम करते हैं : नई मूर्तियां बनाते हैं, एसिड डाल कर उनको खराब करके जमीन में गड़ा देते

हैं। साल-छह महीने बाद उनको जमीन से निकाल लेते हैं। कोई पांच सौ साल पुरानी बताते हैं, कोई हजार साल पुरानी। जो मूर्ति पांच रुपये में नहीं बिकती, वह पांच हजार में बिकती है। उनका धंधा ही यही है।

उनके घर एक बार मेहमान हुआ तो मैंने कहा कि तुम इतनी पुरानी मूर्तियां ले कहां से आते हो? उन्होंने कहा: 'लाता कौन है? पागल हुए हैं आप? हम बनाते हैं।' मैंने कहा: पुरानी मूर्ति कैसे बनाते होओगे? उन्होंने कहा: आपकी समझ में न आएगा। इसमें बड़ा राज है। सन इत्यादि सब हम लिखते हैं इसमें पुराना। पुरानी भाषा आंकते हैं। फिर एसिड डाल कर खराब करते हैं। किसी का हाथ तोड़ दिया, किसी की नाक तोड़ दी, फिर उसको जमीन में गड़ा दिया। वह जमीन में गड़ी साल-छह महीने में पुरानी शक्ल ले लेती है। उसको बड़े से बड़े पारखी ही पहचान सकते हैं कि वह पुरानी नहीं है। वैसे पांच रुपये में बिकती; अब वह पांच हजार में बिक सकती है। एंटीक हो गई! अब उसकी कीमत बहुत बढ़ गई। बहुत पुरानी है!

हिप्पी विपरीत जीता है। लेकिन ज्ञानी न तो समाज के अनुकूल जीता है न प्रतिकूल। ज्ञानी तो स्वानुकूल जीता है; स्वच्छंद—स्वयं के छंद से जीता है। तुमसे मेल खा जाए तो ठीक, तुमसे मेल न खाए तो ठीक। तुम्हारी चिंता नहीं करता; तुम्हारे हिसाब से नहीं चलता।

तो न तो तुम उससे कह सकते कि वह उद्दंड है, न तुम कह सकते वह दीन है। न तो वह परंपरावादी है और न क्रांतिकारी है। ज्ञानी तो अपने आत्मबोध से जीता है।

'उसके जीवन में न तो क्षोभ है और न आश्चर्य।'

यह बहुत महत्वपूर्ण बात है। क्षोभ कब होता है? तुम दस हजार रुपये पाना चाहते थे और दस न मिले तो क्षोभ होता है। तुम्हें दस भी मिलने की आशा न थी और दस हजार मिल गए तो आश्चर्य होता है। जो नहीं होना था हो जाता है, तो बड़ा आश्चर्य से भर जाता है मन। जो होना था और नहीं होता, तो बड़ा क्षोभ होता है। तुम्हारी अपेक्षा के प्रतिकूल हो जाता है तो तुम दुखी होते हो। और छप्पर फोड़ कर वर्षा हो जाती है स्वर्ण-अशर्फियों की, तो तुम गदगद हो जाते हो।

ज्ञानी के जीवन में न तो आश्चर्य है न क्षोभ है। ज्ञानी तो जो होता है उससे अन्यथा चाहता ही नहीं था। उसने अन्यथा सोचा नहीं था, विचारा नहीं था। उसने और कोई सपने न देखे थे। उसने पहले से कोई धारणा ही न बनाई थी। पांच मिलें तो ठीक, पचास मिलें तो ठीक, पचास करोड़ मिल जाएं तो ठीक; न मिलें तो ठीक। पास हैं जो वे भी खो जाएं तो ठीक। उसके जीवन में किसी चीज से कोई लहर नहीं उठती है—न क्षोभ की, न आश्चर्य की।

ज्ञानी प्रतिपल बिना किसी अतीत को अपने मन में लिए जीता है। इसलिए तुलना का उसके पास कोई स्थान नहीं होता। तुम ज्ञानी को न तो क्षुब्ध कर सकते हो और न आश्चर्यचकित। ऐसी कोई घटना नहीं है जिस पर ज्ञानी को आश्चर्य हो। क्योंकि ज्ञानी मानता है, यह जगत इतना महान रहस्यपूर्ण है कि आश्चर्य हो तो इसमें आश्चर्य क्या? इस बात को खयाल में रखना—आश्चर्य हो तो इसमें आश्चर्य क्या? यह सारा जगत आश्चर्यों से भरा है। एक-एक पत्ती पर आश्चर्य ही आश्चर्य लिखा है। एक-एक फूल रहस्य की कथा है। यहां सभी चीजें अनजानी हैं। फिर इसमें आश्चर्य क्या?

किसी ने हाथ से भभूत निकाल दी, तुम बड़े आश्चर्यचकित हो गए। इतना विराट संसार शून्य से निकल रहा है और तुम आश्चर्यचकित नहीं हो! और किसी मदारी ने हाथ से भभूत निकाल दी और तुम आश्चर्यचकित हो गए! और तुम एकदम बाबा के पैर में गिर पड़े कि चमत्कार!

चमत्कार प्रतिपल हो रहे हैं। एक छोटा सा बीज तुम डालते हो जमीन में; एक विराट वृक्ष बन जाता है। बीज को फोड़ते, कुछ भी न मिलता; न वृक्ष मिलता, न फूल मिलते, न फल मिलते; कुछ भी न था, खाली था, शून्य था। उस शून्य से इतना बड़ा विराट वृक्ष पैदा हो गया। इस पर करोड़ों बीज लग जाते हैं। एक बीज से करोड़ों बीज लग जाते! वनस्पतिशास्त्री कहते हैं कि एक बीज सारी दुनिया को जंगलों से भर सकता है। सिर्फ एक बीज! और चमत्कार क्या चाहते हो?

तुम्हारे घर बच्चा पैदा हो जाता है—तुमसे पैदा हो जाता है! और तुम्हें चमत्कार नहीं होता! तुम जैसा मुर्दा आदमी! तुम्हें अपने ही पैरों में गिरना चाहिए कि धन्य बाबा! मुझ जैसा मुर्दा आदमी और एक जीवित बच्चा पैदा हो गया। नहीं, तुम चमत्कार क्षुद्र बातों में देखते हो, क्योंकि तुम्हें विराट चमत्कार दिखाई नहीं पड़ रहे। इस जीवन में देखते हो, उदास से उदास, मुर्दा से मुर्दा आदमी में भी परमात्मा मौजूद है—और तुम्हें चमत्कार नहीं दिखाई पड़ता! हर आंसू के पीछे मुस्कुराहट छिपी है और तुम्हें चमत्कार नहीं दिखाई पड़ता! हर जीवन के पीछे मृत्यु खड़ी है और तुम्हें चमत्कार दिखाई नहीं पड़ता!

यहां जो हो रहा है, वह सभी चमत्कारपूर्ण है। यहां ऐसा कुछ हो ही नहीं रहा है जिसमें चमत्कार न हो। इसलिए ज्ञानी को कोई चीज आश्चर्य नहीं करती; क्योंकि सभी आश्चर्य है तो अब आश्चर्य क्या करना! आश्चर्य ही आश्चर्य घट रहे हैं। प्रतिपल अनंत आश्चर्यों की वर्षा हो रही है। इस बोध के कारण ज्ञानी को कोई चीज आश्चर्य नहीं करती।

और, किसी चीज से क्षोभ नहीं होता है। क्योंकि ज्ञानी जानता है कि मेरे किए कुछ नहीं होता है। मेरे मांगे कुछ नहीं होता। मैं तो सिर्फ देखने वाला हूं; जो होता है उसे देखता रहूंगा। उसका रस तो एक बात में है, साक्षी में, कि जो होता है देखता रहूंगा। जो भी हो, इससे क्या फर्क पड़ता है, क्या होता है! कभी दुख होता है, कभी सुख होता है; कभी धन मिलता है, कभी निर्धनता मिलती है; कभी सम्मान, कभी अपमान—वह देखता रहता है। उसने तो देखने में ही सारा रस पहचान लिया। अब क्षुब्ध नहीं होता है।

हम तो आगे-पीछे का बड़ा पागल हिसाब लेकर चलते हैं। हम तो किसी घड़ी को स्वतंत्र नहीं छोड़ते। हम तो परमात्मा को जरा भी मौका नहीं देते कि तुझे जैसा होना हो वैसा हो जा। हम तो कहते हैं : ऐसा करो, ऐसा हो। फिर नहीं होता तो दुखित होते हैं। हो जाता है तो बड़े आनंदित होते हैं। और ध्यान रखना, जो होना है वही होना है। जो होना था वही होता है। और जो हुआ वही होना था। तुम्हारे चाहने इत्यादि से कुछ अंतर नहीं पड़ता, जरा भी अंतर नहीं पड़ता! मगर तुम बीच में नाहक सुखी-दुखी हो लेते हो।

टेलिफोन की घंटी बजी। रिसीवर उठाया तो दूसरी ओर से आवाज आई : 'बहन कैसी तबीयत है?' 'बेहद परेशान हूं'—जवाब मिला। 'मेरे सिर में दर्द हो रहा है। टांगों और कमर में तीव्र पीड़ा है। घर में सभी चीजें बिखरी पड़ी हैं। बच्चों ने मुझे पागल बना दिया है।' 'सुनो'—दूसरी ओर से आवाज आई—'तुम लेट जाओ, मैं तुम्हारे पास आ रही हूं। दोपहर का खाना तैयार कर दूंगी। घर साफ कर दूंगी और बच्चों को नहला भी दूंगी। तुम थोड़ी देर आराम करना। पर महेश आज कहां है?'

'महेश? कौन महेश?'—जवाब मिला।

'तुम्हारा पति, महेश।'

'मेरे पति का नाम महेश नहीं।'

पहली महिला ने लंबी सांस ली और बोली : 'फिर नंबर गलत मिल गया। क्षमा करें।' काफी देर खामोशी रही। फिर दूसरी महिला ने उदास स्वर में कहा : 'तो तुम अब न आओगी?'

आदमी जो नहीं हो सकता, उसकी भी आकांक्षा करता है। अब आने का कोई कारण ही नहीं रहा। यह फोन ही गलत मिल गया। मगर आशा इसमें भी बांध ली कि अब आएगी, भोजन भी बना देगी, कपड़े-लत्ते भी सुधार देगी, बच्चों को नहला भी देगी।...'तो तुम अब नहीं आओगी!'

क्षोभ है। जो नहीं होना है, उसके लिए भी हम क्षुब्ध होते हैं। और जो होना ही है उसके लिए हम नाहक आनंदित होते हैं। जो होना ही है होता है; जो नहीं होना है नहीं होता है।

'मुक्त मनुष्य न विषय से द्वेष करने वाला है और न विषयलोलुप है। वह सदा आसक्ति-रहित मन वाला होकर प्राप्त और अप्राप्त वस्तु का उपभोग करता है।'

यह बड़ी अदभुत बात है। समझो।

न मुक्तो विषयद्वेष्टा न वा विषयलोलुपः।
असंसक्तमना नित्यं प्राप्ताप्राप्तमुपाश्नुते।।

न तो द्वेष करता है किसी चीज से और न किसी चीज से उसका कोई लोलुपता का संबंध है। राग-द्वेष नहीं है। मांग नहीं है। किसी चीज से बचने की आकांक्षा नहीं है। और कोई चीज मिल जाए, ऐसी आकांक्षा नहीं है। और एक बड़ी महत्वपूर्ण बात है कि प्राप्त और अप्राप्त वस्तु का उपभोग करता है। इसे कैसे समझोगे? प्राप्त का उपभोग तो समझ में आता है। अप्राप्त का उपभोग! इसे समझने के लिए तुम्हारी तरफ से चलना पड़े।

तुम ऐसे हो कुछ कि तुम प्राप्त से भी दुखी होते हो और अप्राप्त से भी दुखी होते हो। तुम्हें प्राप्त भी पीड़ा देता है और अप्राप्त भी पीड़ा देता है। तब तुम समझ लोगे कि ज्ञानी की स्थिति तुमसे बिलकुल विपरीत है। तुमने खयाल किया? तुम्हें जो नहीं मिला है, जो नहीं हुआ है, उसकी भी कितनी चिंता मन में चलती है! कितनी परेशानी मन में होती है!

मैंने सुना है, एक आदमी था, उसका जहाज डूब गया। वह बड़ा आर्किटेक्ट था। वह एक जंगली टापू पर लग गया। वहां कोई भी न था। यहूदी था वह आर्किटेक्ट। वर्षों बीत गए। कुछ काम तो था नहीं वहां। लकड़ियां खूब उपलब्ध थीं, पत्थर के खूब ढेर लगे थे—तो उसने कई मकान बना डाले। बैठे-बैठे करता क्या? वही कला जानता था। सड़क बना ली।

कोई बीस वर्ष बाद कोई जहाज किनारे लगा। उस आदमी को देख कर उन्होंने कहा कि तुम आ जाओ, हम तुम्हें ले चलें वापस। उसने कहा, इसके पहले कि आप मुझे ले चलें, मैं सभी को निमंत्रित करता हूं कि मैंने जो बीस वर्षों में बनाया उसे देख तो लें! उसे देखने फिर कभी कोई नहीं आएगा।

वे सब देखने गए। वे बड़े चकित हुए। उसने एक मंदिर बनाया—सिनागॉग। उसने कहा कि यह मंदिर है जिसमें मैं रोज प्रार्थना करता हूं। और सामने एक मंदिर और था। तो उन यात्रियों ने पूछा कि यह तो ठीक है; तुम अकेले ही हो इस द्वीप पर; तुमने एक मंदिर बनाया; पूजा करते हो। यह दूसरा मंदिर क्या है? उसने कहा : 'यह वह मंदिर है जिसमें मैं नहीं जाता।'

अब अकेला मंदिर जिसमें हम जाते हैं, उसमें तो कुछ मजा ही नहीं। मस्जिद भी तो चाहिए न, जिसमें तुम नहीं जाते! गिरजा भी तो चाहिए, जिसमें तुम नहीं जाते!

उसने वह मंदिर भी बना लिया है, जिसमें नहीं जाता है! काम पूरा कर लिया है। जाने के लिए भी मंदिर बना लिया है; न जाने के लिए भी मंदिर बना लिया है।

न जाने के लिए मंदिर! लगेगा व्यर्थ तुमने श्रम किया; लेकिन तुम अपने मन में तलाश करना। तुम वे भी योजनाएं करते हो जो तुम्हें करना है; तुम उनकी भी योजनाएं करते हो जो तुम्हें नहीं करना है। तुम नहीं करने की भी योजना करते हो। तुम उन चीजों से भी जुड़े हो जो तुम्हारे पास हैं। तुम उनसे भी जुड़े हो जो तुम्हारे पास नहीं हैं। दूसरे के पास हैं जो चीजें, उनसे भी तुम जुड़े हो। पड़ोसी के गैरेज में जो कार रखी है उससे भी तुम जुड़े हो। उससे तुम्हारा कुछ लेना-देना नहीं है; उससे भी तुम जुड़े हो। उससे भी तुमने नाता बना लिया है।

और अप्राप्त के कारण भी तुम बड़े सुख-दुख पाते हो।

मेरे एक मित्र थे; डाक्टर हैं। उनको एक ही पागलपन था: पहेलियां भरना। डाक्टरी-वाक्टरी चले न। चलने की सुविधा ही नहीं उनको, क्योंकि पहेलियां इतनी उनको भरनी पड़ें कि मरीज आया, मरीज से कहें कि बैठो अभी, अभी बीच में बोलना मत। अभी पहेली बिलकुल आ ही रही थी कि तू कहां से बीच में आ गया! बिलकुल शब्द जबान पर रखा था, तूने गड़बड़ कर दिया।

धीरे-धीरे मरीज भी उनके पास आने बंद हो गए। मगर उनको चिंता भी न थी। उनको चिंता एक ही थी कि इस महीने पचास हजार आ रहा है; इस महीने लाख आ रहा है। मगर वह कभी आए न । जब भी मैं जाऊं तो वे हमेशा कहें: अगले महीने...पुरस्कार बिलकुल निश्चित है इस बार!

मैंने उनसे कहा कि देखो, बरसों हो गए सुनते, पुरस्कार तुम्हें मिलता नहीं। तुम एक काम करो तो शायद मिल जाए। तुम मेरे भाग्य को अपने साथ जोड़ लो।

उन्होंने कहा, 'ऐसी क्या तरकीब?' वे बड़े खुश हुए; बोले: 'बताओ। पहले क्यों नहीं कहा? जरूर मेरे भाग्य में खराबी तो है, तभी तो नहीं मिलता। पर तुम्हारे भाग्य को कैसे जोड़ लूं?'

मैंने कहा, ऐसा काम करो। तुम इसमें से कितना पैसा दान कर दोगे, वह तुम मुझसे कह दो। फिर पक्का मिलना है।

खुशी में उन्होंने कहा, आधा दान कर दूंगा। एक लाख की संभावना है। पचास हजार दान कर दूंगा।

मैंने कहा, पक्का हुआ! यह पचास हजार तुम मुझसे मत पूछना कि मैंने क्या किए। यह मैं इनको बांट दूंगा। कहीं भी कुछ भी उपयोग हो जाएगा। इसमें मेरा हिस्सा हो गया पचास हजार का।

मैं तो घर चला गया। यह तो मजाक की बात थी। वे ग्यारह बजे रात करीब घर आ गए। दरवाजे पर खटखट की। गर्मी के दिन थे। मैं ऊपर छत पर सोया था। मैंने नीचे झांक कर पूछा, क्या मामला है? उन्होंने कहा कि देखो, पचास बहुत ज्यादा हो जाएंगे! पच्चीस से न चलेगा?

अभी कुछ मिले नहीं! मैंने कहा : तुम ठीक से सोच लो; नहीं तो रात तुम फिर मुझे जगाओगे। पच्चीस में मैं राजी हूं, मगर तुम ठीक से सोच लो। उन्होंने कहा : अगर ऐसा ही है तो ऐसा है कि पहली दफे मुझे मिल रहा है। सच तो यह है कि पच्चीस भी मुझे बहुत कठिन पड़ेगा। तो मैंने कहा कि तुम पक्का करके सुबह मुझे बता देना। जितना तुम कहोगे, मैं राजी हो जाऊंगा। मगर अभी तुम कृपा करो और जाओ।

सुबह जब मैं निकला उनके घर के पास से तो उनकी पत्नी ने कहा कि वे रात भर सो नहीं सके। वे इसी उधेड़बुन में पड़े हैं। आपने भी कहां की...एक पहेली उनकी जान लिए ले रही थी; आपने और यह अपना भाग्य जुड़वा दिया! अब वे इसमें पड़े हैं! पहेली की तो फिकर ही नहीं है। अब तो फिकर यह है कि वह पैसा कितना देना! उठ-उठ कर बैठ गए रात में, पूछने लगे मुझसे : तेरा क्या खयाल है?

मैंने उनसे कहा कि देखो, मैं तुम्हें मुक्त कर देता हूं। तुम लाख ही रखो। मगर मेरा भाग्य अलग हो जाता है, फिर तुम जानो। उन्होंने कहा : इस बार भर। अगले महीने जोड़ लूंगा आपसे भाग्य। इस महीने तो ऐसा लग रहा है कि बिलकुल मिलने वाला है।

आदमी को जो नहीं मिला है, उसके साथ भी संबंध बनाए हुए है; उसके साथ भी सुख-दुख जोड़ा हुआ है। जो मिला है उसके साथ तो जोड़ा हुआ ही है। और मजा यह है कि अज्ञानी दुख ही पाता है। जो है उससे दुख पाता है; जो नहीं है उससे दुख पाता है। अज्ञानी के देखने का ढंग ही ऐसा है कि उससे दुख ही निर्मित होता है। वह सुखी तो कभी होता ही नहीं; सुख की कला ही उसे नहीं आती।

यहां अष्टावक्र महा आनंद की कला का सूत्र दे रहे हैं। वे कह रहे हैं : प्राप्त और अप्राप्त वस्तु का उपभोग करता है। जो मिला है उसमें भी आनंदित है; जो नहीं मिला है उसमें भी आनंदित है। दोनों में आनंदित है।

मैंने बार-बार तुम्हें कहा है। एक सूफी फकीर रोज कहता था। हे प्रभु, धन्यवाद! मेरी जो जरूरत होती है तू सदा पूरी कर देता है; तेरा बड़ा अनुगृहीत हूं! शिष्यों को जंचती नहीं थी यह बात, क्योंकि कई बार अनुगृहीत होने का कोई कारण ही न था। उनको लगता था, पुरानी आदत हो गई है बूढ़े की, कहे चला जाता है।

एक दिन तो ऐसा हुआ कि शिष्यों से बर्दाश्त न हुआ। तीन दिन से भूखे थे : हज की यात्रा पर जा रहे थे। राह में कोई भोजन देने वाला न मिला। जिन गांवों में गए, वे दूसरे संप्रदाय के गांव थे। उन्होंने इनकार कर दिया, ठहरने भी न दिया। भूखे-प्यासे

तीसरे दिन एक वृक्ष के नीचे बैठे हैं। और सुबह की जब उसने नमाज पढ़ी, फकीर ने, तो उसने कहा : हे प्रभु—उसी प्रफुल्लता से कहा—धन्यभाग, हमारी जो भी जरूरत होती है, तू सदा पूरी कर देता है।

फिर शिष्यों से न रहा गया। उन्होंने कहा : रुको, हर चीज की सीमा होती है। तीन दिन से भूखे मर रहे हैं; पानी तक मुश्किल से मिलता है। छप्पर मिला नहीं सोने को; धूप में मर रहे हैं; गर्मी भारी है। रात जंगल में सोना पड़ता है, जंगली जानवरों का डर है। अब किस बात का धन्यवाद दे रहे हो? तीन दिन से भिखमंगे की तरह भटक रहे हैं और तुम्हें धन्यवाद देने की सूझी है! और तुम कह रहे हो : जो मेरी जरूरत होती है, सदा दे देता है!

वह फकीर हंसने लगा। उसने कहा : पागलो, तीन दिन से मेरी यही जरूरत थी कि भूखा रहूं, पानी न मिले, छप्पर न मिले। जो मेरी जरूरत है, वह सदा पूरी कर देता है। जो वह पूरी करता है, वही मेरी जरूरत होनी चाहिए। उसमें, दोनों में, भेद ही नहीं है। अगर तीन दिन उसने भूखा रखा तो मेरी जरूरत न होती तो क्यों रखता? कैसे रखता?

इस बात को खयाल में लो। ज्ञान की जो गहरी से गहरी दशा है, उसमें ऐसा ही रस बहता है। जो है वह ठीक; जो नहीं है वह भी बिलकुल ठीक। मिल जाए, वह भी ठीक है; न मिले, वह भी ठीक है। वह दोनों को भोग लेता है; तुम दोनों से चूक जाते हो।

न मिले, उसकी तो बात छोड़ो; जो मिल गया है, उससे चूके जा रहे हो। जो थाली तुम्हारे सामने परोसी रखी है उसका भी तुम्हें स्वाद नहीं मिल रहा है। ज्ञानी उसका भी स्वाद ले लेता है जो थाली कभी परोसी ही नहीं गई। वह हर चीज का स्वाद ले लेता है। उसे स्वाद लेने की कला आ गई है। उसके पास कीमिया है। उसके पास एक जादू है—जादू की छड़ी है। वह हर चीज को छूता है और सोना हो जाती है; जो है वह तो हो ही जाती है; जो नहीं है वह भी सोना हो जाती है।

हम तो रोते ही रहते हैं—जो पीछे छोड़ आए उसके लिए...।

तुमने देखा, किसी आदमी ने बीस साल पहले तुम्हें गाली दी थी, वह अभी भी खटकती है। किसी ने अपमान कर दिया था, वह अब भी भारी है। कोई नाराज हो गया था, वह चेहरा भूलता नहीं, आंख से हटता नहीं। किसी से बदला लेना चाहा था, अभी भी मवाद मौजूद है, घाव हरा है। बरसों बीत गए; पीछे लौट-लौट कर तुम फिर ताजा कर लेते हो। जो नहीं है अब, अतीत तो जा चुका, उसका भी कष्ट भोग रहे हो। हो सकता है दुश्मन मर चुका हो, फिर भी तुम पीड़ा झेल रहे हो। और भविष्य, जिसका तुम्हारे हाथ में कोई उपाय नहीं है, उसके हजार गणित बिठा रहे हो, उनमें बेचैन हो। और जो मिला है अभी वर्तमान के क्षण में, वह चूका जाता है।

छोड़ आए थे जिसे हम खेत में
पक गई होगी सुनहली धान
महकती होगी हवा घर—गांव की हर देह
और हंसियों को छुआ होगा कुंआरी उंगलियों का नेह
तोड़ आए थे जहां हम बांसुरी
सिसकती होगी अकेली तान
डबडबाई आंख में घुल गया होगा छोह
खंडहर-सी याद की पुर गई होगी
सांवली मिट्टी तहा कर खोह
जोड़ आए थे जिन्हें हम नाम से
पुल हुए होंगे अचीन्हें बाण
तोड़ आए थे जहां हम बांसुरी
सिसकती होगी अकेली तान।

वे तोड़ी बांसुरियां हैं अतीत की, लेकिन तुम्हें लगता है, अब भी वहां स्वर सिसकता होगा। वहां कुछ भी नहीं है।

झेन फकीर रिंझाई अपने गुरु के पास पहुंचा तो गुरु ने जो उससे पहली बात पूछी, उसने पूछा : तू किस गांव से आता है? तो रिंझाई ने अपने गांव का नाम दिया कि फलां-फलां गांव से आता हूं। उसके गुरु ने पूछा : वहां चावल के दाम कितने हैं? रिंझाई हंसा और उसने कहा : जिसे मैं पीछे छोड़ आया पीछे छोड़ आया, और जो अभी आया नहीं, आया नहीं; मुझसे अभी की बात करो। गुरु हंसने लगा। उसने कहा : तूने ठीक किया। अगर तू चावल के दाम बता देता, निकाल तुझे आश्रम के बाहर कर देता। ऐसे आदमी की क्या जरूरत? जिस गांव को छोड़ आया, वहां चावल के क्या दाम हैं, उनकी याद रखे हुए है! बात गई सो गई, हुई सो हुई।

हमें पुल तोड़ देने चाहिए। हमें अतीत की सिसकती हुई बांसुरियों के स्वर नहीं ढोने चाहिए। और न ही हमें भविष्य के अजन्मे का आग्रह रखना चाहिए। जो है, है। जो है वह भी, और जो नहीं है वह भी। जो उपस्थित है वह भी और जो अनुपस्थित है वह भी।

ज्ञानी जो है उसे भोग लेता है; जो नहीं है, उसे भी भोग लेता है। बात के कहने का कुल इतना ही अर्थ है कि ज्ञानी भोगता और अज्ञानी सिर्फ रोता-झींखता है। यह तुम्हें बड़ी उल्टी लगेगी बात। तुम तो साधारणतः सोचते हो : अज्ञानी का नाम भोगी और ज्ञानी का नाम त्यागी। मैं तुमसे कहना चाहता हूं : ज्ञानी ही असली भोगी है।

अज्ञानी कहां भोग पाता! उसको क्यों व्यर्थ भोगी कहे चले जाते हो? भोग की आशा है; भोगा कहां है?

उपनिषद कहते हैं : तेन त्यक्तेन भुंजीथाः। उन्होंने ही भोगा जिन्होंने छोड़ा; उन्होंने ही भोगा जिन्होंने त्यागा। महावीर ने भोगा; बुद्ध ने भोगा; अष्टावक्र ने भोगा; मोहम्मद ने भोगा; जरथुस्त्र ने भोगा। जिनको तुम भोगी कहते हो उनको तो कृपा करो, मत कहो भोगी। कहां भोग है? जीवन में कोई तो रस नहीं है। सब रेगिस्तान है। सब सूखा-सूखा है। कहीं तो कोई हरियाली नहीं है। कहीं तो कोई गान नहीं। वीणा छिड़ती कहां है? राग उठता कहां है? नाच कहां है? आंसू ही आंसू हैं। इनको तुम भोगी कहते हो?

रामकृष्ण के पास एक आदमी आया और उसने उनके सामने हजारों रुपये की ढेरी लगा दी और कहा : यह आप स्वीकार कर लें। रामकृष्ण ने कहा : बड़ी मुश्किल है। मैं स्वीकार न कर सकूंगा। तू ऐसा कर, इन्हें गंगा में फेंक आ। उस आदमी ने कहा : आप महात्यागी! रामकृष्ण ने कहा : यह झूठ मत बोल। त्यागी तू है, भोगी हम हैं। वह आदमी बोला : हम समझे नहीं। आप पहेली बुझा रहे हैं! रामकृष्ण ने कहा : हमने संसार छोड़ा और परमात्मा पाया। तुमने परमात्मा छोड़ा और संसार पाया। इसमें भोगी कौन है? इसमें होशियार कौन है? हमने शाश्वत भोगा; तुम क्षणभंगुर में मरे जा रहे हो। भोग कहां रहे हो? फांसी लगी है। जरा मेरी शक्ल देख, अपनी शक्ल देख। भोगी हम, त्यागी तुम! परमात्मा को छोड़ बैठे हो, इससे बड़ा त्यागी और कोई मिलेगा संसार में? सबको जिसने छोड़ दिया और क्षुद्र को पकड़ लिया!

नहीं, ज्ञानी भोग की कला जानता है। जो है और जो नहीं है...।

असंसक्तमना नित्यं प्राप्ताप्राप्तमुपाश्नुते।

दोनों को भोग लेता है।

'शून्यचित्त पुरुष समाधान और असमाधान के, हित और अहित के विकल्प को नहीं जानता है। वह तो कैवल्य जैसा स्थित है।'

समाधानासमाधानहिताहितविकल्पनाः।
शून्यचित्तो न जानाति कैवल्यमिव संस्थितः।।

जो अपने में ठहर गया वह तो मुक्त हो गया, स्थित हो गया। जो अपने में ठहर गया वह शून्य हो गया। और जो शून्य हो गया वही मोक्ष में है; कैवल्य जैसा स्थित है। ऐसा व्यक्ति न तो समाधान जानता है, न असमाधान; न तो कोई प्रश्न उठते हैं, न कोई उत्तर। न तो कुछ हित है, न कुछ अहित। दर्पण जैसा जो खड़ा है, उसे क्या हित? क्या अहित? जो होता है, झलकता रहता है। कुछ नहीं झलकता है तो भी ठीक। कुछ झलकता है तो भी ठीक।

तुम सोचते हो दर्पण प्रसन्न होता होगा जब कोई सुंदर स्त्री दर्पण के सामने खड़ी हो जाती है? या दर्पण अप्रसन्न होता होगा जब कोई कुरूप स्त्री दर्पण के सामने खड़ी हो जाती है? दर्पण को क्या लेना-देना है? दर्पण का क्या बनता-बिगड़ता है? सुंदर हो या कुरूप—दोनों झलक जाते हैं। दोनों के विदा होने पर दर्पण फिर खाली हो जाता है। सच तो यह है, जब दर्पण में प्रतिबिंब बनता है, तब भी दर्पण खाली ही होता है। प्रतिबिंब में कुछ बनता थोड़े ही है। प्रतिबिंब तो सिर्फ आभासमात्र है। साक्षीभाव दर्पण की दशा है—मुक्त, कैवल्य, शांत! जो भी होता है आसपास, देखता रहता है।

'भीतर से गलित हो गई हैं सब आशाएं जिसकी और जो निश्चयपूर्वक जानता है कि कुछ भी नहीं है—ऐसा ममता-रहित, अहंकार-शून्य पुरुष कर्म करता हुआ भी नहीं करता है।'

निर्ममो निरहंकारो न किंचिदिति निश्चितः।
अंतर्गलित सर्वाशः कुर्वन्नपि करोति न।।

ऐसा व्यक्ति सब करता रहता है; जो परमात्मा करवाता, करता रहता है; जो परमात्मा दर्पण के सामने ले आता है, उसका प्रतिबिंब बनाता रहता है; लेकिन कुछ करते हुए भी कर्ता नहीं होता। सब कुछ करते हुए भी कर्ता नहीं होता।

कुर्वन्नपि करोति न...।

करता है, फिर भी कर्तृत्व का भाव नहीं होता। उपकरणमात्र, निमित्तमात्र!

'जिसका मन गलित हो गया है और जिसके मन के कर्म, मोह, स्वप्न और जड़ता सब समाप्त हो गए हैं, वह पुरुष कैसी अनिर्वचनीय अवस्था को प्राप्त होता है।'

मनः प्रकाशसंमोहस्वप्नजाडयविवर्जितः।
दशां कामपि संप्राप्तो भवेद्गलितमानसः।।

जिसका मन गल गया—गलितमानसः! जिसकी आकांक्षा न रही, वासना न रही, कामना न रही, जो कुछ चाहता नहीं, जो है उसके साथ परिपूर्ण तृप्त है—ऐसे व्यक्ति का मन गल गया। ऐसा व्यक्ति अ-मन की दशा को उपलब्ध हो गया; कबीर ने जिसको 'अ-मनी दशा' कहा है। ऐसे व्यक्ति के सारे सम्मोहन, सारे स्वप्न, सारी जड़ता समाप्त हो गई। ऐसा व्यक्ति स्वप्न नहीं देखता है।

जिस दिन तुम्हारे भीतर सारे स्वप्न समाप्त हो जाएंगे, जागते-सोते, उस दिन तुम्हारे भीतर जो निर्मल दशा पैदा होगी; जिस दिन तुम्हारे भीतर एक भी विचार का धुआं न उठेगा और आकाश बादलों से बिलकुल खाली होगा, उस दिन तुम्हारे भीतर जो कैवल्य की दशा उत्पन्न होगी...अष्टावक्र कहते हैं: वह पुरुष कैसी अनिर्वचनीय दशा को प्राप्त होता है! उस दशा का कोई निर्वचन नहीं, कोई व्याख्या नहीं। उस दशा के लिए कोई शब्द नहीं—अतिक्रमण कर जाती है सभी शब्दों का। भाषा असमर्थ है

उसे कहने में; वाणी नपुंसक है उसे प्रकट करने में। नहीं, उस गीत को कभी गाया नहीं गया है। बहुत चेष्टा की गई है उसे कहने की, उसे नहीं कहा जा सकता। उसे तो सिर्फ हुआ जा सकता है।

तुम अगर उस अनिर्वचनीय दशा को जानना चाहो तो चलो साक्षीभाव में। स्वाद से ही जानोगे। अनुभव से ही प्रकट होगी। और तुम अनुभव के हकदार हो। तुमने अब तक अपना हक मांगा नहीं; यह तुम्हारी जिम्मेवारी है। तुम्हारे भीतर मैं उस दर्पण को देखता हूं निखालिस, अभी मौजूद! तुम जरा भीतर झांक लो, वह दर्पण तुम्हें भी दिखाई पड़ जाए, तो तुम अचानक पाओगे: रहते संसार में संसार के बाहर हो गए; प्राप्त को तो भोगने ही लगे, अप्राप्त को भी भोगने लगे; दृश्य को तो भोगने ही लगे, अदृश्य के भी भोक्ता हो गए। संसार तो तुम्हारा है ही, परमात्मा भी तुम्हारा हो गया। सब तुम्हारा हो गया! लेकिन सब तुम्हारा तभी होता है जब तुम बिलकुल गलित हो जाते हो, तुम बचते ही नहीं।

यही दुविधा है। तुम जब तक हो, कुछ भी तुम्हारा नहीं; जब तुम नहीं, तब सब तुम्हारा। वह अनिर्वचनीय दशा है—उपनिषद जिसकी तरफ दशारा करते हैं, गीताएं जिसका गीत गातीं, कुरान जिस तरफ इंगित करता, बाइबिल जिस तरफ ले चलने के लिए मार्गदर्शिका है, और सारे ज्ञानियों ने उसी की यात्रा पर तुम्हें पुकारा है, चुनौती दी है।

ये जो अष्टावक्र के सूत्र हैं, इन्हें तुम ऐसा मत समझ लेना कि कुछ थोड़ी जानकारी बढ़ गई, समाप्त हुई बात। नहीं, इससे तुम्हारा जीवन बढ़े, जानकारी नहीं, तुम्हारा अस्तित्व बढ़े, तो ही समझना कि तुमने सुना। तुम्हारा अस्तित्व फैले। तुम विराट हो, तुम्हें उसकी याद आए। यह सारा आकाश तुम्हारा है: तुम्हें उसकी स्मृति आए। तुम सम्राट हो। उसका बोधमात्र—और सारा भिखमंगापन सदा के लिए समाप्त हो जाता है।

बीच जल में कंपकंपाती हैं
लौह सांकल में बंधी नावें!
एक हमला रोज होता है
काठ की कमजोर पीठों पर
घेरता हर ओर से आ कर
एक अजनबी भंवर का डर
जल-महल में थरथराती हैं
पांव पायल में बंधी नावें!

नाव का तो धर्म है तिरना
है जिसे रुकना नहीं आता
रुक गई तो कांपती है खुद
चल पड़ी तो नीर थर्राता
मीन-सी अब छटपटाती हैं
जाल से जल में बंधी नावें!

तुमने देखा, नाव बंधी हो, जंजीर से बंधी हो किनारे से, लहर आती है तो नाव थरथरा जाती है! ऐसी तुम्हारी दशा है। बंधे हो वासना की जंजीर से, क्षुद्र के किनारे से। चल पड़ो तो विराट तुम्हारा। बंधे रहो तो बस किनारे की दरिद्रता तुम्हारी; चल पड़ो तो सारा सागर तुम्हारा।

नाव का तो है धर्म तिरना
है जिसे रुकना नहीं आता
रुक गई तो कांपती है खुद
चल पड़ी तो नीर थर्राता।

रुक गए तो तुम खुद कंपोगे। चल पड़े तो तुम्हारे कंपने की तो बात ही क्या, सारा अस्तित्व तुम्हारे चारों तरफ कंपता रहे—तुम निष्कंप बने रहोगे। तुम्हारे चलने में, तुम्हारी गति में, तुम्हारी गत्यात्मकता में, तुम्हारी जीवंतता में उपलब्धि है।

चुनौती स्वीकार करो। यह आवाहन है विराट के शिखर को छूने का। और जब तक तुम्हारे भीतर का हिमालय, तुम्हारे भीतर के हिमालय के शिखर अनजीते पड़े हैं, तब तक और सब जीत व्यर्थ है। वहीं जीतना है! आत्मविजेता बनना है।

हरि ॐ तत्सत्!

* * *

प्रवचन : 54

साक्षी, ताओ और तथाता

4 दिसंबर, 1976

पहला प्रश्न : अष्टावक्र के साक्षी, लाओत्सु के ताओ और आपकी तथाता में समता क्या है और भेद क्या है?

समता बहुत है; भेद बहुत थोड़ा।

लाओत्सु ने जिसे ताओ कहा है वह ठीक वही है जिसे वेदों में ऋत कहा है—ऋतंभरा; या जिसे बुद्ध ने धम्म, धर्म कहा; जो जीवन को चलाने वाला परम सिद्धांत है, जो सब सिद्धांतों का सिद्धांत है, जो इस विराट विश्व के अंतरतम में छिपा हुआ सूत्र है। जैसे माला के मनके हैं और उनमें धागा पिरोया हुआ है; एक ही धागा सारे मनकों को संभाले हुए है। हजार-हजार नियम हैं जगत में, इन सब नियमों को संभालने वाला एक परम नियम भी होना चाहिए; अन्यथा सब बिखर जाएगा, माला टूट जाएगी। मनके दिखाई पड़ते हैं; भीतर छिपा धागा दिखाई नहीं पड़ता। दिखाई पड़ना भी नहीं चाहिए; नहीं तो माला ठीक से बनाई नहीं गई।

जो दिखाई पड़ता है, उसकी खोज विज्ञान करता है। तो ग्रेविटेशन का सिद्धांत, जमीन की कशिश, गुरुत्वाकर्षण, प्रकाश का नियम, मैगनेटिक, चुंबकीय क्षेत्रों का नियम, और हजार-हजार नियम विज्ञान खोजता है। लेकिन इन सारे नियमों के मनकों के भीतर कोई एक महानियम भी होना चाहिए। नहीं तो इन सभी नियमों को कौन संभाले रखेगा? उस महानियम को लाओत्सु कहता है ताओ; वेद कहते हैं ऋत्,

ऋतंभरा; बुद्ध कहते हैं धर्म। भक्त भगवान कहता, परमात्मा कहता, ब्रह्म कहता है। यह तो नाम की बात है।

तो लाओत्सु का ताओ है परम नियम। और अष्टावक्र का साक्षी है उस परम नियम को जानने की विधि। जब तुम जागोगे, ऐसे जागोगे कि तुम्हारे भीतर जाग ही जाग की आग रह जाएगी; तुम्हारे भीतर एक विचार भी न रह जाएगा, जो उस आग को ढांक ले, छिपा ले; राख जरा भी न रह जाएगी, तुम धधकते अंगारे हो जाओगे; क्योंकि राख तो ढांक लेती है, जब तुम्हारे भीतर कोई ढांकने वाली चीज न रहेगी, तुम बिलकुल अनढंके हो जाओगे, खुले, जागे, होशपूर्वक, तो तुम जान पाओगे उस परम नियम को, ताओ को, ऋत् को।

लाओत्सु का ताओ है परम नियम जीवन का; साक्षी है उसे जानने की प्रक्रिया, साधन, विधि, मार्ग।

और जिसे मैं तथाता कहता हूं, वह है जिसने पा लिया उसे, जो ताओ के साथ एक हो गया, जो उस परम नियम के साथ निमज्जित हो गया। जिसमें और उस परम नियम में अब कोई भेद न रहा; जिसने जाना कि वह जो परम नियम है, उसका ही मैं अंग हूं, उससे भिन्न नहीं।

तो तथाता है मंजिल।

ऐसा समझो। लाओत्सु का ताओ है सिद्धांत, साक्षी है साधन, तथाता है सिद्धि। तीनों जुड़े हैं। तीनों साथ-साथ हैं। इसे कहो त्रिवेणी। इसे कहो संगम। इसे कहो ईसाइयों का ट्रिनिटी का सिद्धांत, कि तीन हैं। या कहो हिंदुओं की त्रिमूर्ति, कि प्रभु के तीन रूप हैं। यह महानतम त्रिकोण है जो अस्तित्व के भीतर छिपा है। तथाता उपलब्धि है; पहुंच गए। साक्षी मार्ग पर है। और जहां पहुंचना है, वह है ताओ।

तो तीनों में भेद तो थोड़ा-थोड़ा है; अभेद बहुत है। क्योंकि तीनों एक ही चीज से जुड़े हैं। और तीनों को समझो, यह अच्छा है; किसी एक में मत उलझ जाना। क्योंकि जो ताओ की तरफ आंख न रखेगा, वह कभी तथाता को उपलब्ध न हो सकेगा। खोज तो ताओ की करनी है; जो मिलेगा वह तथाता है। क्योंकि जब मिलते हो तुम, उस परम स्थिति में जब नदी गिरती है सागर में, तो ऐसा थोड़े ही रह जाता है कि सागर अलग और नदी अलग। जब सागर से मिलन होता है नदी का तो नदी सागर हो जाती है। खोजती थी सागर को; खो देती है स्वयं को। जिस दिन खोज पूरी होती है उस दिन नदी खो जाती है और सागर ही बचता है।

ताओ की खोज है। सत्य की खोज कहो; सत्य की खोज है। ऋत् की खोज है। धर्म की खोज है। लेकिन जिस दिन तुम जान लोगे उस दिन तुम धर्ममय हो जाओगे। उस दिन तुम सत्यमय हो जाओगे।

कैसे तुम जानोगे?

जानने की प्रक्रिया साक्षी है। जागोगे तो जानोगे। सोए रहे तो न जान पाओगे। इसलिए तीनों जुड़े हैं, और तीनों में थोड़ा-थोड़ा भेद है। भिन्नता कहनी चाहिए, भेद नहीं।

दूसरा प्रश्न: मैं कब तक भटकता रहूंगा? दिल की लगी पूरी होगी या नहीं?

जब तक मैं है, तब तक भटकना पड़े। जब तक हो, तब तक भटकन है। तुम्हीं हो भटकन। कोई और नहीं भटका रहा है। मिटो तो मिलन हो जाए। बने रहे, अटके रहोगे। गांठ यही तो खोलनी है। और ग्रंथि क्या है? निर्ग्रंथ होना है। यही तो ग्रंथि है, यही तो गांठ है कि मैं हूं। इस गांठ को जाने दो। इस गांठ के विसर्जन पर तुम अचानक पाओगे: जिसे तुम खोजते थे वह तुम्हारे भीतर सदा से विराजमान था।

खोज के कारण ही खोए बैठे थे। खोज के लिए दौड़ते थे, तो जो भीतर था, दिखाई न पड़ता था। दौड़ के कारण आंखें अंधी थीं, धुएं से भरी थीं। दौड़ के कारण दूर तो देखते थे, पास का दिखाई न पड़ता था। दौड़ के कारण बाहर तो दिखाई पड़ता था, लेकिन भीतर न दिखाई पड़ता था। भीतर के लिए तो जरा आंख बंद करके बैठना पड़े।

अष्टावक्र ने कहा है: आंख खुली रहे तो भीतर आंख बंद रहती है। आंख बंद हो जाए तो भीतर आंख खुल जाती है। ये बाहर की पलकें परदा बन जायें, तुम्हारी आंख बाहर से थोड़ी देर के लिए बंद हो जाए, तो भीतर जिसे तुम तलाशते हो, जिसकी प्यास है, वह मौजूद है। सरोवर दूर नहीं है।

कबीर ने कहा है: मुझे बड़ी हंसी आती है, मछली सागर में प्यासी! जिन्होंने भी जाना है वे हंसे हैं। तुम पर ही नहीं, अपने पर भी हंसे हैं; अपने अतीत पर हंसे हैं। क्योंकि अतीत में यही भूल उनसे भी हुई। कबीर की मछली भी पहले प्यासी रही है। आज हंसी आती है। जान कर हंसी आती है कि मैं कैसा पागल था, सागर में था और प्यासा था! सागर में था और सागर को खोजता था!

लेकिन इसके पीछे कुछ कारण भी है। मछली सागर में ही पैदा होती है, सागर में बड़ी होती है; सागर से दूर जाने का कभी मौका नहीं मिलता, तो पता ही नहीं चलता कि सागर क्या है। फिर मछली तो कभी-कभी सागर से दूर भी चली जाती है। मछुए हैं, किनारे पर बैठे जाल फेंकते हैं; मछली को कभी खींच भी लेते हैं। कभी मछली भी छलांग मार कर रेत पर गिर जाती है, तट पर गिर जाती है, तड़पती है और अनुभव कर लेती है कि सागर कहां है, तृप्ति कहां है। वापस सरक आती है, लौट कर गिर जाती है सागर में। लेकिन परमात्मा के बाहर तो कोई किनारा नहीं है। और परमात्मा के

किनारे पर बैठे कोई मछुए नहीं हैं। परमात्मा के बाहर कुछ भी नहीं है। इसलिए तुम्हारी मछली परमात्मा के बाहर तो गिर नहीं सकती। गिर जाए तो पता चल जाए। गिर जाए तो पता चल जाए कि कैसी हंसी की स्थिति है! कैसी हास्यजनक है कि जिससे हम घिरे थे, उसको खोजते थे। लेकिन बाहर तुम जा नहीं सकते। तो भीतर रह कर ही जानना पड़ेगा।

इसलिए तो इतनी देर लग जाती है, जन्म-जन्म की देर लग जाती है। क्योंकि दूर को समझना आसान है, बुद्धू भी समझ लेता है; पास को समझना कठिन है, बहुत बुद्धिमान चाहिए। तुमने सुना न, दूर के ढोल सुहावने होते हैं! जो पास है उसका पता ही नहीं चलता; उसका बोध ही मिट जाता है। उसका खयाल ही मिट जाता है। जो मिला ही है उसकी याद भी हम क्यों रखें! और जिसे हमने कभी खोया ही नहीं है उसकी याद भी कैसे आए? वह तो हमारा स्वभाव है। इसलिए इतनी देर लग जाती है। अगर परमात्मा कहीं दूर होता, गौरीशंकर पर बैठा होता, शिखर पर, तो हमने खोज लिया होता। हमारे हिलेरी और तेनसिंग वहां पहुंच गए होते। चांद पर होता, हम पहुंच जाते। नहीं, न चांद पर है, न गौरीशंकर पर है, न मंगल पर मिलेगा, न और तारों पर मिलेगा। दूर होता तो हम पहुंच ही जाते। दूर पर हमारी बड़ी पकड़ है। हम कितने उपाय करते हैं!

आदमी अपने भीतर जाने के इतने उपाय नहीं करता जितने चांद पर जाने के उपाय करता है। और ऐसा नहीं है कि बाद में करता है; बच्चा पैदा नहीं हुआ कि चांद की तरफ हाथ बढ़ाने लगता है। चांद पकड़ना है! बच्चे रोते हैं कि मां, चांद को पकड़ा दे। शुरू से ही हम दूर की यात्रा पर निकल जाते हैं। क्योंकि आंख हमारी जैसे ही खुली, जो दूर है वह दिखाई पड़ जाता है। और आंख बंद करने का तो हमें स्मरण ही नहीं है। जब आंख बंद करते हैं तो हम नींद में सो जाते हैं। आंख खुली तो दौड़-धूप, आपाधापी; आंख बंद तो सो गए। इन्हीं दो के बीच जीवन चल रहा है।

आंख कभी बंद करके जागे रहो तो ध्यान हो जाए। आंख तो बंद हो और जागरण न खोए, तो ध्यान हो जाए। ध्यान का और अर्थ क्या है! इतना ही अर्थ है कि थोड़ा सा जागरण से ले लो और थोड़ा सा नींद से ले लो—दोनों से मिल कर ध्यान बन जाता है। जागरण से जागरण ले लो और नींद से शांति ले लो, सन्नाटा ले लो, शून्यता ले लो; दोनों को मिला लो, पक गई रोटी तुम्हारी। अब तुम तृप्त हो सकोगे।

पूछते हो, 'मैं कब तक भटकता रहूंगा?'

जब तक तुम्हारी मर्जी! भटकना चाहते हो तो कोई उपाय नहीं है। भटकने में मजा ले रहे हो, तब तो फिर कोई बात ही क्या उठानी? भटकने में मजा भी है थोड़ा। मजा है इस बात का...।

तुमने खयाल किया? जैसे ही बच्चा थोड़ा बड़ा होता है, वह मां-बाप की बात को इनकार करने लगता है। वह कहता है: नहीं, नहीं करेंगे। मां-बाप कहते हैं, सिगरेट मत पीयो; वह कहता है, पी कर रहेंगे, दिखा कर रहेंगे। मां-बाप कहते हैं, सिनेमा मत जाओ; वह जरूर जाता है।

मुल्ला नसरुद्दीन का एक बगीचा है। उसमें सेव और नासपातियां और अमरूद इतने लगते हैं कि वह बेच भी नहीं पाता। क्योंकि गांव में उतने खरीददार भी नहीं हैं। सड़ जाते हैं वृक्षों पर, या खुद मोहल्ले-पड़ोस में मुफ्त बांट देता है। एक दिन मैंने देखा कि पांच-सात बच्चे उसके बगीचे में घुस गए हैं और वह उनके पीछे गाली देता हुआ और बंदूक लिए दौड़ रहा है। मैंने कहा कि नसरुद्दीन, तुम वैसे ही इतने फलों का कुछ उपयोग नहीं कर पाते, न कोई खरीददार है, न तुम्हें जरूरत है बेचने की, तुम बांटते हो; इन बच्चों ने अगर दो-चार-दस फल तोड़ भी लिए तो ऐसी क्या परेशानी? बंदूक लेकर कहां दौड़े जा रहे हो? उसने कहा, अगर बंदूक लेकर न दौडूंगा तो ये दुबारा फिर आएंगे ही नहीं। यह तो निमंत्रण है। बंदूक लेकर दौड़ता हूं; तुम कल देखना। आज पांच-सात हैं, कल चौदह-पंद्रह होंगे। कल तो मैं हवाई फायर भी करूंगा। फिर ये पूरे स्कूल को ले आएंगे।

छोटा बच्चा भी, जहां नहीं जाना चाहिए, वहां जाने में आतुर हो जाता है; जो नहीं करना चाहिए उसे करने में उत्सुक हो जाता है।

भटकने में कुछ मजा है। समझो। भटकने में मजा है अहंकार का। भटकने पर ही पता चलता है कि मैं हूं; नहीं तो पता कैसे चले? अगर तुम हमेशा 'हां' कहो तो तुम्हें अपने अहंकार का पता कैसे चले? 'नहीं' कहने से अहंकार के चारों तरफ रेखा बनती है। तो जैसे-जैसे बच्चा बड़ा होने लगता है, वह नहीं कहने लगता है। वह कहता है नहीं, ये तो माता-पिता मुझे लील ही जाएंगे। ये कहें बैठो तो बैठ जाऊं, ये कहें खड़े हो तो खड़ा हो जाऊं—तो फिर मैं कहां हूं? तो फिर मैं कौन हूं? तो फिर मेरी परिभाषा क्या है? उसकी परिभाषा बनाता है वह इनकार करके। सिगरेट न पीओ, पिता कहता है; वह कहता है ठीक, इसीलिए पीता है। पी कर दिखा देता है दुनिया को कि मैं हूं, मेरा होना है!

मनोवैज्ञानिक कहते हैं कि हर बच्चे को अपने अहंकार की तलाश है। इसलिए ईसाइयों की पहली कहानी है कि ईश्वर ने कहा कि ज्ञान के वृक्ष के फल मत खाना—अदम को। और अदम ने खाए। वह हर बच्चे की कहानी है। यह कहानी बड़ी सच है। यह हर अदम की कहानी है। यह आदमी मात्र की कहानी है। तुम अपनी तरफ गौर से देखो, तुमने वे ही फल चखे जो इनकार किए गए थे। जहां-जहां लगी थी

तख्ती, 'भीतर आना मना है', वहां-वहां तुम गए। तुमने हर तरह की जोखिम उठाई और तुम गए। जाना ही पड़ा। क्योंकि बिना जोखिम उठाए तुम्हारा अहंकार कैसे निर्मित होता? अगर तुम 'हां' ही 'हां' कहते चले जाओ, अगर तुम आज्ञाकारी ही बने रहो, तो अहंकार कैसे निर्मित होगा?

अहंकार का मजा है। भटकने में मजा है। तुम ईश्वर से मिलना नहीं चाहते, क्योंकि मिलने का मतलब तो लीन हो जाना होगा। तुम डरते हो। तुम कहते जरूर हो, 'कब तक भटकता रहूंगा?' पूछते भी हो कि कोई रास्ता है? वह शायद इसीलिए पूछ रहे हो कि रास्ता अगर पक्का पता चल जाए तो उस रास्ते पर कभी न जाएं। कहीं ऐसा न हो कि भूले-भटके, हम तो सोच रहे हों भटक रहे हैं, और चले जा रहे हैं उसी की तरफ!

रवींद्रनाथ की एक कहानी है, गीत है, कि मैं खोजता था परमात्मा को जन्मों-जन्मों से, बहुत जगह-जगह खोजा, हर जगह खोजा और वह न मिला। हां, कभी-कभी उसकी झलक मिलती थी। बहुत दूर किसी तारे के किनारे से गुजरता हुआ दिखाई पड़ता उसका रथ, कभी सूरज की किरणों के रथ पर सवार, कभी चांद के पास, कभी तारों के पास; मगर सदा दूर, पास कभी नहीं। और जब तक मैं उस तारे के पास पहुंचता खोजता-खोजता, मुझे जन्मों लग जाते, जब तक मैं वहां पहुंचता तब तक वह वहां से जा चुका होता। फिर कहीं दूर। ऐसा खेल चलता रहा; ऐसी छिया-छी चलती रही।

फिर एक दिन ऐसा हुआ कि अंततः मैं जीता। मेरी विजय-यात्रा पूरी हुई। मैं उसके द्वार पर पहुंच गया जहां तख्ती लगी थी कि परमात्मा का भवन आ गया। सीढ़ियां चढ़ गया खुशी में। कुंडी हाथ में लेकर खटकाने ही जा रहा था कि एक विचार मन में उठा कि अगर वह मिल गया तो फिर क्या करोगे? अब तक तो खोज ही सहारा थी; खोज के सहारे ही जीते थे। वही एक मजा था, वही एक धुन थी। अगर मिल ही गया, फिर क्या करोगे? थोड़ा सोच लो। क्योंकि फिर करने को कुछ भी न बचेगा। अब तक करना यही तो था कि परमात्मा को खोजना था। फिर परमात्मा मिल गया तो अब क्या करोगे?

तो रवींद्रनाथ ने उस गीत में कहा है कि मैंने आहिस्ता से सांकल छोड़ दी कि कहीं आवाज न हो जाए। डर के कारण अपने जूते पैर से निकाल लिए कि कहीं सीढ़ियों पर पगध्वनि न हो जाए। और फिर मैं जो भागा हूं, तो मैंने पीछे लौट कर नहीं देखा। और अब मुझे पता है कि उसका घर कहां है। बस वहां छोड़ कर सब जगह खोजता हूं।

तुम्हारे कर्ता होने का मजा समाप्त हो जाएगा जिस क्षण प्रभु से मिलन हुआ। क्योंकि प्रभु से मिलन का अर्थ है: महामृत्यु। इस शब्द को तुम खयाल में ले लो तो तुम्हें समझ में आ जाएगा कि क्यों भटके हुए हो। अगर भटकने में अहंकार है तो मिलने में मौत है। क्योंकि यह अहंकार जाएगा; समर्पण करना होगा। इसे रख देना होगा उसके चरणों में। धोखे न चलेंगे वहां कि कुछ फूल-पत्ते तोड़ लाए और चढ़ा दिए पैरों पर। नहीं, अपने को ही तोड़ कर चढ़ाना होगा। अपना ही फूल चढ़ाना होगा। यह अहंकार तुम्हारा फूल है। यह अस्मिता तुम्हारा फूल है। ऐसे बाजार से खरीदे गए फूल-पत्ते न चलेंगे। और दूसरों की बगिया से तोड़ लाए, ये न चलेंगे। तुम्हीं को चढ़ाना होगा अपने को। कर्ता-भाव को चढ़ाना होगा; वही बनेगा नैवेद्य, अर्चन। अगर उतनी हिम्मत नहीं है तो फिर हम भटकते रहते हैं, और हम पूछते भी रहते हैं। इस पूछने में एक मजा भी है। मजा यह है कि खोज तो रहे हैं, अब और क्या करें?

'मैं कब तक भटकता रहूंगा', पूछते हो तुम।

एक क्षण भी ज्यादा भटकने की जरूरत नहीं है। जिस क्षण तुम चाहोगे कि अब तैयार हूं समर्पण को, उसी क्षण मिलन हो जाएगा। तत्क्षण मिलन हो जाएगा।

'दिल की लगी पूरी होगी या नहीं?'

दिल की लगी...! अब पूछने जैसा है: यह दिल क्या है? किस दिल की बात कर रहे हो? कहीं यह अहंकार की धड़कन को ही तो तुम दिल नहीं कह रहे हो? अगर अहंकार की धड़कन को दिल कह रहे हो, यह 'मैं' होने को दिल कह रहे हो, तो यह लगी पूरी कभी न होगी। क्योंकि यह दिल तो मिटेगा। यह धड़कन तो बंद होगी।

हां, एक और गहरी बात है। अहंकार के पीछे भी छिपा तुम्हारा अस्तित्व है। उसकी लगी पूरी होगी। मगर ये दोनों साथ-साथ नहीं हो सकतीं।

आदमी की आकांक्षा यही है कि अहंकार भी तृप्त हो जाए और परमात्मा से मिलन भी हो जाए। आदमी असंभव की मांग कर रहा है। मिटना भी नहीं चाहता और मिटने से जो मजा मिलता है वह भी लेना चाहता है। खोना भी नहीं चाहता और खोने में जो अपूर्व अमृत की वर्षा होती है, उस सौभाग्य को भी पाना चाहता है। खाली भी नहीं होना चाहता, भरा रहना चाहता, और खालीपन में जो भराव आता है, उसकी भी मांग करता है। ऐसी दुविधा में आदमी है। इस दुविधा में पिसता है। दो पाटन के बीच में...! ये पाट तुम्हीं चला रहे हो दोनों। फिर पिस रहे हो। साफ-साफ समझ लो।

मेरे देखे, अगर तुम्हें अहंकार में रस अभी बाकी हो तो छोड़ो परमात्मा की बकवास; अहंकार को पूरा कर लो। नास्तिक हो जाने में बुराई नहीं है। आस्तिक हो जाने में बुराई नहीं है। यह डांवाडोल चित्त-दशा बड़ी विकृत है। और अधिक लोग मुझे

ऐसे ही लगते हैं : एक पांव नास्तिक की नाव पर सवार; एक पांव आस्तिक की नाव पर सवार। दोनों में से कुछ भी नहीं खोना चाहते हैं। दोनों जहान बच जायें, ऐसी चेष्टा में पिस जाते हैं। कुछ भी नहीं मिलता; कुछ हाथ नहीं लगता। तुम्हारे भीतर तुम अभी तैयार नहीं हो। तैयार नहीं हो तो साफ-साफ कह दो।

एक छोटे स्कूल में पादरी ने पूछा बच्चों से—रविवार की धार्मिक शिक्षा दे रहा था—कि जो-जो स्वर्ग जाना चाहते हैं वे हाथ ऊपर उठा दें। सब बच्चों ने उठा दिए, एक बच्चे को छोड़ कर। उसने उससे पूछा : तुमने सुना नहीं? जो स्वर्ग जाना चाहते हैं हाथ ऊपर उठा दें। तुम क्या स्वर्ग जाना नहीं चाहते? उसने कहा, जाना तो मैं चाहता हूं, लेकिन इस गिरोह के साथ नहीं। अगर यही स्वर्ग में भी जाने वाले हैं तो क्षमा। यही यहां सता रहे हैं, यही वहां सताएंगे। इससे तो नरक जाने को भी तैयार हूं।

तुम भी स्वर्ग जाना चाहते हो, लेकिन तुम्हारी शर्तें हैं। और तुम्हारी कुछ ऐसी शर्त है जो पूरी नहीं की जा सकती। तुम अहंकार को भी 'स्मगल' करना चाहते हो; उसको भी ले चलो अंदर, कहीं पोटली वगैरह में छिपा कर। क्योंकि इसके बिना मजा क्या होगा? प्राप्ति का सारा मजा अहंकार को मिलता है। और अहंकार ही—तुम कहते हो—छोड़ आओ बाहर, तो मजा कौन लेगा?

मेरे पास लोग आकर कहते हैं : आप कहते हैं, मिट जाओ; अगर मिटने पर शांति मिलेगी तो फिर सार ही क्या? उनकी बात भी मैं समझता हूं। वे कह रहे हैं यह कि हम शांत होने आए हैं; आप मिटना सिखाते हो। हम आए थे बीमारी मिटाने; आप कहते हैं मरीज को ही मिटा दो। मरीज ही मिट गया तो फिर सार क्या है?

लेकिन आध्यात्मिक जगत में बीमार ही बीमारी है। वहां बीमारी अलग नहीं है। तुम ही बीमारी हो। तो आदमी इस बात के लिए भी राजी है कि अगर दुख में भी रहना पड़े तो रहेंगे, मगर रहेंगे! इस जिद्द में तुम अटके हो। दिल की लगी तो पूरी हो सकती है, लेकिन किस दिल की बात कर रहे हो?

हाथ से छूट सड़क पर गिरा
धूप का भेंट-सुदा चश्मा
हमारे संबंधों की तरह
किरच सब बिन जीवन हो गए
स्वर्ण दिन आए क्या, लो गए
समय का खलनायक जीता
त्रासदी की फिल्में हो गयीं
मुट्ठियों को खालीपन थाम
पकेपन में स्याही बो गयीं

ना लौटे सपनों के अनुमान
खोजने हरियाली जो गए
कांच के परदे के इस पार
सांस की घुटन सजीवन हुई
दृष्टि में आलेखों को बांध
अस्मिता कांपी छुई-मुई
भरे मौसम तक पहुंचे हाथ
अचानक पिघल हवा हो गए।

ये तुम्हारे जो हाथ हैं, ये परमात्मा तक पहुंचते-पहुंचते पिघल कर हवा हो जाएंगे। अगर इन्हीं हाथों से तुम परमात्मा को पाना चाहते हो तो परमात्मा नहीं मिलेगा। इन हाथों से तो वस्तुएं ही मिल सकती हैं; क्योंकि ये हाथ पदार्थ के बने हैं, मिट्टी, हवा, पानी के बने हैं। मिट्टी, हवा, पानी पर इनकी पकड़ है। अगर परमात्मा को पाना है तो चैतन्य के हाथ फैलाने होंगे। कुछ और हाथ। अगर इन्हीं आंखों से परमात्मा देखना चाहते हो तो ये आंखें तो अंधी हो जाएंगी। वह रोशनी बड़ी है; पथरा जाएंगी ये आंखें। ये तो चमड़े की बनी आंखें हैं, चमड़े को ही देख सकती हैं; उससे पार नहीं। अगर परमात्मा को देखना है तो कोई और आंख खोलनी होगी—कोई और आंख, जो चमड़े से नहीं बनी हैं। अगर इन्हीं पैरों से पहुंचना है परमात्मा तक तो छोड़ो, यह मंजिल पूरी होने वाली नहीं है। ये पैर तो जमीन पर चलने को बने हैं; जमीन से बने हैं। ये जमीन के ही हिस्से हैं; जमीन से पार नहीं जाते। कोई और पैर खोजने होंगे—ध्यान के। तन के नहीं, मन के नहीं, ध्यान के।

अभी तो तुमने जो भी जाना है इन हाथों से, वह ऐसा है जो आता है और चला जाता है।

स्वर्ण दिन आए क्या, लो गए!

सुख आ भी नहीं पाता और चला जाता है। मिट्टी की इस देह से तो जो भी पकड़ में आता है, वह क्षणभंगुर है।

स्वर्ण दिन आए क्या, लो गए!

इधर आए नहीं कि उधर गए नहीं। मेहमान टिकता कहां है? एक द्वार से आता, दूसरे द्वार से निकल जाता है।

लेकिन परमात्मा ऐसा मेहमान है जो आया तो आया; फिर जाता नहीं। तो उसके लिए कुछ नये द्वार बनाने पड़ें। ये तुम्हारे द्वार जिनसे तुमने संसार के मेहमानों का स्वागत किया है, आते-जाते स्वागत और विदा दी है, ये द्वार काम न आएंगे। चैतन्य का कोई नया द्वार खोजना पड़े।

न लौटे सपनों के अनुमान

खोजने हरियाली जो गए

इस जगत में तुम जिस हृदय से धड़क रहे हो, उसमें कभी हरियाली मिली? उससे कभी हरियाली मिली?

न लौटे सपनों के अनुमान

खोजने हरियाली जो गए

कभी कुछ लौटा? मरुस्थल ही हाथ आता है।

परमात्मा परम हरियाली है, शाश्वत हरियाली है। उस शाश्वत के स्वाद के लिए तुम्हें भी शाश्वत को जन्माना पड़ेगा। तुम थोड़े परमात्मा जैसे होने लगो, तो ही परमात्मा को पा सकोगे। और परमात्मा जैसा होने का अर्थ है, तुम्हारा अहंकार-भाव विसर्जित हो, तुम्हारी सीमा टूटे, तुम्हारी परिधि बिखरे, तुम्हारा केंद्र मिटे। तुम ऐसे हो जाओ जैसे नहीं हो। तुम्हारे भीतर से 'नहीं' समाप्त हो जाए। तुम्हारे भीतर 'हां' का स्वर एकमात्र रह जाए।

आस्तिक का मैं यही अर्थ करता हूं। आस्तिक का मेरा यह अर्थ नहीं है कि जो ईश्वर को मानता है। क्योंकि करोड़ों लोग ईश्वर को मानते हैं; और मैंने उनमें कोई आस्तिकता नहीं देखी। मंदिर जाते, मस्जिद जाते, गुरुद्वारा जाते—और आस्तिकता से उनका कोई संबंध नहीं है। मैंने कुछ ऐसे नास्तिक भी देखे हैं जो आस्तिक हैं; जिन्होंने ईश्वर की बात ही कभी नहीं उठाई। फिर आस्तिक की परिभाषा ईश्वर से नहीं करनी चाहिए। मैं आस्तिक की परिभाषा करता हूं जिसने जीवन को 'हां' कह दिया, और 'ना' कहना बंद कर दिया। कहो तथाता, कहो साक्षी भाव, कहो स्वीकार, परम स्वीकार। जिसने जीवन को 'हां' कहना सीख लिया। उसका 'ना' जैसे-जैसे गिरता है, वैसे-वैसे अहंकार गिरता है। तुम्हारा अहंकार तुम्हारे कहे गए नकारों का ढेर है। तुमने जहां-जहां 'ना' कहा है, वहीं-वहीं अहंकार की रेखा खिंची है। 'नहीं' यानी नास्तिकता; 'हां' यानी आस्तिकता।

तुम जीवन को 'हां' कहो, बेशर्त 'हां' कहो। और तुम पाओगे, दिल की लगी पूरी होती है, निश्चित होती है। होने के ही लिए लगी है। नहीं तो लगती ही न।

यह जो प्यास तुम्हारे भीतर है परमात्मा को पाने की, यह होती ही न, अगर परमात्मा न होता। तुमने जीवन में कभी देखा, ऐसी किसी चीज की प्यास देखी, जो न हो? प्यास लगती है तो पानी है; प्यास के पहले पानी है। भूख लगती है तो भोजन है; भूख के पहले भोजन है। प्रेम उठता है तो प्रेयसी है, प्रेमी है; प्रेम के पहले मौजूद है। इस जगत में जो भी तुम्हारे भीतर है प्यास, उसको तृप्त करने का कहीं न कहीं

उपाय है। अगर परमात्मा की प्यास है तो प्रमाण हो गया कि परमात्मा भी कहीं है। तुम्हारी प्यास प्रमाण है। तुम प्यास पर भरोसा करो। प्यास को 'हां' कहो। आस्था रखो। और प्यास में सब भांति अपने को डुबा दो—इस भांति, कि प्यास ही बचे और तुम न बचो। तुम गए नहीं कि परमात्मा आया नहीं। तुम्हारा जाना ही उसका आना है।

तीसरा प्रश्न : मैंने अपनी माला पर तीस मिनट ध्यान किया। मैंने आपके चित्र को देखा किया। कुछ देर में आपकी आंखें मेरी ओर उन्मुख हुईं और मैंने कहा : भगवान, समूह साधना मैं कैसे करूं जब कि मेरे पास रुपया ही नहीं है? इस पर आपने उत्तर में कहा : चिंता मत करो, तुम्हारा रुपया मैं दे दूंगा। तब मैंने पूछा : यह भ्रम तो नहीं है? और आपने कहा : हां, भ्रम ही है।

हां भ्रम ही है, यह उत्तर इतना सच है कि भ्रम हो नहीं सकता। इस उत्तर की सचाई को समझो। अगर यह सपना ही होता तो ऐसा उत्तर आने वाला नहीं था। यह तुम्हारे मन से तो नहीं आया।

तुम्हारे मन की कामना तो स्वभावतः यही होती कि जो तुम देख रहे हो वह सच हो। सपना मधुर था; सपना मनचाहा था, मनचीता था। और क्या तुम चाह सकते थे? सपना तुम्हारी चाह का ही फैलाव था। तुम्हारी तो पूरी मर्जी यही होती है कि जो हो रहा है वह सच हो; मैंने सच में ही आंखें उठाई हों चित्र से, तुम्हारी तरफ देखा हो, और तुमने जो मांगा था, तुम्हें देने का वचन दिया हो; इससे अन्यथा तुम और क्या चाह सकते थे!

तो जो अंतिम उत्तर है वह तुम्हारी चाह से तो नहीं आया। तुम तो चौंक गए होओगे, जब वह उत्तर आया। जैसा अभी सुनने वाले हंस उठे। इनको भी भरोसा नहीं था कि ऐसा उत्तर आएगा। उत्तर इतना सच है कि तुम्हारा तो नहीं हो सकता। मैं नहीं कहता कि मेरा है। इतना ही कहता हूं, तुम्हारा तो नहीं हो सकता। तुम जहां हो उस जगह से तो नहीं आया; उसके पार से आया है। तुम्हारी किसी गहराई से आया है जिससे तुम अपरिचित हो।

मेरा चित्र तो प्रतीक हुआ। तुम मेरे चित्र पर आंखें लगाए थे, यह तो बहाना हुआ। मूर्तियां सभी बहाने हैं। उनके बहाने तुम अपने ही अचेतन में डुबकी लगाते हो। मूर्ति को सतत देखते-देखते, देखते-देखते तुम्हारा जो साधारण चेतन मन है, वह शांत हो जाता है और तुम्हारे अचेतन से खबरें आनी शुरू हो जाती हैं। स्वभावतः वे खबरें तुम्हें ऐसी लगती हैं जैसे कहीं और से आई हैं। क्योंकि तुम इन गहराइयों से परिचित ही नहीं हो कि ये तुम्हारी हैं। तुम्हारा ही अंतःकरण बोला है। तुम ही बोले हो। मगर ऐसी जगह से बोले हो जिस जगह से तुमने अब तक अपना कोई परिचय नहीं बनाया।

तुम्हारे भीतर ही बहुत से प्रदेश अछूते पड़े हैं जिन तक तुम कभी नहीं गए। तुमने अपने पूरे भवन को कभी जांचा-परखा नहीं; पोर्च में ही डेरा डाले पड़े हो। सोचते हो यही भवन है। भीतर द्वार पर द्वार खुलते हैं। गहराइयों पर गहराइयां हैं। तलघरों पर तलघरे हैं। यह तुम्हारे ही भीतर से आई आवाज है। जब भक्त मूर्ति के सामने तल्लीन होकर खड़ा हो जाता है और आवाज सुनता है। सूफी फकीर कहते हैं: परमात्मा बोला। परमात्मा नहीं बोलता है। लेकिन एक अर्थ में परमात्मा ही बोलता है। तुम्हारे भीतर की अंतरतम गहराई परमात्मा ही है।

यह मूर्ति तो बहाना है। यह कीर्तन और भजन और प्रार्थना तो बहाना है। यह तो सिर्फ इस बात के लिए सहारा है कि तुम्हारा सक्रिय मन निष्क्रिय हो जाए। क्योंकि तुम्हारे सक्रिय मन के कारण तुम्हारी गहराई की आवाज आती भी है तो भी तुम तक पहुंच नहीं पाती—तुम इतने शोरगुल से भरे हो! वह धीमी सी आती हुई आवाज तुम्हारे तूतीखाने में खो जाती है। वहां नगाड़े बज रहे हैं। प्रभु फुसफुसाता है; चिल्ला कर नहीं आवाज देता। और चिल्ला कर भी दे, तो भी तुम सुनोगे नहीं। क्योंकि तुम्हारे कान इतने शोरगुल से भरे हैं, तुम्हारे भीतर इतने विचारों की तरंगें चल रही हैं; तुम इतने व्यस्त हो!

तुमने कभी खयाल किया, कभी अचानक तुम शांत होकर बैठो तो दीवाल पर लगी घड़ी की टिक-टिक सुनाई पड़ने लगती है, अपने हृदय की धड़कन सुनाई पड़ने लगती है। श्वास का आना-जाना दिखाई पड़ने लगता है। शांत बैठे हो तो सूई भी गिर जाए तो सुनाई पड़ती है। सांप भी सरक जाए बगिया में कहीं, तो सरसराहट मालूम हो जाती है। हवा का जरा सा झोंका पत्तियों को कंपा जाए तो उसका कंपन भी तुम्हें बोध में आ जाता है। लेकिन जब तुम व्यस्त हो, चिंता से घिरे हो, विचारों के बादलों में दबे हो, तब पहाड़ भी बिखर जायें, आकाश में गर्जन होता रहे बिजलियों का, तो भी तुम्हें पता नहीं चलता।

तुम्हें पता उसी मात्रा में चलता है, जिस मात्रा में तुम शांत होते हो।

तो ये तीस मिनट तक तुम मेरे चित्र पर ध्यान करते रहे, तुम शांत हो गए। तुम एकटक बंधे रह गए। तुम्हारे चित्त से और सारे विचार दूर हो गए; मेरा चित्र ही रह गया। तुम उसी में मंत्रमुग्ध डूबे रहे, डूबे रहे, डूबे रहे, तब तुम्हारे भीतर तुम्हारे ही गहरे अचेतन से कुछ आवाज उठनी शुरू हो गई। लेकिन वह लगेगी बाहर से आ रही है। और चूंकि तुम इतने जोर से व्यस्त थे मेरे चित्र में कि उस आवाज ने उस चित्र का सहारा ले लिया; उसी चित्र के सहारे वह तुम पर प्रकट हो गई। यह सिर्फ सहारा है। मैं नहीं बोला हूं। तुम्हीं बोले हो।

और प्रमाण है कि तुम जो बोले ठीक जगह से बोले हो। क्योंकि तुमने पूछा कि 'यह भ्रम तो नहीं है? और आपने कहा : हां, भ्रम ही है।' अगर मैं कह देता कि हां, सच है, भ्रम नहीं, तो डर था कि तुम्हारी चाह बोली; तो डर था कि तुम्हारी कल्पना बोली; तो डर था कि जैसा तुम चाहते थे वैसा तुमने बोल लिया। वह भ्रम होता। यह तुम्हें बड़ा विरोधाभासी लगेगा।

मैं कहता हूं, अगर मैंने कहा होता कि हां, यह सच है, तो भ्रम होता। और चूंकि मैंने कहा कि हां, यह भ्रम ही है; इसलिए सच है। समझने की कोशिश करना।

तुम्हारे सपने भी एकदम भ्रम नहीं होते हैं। तुम्हारे सपने में भी तुम्हीं बोलते हो। इसलिए तो मनोवैज्ञानिक सपनों की बड़ी छान-बीन करता है। वह तुम्हारे जागरण की चिंता नहीं करता; वह तुमसे पूछता है, सपने क्या देख रहे हो तुम? क्योंकि जागरण में तुम इतने बेईमान हो गए हो, तुम्हारे जागरण का कोई भरोसा ही नहीं है। तुम दूसरे को ही धोखा देते हो, ऐसा थोड़े ही है; धोखा वहां थोड़े ही रुक गया है; धोखा तुम अपने को दे रहे हो। तो ऐसा थोड़े ही है कि तुमने दूसरों को समझा दिया कि तुम बहुत भले आदमी हो; तुमने अपने को भी समझा लिया कि तुम बहुत भले आदमी हो। चोर भी ऐसा मान कर चलता है कि वह चोरी भी कर रहा है तो किसी भले कारण से कर रहा है; शायद संपत्ति का समान वितरण करने की कोशिश कर रहा है, समाजवादी है। आदमी अपने बुरे से बुरे काम के लिए अच्छे से अच्छा कारण खोजने में कुशल है।

हिटलर ने लाखों लोग मार डाले, लेकिन हिटलर भीतर से बड़ा साधुपुरुष था। साधुपुरुष, यानी अपने को मना लिया था कि मैं साधुपुरुष हूं। और मनाने के सब उपाय भी उसके पास थे। तुम जरा सोच लेना, उसके उपाय क्या थे? हिटलर सिगरेट नहीं पीता था, यह तो साधुपुरुष का लक्षण है। मांस नहीं खाता था। अब और क्या चाहिए? पक्का जैन, शाकाहारी, ब्राह्मणों से भी बड़ा ब्राह्मण। क्योंकि ब्राह्मण भी—बहुत ब्राह्मण तो मांसाहारी हैं ही, कहीं मछली खाते हैं, कहीं मांस खाते हैं। कश्मीरी ब्राह्मण...नेहरू से तो ज्यादा ही ब्राह्मण था। बंगाली ब्राह्मण मछली खाता है। हिटलर मांसाहार नहीं करता था, सिगरेट नहीं पीता था, शराब नहीं पीता था। नियम से ब्रह्ममुहूर्त में उठता था। कभी देर तक नहीं सोता था। अब और क्या चाहिए? अब लाइसेंस मिल गया : मारो! अब साधु हो गया। अब और क्या? और क्या प्रमाण-पत्र चाहिए?

और मार भी इसलिए रहा है कि सारी दुनिया का हित करना है। उसने समझा लिया अपने को कि जब तक यहूदी हैं, दुनिया में बुराई रहेगी, और यहूदियों के मिटते ही बुराई समाप्त हो जाएगी। यहूदी पाप हैं; संसार की छाती पर कोढ़ का दाग हैं, इनको साफ कर देना है। दूसरों को भी समझा लिया; अपने को भी समझा लिया।

तुम थोड़े चौंकोगे, क्योंकि तुम इससे बहुत दूर रहे। न तुम यहूदी हो और न तुम यहूदी-विरोधी हो। तो तुम्हें यह लगेगा कि क्या बेवकूफी की बात है। लेकिन तुम भी ऐसा ही अपने को समझा लेते हो। हिंदू सोचते हैं, जब तक मुसलमान हैं तब तक दुनिया बुरी रहेगी। मुसलमान सोचते हैं, जब तक ये हिंदू हैं तब तक दुनिया बुरी रहेगी। दोनों ने अपने को समझा लिया है।

आदमी जो समझाना चाहे समझा लेता है। आदमी जो करना चाहे कर लेता है और अच्छे बहाने खोज लेता है। जहर के ऊपर शक्कर चढ़ा लेता है; फिर गटकना आसान हो जाता है। फिर जहर की गोली भी गटक जाओ, मीठी-मीठी लगती है। कम से कम थोड़ी देर तो लगती है; फिर पीछे जो परिणाम होगा, होगा।

मनोवैज्ञानिक कहते हैं, तुम्हारे जागरण पर तो भरोसा नहीं किया जा सकता है; तुम्हारी नींद में उतरना पड़ेगा। क्योंकि वहां तुम्हारा नियंत्रण शिथिल हो जाता है, वहां तुम्हारे दोहराए गए झूठों का प्रभाव कम हो जाता है। तो एक आदमी हो सकता है जागा हुआ तो साधु बन कर चलता है, जमीन पर आंख रखता है, स्त्री को आंख उठा कर नहीं देखता है; लेकिन इसके सपने में खोजो। सपने में हो सकता है यह नग्न स्त्रियों को देखता हो। सपने में साधु अक्सर स्त्रियों को देखते हैं। असाधु नहीं देखते। असाधु तो ऐसे ही बाहर इतना देख रहे हैं कि ऊब गए हैं। असाधु तो सपने में देखते हैं कि संन्यास ले लिया, भिक्षापात्र लेकर भजन-कीर्तन कर रहे हैं, कि मंजीरा पीट रहे हैं। असाधु ऐसा देखते हैं, क्योंकि असाधुओं की यही वासना अतृप्त पड़ी है।

जो अतृप्त वासना है, वही स्वप्न बनती है। स्वप्न भी तुम्हारा ही है। तुमने जो-जो दबा रखा है, वह सपने में उभर कर आ जाता है। सपने की भी बड़ी सचाई है। झूठा सपना भी एकदम झूठा नहीं है, क्योंकि तुम्हारे संबंध में कुछ संकेत देता है।

अब हो सकता है कि तुम बाहर के जीवन में तुम बहुत सादगी से रहते हो, और सपने में सम्राट हो जाते हो। तो सपने पर जरा विचार करना। तुम्हारी सादगी धोखा है। तुम बाहर के जीवन में बड़े अहिंसक हो; पानी छान कर पीते हो; रात भोजन नहीं करते। मांसाहार नहीं करते और रात सपने में उठा कर किसी की गर्दन काट देते हो। तो सपने पर ध्यान रखना। वह सपना ज्यादा सच कह रहा है। वह कह रहा है: असलियत यह है; वह जो तुमने ऊपर से ओढ़ लिया है, वह बहुत काम का नहीं है।

स्वामी सरदार गुरुदयाल ने एक सपना मुझे कहा कि गुरुदयाल और स्वामी आनंद स्वभाव सपने में एक घने जंगल में भटक गए। बड़े प्यासे हैं, भूखे हैं। और बड़े आनंदित हो गए। एक झोपड़े पर तख्ती लगी है: अन्नपूर्णा होटल! यहां जंगल में! जहां आदिवासी नंगे घूम रहे हैं, यहां कहां की अन्नपूर्णा होटल! और उसमें नीचे लिखा है: तुरंत सेवा। भागे, भीतर घुसे। एक नग्न आदिवासी स्त्री ने स्वागत किया। थोड़े

चौंके भी कि यह किस प्रकार की होटल है। अमरीका में हैं होटलें जहां टॉपलेस वेट्रेस हैं। लेकिन यहां तो कपड़े ही नहीं हैं। ऊपर का कपड़ा ही नदारद नहीं, कपड़े ही नदारद हैं। ये नग्न हैं। कहा, दो कप चाय। तत्क्षण दो कप चाय प्रकट हो गई।

स्वभाव ने एक घूंट प्याली से लिया और कहा, दूध की कमी है। और उस स्त्री ने क्या किया, उसने अपने स्तन से दूध की धार लगा दी। और गुरुदयाल के मुंह से निकल गया : वाह गुरुजी की फतह, वाह गुरु जी का खालसा! और उसी में उसकी नींद टूट गई।

वह जब मुझे सपना सुनाने आया तो मैंने कहा : और तो सब ठीक है, यह वाह गुरुजी की फतह, वाह गुरु जी का खालसा, यह तूने क्यों कहा? उसने कहा : अब आप समझें। गुरु ने बचाया, क्योंकि अगर स्वभाव ने न मांगा होता दूध तो मैं गरम पानी मांगने जा रहा था।

मतलब समझे? गुरु ने बचाया!

तुम्हारे सपने तुम्हारे हैं। तुम्हारे सपने तुम्हारी सचाइयां हैं। वह जो तुम्हारे मन में सब सरकता रहता है, वह सपनों में रूप लेता है, आकृति ग्रहण करता है। अपने सपनों पर थोड़ा विचार करना। आध्यात्मिक साधक को अपने सपनों पर बहुत विचार करना चाहिए। तुम जागरण की डायरी न रखो तो चलेगा, सपने की डायरी बड़ी कीमती है। रोज सुबह उठ कर अपना सपना लिख लिए। चाहे एकदम अर्थ साफ भी न हो कि क्या अर्थ है। धीरे-धीरे अर्थ साफ होगा। अर्थ साफ अगर न हो, तो उसका इतना ही अर्थ है कि तुमने अपने को इस भांति झुठला लिया है कि अब तुम्हें अपने सपने का अर्थ भी साफ नहीं दिखाई पड़ता। तुम्हारी आंखें इतनी विकृत हो गई हैं। मगर लिखते जाना। धीरे-धीरे सफाई होगी। धीरे-धीरे बिंब और उभर कर आएंगे।

और अगर तुम सपनों को धीरे-धीरे समझने लगो तो तुम्हारा अपने व्यक्तित्व के संबंध में बोध गहन हो जाएगा। सपने को समझते-समझते एक ऐसी स्थिति आ सकती है कि तुम सपने में भी थोड़ा सा होश रख सको कि यह सपना चल रहा है। जिस दिन यह होश आ जाता है कि यह सपना चल रहा है, उसी दिन सपने बंद हो जाते हैं। और सपने का बंद हो जाना बड़ी क्रांति है।

सपने जिसके बंद हो गए, गलितधी, उसकी बुद्धि गल गई। फिर रात जिसके सपने बंद हो जाते हैं, उसके दिन में विचार बंद हो जाते हैं। जड़ें कट गईं। दिन के विचार तो पत्तों जैसे हैं; रात के सपने जड़ों जैसे हैं। जब सपने और विचार दोनों खो जाते हैं, तब जो है वही सत्य है।

यह ठीक ही हुआ जो तुम्हें उत्तर मिला कि हां, भ्रम ही है। यह उत्तर बड़ी गहराई से आया है। मेरी सलाह है—पूछा है देव निरंजन ने—मेरी सलाह है, तुम इस प्रयोग

को जारी रखो। तुम चित्र पर तीस मिनट रोज ध्यान जारी रखो। तुम्हारा अचेतन तुमसे बोला है। तुम्हारे हाथ अचानक एक कुंजी लग गई है। इसको ऐसे ही गंवा मत देना। और बहुत कुछ अचेतन तुमसे बोलेगा। और धीरे-धीरे तुम कुशल हो जाओगे समझने में अचेतन की भाषा। और वह कुशलता अध्यात्म के मार्ग पर बड़ा सहारा है, बड़ा सहयोग है।

इतना ही तुमसे कहना चाहता हूं कि जो अंतिम चरण है तुम्हारे इस स्वप्न का—इसको मैं स्वप्न ही कह रहा हूं; तुमने जागते-जागते देखा है तो भी स्वप्न ही कह रहा हूं—वह बहुत महत्वपूर्ण है।

मैंने सुना है, जैसे हिंदी भाषी क्षेत्रों में अकबर-बीरबल के किस्से बहुत प्रसिद्ध हैं, वैसे ही आंध्र प्रदेश में विश्वनाथ सत्यनारायण को लेकर ऐसी ही कहानियां चल पड़ी हैं। तेलगु के एक बड़े लेखक ने अपनी वृहत आकार की पुस्तक विश्वनाथ सत्यनारायण को समर्पित की है। उन्होंने पुस्तक को इधर से उधर देखा और कहा : बहुत मामूली पुस्तक है। लेखक उदास-मन अपने घर लौटा। उसने सत्यनारायण के विचार अपनी पत्नी को सुनाए। पत्नी ने पूछा : सत्यनारायण ने तुम्हारी पुस्तक का अवलोकन कितनी देर तक किया? लेखक ने बताया : पांच-छह मिनट। पत्नी ने कहा : तुम्हारी पुस्तक निश्चित रूप से महत्वपूर्ण है। जिस पुस्तक की निरर्थकता को समझने में सत्यनारायण को पांच-छह मिनट लगे, वह पुस्तक साधारण नहीं हो सकती।

जिस स्वप्न के पीछे यह उत्तर आया कि यह सब भ्रम है, वह सपना साधारण नहीं है, असाधारण है। क्योंकि यह सत्य की घोषणा है। जिस स्वप्न ने अपने को स्वप्न कह दिया है, वह सपना बड़ा संदेश लेकर आया है। उससे तुम्हें कुछ मार्गनिर्देश मिला है। अब तुम रोज इसको ध्यान ही बना लो। रोज-रोज गहराई बढ़ेगी। रोज-रोज नये तल खुलेंगे।

कभी-कभी ऐसा होता है कि आकस्मिक रूप से ध्यान की कोई विधि हाथ लग जाती है। और जो विधि आकस्मिक रूप से तुम्हारे हाथ लग जाती है, वह ज्यादा कारगर है। क्योंकि उससे तुम्हारे स्वभाव का ज्यादा तालमेल है। वह तुमने ही खोज ली है। जो विधि कोई बाहर से देता है वह बैठे न बैठे, तालमेल पड़े न पड़े; लेकिन जो विधि तुम्हारे भीतर से आ गई है वह विधि तो निश्चित ही तालमेल रखती है।

अमरीका में एक बहुत अदभुत आदमी हुआ इस सदी में : कायसी। उसे धीरे-धीरे एक विधि सध गई; अचानक सधी।

एक आदमी बीमार था। और यह छोटा बच्चा था कायसी। और वह आदमी मरने के करीब था। और उस आदमी से इसे बड़ा प्रेम था—पड़ोसी था और इस बच्चे

को खिलाता रहता था, इसको साथ घुमाने ले जाता था। उससे बड़ा लगाव था। और चिकित्सकों ने कह दिया कि यह आदमी बचेगा नहीं। तो यह छोटा बच्चा बड़ा दुखी हुआ। यह क्या करे?

यह उस आदमी की खाट के पास बैठ कर रोने लगा। रोते-रोते उसको झपकी लग गई। वह करीब-करीब बेहोश हो गया। और बेहोशी में कुछ बोला। वह आदमी खाट पर पड़ा सुन रहा था। वह जो बेहोशी में बोला, वह बड़ी अजीब बात थी। उसने एक दवाई का नाम लिया बेहोशी में। यह छोटा बच्चा, इसको दवाई का तो कोई पता ही नहीं था। और ऐसी दवाई का नाम लिया कि वह जो आदमी पड़ा था, उसको भी पता नहीं था। और उसने उस बेहोशी की हालत में कहा: यह दवा लेने से तू ठीक हो जाएगा।

वह आदमी तो उठ कर बैठ गया। उसने अपने डाक्टरों को पूछा। डाक्टरों ने कहा: इस तरह की दवा हमने सुनी नहीं, लेकिन पता करना चाहिए, हो सकता है। वह दवा मिल गई। वह अमरीका में तो न मिली, इंग्लैंड में मिली। और वह दवा लेने से वह आदमी ठीक हो गया।

तो कायसी के हाथ में कुंजी लग गई। उसके बाद तो उसने जीवन भर करोड़ों लोगों का इलाज किया। और दवा वगैरह का तो कोई उसे पता ही नहीं था। बस, वह बैठ जाएगा मरीज के पास, आंख बंद कर लेगा, थोड़ी देर में उसका शरीर कंपेगा, गिर पड़ेगा। और तब तुम उससे पूछ लो कि यह आदमी बीमार है, यह क्या लेने से ठीक होगा? कभी-कभी तो उसने ऐसी दवाएं बताईं जो कि अभी पैदा ही नहीं हुई थीं, जो अभी बनी ही नहीं थीं; दो साल बाद बनीं; साल भर बाद बनीं। लेकिन जैसे ही वह दवा ली, बीमार ठीक हो गए।

कायसी से लोग पूछते थे, तुम कैसे करते हो? वह कहता: मुझे कुछ पता नहीं। मैं तो करता ही नहीं हूं। मैं तो बिलकुल बेहोश हो जाता हूं। उस बेहोशी में कुछ होता है।

कायसी अपने अचेतन में उतर जाता था। आकस्मिक यह घटना घटी। लेकिन इसने कायसी का पूरा जीवन बदल दिया। और न केवल कायसी का जीवन बदल दिया, लाखों-करोड़ों लोगों का जीवन बदल दिया। इससे हजारों लोगों को सहायता मिली; हजारों प्रकार से सहायता मिली।

यह तुम्हें जो घटा है, एक कुंजी हाथ लगी है। इसका उपयोग करो। हो सकता है, यही तुम्हारी आत्म-उपलब्धि का मार्ग बनने को हो।

चौथा प्रश्न : दुनिया करे सवाल तो हम क्या जवाब दें? मैं लापता हो गया हूं मेरे प्रभु, मुझे मेरा पता बतायें। पूछते हैं लोग कि मैं कहां से हूं?

ईमानदारी बरतना। अगर उत्तर भीतर से न आ रहा हो तो कह देना : मुझे कुछ पता नहीं। सचाई से इंच भर डगमगाना मत। जो पता न हो तो कह देना, पता नहीं है। जो पता नहीं है, नहीं है—करोगे क्या? और मैं अगर तुम्हें उत्तर दे दूं तो तुम्हें पता थोड़े ही हो जाएगा। वह उत्तर मेरा होगा। मैं तुमसे कह दूं कि तुम ब्रह्म हो, परमात्मा हो—इससे क्या होगा? ये सब बातें तो तुमने सुनी हैं। रोज तो मैं तुम्हें कहता हूं : तुम आत्मा हो! इससे क्या होगा?

नहीं, यह उत्तर काम न आएगा, क्योंकि यह उत्तर किसी और से आया है। शुभ घड़ी आई है तुम्हारे जीवन में कि तुम लापता हो गए। आधी घटना तो घट गई। आधी घटना तो यही है और बड़ी महत्वपूर्ण घटना घट गई, कि तुम्हें अपना पुराना पता-ठिकाना थोड़ा भूल गया है। अच्छा हुआ। कचरा तो हटा! अब जो वास्तविक उत्तर है वह तुम्हारे भीतर पैदा होगा। थोड़ी प्रतीक्षा करो। क्योंकि अगर तुमने जल्दी की तो तुम फिर बाहर से कोई उत्तर ले लोगे। अभी बाहर के उत्तरों से ही तो छुटकारा हुआ है, इसीलिए तो लापता हो गए।

तुम्हारे पिता ने कहा था तुम्हारा नाम यह है। तुम्हारी मां ने कुछ कहा था कि तुम्हारा पता-ठिकाना यह है। तुम्हारे स्कूल, तुम्हारे शिक्षक, तुम्हारे मित्र, प्रियजनों ने तुम्हारा पता तुम्हें बताया था कि तुम कौन हो। उन्होंने तुम्हारी परिभाषा की थी। वह उधार थी। वह बाहर से थी। तुम्हें कुछ पता न था। बाहर से लोगों ने समझा दिया नाम, धर्म, जाति, देश—सब समझा दिया; ठोक-ठोक कर समझा दिया। सब लेबिल बाहर से चिपका दिए और तुम भीतर कोरे के कोरे हो। तुम्हें कुछ पता नहीं कि तुम कौन हो। किसी ने कह दिया राम तुम्हारा नाम है, हिंदू तुम्हारी जाति है, ब्राह्मण तुम्हारा वर्ण है—चतुर्वेदी, कि द्विवेदी, कि त्रिवेदी—सब बता दिया। सब तरह के लेबिल चिपका दिए डब्बे के ऊपर से। डब्बा भीतर खाली है। उसे कुछ पता नहीं। भीतर शून्य है। इन लेबलों के पीछे तुम लड़े भी, मरे भी; झगड़ा-झांसा भी किया; किस-किस से न उलझ गए! किसी ने धक्का दे दिया और तुम्हें पता चल गया कि शूद्र है, तो मारपीट हो गई। तुम ब्राह्मण! लेबिल का ही फर्क है। उसके ऊपर शूद्र का लेबिल लगा है, तुम्हारे ऊपर ब्राह्मण का लेबिल लगा है। लेबिल के भ्रम में आ गए। खूब धोखा खाया। किसी ने बता दिया हिंदू हो तो हिंदू हो गए; मुसलमान हो, तो मुसलमान हो गए। जिसने जैसा बता दिया वैसा मान लिया।

ध्यान के प्रयोग से, इधर मेरे पास बैठ-बैठ कर, सत्संग में, धीरे-धीरे तुम्हारा कूड़ा-कर्कट हट गया, लेबिल हट गए। अब घबड़ाहट हो रही है। क्योंकि अब तुम्हें लगता है, तुम खाली हो। खाली तो तुम तब भी थे जब लेबिल लगे थे। अब लेकिन पता चला कि तुम खाली हो। तो तुम बड़ी जल्दी में हो। तुम कहते हो मुझसे कि आप कुछ लिख दें इस डब्बे पर। फिर मैं लिख दूंगा, फिर वही हो जाएगा। फिर लिखा बाहर से होगा।

इस बार ठहरो। जल्दी मत करो। प्रतीक्षा करो। आने दो उत्तर को भीतर से जैसे बीज टूटता और अंकुर भीतर से आता है—ऐसे ही तुम टूटो और अंकुर को भीतर से आने दो। खिलने दो तुम्हारे वृक्ष को। लगने दो फूल। वही फूल तुम्हारा उत्तर होगा। उसके पहले कोई उत्तर नहीं है। उसके पहले सब उत्तर व्यर्थ हैं।

पूछते हो : 'दुनिया करे सवाल तो हम क्या जवाब दें?'

वही जवाब दो जो तुम्हारी वास्तविकता है। कहो कि लेबिल तो सब उखड़ गए; न अब मैं हिंदू हूं, न हिंदुस्तानी, न जैन, न बौद्ध, न सिक्ख, न पारसी। मेरा नाम भी कामचलाऊ है। राम कहो कि रहीम कहो—चलेगा। मेरा नाम कामचलाऊ है।

देखते हैं, संन्यास मैं देता हूं तो नाम बदल देता हूं! नाम सिर्फ इसलिए बदल देता हूं ताकि तुम्हें पता चल जाए कि नाम तो सिर्फ कामचलाऊ है। किसी भी नाम से काम चल जाता है। कामचलाऊ है, काम चलाने के लिए है। कोई नाम चाहिए, नहीं तो दुनिया में जरा मुश्किल होगी। पोस्टमैन कहां तुम्हें खोजेगा बिना नाम के? कोई चिट्ठी कैसे लिखेगा बिना नाम के? बैंक में जाओगे तो खाता कैसे खोलोगे बिना नाम के? मुश्किल होगी। व्यावहारिक है। नाम एक व्यावहारिक सत्य है, पारमार्थिक सत्य नहीं। तो नाम बदल देता हूं—सिर्फ यही याद दिलाने को कि देखो यह पुराना नाम ऐसे बदल जाता है क्षण में। इसमें कुछ मूल्य नहीं है। यह नया दे दिया। नये से काम चला लेना। यह तो पुराने का लंबे, तीस-चालीस साल तुमने उपयोग किया था, तुम उसके साथ तादात्म्य कर लिए थे। उसे खिसका दिया। यह तो सिर्फ इसलिए, ताकि तुम्हें पता चल जाए कि अरे, नाम तो कोई भी काम दे देता है। कोई फर्क नहीं पड़ता। अ, ब, स, द से भी काम चल जाएगा। नंबर से भी काम चल जाएगा।

और इस बात का खतरा है कि जिस तरह संख्या दुनिया में बढ़ रही है, जल्दी ही नाम से काम न चलेगा, नंबर ही रखने पड़ेंगे, जैसा मिलिटरी में रखते हैं। क्योंकि नाम बहुत पुनरुक्त होते हैं। नामों की सीमा है। वही नाम, वही नाम—उससे झंझट बढ़ती है। थोड़ी संख्या थी तब ठीक था। अब इतनी विराट संख्या के लिए नये नाम कहां से लाओगे? तो नंबर...।

नंबर से भी काम चल जाएगा। बी-3001—चलेगा। ए-2005—चलेगा। क्या कठिनाई है? एक लिहाज से अच्छा भी होगा। बी-10003 ज्यादा सुखद है। न हिंदू का पता चलता, न मुसलमान का, न ईसाई का। कुछ पता नहीं चलता कि हिंदुस्तानी है कि चीनी है, कि जापानी है। ज्यादा शुद्ध है, कम विकृत है। ब्राह्मण है कि शूद्र है—कुछ पता नहीं चलता। अच्छा होगा।

नाम इसीलिए मैं बदल देता हूं ताकि तुम्हें स्मरण आ जाए कि नाम कोई बड़ी मूल्यवान चीज नहीं है, कोई संपत्ति नहीं है। खेल है। खेल-खेल में बदल देता हूं। इसलिए बहुत आयोजन भी नहीं करता।

मेरे पास कुछ लोग आकर कहते हैं। वे कहते हैं, संन्यास आप ऐसे ही दे देते हैं! और कहीं तो दीक्षा होती है तो कितना बैंड-बाजा बजता और स्वागत-समारोह, रथ-यात्रा निकलती, महोत्सव होता, भीड़-भाड़ इकट्ठी होती। आप ऐसे ही दे देते हैं!

मैं उनसे कहता हूं: संन्यास को मैं खेल बनाना चाहता हूं, गंभीर नहीं! तुम्हारे अहंकार का आभूषण नहीं बनाना चाहता। नहीं तो संन्यास संन्यास ही न रहा। बैंड-बाजे बजे, तो जिसको बैंड-बाजे बजवाने हों, वह संन्यास ले लेगा। जुलूस निकला, लोगों ने आकर चरण छुए, फूलमालाएं पहनाईं और लोगों ने कहा, तुम धन्यभागी हो, किस महापुण्य का परिणाम कि तुम इस यात्रा पर निकल गए। हम हैं दीन-हीन पापी कि हम अभी भी संसार में सड़ रहे हैं; नाली के कीड़े! तुम तो देखो आकाश में उड़ने लगे। हो गए हंस!—जिनको इस तरह के अहंकार की पूजा करवानी है वे जरूर उस मार्ग पर चले जाएंगे जहां पूजा होती है।

मेरे देखे अगर लोग संन्यासियों को बहुत सम्मान देना बंद कर दें तो तुम्हारे सौ में से निन्यानबे संन्यासी वापस दुनिया में लौट आयें। वे सम्मान के कारण वहां अटके हैं। इसलिए मैं संन्यासियों को बिलकुल सामान्य, खेल की तरह—कोई स्वागत नहीं, कोई समारंभ नहीं, चुपचाप तुम्हारा नाम बदल दिया। किसी को कानोंकान खबर न हुई। तुम्हारे कपड़े बदल दिए, कानोंकान खबर न हुई। और तुमसे मैं कोई विशिष्ट आचरण की भी आकांक्षा नहीं रखता। क्योंकि विशिष्ट आचरण हमेशा अहंकार का आभूषण बन जाता है। मैं तुमसे कहता हूं, कोई हर्जा नहीं। होटल में बैठ कर खाना खा लिया, कोई हर्जा नहीं। संन्यासी कहता है: हम होटल में बैठ कर खाना खाएं! कभी नहीं! हमारे लिए विशेष भोजन बनना चाहिए। ब्राह्मणी पीसे, फिर बनाए। सब शुद्ध हो, तब हम लेंगे। हम कोई साधारण व्यक्ति थोड़े ही हैं!

नहीं, मैं तुम्हें बिलकुल साधारण बनाना चाहता हूं। तुम्हें मैं ऐसा साधारण बना देना चाहता हूं कि तुम्हारे भीतर अहंकार की रेखा न बने। तुम ऐसे ही जीना जैसे और सब लोग जी रहे हैं। कुछ विशिष्टता नहीं।

इसीलिए तुम्हें लग रहा है कि लापता हो गया। पुराना नाम गया। पुराना ठिकाना गया। पुरानी जात-पांत गई। और नई कुछ मैंने बनाई नहीं। नया तुम्हें कुछ दिया नहीं। खाली तुम्हें छोड़ दिया। क्योंकि इसी खालीपन में फूटेगा तुम्हारा बीज और अंकुर उठेगा। तुम चाहते हो मैं तुम्हें कुछ दे दूं। मगर मैं तुम्हें कुछ दे दूं तो मैं तुम्हारा दुश्मन। फिर मैंने जो तुम्हें दिया वह तुम्हारी छाती पर पत्थर बन कर बैठ जाएगा। फिर तुम उसको पकड़ लोगे। फिर वह तुम्हारा पता हो गया। फिर तुम चूके। फिर आत्मज्ञान से चूके।

आत्मज्ञान के लिए प्रतीक्षा चाहिए। जब तक पता न हो, कोई पूछे तो उससे कहना : क्षमा करें, जो-जो मुझे पता था वह गलत सिद्ध हुआ और जो-जो ठीक है उसकी मैं राह देख रहा हूं। जब आएगा, आकर आपको खबर कर दूंगा—अगर कभी आया। अगर कभी न आया तो क्षमा करें। मुझे स्वीकार कर लें ऐसा ही जैसा मैं हूं—लापता।

ईमानदार रहना। प्रामाणिक रहना।

हमें प्रामाणिक रहना किसी ने सिखाया नहीं। हम ऐसी बातों के उत्तर देते हैं जिनका उत्तर हमें पता ही नहीं। बाप बेटे से कहता है : झूठ कभी मत बोलना। और बेटा पूछता है कि ईश्वर है और बाप कहता है : हां, है! अब इससे बड़ी झूठ तुम कुछ बोलोगे? तुम्हें पता है ईश्वर के होने का? किस अकड़ से तुम कह रहे हो? इस भोले-भाले बेटे के प्रश्न को किस बुरी तरह मार रहे हो! इसके प्रश्न में तो एक सचाई थी, तुम्हारा उत्तर सरासर झूठ है। तुम्हें कुछ भी पता नहीं है। और आज नहीं कल इस बेटे को भी पता चल जाएगा कि तुम्हें कुछ पता नहीं। तब इसकी श्रद्धा टूट जाएगी।

मेरे देखे अगर बच्चे अपने मां-बाप को श्रद्धा नहीं दे पाते तो बच्चे इसके लिए अपराधी नहीं हैं; मां-बाप अपराधी हैं। तुम श्रद्धा के योग्य ही नहीं हो। तुम इतनी झूठें बोले हो...।

मेरे एक शिक्षक थे। वे स्कूल में तो सिखाते कि सच बोलना चाहिए। एक दिन मैं उनके घर बैठा कुछ...गणित उन्होंने दिया था, वह कर रहा था। एक आदमी ने द्वार पर दस्तक दी। उन्होंने मुझे कहा कि जा कर कह दो कि वे अभी घर में नहीं हैं। मैं बड़े सोच में पड़ा कि अब करना क्या? कहते हैं सच बोलो, आज कह रहे हैं कि कह दो कि घर में नहीं हैं! तो स्वभावतः मैंने दोनों के बीच कोई रास्ता निकाला। मैंने जा कर उनसे कहा कि सुनिए, हैं तो घर में, लेकिन कहते हैं कि घर में नहीं हैं। अब आप समझ लें। क्योंकि उन्होंने मुझे सच बोलने को भी कहा है, तो मैं झूठ भी नहीं बोल सकता। और जो उन्होंने कहा है वह भी मुझे कहना ही चाहिए। क्योंकि

वही उन्होंने कहा है, मैंने उसमें कुछ जोड़ा नहीं। इसलिए बात पूरी आपके सामने रख दी, अब आप समझ लो।

वे शिक्षक मुझ पर बड़े नाराज हुए। उन्होंने कहा : तुमसे कहा था न कि कह दो घर में नहीं हैं। मैंने कहा : मैंने कहा। वे बोले : तुमसे यह किसने कहा था कि कह दो कि यह भी मैं ही कह रहा हूं घर में बैठा हुआ। मैंने कहा : आप स्कूल में सदा कहते हैं कि सच बोलो। आप कह दो कि झूठ बोलो, तो मैं उसका पालन करने लगूंगा।

वे बड़ी बेचैनी में पड़े। वे मुझे कभी क्षमा न कर सके। उस दिन के बाद मुझे स्कूल में भी मैं उनको देखता तो इधर-उधर आंख करते।

श्रद्धा कैसे उत्पन्न हो? बाप बेटे से कहता है झूठ मत बोलो। और ऐसी सरासर झूठें बोलता है! शायद सोचता है, बेटे के हित में ही बोल रहा हूं। शायद इसीलिए कह रहा है कि हां, ईश्वर है कि कहीं बेटा अनीश्वरवादी न हो जाए। बेटे के हित में ही बोल रहा है। लेकिन झूठ किसी के हित में हो सकती है? कितनी ही दिखाई पड़े हित में, लेकिन हित में हो नहीं सकती। जो हित में है वह सच है। जो सच है वही हित में है। सत्य के अतिरिक्त और कोई कल्याण नहीं है। सत्य के अतिरिक्त और कोई मंगल नहीं है।

तो तुम्हें जो स्थिति है उससे अन्यथा मत कहना। कहना : खाली-खाली लग रहा हूं। पता-ठिकाना खो गया। अभी नये का पता नहीं चल रहा। चलेगा तो निवेदन कर दूंगा। नहीं चला तो मैं क्या कर सकता हूं?

इस सचाई से जीने का नाम ही संन्यास है। जो है उससे अन्यथा न करने का नाम संन्यास है। जैसा है वैसा ही स्वीकार करने का नाम संन्यास है।

खतरा क्या है, इसमें गड़बड़ क्या है? तुम्हें तकलीफ क्या हो रही है? तकलीफ यह हो रही है कि लोग समझेंगे, अज्ञानी हो। अरे, तुम्हें यह भी पता नहीं कि तुम कौन हो? वह जो पूछने वाला है वह इसीलिए पूछ रहा है कि बताओ कहां से आए हो? कौन हो? कहां जा रहे हो? वह तुम्हें देखता है गैरिक वस्त्रों में तो सोचता है कि महात्मा आ रहे हैं। उसे पता नहीं, ये मेरे महात्मा बहुत भिन्न प्रकार के हैं! यह पुराने ढंग का ढकोसला नहीं है। पुराने संन्यासी को तो मैं सत्यानाशी कहता हूं। यह और ही ढंग का संन्यासी है। यह परम स्वतंत्रता और स्वच्छंदता में जीने वाला संन्यासी है। इसके ऊपर कोई बाह्य आरोपण नहीं है। इसका भीतर का छंद ही इसके जीवन की व्यवस्था है। इसका आंतरिक अनुशासन ही एकमात्र अनुशासन है।

मैंने तुम्हें संन्यास दिया है—इसलिए नहीं कि तुम संन्यासी रहोगे तो कभी मुक्त हो जाओगे। मैंने तुम्हें संन्यास देने में ही तुम्हें मुक्त कर दिया है। यह एक मुक्त चित्त की

दशा है। इसे लोग नहीं समझेंगे। कोई चिंता भी नहीं है। लोग समझें, इसकी जरूरत भी क्या है? लोगों के समझने पर निर्भर भी क्यों रहना?

तुम्हारी अड़चन मैं समझता हूं। जब लोग तुमसे पूछते हैं, 'आप कौन? आपका स्वरूप क्या? कहां से आ रहे? कहां जा रहे?' तो वे बड़ी ज्ञान की, ब्रह्मज्ञान की बातें पूछ रहे हैं। तुम्हारा भी दिल होता है, ब्रह्मज्ञान का ही उत्तर दें। क्योंकि ज्ञानी बनने का मजा किसको नहीं होता! और तुम्हें अड़चन भी आती है, क्योंकि ब्रह्मज्ञान अभी हुआ नहीं है।

तो तुम मुझसे पूछ रहे हो : 'दुनिया करे सवाल तो हम क्या जवाब दें?'

यह सवाल दुनिया का नहीं है जो तुम्हें कांटे की तरह चुभ रहा है। कांटे की तरह यह बात चुभ रही है कि जवाब दोगे तो झूठ होगा। और न जवाब दो तो अज्ञानी सिद्ध होते हो।

मैं तुमसे कहता हूं : स्वीकार कर लेना कि मैं अज्ञानी हूं। मैं अपने संन्यासियों को इतना हिम्मतवर चाहता हूं कि वे स्वीकार कर सकें कि मैं अज्ञानी हूं। मैं अपने संन्यासी को इतना हिम्मतवर चाहता हूं कि वह स्वीकार कर सके कि मैं पापी हूं। मैं अपने संन्यासी को इतना हिम्मतवर चाहता हूं कि वह स्वीकार कर सके कि जो साधारण मनुष्य की सीमाएं हैं वे ही मेरी सीमाएं भी हैं; मैं विशिष्ट नहीं।

और यही तुम्हारी विशिष्टता बनेगी। यही तुम्हारा नवीन रूप होगा। तुम अज्ञानी हो तो कह दो कि अज्ञानी हूं; मुझे पता नहीं, मैं बिलकुल अज्ञानी हूं। अज्ञान में दंश कहां है? सच तो यह है कि अज्ञान तुम्हारे तथाकथित ज्ञान से ज्यादा निर्मल, ज्यादा निर्दोष है। तुम्हारा तथाकथित ज्ञान तो उधार और बासा है; दूसरे से लिया है। अज्ञान तुम्हारा है। कम से कम तुम्हारा तो है! कम से कम अपना, निजी तो है! अंधेरा सही, पर अपना तो है। यह रोशनी तो किसी और के हाथ के दीये की है। यह तो दूसरे के हाथ में रोशनी है। इसका बहुत भरोसा मत करना। यह कब फूंक देगा या कब रास्ते पर अलग चल पड़ेगा...। अंधेरा तुम्हारा है। जो अपना है उससे अन्यथा का दावा मत करना।

और फिर एक और तुमसे गहन बात कहना चाहता हूं। कुछ बातें हैं जिनका ज्ञान कभी नहीं होता। इसीलिए तो जीवन रहस्यमय है। जैसे परम सत्य कभी भी ज्ञान नहीं बनता—अनुभव तो बनता है, ज्ञान नहीं बनता। तुम जान तो लेते हो, लेकिन जना नहीं सकते। तुम्हें तो पता चल जाता है, लेकिन तुम दूसरे को पता नहीं बता सकते। वह जो परम अवस्था है सत्य की—ऋत्, तथाता, ताओ, साक्षी—उसका तुम्हें अनुभव तो हो सकता है, लेकिन तुम दूसरे को न कह सकोगे, क्या है। वह गूंगे का गुड़ है। गूंगे केरी सरकरा! स्वाद तो आ जाएगा, ओंठ बंद हो जायेंगे।

तो घबराना मत। शांत, मौन खड़े रह जाना। अगर कुछ भी कहने को न आता हो तो यही तुम्हारा कहना है कि शांत और मौन खड़े रह जाना।

बुद्ध बहुत बार चुप रह जाते थे। लोग प्रश्न पूछते। वैसा तो कभी न घटा था। भारत तो ज्ञानियों का देश है। यहां तो पंडितों की भरमार है। यहां तो पान की दूकान पर बैठा हुआ आदमी भी ब्रह्मज्ञान से नीचे नहीं उतरता। यहां तो सभी ब्रह्मज्ञान पर सवार हैं। यहां तो कोई नीचे है ही नहीं। ब्रह्मज्ञान तो यहां ऐसी साधारण बात है कि जिसका कोई हिसाब नहीं है। बुद्ध बड़े हिम्मतवर आदमी थे। पंडितों के इस देश में, ज्ञानियों के इस देश में, धार्मिकों के इस तथाकथित देश में बुद्ध चुप रह गए। बहुत मामलों में चुप रह जाते थे। कोई पूछता, ईश्वर है? वे चुप रह जाते। जरा हिम्मत देखते हो बुद्ध की! इसको मैं साहस कहता हूं। कितनी बड़ी उत्तेजना न रही होगी। कुछ भी उत्तर दे सकते थे। आखिर मूढ़ उत्तर दे रहे हैं तो बुद्ध को उत्तर देने में क्या अड़चन थी? कुछ भी उत्तर दे सकते थे। लेकिन बुद्ध बिलकुल चुप रह जायेंगे। देखते रहेंगे उस आदमी की तरफ। वह कहेगा, 'आपने सुना नहीं? मैं पूछता हूं ईश्वर है या नहीं? पता हो तो कह दें। अगर न पता हो तो वैसा कह दें।' लेकिन बुद्ध फिर भी चुप हैं।

वह आदमी के ऊपर ही छोड़ दिया कि जो तुझे सोचना हो सोच लेना, लेकिन यह बात ऐसी है कि कही नहीं जा सकती। और इतना भी कहने को राजी नहीं हैं कि यह बात ऐसी है कि कही नहीं जा सकती। क्योंकि बुद्ध कहते हैं जो नहीं कही जा सकती उसके संबंध में यह कहना भी व्यर्थ है कि नहीं कही जा सकती। फायदा क्या? यह भी तो कहना हो गया न, थोड़ा सा तो कह ही दिया। एक गुण तो बता ही दिया। उसका एक गुण तो यह हो गया कि उसे कहा नहीं जा सकता। तो परिभाषा थोड़ी तो बनी! नकारात्मक सही; लेकिन इशारा तो हुआ। सीधा न सही, घूम-फिर कर सही, कान पकड़ा तो, उलटी तरफ से सही। यह कहा कि नहीं कहा जा सकता उस संबंध में कुछ—तो तुमने इतना तो कह दिया उस संबंध में।

बुद्ध बड़े ईमानदार हैं। वे चुप रह जाते हैं। उनमें से कोई होता समझदार तो बुद्ध के इस मौन को समझता। चरण छूता। आनंद-विभोर हो जाता। लेकिन वैसा तो सौ में कभी एकाध होता। निन्यानबे तो यही सोच कर जाते कि अरे, तो अभी इसको पता नहीं चला! तो बेचारा अभी भी भटक रहा है। इससे तो हमारे गांव का पंडित अच्छा। दिन-दहाड़े चिल्ला कर तो कहता है कि हां, ईश्वर है और ईश्वर ने संसार बनाया। और न मानो तो वेद से प्रमाण लाता हूं। और ज्यादा गड़बड़ की तो लकड़ी उठा कर खड़ा हो जाता है। सिर तोड़ देगा। तर्क से मानो तर्क से, नहीं तो लट्ठ से मना देगा।

आखिर हिंदू-मुसलमान लड़ कर क्या कर रहे हैं? जो तर्क से सिद्ध नहीं होता वह गर्दन काट कर सिद्ध कर रहे हैं। कहीं गर्दन काटने से सत्य सिद्ध होता है? तुम किसी को मार डालोगे, इससे क्या यह सिद्ध होता है कि तुम जो कहते थे वह सही था। सत्य का इससे क्या संबंध है?

मगर सौ में कभी एक जरूर ऐसा होता जो बुद्ध के मौन के उत्तर को स्वीकार कर लेता, समझता, शांत हो जाता। देखता इस अपूर्व घटना को। यह बड़ी महत्वपूर्ण घटना घटी कि बुद्ध चुप रह गए। ऐसा इसके पहले कभी न हुआ था।

बुद्ध ने मनुष्य-जाति के इतिहास में एक नया अध्याय जोड़ा। वह अध्याय यह था कि जो नहीं कहा जा सकता, मत कहो। चुप रह कर ही कहो। मौन से ही कह दो। फिर दूसरे पर छोड़ दो। अगर वह तुम्हें अज्ञानी समझता है तो वह जाने, यह उसकी समस्या है। तुम क्यों इससे परेशान?

लेकिन मैं तुम्हारी अड़चन समझता हूं। तुम अगर उत्तर नहीं दे पाते तो लोग समझते हैं: अरे, तो तुम अभी भी अज्ञानी! संन्यासी होकर भी अज्ञानी! गेरुवा वस्त्र पहन लिया और अज्ञानी!

तुम कहना कि मैं अज्ञानी ही हूं। और ज्ञानी का कोई दावा मत करना। और मैं तुमसे कहता हूं: अज्ञान का यह स्वीकार खाद बन जाएगा तुम्हारे बीज को तोड़ने में। अज्ञान का यह स्वीकार वर्षा हो जाएगी तुम्हारे ऊपर। आखिर दूसरे के सामने सिद्ध करने की कोशिश कि मैं जानता हूं, क्या अर्थ रखती है? इतना ही अर्थ रखती है कि मेरा अहंकार दूसरे की मान्यता पर निर्भर होता है। अहंकार दूसरे का सहारा चाहता है। तुम अकेले में ज्ञानी नहीं हो सकते। कोई कहे तो ही ज्ञानी हो सकते हो। जंगल में बैठ जाओ अकेले तो तुम ज्ञानी कि अज्ञानी? पशु-पक्षी तो कुछ कहेंगे नहीं कि महाराज, ज्ञान उपलब्ध हुआ कि नहीं? अभी ब्रह्म का पता चला कि नहीं? वे फिकर ही न करेंगे। दूसरा मनुष्य चाहिए जो कहे कि ज्ञानी, कि अज्ञानी? अगर कोई अज्ञानी कहे तो स्वीकार कर लेना कि ठीक कहते हैं, यही तो मेरी दशा है। कुछ भी तो मुझे पता नहीं है। अगर कोई ज्ञानी कहे तो उससे कहना कि तुम्हें कुछ भूल हो रही होगी, क्योंकि मुझे कुछ पता नहीं है।

उपनिषद कहते हैं: जो कहे मैं जानता, जान लेना कि नहीं जानता।

सुकरात ने कहा है: जानकर मैंने एक ही बात जानी कि मैं कुछ भी नहीं जानता हूं।

बनो सुकरात! सीखो एक रहस्य कि दूसरों की मान्यताओं पर ठहरने की कोई भी जरूरत नहीं है। और जिस दिन तुमने दूसरों की मान्यताओं की चिंता छोड़ दी उसी दिन तुम समाज से मुक्त हो गए। समाज से भाग कर थोड़े ही कोई मुक्त

होता है! वह जो समाज से भाग जाता है वह भी जंगल में बैठ कर सोचता है कि समाज उसके संबंध में क्या सोच रहा है। राहगीर आते-जाते हैं तो उनसे भी वह घूम-फिर कर बात निकलवा लेता है कि गांव में क्या इरादा है? लोग क्या कह रहे हैं? पता चल गया कि नहीं कि मैं बिलकुल ब्रह्मज्ञान को उपलब्ध हो गया हूं? कुछ गांव में सनसनी फैली कि नहीं, क्योंकि मैंने तो सुना था जब ज्ञान को कोई उपलब्ध हो जाता है तो जंगल में भी बैठा रहे तो वहां भी लोग चले आते हैं, खोजते। सत्य के खोजी कब तक आयेंगे, कुछ बताओ तो!

वहां बैठा-बैठा भी भीतर तो रस समाज में ही लेता रहता है। वहां भी खबर लगाता रहता है कि कोई राष्ट्रपति ने इस वर्ष पद्मश्री या भारतरत्न की उपाधि की घोषणा मेरे लिए तो नहीं की। क्योंकि यहां मैं महर्षि हुआ बैठा हूं और अभी तक कुछ खबर नहीं आई।

वहां भी बैठे-बैठे अचेतन मन यही गुनतारा बिठाता रहता है।

नहीं, यह कोई समाज से जाना न हुआ। और अगर कोई आदमी आकर तुमसे कह दे कि अरे, तुम क्या नाहक बैठे हो, वहां तुम्हारी बड़ी बदनामी हो रही है। तो तुम बड़े दुखी हो जाओगे कि हम यहां अकेले भी बैठे हैं, और बदनामी हो रही है! हमने सब छोड़ दिया, और बदनामी हो रही है! हम यहां ध्यान कर रहे हैं, अब तो कुछ हम किसी का बिगाड़—बना भी नहीं रहे हैं, और बदनामी हो रही है! तो तुम्हारा दिल होगा कि दुर्वासा बन जाओ और दे दो अभिशाप इस सारे समाज को कि सब नरक में पड़ें।

समाज की मान्यता से जो चिंता नहीं लेता; समाज अच्छा सोचता है कि बुरा सोचता, वह फिकर ही नहीं करता। वह कहता है: तुम्हारी मर्जी। यह तुम्हारा मजा। अच्छा सोचो तो, बुरा सोचो तो। जिसमें तुम्हें मजा आए वैसा सोचो। जो समाज की मान्यता पर जरा भी ध्यान नहीं देता—ऐसा व्यक्ति समाज से मुक्त है। फिर जंगल जाने की कोई जरूरत नहीं है, बीच बाजार में बैठे रहो, समाज तुम्हें छुएगा नहीं: तुम कमलवत हो गए।

तो मैं तुमसे कहूंगा: प्रतीक्षा करो। थोड़ा और कसे जाओगे। थोड़ा और कसे जाने की जरूरत है।

और कसो तार, तार-सप्तक मैं गाऊं।
ऐसी ठोकर दो मिजराब की अदा से
गूंज उठे सन्नाटा सुरों की सदा से
ठंडे सांचों में मैं ज्वाल ढाल पाऊं।

और कसो तार, तार-सप्तक मैं गाऊं।
खूंटियां न तड़कें यदि मीडूं मैं ऐठूं
मंजिल नियराए जब पांव तोड़ बैठूं
मुंदी-मुंदी रातों को धूप मैं उगाऊं।
और कसो तार, तार-सप्तक मैं गाऊं।
न बाहर-भीतर के द्वंद्वों का मारा
चिपकाए शनि चेहरे पर मंगल तारा
क्या बरसा परती धरती निहार आऊं।
और कसो तार, तार-सप्तक मैं गाऊं।
ढीले संबंधों को आपस में कस दूं
सूखे तर्कों को मैं श्रद्धा का रस दूं
पथरीले पंथों पर दूब मैं उगाऊं।
और कसो तार, तार-सप्तक मैं गाऊं।
तुम मुझसे उत्तर न मांगो। तुम तो मुझसे कहो:
और कसो तार, तार-सप्तक मैं गाऊं।

पांचवां प्रश्न: कल कहा गया कि ज्ञान के आगमन पर बुद्धि (धी) गलित हो जाती है। क्या ज्ञान और बुद्धि विरोधी आयाम हैं? बुद्धत्व और बुद्धि में क्या थोड़ा सा भी मेल नहीं? हिंदुओं का जो प्रसिद्ध गायत्री मंत्र है वह इसी बुद्धि (धी) के लिए प्रार्थना सा लगता है। इस उलझन को दूर करने की अनुकंपा करें।

जहां बुद्धि शून्य हो जाती है वहां बुद्धत्व पैदा होता है। बुद्धि और बुद्धत्व विरोधी आयाम नहीं हैं। बुद्धि की सीढ़ी से जहां तुम ऊपर पैर रखते हो वहां बुद्धत्व शुरू होता है। तो विरोधी मत समझ लेना, सहयोगी है। विरोधी तो तब बनते हैं जब तुम बुद्धि की सीढ़ी को जोर से पकड़ लो और तुम कहो सब मिल गया। तो फिर अड़चन हो गई। तो जो आगे की सीढ़ी है उसका विरोध हो गया। बुद्धि के कारण विरोध नहीं होता है, बुद्धि को पकड़ लेने के कारण विरोध होता है।

तुम सीढ़ियां चढ़ रहे हो। तुमने नंबर एक की सीढ़ी पर पैर रखा और तुमने कहा कि बस, आ गया घर, अब आगे नहीं जाना। तो तुम्हारी नंबर एक की सीढ़ी नंबर दो की सीढ़ी के विरोध में हो गई। थी तो नहीं विरोध में; थी तो पक्ष में, थी तो सहयोग में। पहली सीढ़ी बनी ही इसलिए थी कि तुम दूसरी सीढ़ी पर जाओ। लेकिन अब

तुमने जो पकड़ बिठा ली, जो आसक्ति बना ली उससे अड़चन हो गई। सीढ़ी विरोध में नहीं, तुम्हारी आसक्ति विरोध में हो सकती है।

बुद्धि जहां शांत होती, शून्य होती, जहां बुद्धि की रेखा समाप्त होती, वहीं से बुद्धत्व शुरू होता। बुद्धि बड़ी सीमित है, बुद्धत्व विराट है। बुद्धि तो ऐसी है जैसे कोई खिड़की पर खड़ा आकाश को देखे। तो आकाश पर भी खिड़की का चौखटा लग जाता है। आकाश पर कोई चौखटा नहीं है। लेकिन खिड़की के पीछे खड़े होकर देखते हैं तो आकाश ऐसा लगता है, फ्रेम किया हुआ, चौखटे में जड़ा हुआ। फिर तुम खिड़की से छलांग लगा कर बाहर आ जाओ। खिड़की कहती थोड़े ही है कि रुको। खिड़की तो द्वार खोलती है। खिड़की तो बुलाती कि आओ बाहर; थोड़ा सा आकाश दिखा दिया, अब भीतर किसलिए खड़े हो? यह थोड़ा सा आकाश तो स्वाद के लिए था। यह थोड़ासा स्वाद दे दिया, अब भीतर किसलिए खड़े हो? तो खिड़की ने तो निमंत्रण दिया कि खिड़की को छोड़ो, बाहर आओ। अब बड़ा आकाश है। इतने में इतना रस पाया तो उतने में कितना न पाओगे।

तुम जब मुझे सुनते हो तो बुद्धि थोड़ा सा खिड़की खोलती है। उस पर रुक मत जाना। सुन कर इतना रस पाया तो जान कर कितना न पाओगे। शब्द से इतना रस पाया तो निःशब्द से कितना न पाओगे! किसी को मिला, उसके पास बैठ कर मस्त हो गए तो खुद के भीतर जब खुलेगा द्वार तो कैसी मस्ती न आएगी! मधुशाला पूरी की पूरी मिल जाएगी। मैं तो जैसे प्याली में ढाल-ढाल कर दे रहा हूं!

मुल्ला नसरुद्दीन ने एक मधुशाला खरीद ली—यह सोच कर कि क्या ऐसा बार-बार दूसरे की दुकान पर जा कर पीना! तीन पियक्कड़ों ने विचार किया कि यह तो बात ठीक नहीं, रोज पीते हैं आकर और नुकसान भी होता, और यह कमाई भी कर रहा है! तो हम खरीद ही क्यों न लें! तीनों ने अपनी संपत्ति इकट्ठी करके मधुशाला खरीद ली। और जिस दिन उन्होंने मधुशाला खरीदी उन्होंने तख्ती वगैरह निकाल दी दुकान पर से। और दुकान पर एक बड़ा बोर्ड लगा दिया कि दुकान सदा के लिए बंद है। और पियक्कड़ आए, उन्होंने कहा: यह मामला क्या है? तो मुल्ला ने खिड़की खोली और उसने कहा: क्या समझा, तुम्हारे लिए खरीदी दूकान? अब हम तीनों मजा करेंगे। हो गया बहुत! अब यह दूकान बंद है। खरीदी ही इसलिए कि अब हम तीनों अंदर मजा करेंगे। अब कोई बेचना-बाचना नहीं है।

जब तुम्हारे भीतर मधुशाला के तुम पूरे मालिक हो जाओ...। उसकी तुम आज कल्पना भी नहीं कर सकते। अभी तो एक किरण भी तुम्हारे भीतर उतर जाती है तो पुलकित कर जाती है। कभी मेरे तार से तुम्हारा तार मिल जाता है—क्षण भर को ही

मिलता—तुम डोल जाते। लेकिन जब तुम्हारी वीणा पूरी की पूरी प्रभु से मिल कर बजने लगेगी, तब की सोचो! हजारों गुना, हजार-हजार गुना, कल्पना करो!

तो बुद्धि तो थोड़ी सी झलक दे सकती है। वहां रुक मत जाना। बुद्धि निश्चित झलक देती है। विरोध तो तब पैदा होता है जब तुम रुक गए और पकड़ कर बैठ गए और तुमने कहा: आ गए! तो तुम—ऐसा समझो—मील का पत्थर पकड़ कर बैठ गए, जिस पर लिखा है: दिल्ली, और तीर बना आगे कि चलो आगे। तुम पकड़ कर बैठ गए कि यह रही दिल्ली; साफ तो लिखा है दिल्ली! और तीर देखा नहीं। या समझा है कि तीर किसी ने सजावट के लिए बनाया होगा। दिल्ली यह रही। बैठ गए लाल पत्थर को लग कर। ऐसे दिल्ली नहीं आती। दिल्ली दूर है। तीर पर खयाल रखना। हर सीढ़ी पर तीर लगा है आगे के लिए। क्योंकि हर सीढ़ी आगे के लिए तैयार करती है। बुद्धि तुम्हें बुद्धि के पार जाने के लिए तैयार करती है।

दूसरी बात पूछी है कि हिंदुओं का जो प्रसिद्ध गायत्री मंत्र है वह इसी बुद्धि (धी) के लिए प्रार्थना सा लगता है।

अब इस संबंध में समझना होगा कि संस्कृत, अरबी जैसी पुरानी भाषाएं बड़ी काव्य-भाषाएं हैं। उनमें एक शब्द के अनेक अर्थ होते हैं। वे गणित की भाषाएं नहीं हैं। इसलिए तो उनमें इतना काव्य है। गणित की भाषा में एक बात का एक ही अर्थ होता है। दो अर्थ हों तो भ्रम पैदा होता है। इसलिए गणित की भाषा तो बिलकुल चलती है सीमा बांधकर। एक शब्द का एक ही अर्थ होना चाहिए। संस्कृत, अरबी में तो एक-एक के अनेक अर्थ होते हैं।

अब 'धी' इसका एक अर्थ तो बुद्धि होता है: पहली सीढ़ी। और धी से ही बनता है ध्यान—वह दूसरा अर्थ, वह दूसरी सीढ़ी। अब यह बड़ी अजीब बात है। इतनी तरल है संस्कृत भाषा। बुद्धि में भी थोड़ी सी धी है; ध्यान में बहुत ज्यादा। ध्यान शब्द भी 'धी' से ही बनता है, धी का ही विस्तार है। इसलिए गायत्री मंत्र को तुम कैसा समझोगे, यह तुम पर निर्भर है, उसका अर्थ कैसा करोगे।

यह रहा गायत्री मंत्र:

ॐ भू भुवः स्वः तत्सवितुर् देवस्य वरेण्यं भर्गोः धीमहिः याः न धियः प्र चोदयात्।

'वह परमात्मा सबका रक्षक है—ॐ! प्राणों से भी अधिक प्रिय है—भूः। दुखों को दूर करने वाला है—भुवः। और सुख रूप है—स्वः। सृष्टि का पैदा करने वाला और चलाने वाला है, सर्वप्रेरक—तत्सवितुर्। और दिव्य गुणयुक्त परमात्मा के—देवस्य। उस प्रकाश, तेज, ज्योति, झलक, प्राकट्य या अभिव्यक्ति का, जो हमें सर्वाधिक प्रिय है—वरेण्यं भर्गोः। धीमहिः—हम ध्यान करें।'

अब इसका तुम दो अर्थ कर सकते हो : धीमहिः—कि हम उसका विचार करें। यह छोटा अर्थ हुआ, खिड़कीवाला आकाश। धीमहिः—हम उसका ध्यान करें : यह बड़ा अर्थ हुआ। खिड़की के बाहर पूरा आकाश।

मैं तुमसे कहूंगा : पहले से शुरू करो, दूसरे पर जाओ। धीमहिः में दोनों हैं। धीमहिः तो एक लहर है। पहले शुरू होती है खिड़की के भीतर, क्योंकि तुम खिड़की के भीतर खड़े हो। इसलिए अगर तुम पंडितों से पूछोगे तो वे कहेंगे धीमहिः का अर्थ होता है विचार करें, चिंतन करें, सोचें। अगर तुम ध्यानी से पूछोगे तो वह कहेगा धीमहिः, अर्थ सीधा है : ध्यान करें। हम उसके साथ एकरूप हो जायें। अर्थात वह परमात्मा—याः, ध्यान लगाने की हमारी क्षमताओं को तीव्रता से प्रेरित करे—न धियाः प्र चोदयात्।

अब यह तुम पर निर्भर है। इसका तुम फिर वही अर्थ कर सकते हो—न धियाः प्र चोदयात्—वह हमारी बुद्धियों को प्रेरित करे। या तुम अर्थ कर सकते हो कि वह हमारी ध्यान की क्षमताओं को उकसाए। मैं तुमसे कहूंगा, दूसरे पर ध्यान रखना। पहला बड़ा संकीर्ण अर्थ है, पूरा अर्थ नहीं।

फिर ये जो वचन हैं गायत्री मंत्र जैसे, ये बड़े संगृहीत वचन हैं। इनके एक-एक शब्द में बड़े गहरे अर्थ भरे हैं। यह जो मैंने तुम्हें अर्थ किया यह शब्द के अनुसार। फिर इसका एक अर्थ होता है भाव के अनुसार। जो मस्तिष्क से सोचेगा, उसके लिए यह अर्थ कहा। जो हृदय से सोचेगा उसके लिए दूसरा अर्थ कहता हूं।

वह जो ज्ञान का पथिक है, उसके लिए यह अर्थ कहा। वह जो प्रेम का पथिक है, उसके लिए दूसरा अर्थ। वह भी इतना ही सच है। और यही तो संस्कृत की खूबी है। यही अरबी, लैटिन और ग्रीक की खूबी है। जैसे कि अर्थ बंधा हुआ नहीं है। ठोस नहीं, तरल है। सुनने वाले के साथ बदलेगा। सुनने वाले के अनुकूल हो जाएगा। जैसे तुम पानी ढालते, गिलास में ढाला तो गिलास के रूप का हो गया। लोटे में ढाला तो लोटे के रूप का हो गया। फर्श पर फैला दिया तो फर्श जैसा फैल गया। जैसे कोई रूप नहीं है, अरूप है, निराकार है।

अब तुम भाव का अर्थ समझो :

'मां की गोद में बालक की तरह मैं उस प्रभु की गोद में बैठा हूं—ॐ। मुझे उसका असीम वात्सल्य प्राप्त है—भूः। मैं पूर्ण निरापद हूं—भुवः। मेरे भीतर रिमझिम-रिमझिम सुख की वर्षा हो रही है। और मैं आनंद में गदगद हूं—स्वः। उसके रुचिर प्रकाश से, उसके नूर से मेरा रोम-रोम पुलकित है तथा सृष्टि के अनंत सौंदर्य से मैं परम मुग्ध हूं—तत्स् वितुर्, देवस्य। उदय होता हुआ सूर्य, रंग-बिरंगे फूल, टिमटिमाते

तारे, रिमझिम-रिमझिम वर्षा, कलकलनादिनी नदियां, ऊंचे पर्वत, हिमाच्छादित शिखर, झरझर करते झरने, घने जंगल, उमड़ते-घुमड़ते बादल, अनंत लहराता सागर—धीमहिः। ये सब उसका विस्तार है। हम इसके ध्यान में डूबें। यह सब परमात्मा है। उमड़ते-घुमड़ते बादल, झरने, फूल, पत्ते, पक्षी, पशु—सब तरफ वही झांक रहा है। इस सब तरफ झांकते परमात्मा के ध्यान में हम डूबें; भाव में हम डूबें। अपने जीवन की डोर मैंने उस प्रभु के हाथ में सौंप दी—याः न धियाः प्र चोदयात्। अब मैं सब तुम्हारे हाथ में सौंपता हूं, प्रभु। तुम जहां मुझे ले चलो मैं चलूंगा।

भक्त ऐसा अर्थ करेगा।

और मैं यह नहीं कह रहा हूं कि इनमें कोई भी एक अर्थ सच है और कोई दूसरा अर्थ गलत है। ये सभी अर्थ सच हैं। तुम्हारी सीढ़ी पर, तुम जहां हो वैसा अर्थ कर लेना। लेकिन एक खयाल रखना, उससे ऊपर के अर्थ को भूल मत जाना, क्योंकि वहां जाना है, बढ़ना है, यात्रा करनी है।

आखिरी प्रश्नः 'हरि तत्सत्' को समझाने की कृपा करें।

कुछ तो छोड़ दो बिना समझा हुआ।

हरि ॐ तत्सत्!

* * *

प्रवचन : 55

परमात्मा हमारा स्वभावसिद्ध अधिकार है

5 दिसंबर, 1976

अष्टावक्र उवाच।

यस्य बोधोदये तावत्स्वप्नवद्भवति भ्रमः।
तस्मै सुखैकरूपाय नमः शांताय तेजसे।।177।।
अर्जयित्वाऽखिलानार्थान् भोगानाप्नोति पुष्कलान्।
नहि सर्वपरित्यागमंतरेण सुखी भवेत।।178।।
कर्तव्यदुःखमार्तंडज्वालादग्धांतरात्मनः।
कुतः प्रशमपीयूषधारा सारमृते सुखम्।।179।।
भवोऽयं भावनामात्रो न किंचित्परमार्थतः।
नात्स्यभावः स्वभावानां भावाभावविभाविनाम्।।180।।
न दूरं न च संकोचाल्लब्धमेवात्मनः पदम्।
निर्विकल्पं निरायासं निर्विकारं निरंजनम्।।181।।
व्यामोहमात्रविरतौ स्वरूपादानमात्रतः।
वीतशोका विराजंते निरावरणदृष्टयः।।182।।
समस्तं कल्पनामात्रमात्मा मुक्तः सनातनः।
इति विज्ञाय धीरो हि किमभ्यस्यति बालवत्।।183।।

यस्य बोधोदये तावत्स्वप्नवद्‌भवति भ्रमः।
तस्मै सुखैकरूपाय नमः शांताय तेजसे।।

'जिसके बोध के उदय होने पर समस्त भ्रांति स्वप्न के समान तिरोहित हो जाती है, उस एकमात्र आनंदरूप, शांत और तेजोमय को नमस्कार है।'

परमात्मा को, सत्य को, अस्तित्व को हम तीन रूपों में देख सकते हैं।

एक-तू के रूप में; जैसा भक्त देखता है : स्वयं को मिटाता है, मैं को गिराता है और परमात्मा को पुकारता है। जैसे प्रेमी अपनी प्रेयसी को देखता है। जैसे मां अपने बेटे को देखती है। खुद को भूल जाता है; परमात्मा 'तू' की तरह प्रकट होता है।

फिर एक रास्ता है ज्ञानी का : अहं ब्रह्मास्मि! परमात्मा 'मैं' की भांति प्रकट होता है।

और एक रास्ता है—कहें कि न ज्ञानी का, न भक्त का—अत्यंत संतुलन का। वह परमात्मा को 'वह' के रूप में देखता है—न मैं न तू। क्योंकि मैं और तू में तो द्वंद्व है। कहो तू, कितना ही मैं को मिटाओ, तू कहने के लिए मैं तो बना रहेगा। तू में अर्थ ही न होगा अगर मैं न हो। कितना ही कहो मैं नहीं हूं, यह कहते ही तुम तो हो जाओगे; मैं बन जाएगा। अपने को पोंछ दो बिलकुल, कहो कि पैरों की धूल हूं, तब भी रहोगे। ङनहीं हूं,ङ्ख ऐसी घोषणा में भी तुम्हारे होने की घोषणा ही होगी।

जब तक तू है जब तक मैं से बचना संभव नहीं है। क्योंकि मैं और तू एक ही सिक्के के दो पहलू हैं; अलग किए नहीं जा सकते। तू का अर्थ ही यही है कि जो मैं नहीं। तू की परिभाषा ही न हो सकेगी अगर मैं बिलकुल गिर जाए।

जलालुद्दीन रूमी की प्रसिद्ध कविता है। प्रेमी ने द्वार पर दस्तक दी प्रेयसी के और पीछे से पूछा गया : 'कौन आया है? कौन है?' और प्रेमी ने कहा : 'मैं हूं तेरा प्रेमी।' और भीतर सन्नाटा छा गया। प्रेमी ने दुबारा दस्तक दी और कहा : 'क्या मुझे पहचाना नहीं? मेरी आवाज, मेरे पदचाप पहचाने नहीं? मैं हूं तेरा प्रेमी!' प्रेयसी ने कहा : 'सब पहचान गई, लेकिन यह घर बहुत छोटा है। प्रेम का घर बड़ा छोटा है—इसमें दो न समा सकेंगे; इसमें एक ही समा सकता है।'

कबीर ने कहा है न, प्रेमगली अति सांकरी, तामें दो न समाय।

और जलालुद्दीन अपनी कविता में कहता है कि प्रेमी चला गया। यह सूफियों की बड़ी मूलभूत धारणा है। प्रेमी चला गया। उसने वर्षों मेहनत की। चांद आए-गए। सूरज उगे-डूबे! उसने सब फिकर छोड़ दी। उसने अपने मैं को बिलकुल मिटा डाला। फिर आया वर्षों के बाद; द्वार पर दस्तक दी। वही प्रश्न : कौन है? इस बार उसने कहा : तू ही है, और कोई नहीं। और रूमी कहता है, द्वार खुल गए।

अगर मुझसे पूछो तो मैं कहूंगा, द्वार अभी खुलने नहीं चाहिए। अगर उपनिषदों से पूछो तो उपनिषद भी कहेंगे कि द्वार अभी खुलने नहीं चाहिए। जरा जल्दी खुल गए। यह कविता थोड़ी और आगे जानी चाहिए। क्योंकि जब प्रेमी ने कहा, तू ही है, तब कितना ही अप्रकट सही लेकिन मैं तो हो गया। नहीं तो तू कौन कहेगा? सन्नाटा नहीं है अभी। अभी तू की आवाज उठती है। तो तू की आवाज बिना मैं के तो उठ सकती नहीं। कहीं छिपा मैं मौजूद है। किसने दिया उत्तर?

अगर जलालुद्दीन रूमी कहीं मुझे मिल जाए तो उसे कहूंगा : कविता पूरी कर दो; यह अधूरी है। अगर मुझे कविता पूरी करनी हो तो मैं कहूंगा : प्रेयसी ने फिर कहा वही कि इस घर में दो न समा सकेंगे। यह घर बड़ा संकरा है। माना कि तुम अप्रकट होकर आए हो, लेकिन अभी भी तुम हो; छिप कर आए हो, मगर अब भी तुम हो; परदा करके आए हो, परदे की ओट में आए हो, मगर अब भी तुम हो; घूंघट डाल कर आए हो, मगर अब भी तुम हो। बुरके से धोखा न होगा।

और मैं कहूंगा, प्रेमी फिर वापस चला गया। और तीसरी बार आता ही नहीं है। क्योंकि कैसे आएगा? आने के लिए तो मैं चाहिए। तीसरी बार तो प्रेमी आता नहीं, प्रेयसी उसे खोजने जाती है—जिस दिन उसका मैं बिलकुल मिट जाता है।

तो मैं तुमसे कहता हूं: परमात्मा को पाने तुम्हें जाने की जरूरत नहीं है। तुम अगर बिलकुल न हो जाओ तो परमात्मा आता है। आना ही चाहिए; तुमने शर्त पूरी कर दी। तुम जाओगे भी खोजने कहां? तुम किसे खोजोगे? तुम जब तक खोजोगे, तुम रहोगे। खोजने वाले में तो मैं छिपा ही रहेगा। खोजी तो रहेगा! और जब तक तुम खोजोगे, तुम्हारी नजर रहेगी। किसको खोजोगे? तुम्हारी कोई धारणा रहेगी। तुम्हारा कोई मन में छिपा हुआ भाव रहेगा। तुम वही तो खोजोगे न जो 'तुम' खोज सकते हो! परमात्मा को कैसे खोजोगे? तुम्हारी धारणा का परमात्मा होगा। जब तक तुम हो, तुम्हारी धारणा का जाल रहेगा।

और अगर कभी तुम्हें कोई परमात्मा मिल भी जाए तो वह तुम्हारा स्वप्न ही होगा। इसलिए हिंदू कृष्ण से मिल जाएगा; ईसाई क्राइस्ट के दर्शन कर लेगा; बौद्ध बुद्ध की प्रतिमा के सामने खड़े होते—होते धीरे-धीरे एक दिन अंतरप्रतिमा पैदा कर लेगा। वह कल्पना का ही जाल है; भावनामात्रम्; भावना से ज्यादा कुछ भी नहीं है। बड़ी प्यारी भावना है। लेकिन है तो भावना ही। है तो अपनी ही कल्पना का विस्तार। है तो आत्म-सम्मोहन ही, ऑटो-हिप्नोसिस। इससे ज्यादा नहीं है। सुंदर है, शुभ है, प्रीतिकर है; फिर भी सत्य नहीं।

सत्य न तो सुंदर है, न असुंदर। सत्य न तो कड़वा है, न मीठा। सत्य न तो फूल है, न कांटा। सत्य तो द्वंद्व के अतीत है। तो सत्य न तो मैं है न तू। सत्य तो 'वह' है।

इसलिए उपनिषद कहते हैं: तत्वमसि श्वेतकेतु। हे श्वेतकेतु, तू वह है। वह बड़ी निष्पक्ष धारणा है—न मैं न तू; दोनों के पार।

पहला सूत्र है आज अष्टावक्र का, बड़ा अदभुत: यस्य बोधोदये—जिसके उदय से।

नहीं कहा प्रभु के उदय से। क्योंकि प्रभु कहो तो तू आ जाता है। नहीं कहा आत्मोदय से। क्योंकि आत्मोदय कहो, मैं आ जाता है। कहा, यस्य बोधोदये, जिसके उदय से। कोई नाम नहीं दिया; कोई सीमा नहीं बांधी। सिर्फ इशारा है; कोई परिभाषा नहीं।

यस्य बोधोदये तावत्स्वप्नवद्‌भवति भ्रमः।

'उसके उदय से...।'

जैसे सुबह सूरज निकलता और ओस-कण जो अभी-अभी क्षण भर पहले तक मोतियों के जैसे झलकते थे घास की पत्तियों पर, तिरोहित होने लगते हैं—ऐसे ही उसके उदय से, उस महासूर्य के तुम्हारे चैतन्य में प्रवेश करने से, वे जो तुम्हारे अब तक के मनोभाव थे, कल्पना के जाल थे, आकांक्षाएं थीं, वासनाएं थीं, तृष्णा थी, मोह था, क्रोध था, लोभ था, वे सब मोती जिन्हें तुमने संजो कर रखा था, ओस की बूंदों की तरह तिरोहित होने लगते हैं। सब भ्रम विसर्जित हो जाते हैं—उसके उदय मात्र से, उसकी मौजूदगी से।

अब इसमें फर्क समझना। साधारणतः आदमी सोचता है कि मैं मोह को मिटाऊं, क्रोध को मिटाऊं, लोभ को मिटाऊं, ये सारी बीमारियां मिटा डालूं, तब प्रभु का दर्शन होगा। यहां बात उलटी है। प्रभु के दर्शन से ये सब मिटते हैं। सूरज के उदय होते ही सारे ओस-कण तिरोहित हो जाते हैं। और देखा, अंधेरा कैसा भागता है! और तुम अगर ओस-कणों को एक-एक मिटाने लगोगे तो क्या मिटा पाओगे? और अगर तुम अंधेरे को काटने लगोगे तो क्या काट पाओगे? उदय होते ही सूर्य के, अंधेरा नहीं रह जाता है। ओस-कण तिरोहित होने लगते हैं, विदा होने लगते हैं। उनकी घड़ी गई; उनकी मृत्यु का क्षण आ गया। लेकिन अगर तुम ओस-कणों को मिटाने लगो तो कभी इस पृथ्वी से तुम ओस-कण न मिटा पाओगे। और अगर तुम अंधेरे को जलाने लगो, तलवारों से काटने लगो, धक्के देकर हटाने लगो; तुम्हीं मिट जाओगे, अंधेरा न मिटेगा।

इस सूत्र में यह बात भी छिपी है कि असली सवाल तुम्हारे लोभ, क्रोध, मोह के मिटाने का नहीं है; असली सवाल उसके उदय का है। इसलिए मेरे पास लोग आते हैं। वे कहते हैं कि आप सिर्फ ध्यान के लिए कहते हैं! आप अपने शिष्यों को यह नहीं कहते कि कामवासना छोड़ो, क्रोध छोड़ो, मोह छोड़ो, लोभ छोड़ो। आप उनको संसार

से भी अलग नहीं करते हैं; घर-गृहस्थी से भी अलग नहीं करते हैं। इस सब प्रपंच में पड़े रहने देते हैं। मैं कहता हूं: 'यस्य बोधोदये—उसके उदय से।'

और उसके उदय के लिए हम एक ही उपाय कर सकते हैं, वह है कि शांत चित्त, शून्य चित्त, विचार शून्य हो जाएं। अगर तुम विचार शून्य होने लगे तो उसके उदय के लिए तुमने जगह खाली कर दी। बस इतना ही तुम कर सकते हो। इससे अन्यथा आदमी के बस में नहीं है।

परमात्मा को पाना आदमी के बस में नहीं है। आदमी सिर्फ अपनी प्यास की अभिव्यक्ति कर सकता है। पुकार दे सकता है, लेकिन खींच लेना आदमी के बस में नहीं है। और जो परमात्मा आदमी के खींचने से जाए, वह परमात्मा नहीं है। वह तुमसे भी क्षुद्र हो गया जो तुम्हारी बाल्टी में भर कर चला आया; जो तुम्हारी मुट्ठी में आ गया। वह तुमसे भी गया-बीता हो गया जो तुम्हारी तिजोरी में बंद हो गया, जिसकी चाबी तुम्हारे हाथ में हो गई।

नहीं, परमात्मा को तुम कभी खींच नहीं सकते; तुम सिर्फ पुकार सकते हो। तुम रो सकते हो। तुम गीत गा सकते हो। तुम नाच सकते हो। तुम सिर्फ जगह खाली कर सकते हो। तुम सिर्फ कह सकते हो : घर तैयार है, अब तू आ जा! तुम दरवाजा खोल सकते हो। तुम सूरज की किरणों को भीतर थोड़े ही खींच कर ला सकते हो। दरवाजा खोल कर बैठ जाओ; जब आना होगा आ जाएगा। जब घड़ी पकेगी, मौसम पूरा होगा, समय आएगा—आ जाएगा।

वस्तुतः जो खोजी है वह कुछ भी नहीं करता है। वह सिर्फ अपने को ध्यान में उतारता है। ध्यान का अर्थ है : खाली होकर बैठ जाता है, दरवाजा खोल कर बैठ जाता है। ध्यान का अर्थ है : तुम आओगे तो मुझे भरा न पाओगे; तुमने अगर द्वार पर दस्तक दी तो मैं सुन लूंगा, मैं अपने विचारों में उलझा न रहूंगा। नहीं तो बहुत बार होता है, द्वार पर वह दस्तक देता है...शायद रोज ही देता है। देता ही होगा, क्योंकि तुम्हीं तो उसे नहीं खोज रहे, वह भी तुम्हें खोज रहा है। यह खेल एकतरफा नहीं है। यह आग एकतरफा लगी नहीं है। यह दोनों तरफ लगी है। तो ही तो मजा है। तुम ही अगर प्रेयसी को खोज रहे हो, प्रेयसी तुममें उत्सुक ही नहीं है, तो यह प्रेम का फूल कभी खिलेगा नहीं। जब प्रेमी और प्रेयसी दोनों खोजते हैं, तभी प्रेम का फूल खिलता है। जब दोनों पागल हैं, तभी प्रेम का फूल खिलता है। परमात्मा भी तुम्हें खोज रहा है। आता भी है।

रवींद्रनाथ का एक गीत है कि एक रात एक महामंदिर में मंदिर के बड़े पुजारी ने स्वप्न देखा कि प्रभु ने कहा है कि कल मैं आता हूं। पुजारी को भरोसा न आया।

पुजारी तो जगत में सबसे ज्यादा नास्तिक होते हैं। क्योंकि धंधे के भीतरी राज उनको मालूम होते हैं। वे आस्तिक हो नहीं सकते। आस्तिकता तो उनके लिए शोषण का उपाय है। तुम कभी किसी वैज्ञानिक को तो आस्तिक पा सकते हो; शायद कभी किसी कवि में तुम्हें झलक मिल जाए आस्तिकता की, कभी-कभी ऐसा भी हो सकता है कि कोई दार्शनिक भी अपने ऊहापोह से उठ कर एक दफा आंख खोले और आकाश की तरफ देखे। लेकिन पुरोहित नहीं। क्योंकि पुरोहित को तो पता ही है यह सब जाल है। वह तो जाल के भीतर बैठा है।

ऐसा ही समझो कि मदारी सबको धोखा दे देता; अपने को थोड़े ही धोखा दे सकता है। वह तो जानता है कि कहां छिपा रखी है चीज और कैसे निकलती है। वह तो जानता है कि पत्थर की मूर्ति है, बाजार से खरीद लाए हैं। वह तो जानता है कि रात चूहे भी चढ़ जाते हैं इस मूर्ति के ऊपर और मूर्ति कुछ नहीं कर पाती। और भोग वगैरह कितना ही लगाओ, यह मूर्ति कुछ लेती नहीं है; यह खुद ही ले जाता है सब भोग। पैसे इस पर चढ़ते हैं, पहुंचते उसकी जेब में हैं। वह सब जानता है कि खेल क्या है।

उस बड़े पुजारी को सपना तो आया, लेकिन भरोसा न आया। शायद परमात्मा ने सपने में दस्तक दी। लेकिन डरा भी, भयभीत भी हुआ कि कहीं ऐसा न हो कि आ ही जाए! कभी आया न था। मंदिर हजारों वर्ष पुराना था। बड़ी प्रतिष्ठा का था। सौ तो पुजारी थे मंदिर में। तो थोड़ा बेचैन भी हुआ। बेचैनी दो तरह की थी। किसी को कहे, पुजारियों को कहे तो वे हंसेंगे; क्योंकि वे भी जानते हैं कि कभी आया कि कभी गया, सब बकवास है! लेकिन अगर न कहे और कहीं आ जाए तो फिर मैं ही फंसूंगा मुसीबत में। इसलिए दोपहर होते-होते उसने बात खोल दी। उसने सब पुजारियों को इकट्ठा किया, कहा कि मुझे भरोसा तो नहीं आता, भरोसे की बात भी नहीं है, सपना ही है, लेकिन तुम्हें कह दूं कि रात मैंने सपना देखा कि वह कहता है कि मैं आ रहा हूं; कल तैयारी कर रखना। पुजारी पहले तो हंसे। उन्होंने कहा : पागल हो गए हैं आप? बुढ़ापे में दिमाग खराब हुआ है! जिंदगी हो गई पूजा करते, हमारे बापदादे भी करते रहे, उनके बापदादे भी यही करते थे; सदियों पुराना यह मंदिर है, कभी परमात्मा आया नहीं। और आज अचानक बिना किसी कारण के, अकारण! लेकिन फिर वे भी चिंतित हुए। तो बड़े पुजारी ने कहा, अब तुम सोच लो; फिर जिम्मेवारी तुम्हारी रही। अगर आ जाए तो मुझे जिम्मेवार मत ठहराना। तब वे भी डरे। उन्होंने कहा, हर्ज भी क्या है, हम तैयारी कर लें। न आया तो चलेगा। मंदिर साफ-सुथरा हो जाएगा। और भोग जो हम बनाएंगे, जैसा रोज हम बनाते हैं, आज भी बना लें। लगाएंगे तो हम ही। आने वाला तो कोई है नहीं। तो ठीक है, चलो, एक उत्सव हो जाएगा।

उन्होंने सारा मंदिर घिसा, सारा मंदिर साफ किया। धूप-दीप जलाए; इत्र छिड़का, फूल सजाए, जानते हुए कि कोई आ नहीं रहा है, अच्छा पागलपन कर रहे हैं! जानते हुए कि यह सब मजाक हुई जा रही है एक सपने के पीछे। सांझ हो गई। उसके आने का कोई पता नहीं है। रात भी होने लगी। फिर तो वे कहने लगे कि हम भी बिलकुल पागल हैं; सपने के पीछे दिन भर मेहनत करते-करते बिलकुल थक गए; अब भोग लगा लें और सो जाएं। तो उन्होंने खूब भोजन कर लिया। दिन भर के थके-मांदे खूब भोजन कर लिया। स्वादिष्ट और गरिष्ठ भोजन बनाया था। फिर पड़ गए गहरी नींद में।

रात परमात्मा आया। उसका रथ। गड़गड़ाहट की आवाज। एक पुजारी ने नींद में सुना कि गड़गड़ाहट की आवाज है, जैसे रथ के पहिए हों। उसने कहा, सुनो, लगता है कि कोई आया है; रथ की गड़गड़ाहट है। लेकिन दूसरे पुजारी ने कहा, बंद करो यह बकवास! एक के सपने के पीछे दिन भर परेशान हुए, अब तुम्हें सपना आ रहा है! कोई गड़गड़ाहट नहीं, आकाश में बादल गरजते हैं। फिर वे सो गए।

फिर द्वार पर रथ आकर रुका। वह उतरा; सीढ़ियां चढ़ा। उसने दरवाजे पर दस्तक दी। फिर किसी पुजारी को स्वप्न में ऐसा लगा कि कोई दस्तक दे रहा है। उसने फिर कहा कि सुनो भाई, लगता है कि कोई दस्तक दे रहा है। तब तो फिर बड़ा पुजारी भी चिल्लाया कि हर चीज की सीमा होती है। यद्यपि मैंने ही यह नासमझी शुरू की; लेकिन अब सोने भी दो। कोई कहता है, रथ गड़गड़ा रहा है; कोई कहता है कि द्वार पर दस्तक दी। कुछ नहीं, हवा का झोंका है। सो जाओ चुपचाप।

सुबह जब वे उठे, द्वार पर जब वे गए, रथ आया था, रथ के चिह्न थे। कोई सीढ़ियां चढ़ा था; किसी के पैरों के चिह्न थे। किसी ने द्वार पर दस्तक दी थी; किसी के हाथ की छाप थी। तब वे बहुत रोने लगे।

रवींद्रनाथ की कविता का शीर्षक है : अवसर चूक गया।

शायद प्रभु आता भी है। यह कविता कविता नहीं है, गहरी सूझ है इसमें। लेकिन तुम कुछ व्याख्या कर लेते हो। तुम्हारा मन कुछ व्याख्या कर लेता है। तुम्हारा मन तुम्हें कुछ उत्तर दे देता है। तुम इतने भरे हो, तुम्हारे भीतर इतने विचारों का जाल है कि उस जाल को पार करके कोई सत्य तुम तक पहुंच नहीं पाता है। इसलिए मैं कहता हूं ध्यान। ध्यान का कुछ और अर्थ नहीं है। ध्यान का इतना ही अर्थ है : तुम जरा विचार को शिथिल करो; तुम अपनी व्याख्याएं जरा छोड़ो; तुम अपनी धारणाओं को बहुत मूल्य मत दो; तुम जरा द्वार खोलो, कपाट खोलो मंदिर के; तुम मंदिर के द्वार पर बैठो, राह देखो, प्रतीक्षा करो। इतना ही काफी है कि तुम खाली आंख देखो ताकि वह आए तो तुम पहचान लो। तुम्हारा मन कोई व्याख्या करके तुम्हें च्युत न कर दे।

यस्य बोधोदये तावत्स्वप्नवद् भवति भ्रमः।

उसके अनुभव के आते ही, तुम्हारे चैतन्य के क्षितिज पर उसकी किरणों के फूटते ही तुमने अब तक जो जीवन जाना था सब भ्रम हो जाता है, सब स्वप्न हो जाता है।

तुम सुनते हो, तथाकथित पंडित, साधु-संत लोगों को समझाते रहते हैं, जगत माया है। जगत इतने सस्ते में माया नहीं है। महंगा सौदा है। ऐसे वह माया नहीं होता! जब तक ईश्वर सच न हो जाए, तब तक भूल कर जगत को माया मत कहना। अन्यथा तुम एक झूठ दोहरा रहे हो। वह तुम्हारा अनुभव नहीं है। माया कोई दार्शनिक सिद्धांत नहीं है—एक अनुभूति, एक प्रत्यक्ष साक्षात्कार है। यह तो ऐसा ही है कि अंधेरे में तो बैठे हो, प्रकाश से तो कभी आंखों का मिलन न हुआ, प्रकाश से तो कभी भांवर न पड़ी और अंधेरे में बैठे-बैठे कहते हो : अंधेरा सब असत्य है। और उसी अंधेरे के कारण लड़खड़ाते हो, बार-बार गिर जाते हो, हाथ-पैर तोड़ लेते हो, हड्डी-पसलियां टूट जाती हैं, गड्ढों में पड़ जाते हो, नालियों में गिर जाते हो और कहे चले जाते हो कि अंधेरा नहीं है। तुम्हारी हालत देखकर पता चलता है कि सिर्फ अंधेरा है, और कुछ भी नहीं है। और तुम्हारे वचन सुन कर लगता है कि अंधेरा कुछ भी नहीं है, सब भ्रम-जाल है, असली में तो प्रकाश है। लेकिन वह प्रकाश कहां है? और अगर प्रकाश हो तो तुम गड्ढों में न गिरो, दीवालों से न टकराओ; तुम्हारे जीवन में राह हो, तुम्हारे जीवन में शांति हो, चैन हो, आनंद हो।

जब कोई आदमी तुमसे कहे, जगत माया है, तो जरा गौर से देखना, क्या उस आदमी की आंखों में प्रभु का प्रकाश है? क्या उस आदमी की वाणी में शून्य का स्वर है? क्या उस आदमी के चलने-बैठने में प्रसाद है? जरा गौर से देखना। क्या वह कहता है, इसका कोई मूल्य नहीं है।

संसार तभी माया होता है जब 'उसका' उदय हो जाता है; उसके पहले नहीं। उसके पहले संसार ही सच है, परमात्मा माया है। तुम्हारे लिए परमात्मा झूठ है, संसार सच है। और अगर तुम ऐसा मान कर चलो तो शायद किसी दिन परमात्मा सच हो जाए और संसार झूठ हो जाए।

लेकिन तुम झूठ में खूब खोए हो। तुम मानते संसार को सच हो, जानते भी संसार को सच हो, और दोहराते हो कि संसार माया है। यह झूठा पाखंड है। पांडित्य अक्सर पाखंड ही होता है। तुमने उधार सत्य सीख लिया। सुन लिया तुमने अपनी नींद में किसी और का वचन, किसी बुद्ध की वाणी सुन ली नींद में पड़े-पड़े, और नींद में तुम उसे दोहराने लगे। उसका कोई संस्पर्श नहीं हुआ तुम्हारे जीवन में;

वह छुई नहीं; तुम्हारे प्राण उससे बदले नहीं। अब कोई कितना ही लाख चिल्लाए कि सुबह हो गई, सूरज निकला, अंधेरा झूठ है और हाथ में लालटेन लिए चल रहा हो, तो तुम क्या कहोगे? तुम कहोगे अगर सूरज निकल गया, अंधेरा झूठ है, तो यह लालटेन किसलिए लिए हो?

तुमने साधु-संन्यासियों को देखा? एक तरफ कहते हैं संसार माया है, दूसरी तरफ समझाते हैं कि छोड़ो, त्याग करो। अब माया है तो माया का कोई त्याग कर सकता है? जो है ही नहीं, उसका त्याग कैसे? एक तरफ कहते हैं, संसार है ही नहीं; और दूसरी तरफ कहते हैं, सावधान, कामिनी-कांचन से बचना! जरा इनकी वाणी तो सुनो। लालटेन लटकाए हुए हैं हाथ में और कहते हैं, लालटेन सम्हाल कर रखना और तेल लालटेन में डालते रहना, हालांकि सूरज निकला हुआ है और अंधेरा झूठ है। इनका पागलपन तो देखो।

अगर वस्तुतः ईश्वर है और संसार माया है तो तुम्हारे जीवन में स्वच्छंदता होगी; नियम नहीं हो सकता। यही तो अष्टावक्र का महासूत्र है कि सत्य की सुगंध स्वच्छंदता है। और ध्यान रखना, स्वच्छंदता का अर्थ उद्दंडता नहीं है। स्वच्छंदता का अर्थ है : जो स्वयं के आंतरिक छंद से जीने लगा। अब कोई नियम नहीं रहे; अब बोध ही नियम है। अब जागरूकता ही एकमात्र अनुशासन है; अब बाहर का कोई अनुशासन नहीं है। अब ऐसा करना चाहिए और ऐसा नहीं करना चाहिए, ऐसी कोई मर्यादा नहीं है। अब तो जो उठता है, होता है। क्योंकि परमात्मा ही है तो अब तो ऐसा हो ही नहीं सकता कि क्या नहीं करना चाहिए और क्या करना चाहिए। उसके अतिरिक्त कोई है ही नहीं।

सच तो यह है : जैसे ही तुम्हें लगा कि संसार माया है, तुम्हें यह भी पता चल जाता है कि तुम भी माया हो। तो अब कौन नियम पाले? कौन मर्यादा सम्हाले? अब तो वही है—वही अमर्याद, वही स्वच्छंद; उसका ही रास है।

यस्य बोधोदये तावत्स्वप्नवद् भवति भ्रमः।

तब उसके बोधोदय पर, उसके जागरण पर...!

और इस 'बोधोदय' का क्या अर्थ हुआ? इसका अर्थ हुआ : वह तुम्हारे भीतर सोया पड़ा है, जाग जाए बस, जरा करवट लेकर उठ आए बस! कहीं जाना नहीं है, थोड़ी जाग लानी है। जैसे हो तुम, ऐसे ही थोड़ी आंख खोलनी है, थोड़े होश से भरना है। ऐसे मूर्च्छित-मूर्च्छित, सोए-सोए न चलो, थोड़े जाग कर चलने लगो।

तस्मै सुखैकरूपाय नमः शांताय तेजसे।

'उस एकमात्र आनंदरूप, शांत और तेजोमय को नमस्कार है।'

सुनते हैं? नमस्कार राम के लिए नहीं है, नमस्कार अल्लाह के लिए नहीं है, नमस्कार उस तेजोमय, आनंदरूप, शांतिधर्मा के लिए है। नमस्कार उस बोध के लिए, नमस्कार उस सूर्य के लिए, जिसके प्रकट होते ही सब अंधकार तिरोहित हो जाता है।

अष्टावक्र के ये वचन किसी संप्रदाय और किसी धर्म के लिए नहीं हैं। अष्टावक्र के इन वचनों का कोई नाता किसी जाति, किसी देश, किसी समाज से नहीं है। और जब तक तुमने अल्लाह को नमस्कार किया, तब तक तुम्हारा नमस्कार व्यर्थ जा रहा है—याद रखना। और जब तक तुमने राम को नमस्कार किया, तब तक तुम हिंदुओं को नमस्कार कर रहे हो, राम को नहीं। और जब तक तुमने बुद्ध के चरणों में सिर झुकाए, तब तक तुम बौद्ध हो; धार्मिक नहीं। जिस दिन तुम्हारा नमस्कार जागरण मात्र को, बोध मात्र को, उस दिन तुम्हारा नमस्कार सारे अस्तित्व के प्रति हो जाएगा। उस दिन तुम्हारे ऊपर किसी मंदिर, मस्जिद, गुरुद्वारे की कोई सीमा न रह जाएगी। उस असीम को नमस्कार करते ही तुम भी असीम हो जाओगे। होना भी ऐसा ही चाहिए। असीम को नमस्कार करो और तुम सीमित रह जाओ तो नमस्कार व्यर्थ गया।

नमस्कार का अर्थ क्या होता है?

नमस्कार का अर्थ होता है: झुक जाना; नमन; लीन हो जाना; अपने को डुबा देना। नमस्कार का अर्थ वही होता है जो अगर तुम नदी के साथ भागते हुए जाओ और जब नदी सागर में गिरती है, वहां जो घटता है, उसे देखो गौर से: नदी नमस्कार कर रही है सागर को; सागर में लीन हुई जा रही है। अगर नमस्कार के बाद तुम बच रहे तो नमस्कार नहीं। तो तुमने धोखा कर दिया। तो तुमने औपचारिक जय राम जी कर ली। तुम डूबे नहीं, तुम मिटे नहीं। नमस्कार के बाद बचोगे कैसे?

भट्टो जी दीक्षित बंगाल के एक बहुत अदभुत व्याकरणाचार्य हुए हैं। वे साठ वर्ष के हो गए। उनके पिता उन्हें बार-बार कहते कि तू व्याकरण में ही उलझा रहेगा? अरे, अब मंदिर जा, अब प्रभु को नमस्कार कर, पुकार प्रभु को! अब तू भी बूढ़ा होने लगा। बाप तो कोई अस्सी साल के हो गए थे। लेकिन यह बेटा सुनता न था। यह सुन लेता, हंस लेता, टाल जाता। लेकिन एक दिन बाप ने कहा कि सुन, अब मुझे लगता है कि मेरी आखिरी घड़ी करीब आ रही है। और मेरे मन में एक दुख रह जाएगा कि तू मेरे देखते-देखते कभी मंदिर न गया, तूने कभी प्रभु का स्मरण न किया। छोड़ यह बकवास, यह व्याकरण में क्या रखा है? इस लिखने-पढ़ने में क्या धरा है? तू प्रभु को तो याद कर!

भट्टो जी दीक्षित ने कहा कि अब आप मानते नहीं तो मुझे आपसे कहना पड़े। आपको मैं भी देख रहा हूं वर्षों से मंदिर जाते, लेकिन मैंने अभी तक देखा नहीं कि आपने नमस्कार किया हो। क्योंकि आप रोज वैसे के वैसे वापस लौट आते हैं।

नमस्कार के बाद कोई वापस लौटता है? वैसा का वैसा वापस लौटता है? पहले तो वापस ही नहीं लौटना चाहिए, अगर नमस्कार हो गया है। और अगर लौटे भी तो कुछ दूसरा होकर लौटना चाहिए। चालीस-पचास साल से तो मुझे भी याद है, जब से मैंने होश सम्हाला है, आपको देख रहा हूं सुबह-शाम मंदिर जाते; मगर कोई क्रांति की किरण नहीं दिखी। तो मैंने सोचा, ऐसा नमस्कार करके मैं भी क्या कर लूंगा? मेरे पिता कुछ न कर पाए तो मैं क्या कर लूंगा? जाऊंगा एक दिन, लेकिन तुमसे कहे देता हूं, बस एक बार याद करूंगा। और आप तो जानते हैं, मैं व्याकरण के पीछे पागल हूं। तो उसने कहा कि राम-राम क्या कहना, एक बार रामाः बहुवचन कह देंगे, खतम हुआ। बार-बार राम-राम, राम-राम कहते रहना, जिंदगी भर एकवचन कहने से क्या सार है? बहुवचन में ही एक दफा कह देंगे। समझ लेगा समझ लेगा; नहीं समझा, बात खतम हो गई। दुबारा कुछ कहने को बचा नहीं।

और कहते हैं, वह गया और एक बार रामाः कहा और वहीं गिर गया। उड़ गए प्राण-पखेरू। घड़ी भर बाद लोगों ने आकर घर खबर दी पिता को कि आप क्या बैठे कर रहे हैं, आपका बेटा तो जा चुका। सारा गांव इकट्ठा हो गया कि जो कभी मंदिर में न आया था, एक बार आकर राम को एक बार पुकार कर अनंत यात्रा पर निकल गया! मामला क्या हुआ?

पिता रोने लगे। पिता ने कहा, वह ठीक ही कहता था कि एक ही बार कहूंगा, लेकिन प्राण-पण से कह दूंगा। पूरा-पूरा कह दूंगा, सब लगा कर कह दूंगा। ऐसा रत्ती-रत्ती, रोज-रोज दोहराना-क्या सार है!

और अक्सर ऐसा होता है कि रोज-रोज दोहराने से, रत्ती-रत्ती दोहराने से तुम्हारी दोहराने की आदत हो जाती है। तुम यंत्रवत दोहराए चले जाते हो। लोग बिलकुल यंत्रवत झुकते हैं; मंदिर देखा, झुक गए। इसमें कुछ भी अर्थ नहीं है। कोई प्रयोजन नहीं है। बचपन से बंधी एक यांत्रिक आदत है : हिंदू-मंदिर आ गया, झुक गए; जैन-मंदिर आ गया; झुक गए।

मैं एक यात्रा पर था। और एक दिगंबर जैन महिला मेरे साथ यात्रा पर थी। उसने कसम खा रखी थी कि जब तक वह मंदिर में जाकर नमस्कार न कर ले महावीर को, तब तक भोजन न करेगी। बड़ी झंझट खड़ी होती। सभी गांव में जैन मंदिर नहीं भी हैं। एक गांव में मैं गया तो मैंने देखा जैन मंदिर है, तो मैं भागा हुआ आया। मैंने उससे कहा, आज बड़े शुभ का समय है, तू जल्दी जा, मंदिर है। वह गई वहां। वहां से उदास लौटी। उसने कहा कि वह हमारा मंदिर नहीं है; वह श्वेतांबर जैन मंदिर है। दिगंबर जैन मंदिर चाहिए। मैं तो नग्न महावीर को नमस्कार करती हूं। ये कोई महावीर, सजे-बजे, ये महावीर नहीं हैं! महावीर तो वीतराग रूप हों तो ही।

महावीर में भी फर्क है—श्वेतांबर का महावीर, दिगंबर का महावीर।

जबलपुर में मैं वर्षों तक था। वहां गणेशोत्सव पर गणेश का जुलूस निकलता था। तो वहां नियम है कि ब्राह्मण का गणेश, ब्राह्मण टोले का गणेश पहले, फिर दूसरा टोला; ऐसे जैसा कि वर्ण-व्यवस्था से होना चाहिए। एक बार ऐसा हुआ कि ब्राह्मणों के टोले के गणेश के आने में थोड़ी देर हो गई और चमारों के गणेश पहले पहुंच गए। तो ब्राह्मणों ने तो बरदाश्त नहीं किया। उन्होंने तो जुलूस रुकवा दिया। उन्होंने कहा, हटाओ चमारों के गणेश को। चमारों के गणेश! हद हो गई! आगे चले जा रहे हैं चमारों के गणेश! जैसे गणेश भी चमार हो गए। सत्संग का परिणाम तो होता ही है। चमारों की दोस्ती करोगे, चमार हो जाओगे। हटवा दिया। दंगा-फसाद की नौबत आ गई। जब तक हटवा न दिया पीछे ब्राह्मणों ने गणेश को, अपने गणेश को आगे न कर लिया, तब तक जुलूस आगे न बढ़ सका।

ईश्वर की तुम्हारी धारणा भी बड़ी संकीर्ण है। तुम नमस्कार करते हो तो उसमें भी हिसाब रखते हो। नमस्कार का तो अर्थ ही होता है बेहिसाब। यह जो चारों तरफ विराट मौजूद है, इसमें झुको, इसमें नदी की तरह लीन हो जाओ; जैसे नदी सागर में खो जाती है।

तस्मै सुखैकरूपाय...।

उस सुख-रूप में झुकता हूं।

नमः शांताय तेजसे।

उस तेजस्वी में झुकता हूं। उस शांति के सागर में झुकता हूं।

बुद्ध के पास लोग आते थे तो उनके चरणों में झुक कर कहतेः बुद्धं शरणं गच्छामि। किसी ने बुद्ध से पूछा कि आप तो कहते हैं कि किसी के चरण में मत झुको, लेकिन लोग आपके चरणों में झुकते हैं और कहते हैंः बुद्धं शरणं गच्छामि। आप रोकते नहीं? तो बुद्ध ने कहा, मैं रोकने वाला कौन? वे मेरी शरण थोड़े ही झुकते हैं, बुद्ध की शरण झुकते हैं। बुद्धत्व कुछ मुझमें सीमित थोड़े ही है। बुद्धत्व यानी जागरण की दशा। मुझसे पहले हजारों बुद्ध हुए हैं, मेरे बाद हजारों बुद्ध होंगे। जो आज बुद्ध नहीं हैं; वे भी बुद्धत्व को तो भीतर संभाले हुए हैं। किसी दिन प्रकट होगा। अभी बीज हैं, कभी वृक्ष बनेंगे! अभी कली हैं; कभी फूल बनेंगे। अभी छुपे हैं; कभी प्रकट हो जाएंगे। बुद्धं शरणं गच्छामि। वे बुद्ध की शरण जाते हैं, उसका अर्थ यह नहीं है कि मेरी शरण जाते हैं। मैं कौन हूं? अगर मेरी शरण जाते हैं तो गलत जाते हैं। अगर बुद्धत्व की शरण जाते हैं तो ठीक जाते हैं। मैं रोकने वाला कौन? मैं बीच में आने वाला कौन?

नमन तुम्हारा उसके प्रति हो—प्रकाशरूप, शांतिरूप, सुखरूप—जिसके उदय से सारा संसार भ्रममात्र हो जाता है।

संसार में तो हमारे ऐसे लगाव हैं कि मरते दम तक नहीं छूटते। मरता-मरता आदमी भी नहीं छोड़ता है।

मैंने सुना, एक सेठ नदी में डूब रहा था। एक गरीब भिखमंगे ने दौड़ कर बचाया। कठिन था बचाना, क्योंकि सेठ भारी-वजनी था। बड़ा पेट, बड़ा सेठ! गरीब भिखमंगा, हड्डी-पसली सूखी; मगर किसी तरह खींच कर लाया। उनको बचाने में अपनी भी जान दांव पर लगा दी। सेठ ने जब आंखें खोलीं, थोड़ा होश सम्हाला, तो एक रुपये का नोट दिया उसे और कहा, तूने मुझे बचाया, यह रुपया ले, किसी दूकान से जाकर भुना ला; आठ आने तू रख लेना, आठ आना मुझको दे देना। उस भिखमंगे ने कहा, सेठ, यहां तो कोई आस-पास दुकान दिखाई नहीं पड़ती और अब आठ आने के पीछे क्या पंचायत करनी? आप सम्हाल कर रखो। जब दुबारा डूबो तब पूरा नोट ही दे देना।

आदमी मरते दम तक भी पकड़ता है, छोड़ता नहीं। स्वाभाविक है एक अर्थ में, क्योंकि जिसमें हम मूल्य मानते हैं, उसको पकड़ते हैं। हमारा सारा मूल्य धन में है, पद में है, प्रतिष्ठा में है; चूंकि हमने मूल्य सब वहां रख दिया। हमारा परमात्मा धन में है तो हम धन को पकड़ते हैं। हमारा परमात्मा पद में है तो हम पद को पकड़ते हैं। जहां तुमने परमात्मा को मान लिया, उसी को तुम पकड़ते हो। तुमने संसार में परमात्मा को मान लिया। परमात्मा यानी सुख।

तुमने यह परिभाषा तो बहुत सुनी कि लोग कहते हैं, ब्रह्म जो है, परमात्मा जो है वह सच्चिदानंद-रूप, आनंद-रूप है। लेकिन तुम उलटी तरफ से भी सोचो। जहां तुम आनंद मान लेते हो वहीं तुम्हें परमात्मा के दर्शन होने लगते हैं। धन में मान लिया तो धन में होने लगे। फिर तुम धन के दीवाने हो जाते हो। फिर तुम धन की पूजा करते हो। देखते न दीवाली आती है तो लोग धन की पूजा करते हैं! धन का उपयोग तक भी ठीक था; कम से कम पूजा तो मत करो। कहते हैं लक्ष्मी-पूजा कर रहे हैं। धन की पूजा! इसका अर्थ क्या हुआ? इसका अर्थ हुआ कि धन परमात्मा हो गया। अब तो धन की पूजा भी हो रही है! धन का उपयोग करते; धन साधन था, उपयोगी था। मैं यह नहीं कहता कि धन उपयोगी नहीं है। धन बड़ा उपयोगी है; विनिमय का माध्यम है; हजार सुविधाएं उससे आती हैं। लेकिन पूजा! तो तुमने फिर धन में परमात्मा को देखना शुरू कर दिया। फिर तो रुपया जो है रुपया न रहा, प्रभु की प्रतिमा हो गई। अब तुम इसकी पूजा कर रहे, इसको नमन कर रहे हो।

लोग जिस चीज को नमन करें, खयाल करना कि वहीं उनका परमात्मा है। राजनेता गांव में आ जाए तो लाखों लोग इकट्ठे हो जाते हैं। यह नमन किसलिए हो रहा है? पद में पूजा है। पद में परमात्मा दिखाई पड़ता है। जिसके पास ताकत है... ! यही राजनेता कल पद पर न रह जाएगा तो स्टेशन पर लेने कुत्ते भी नहीं जाते! आदमी की तो बात छोड़ो, खुद का कुत्ता भी पूंछ नहीं हिलाएगा कि छोड़ो भी; जब थे तब थे! और लोग सलाह देने आते हैं: अब छोड़ो भी अकड़! रस्सी जल गई, अकड़ रह गई। अब है ही क्या पास में? लेकिन अगर राजनेता पद पर है, या संभावना भी हो कि कल पद पर हो सकता है, तो भीड़ इकट्ठी हो जाती है।

तुम्हारा परमात्मा पद में है।

बुद्ध एक गांव में आए। उस गांव के राजा से उस गांव के मंत्री ने कहा कि बुद्ध आते हैं, हम उनके स्वागत को चलें। राजा अकड़ीला था। उसने कहा, हम क्यों जाएं? है क्या बुद्ध के पास? भिखारी ही हैं न आखिर! और मैं कोई उनसे पीछे तो हूं नहीं, तो मैं जाऊं क्यों? आना होगा, खुद आ जाएंगे महल। मिलना होगा, खुद मिल जाएंगे। उस मंत्री ने कहा, तो मेरा इस्तीफा लें। वह मंत्री बड़ा उपयोग का था। उसके हाथ में सारी कुंजियां थीं राज्य की। राजा घबड़ाया। वह तो लंपट किस्म का राजा था। उसको तो कुछ पता भी न था, कैसे राज्य चलता है, क्या होता है। वह तो सिर्फ नाममात्र को था; असली तो वजीर था। उस वजीर ने कहा, फिर मुझे छोड़ें। वह राजा कहने लगा, इसमें नाराज होने की बात क्या है? छोड़ने की जरूरत क्या है।

उसने कहा कि नहीं, अब आपके पास बैठना ठीक नहीं है। गांव में बुद्ध आते हों और जो उनको नमस्कार करने न जाए, उसके पास बैठना ठीक नहीं है। इसके पास रहने में तो खतरा है। यह तो बीमारी लगने का डर है। मैं अब आपके पास रुक नहीं सकता। अब आप चाहे चलो भी तो भी नहीं रुक सकता। याद रखना कि बुद्ध के पास यह राज्य था और उन्होंने छोड़ दिया; तुम्हारी अभी भी छोड़ने की हिम्मत नहीं पड़ी है। वे तुमसे आगे हैं। यह बुद्ध का भिखमंगापन साधारण भिखमंगापन नहीं है। यह बुद्ध का भिखमंगापन बड़ा समृद्ध है; साम्राज्यों से ऊपर है; सम्राटों से पार है। और अगर तुम यहां नमन करने को नहीं जाते तो तुम्हारे जीवन में फिर नमन कहां से आएगा? और जिसके जीवन में नमन नहीं है, नमस्कार नहीं है, उसके पास रुकना ठीक नहीं। क्योंकि उसके जीवन में सिवाय अहंकार के जहर के और कुछ भी नहीं हो सकता। नमस्कार तो अमृत है।

'सारे धन कमा कर मनुष्य अतिशय भोगों को पाता है, लेकिन सबके त्याग के बिना सुखी नहीं होता।'

अर्जयित्वाऽखिलानार्थान् भोगानाप्नोति पुष्कलान्।
नहि सर्व परित्यागमंतरेण सुखी भवेत।।

दूसरा सूत्रः 'सारे धन कमा कर...।'

खयाल रखना—'सारे धन'। सारे धन का अर्थ हुआ, जिस चीज में भी तुम्हें लगता है सुख मिलेगा, वह कोई भी हो चीज, वही धन हो गई। जिसको भी तुम सुख का माध्यम समझते हो, वही धन है। तो कोई आदमी रुपये इकट्ठा करता है, कोई आदमी डाक टिकटें इकट्ठी करता है। जो रुपये इकट्ठा करता है, वह कहता है, क्या मूढ़ता कर रहे हो, डाक टिकटें इकट्ठी कर रहे हो, होश संभालो! क्या करोगे इनका? लेकिन उसे उसमें सुख है तो उसके लिए धन हो गया। धन का अर्थ ही यही होता है, जिसमें तुम्हें सुख है। कोई आदमी कुछ इकट्ठा करता है, कोई आदमी कुछ। कोई आदमी ज्ञान इकट्ठा करता है, वह उसके लिए धन हो गया। और कोई आदमी बिलकुल व्यर्थ की चीजें इकट्ठी करता हो सकता है। तुम्हें व्यर्थ की लगती हैं। अगर उसे उनमें सुख की आशा है तो वह उसके लिए धन हो गया।

सूत्र कहता हैः सारे धन कमा कर—अर्जयित्वा अखिलान् अर्थान्—सारे धन इकट्ठे कर लिए, भोगान् आप्नोति पुष्कलान्—और अतिशय भोगों को भी पाता है, लेकिन सबके त्याग के बिना सुखी नहीं होता।

अष्टावक्र भोग और सुख में फर्क कर रहे हैं।

अब इसे समझो। साधारणतः तो तुम सोचते होः भोग यानी सुख। लेकिन भोग को अगर तुम गौर से देखो तो तुम पाओगे कि भोग में कभी सुख होता नहीं। भोग में तो एक तनाव है, उत्तेजना है। भोग में तो एक ज्वरग्रस्त दशा है, शांति नहीं। और शांति के बिना सुख कहां! जो आदमी धन इकट्ठा कर रहा है, वह सोचता है कि इकट्ठा कर लूंगा तो सुख होगा। उसका सुख सदा भविष्य में होता है। कभी होता नहीं, वह कितना ही इकट्ठा कर ले, इकट्ठा करने में दुख बहुत होता है, क्योंकि चिंता करनी पड़ती है, बेचैन रहना पड़ता है, नींद खो जाती है, अल्सर पैदा हो जाते हैं, सिर-दर्द बना रहता है, रक्तचाप बढ़ जाता है, हृदय के दौरे पड़ने लगते हैं।

अमरीका में तो वे कहते हैं कि जिस आदमी को चालीस साल की उम्र तक हृदय का दौरा न पड़े वह असफल आदमी है। सफल आदमी को तो पड़ना ही चाहिए। क्योंकि चालीस साल और सफल आदमी को हृदय का दौरा न पड़े!

मेरे गांव में ऐसा समझा जाता था कि मारवाड़ी जब एक-दूसरे के यहां विवाह करते हैं तो वे पता लगा लेते हैं कि कितनी बार दिवाला डाला। क्योंकि दिवाले डालने से पता चलता है कि कितना धन होगा। धनी आदमी का लक्षण हैः कितनी बार दिवाला डाला। अगर दिवाला नहीं डाला तो हालत खराब है, खस्ता है।

ठीक ऐसा अमरीका में कुछ दिन में लोग जरूर पूछने लगेंगे कि कितने हार्ट-अटैक हुए? नहीं हुए तो क्या भाड़ झोंकते रहे? करते क्या रहे? नाम-धाम, पद-प्रतिष्ठा...हार्ट-अटैक तो होना ही चाहिए। रक्तचाप कितना है? साधारण, तो जिंदगी गंवा रहे हो! कुछ कमाना नहीं है? यह साधारण रक्तचाप तो आदिम, आदिवासियों का होता है! और असफल आदमी या भिखमंगे, आवारागर्द लोग, इनको नहीं होते हृदय के दौरे वगैरह।

चिंतातुर आदमी, जो बड़ी महत्वाकांक्षा से भरा है, उसके पेट में अल्सर तो हो ही जाने चाहिए। घाव तो हो ही जाने चाहिए। क्योंकि चिंता घाव बनाती है; चिंता एसिड की तरह गिरती है पेट में और घाव बनाती है। तो सभी महत्वाकांक्षी अल्सर से तो ग्रस्त होंगे ही। तो जो आदमी धन के लिए दौड़ता है, वह सुख तो कभी नहीं पाता। हां, सुख की आशा में दौड़ता है, यह सच है। सुख की आशा में दुख बहुत पाता है। पाता दुख है; सुख की आशा रखता है। और सुख की आशा के कारण सब दुख झेल लेता है। कहता है, कोई हर्जा नहीं; आज अल्सर है, आज हृदय का दौरा पड़ा, आज रक्तचाप बढ़ गया, कोई फिकर नहीं, कल तो सब ठीक हो जाएगा। कल सब ठीक हो जाएगा; नहीं तो अगले महीने, नहीं तो अगले वर्ष! कभी न कभी तो सब ठीक हो जाएगा। लोग कहते हैं कि देर हो सकती है, अंधेर थोड़े ही है। कभी न कभी तो प्रभु प्रसन्न होगा। कभी तो हमारे भाव को समझेगा, हमारी चेष्टा को समझेगा; कभी तो पुरस्कार मिलेगा।

अष्टावक्र कहते हैं: 'सारे धन कमा कर मनुष्य अतिशय भोगों को पाता है।'

तो भोग का फिर क्या अर्थ हुआ? ऐसा समझो।

मैं एक घर में मेहमान हुआ। कलकत्ता के बड़े से बड़े धनी व्यक्ति थे। मैं ग्यारह बजे रात सो जाता हूं। तो जब मैं सोने के लिए जाने लगा तो वे बोले कि आप सोएंगे अब? तो मैंने कहा, क्या इरादा है? उन्होंने कहा, नहीं, मुझे तो नींद ही नहीं आती। तो मैं तो सोचता था, कुछ और देर बैठेंगे, बात करेंगे। मैंने कहा: नींद नहीं आती, क्या तकलीफ है? अच्छा बिस्तर उपलब्ध नहीं है, अच्छी शैय्या नहीं है? उन्होंने कहा, अच्छी शैय्या तो है; इससे अच्छी और क्या हो सकती है!

'तुम्हारे पास कमी क्या है? न बेटा है न बेटी है! और धन बहुत है।'

तुमने देखा कि अक्सर धनियों को बेटे-बेटी भी गोद लेने पड़ते हैं! जीवन-ऊर्जा इस तरह विकृत हो जाती है, जीवन-ऊर्जा इस तरह नष्ट हो जाती है! धन इकट्ठे करने में लग गई तो अब बेटा पैदा करना मुश्किल हो जाता है।

खूब धन कमा लिया है। अब नींद में अड़चन क्या है? सो क्यों नहीं जाते?

और उन्होंने धन अपने ही हाथ से कमाया; बपौती से नहीं मिला है। और मैंने कहा, कमाया किसलिए इतना अगर नींद गंवा दी?

उन्होंने कहा, मैं यही सोचता था कमाई की दौड़ में कि एक दिन जब सब ठीक हो जाएगा! चलो, कुछ दिन न सोए तो चलेगा। धीरे-धीरे न सोना आदत का हिस्सा हो गया। चिंताएं इतनी हैं भाग-दौड़ की, अब हालांकि चिंता का कोई कारण नहीं है, लेकिन अब पुरानी आदत पड़ गई। अब घाव में हाथ डाल कर आदमी पुराने घाव को ही उघाड़ता रहता है। कुछ न बचे चिंता को, तो भी मस्तिष्क चलता रहता है, मशीन चलती रहती है। अब वह चुप नहीं होता मस्तिष्क। पचास साल तक निरंतर जिस तरह दौड़ाया, वैसी दौड़ने की आदत हो गई। अब वह विक्षिप्त हो गया है। तो अच्छी शैय्या है, लेकिन नींद खो गई। भोग का साधन उपलब्ध है, लेकिन भोग की सुविधा न रही। अच्छा भोजन उपलब्ध है, लेकिन खाना पड़ता है साग-भाजी; इससे ज्यादा कुछ खा नहीं सकते। दाल का पानी पीते हैं। भोग का सब साधन उपलब्ध है, लेकिन अब भूख खो गई। जीवन गंवा दिया इकट्ठा करने में।

सुख तो तुम्हारी संवेदनशीलता पर निर्भर है।

ऐसा समझो कि फूल इकट्ठे करने में तुम्हारी नाक कट गई। जब तक फूल इकट्ठे हो पाए, तब तक नाक न बची। अब सुगंध लेने की क्षमता न रही। महल बनाया था कि इसके भीतर शांति से विश्राम करेंगे। महल तो बन गया, लेकिन महल बनाने में जो श्रम करना पड़ा, जो दौड़-धूप करनी पड़ी, वह आदत अब एकदम नहीं छूट सकती। अब मकान तो बन गया, अब भीतर बैठे हैं, लेकिन विश्राम नहीं कर सकते।

विश्राम करना कोई छोटी-मोटी बात थोड़े ही है कि जब चाहा कर लिया। उसका भी जीवन में एक तारतम्य होना चाहिए। हर कोई थोड़े ही विश्राम कर सकता है। विश्राम के लिए एक गहरी कला होनी चाहिए कि तुम अपने को विराम दे सको। तुम अपने मन को जब चाहो तब कह सको कि बस ठहर और मन ठहर जाए, तो विश्राम हो सकता है। मन को कभी ठहराया नहीं, ध्यान का कभी एक क्षण न जाना, प्रेम का कभी एक क्षण न जाना। प्रेम की फुरसत कहां है? जिसको धन की दौड़ लगी है, उसको प्रेम की फुर्सत नहीं है। और धन का पागल प्रेम से बचता भी है। क्योंकि प्रेम में खतरा है।

मैं एक घर में कुछ दिनों तक रहता था। वे जो सज्जन थे, जिनका घर था, उनको मैं गौर से देखता था। न तो वे कभी अपनी पत्नी से बात करते दिखाई पड़ते, न अपने बच्चों के साथ खेलते दिखाई पड़ते। वे एकदम तीर की तरह घर में आते, सीधा देखते जमीन की तरफ, और तीर की तरह जाते। मैंने एक दिन उन्हें रोका। मैंने कहा, मामला क्या? बात क्या है। आप कभी पत्नी के पास बैठे दिखाई नहीं पड़ते कि गपशप करते

हों। कभी आपके घर मेहमान दिखाई नहीं पड़ते आते हुए। कभी यह भी नहीं होता कि मैं आपको बच्चों के साथ बगीचे में देखूं। कभी आपको बगीचे में भी नहीं देखता। बगीचा बहुत सुंदर है, लेकिन आप कभी वहां दिखाई नहीं पड़ते। मामला क्या है?

उन्होंने कहा कि मामला यह है: अगर बच्चे से जरा ही मीठा बोलो, वह फौरन रुपये की मांग कर देता है। मीठा बोले नहीं कि फंसे। वह जेब में हाथ डालता है। पत्नी से जरा ही मीठा बोलो कि समझो कोई हार खरीदना, कि कोई गहना बाजार में आ गया है, कि नई साड़ी आ गई। तो धीरे-धीरे मैंने यह देख लिया कि मुस्कुराहट तो बड़ी कीमती है, महंगी पड़ती है। तो मैं अपने को बिलकुल दूर रखता हूं; मैं बातचीत में पड़ता ही नहीं। क्योंकि बातचीत में पड़ने का मतलब उलझाव है।

अब यह आदमी धन कमा रहा है, लेकिन प्रेम इसके जीवन से खो गया। जो अपने बेटे से बोल नहीं सकता पास बैठ कर, घड़ी दो घड़ी बाप और बेटे के बीच चर्चा नहीं हो सकती दिल खोल कर; क्योंकि डर है इसे कि बेटा जेब में हाथ डाल देगा। जो अपनी पत्नी के पास बैठ कर बात नहीं करता, भयभीत है कि जब भी कुछ कहो महंगा पड़ जाता है, जो हमेशा सख्त और तना हुआ रहता है—यह इसकी सुरक्षा का उपाय है। धन तो इकट्ठा हो जाएगा; लेकिन जिस जीवन से प्रेम खो गया, वहां सुख कहां?

तो हम करीब-करीब साधन तो इकट्ठे कर लेते हैं, साध्य खो जाता है। और फिर जब सुख नहीं मिलता तो लोग बड़े हैरान होते हैं। वे कहते हैं, सब तो है, और सुख क्यों नहीं?

सुख का कोई संबंध धन से नहीं है; सुख का संबंध जीवन की किन्हीं और गहराइयों से है। तुम्हारी क्षमताएं प्रखर होनी चाहिए; तुम्हारा बोध गहरा होना चाहिए। जीने की कला आनी चाहिए। तब कभी रूखी रोटी में भी इतना स्वाद हो सकता है! नहीं तो मिष्ठान्न भी, बहुमूल्य से बहुमूल्य भोजन भी व्यर्थ है। कभी रूखी-सूखी रोटी भी ऐसी तृप्ति दे सकती है, लेकिन तृप्ति की कला आनी चाहिए। वह बड़ी और बात है। धन के इकट्ठे करने से उसका कोई संबंध नहीं है।

अक्सर तो मैं देखता हूं कि धनी अविकसित रह जाता है। उसके जीवन की कलियां खिल नहीं पातीं, पंखुड़ियां खिल नहीं पातीं। एक ही दिशा में दौड़ने के कारण वह करीब-करीब और सब दिशाओं के प्रति अंधा हो जाता है। वह हर चीज में धन ही देखता है।

मेरे पास लोग आते हैं, वे कहते हैं कि ध्यान तो करें, लेकिन ध्यान से फायदा क्या है? सुन रहे हैं उनका प्रश्न! वे सोचते हैं, ध्यान से भी कुछ बैंक-बैलेंस बढ़े। फायदा, लाभ, इससे होगा क्या? उनके जीवन में ऐसी कोई चीज नहीं रह जाती जो वे स्वांतः सुखाय कर सकें, जो वे कह सकें कि सुख के लिए कर रहे हैं। वे पूछते हैं

नाचने से फायदा क्या है? अब नाचने से फायदा क्या? पक्षी अगर पूछने लगें, गीत गुनगुनाने से फायदा क्या, तो सारी दुनिया सूनी हो जाए। मगर रोज उठ आते हैं, सूरज के स्वागत में नाचते हैं, गाते हैं, आनंदित हैं, सुखी हैं। धन बिलकुल नहीं है पक्षियों के पास, लेकिन सुख है। वृक्ष फूले चले जाते हैं। कोई वृक्ष पूछता ही नहीं। अभी तक कोई अर्थशास्त्री वृक्षों में पैदा ही नहीं हुआ, जो उनको समझाए कि क्यों रे नासमझो, व्यर्थ फूले चले जा रहे हो, फायदा क्या? एक बार वृक्षों को कोई यह खयाल डाल दे उनके दिमाग में कि फायदा कुछ भी नहीं है फूलने से, फायदा क्या है, तो वृक्ष फूलने बंद हो जाएं। चांद-तारे रुक जाएं-फायदा क्या? सूरज ठहर जाए—यह रोशनी बरसाने से फायदा क्या है?

यह सारा जगत अर्थशास्त्रियों की बिना सलाह के चल रहा है, सिर्फ आदमी को छोड़ कर। और आदमी अर्थशास्त्रियों की सलाह के कारण बड़े अनर्थ में पड़ गया है। उसके जीवन से सारा अर्थ खो गया है। बस एक ही बात वह पूछता है: फायदा?

स्वांतः सुखाय तुलसी रघुनाथगाथा। किसी ने पूछा तुलसी को: क्यों गाई तुमने राम की कथा? तो कहा: स्वांतः सुखाय। कुछ पाने के लिए नहीं; कुछ राम को रिझाने के लिए भी नहीं। वे तो रीझे ही हुए हैं। कोई रिश्वत भी नहीं दी उनको कि तुम्हारी स्तुति गायेंगे तो जरा मुझे स्वर्ग में अच्छी, ठीक सी जगह दे देना। नहीं, किसीलिए नहीं। गाने में मजा आया; स्वांतः सुखाय, सुख आया।

तुम खयाल करना, जब भी तुम कोई काम बिना कुछ पाने की आकांक्षा के करते हो, तभी सुख आता है। और जहां भी कुछ पाने की आकांक्षा है, वहीं दुख है, वहीं तनाव है। धन से तो सुख मिल नहीं सकता, क्योंकि धन का मतलब ही यह है कि धन साधन है और सुख बाद में आएगा। रुपया हाथ में रखने से तो सुख किसी को भी आता नहीं। कितने ही रुपये के ढेर लग जाएं तो भी सुख नहीं आता, सुख मिलेगा धन के इकट्ठे होने से, पहले हम धन इकट्ठा कर लें, फिर सुख मिलेगा—ऐसे लोग तैयारियां ही करते रहते हैं और तीर्थयात्रा पर कभी नहीं निकलते। टाइम-टेबिल ही देखते रहते हैं कि जाना है; जाते नहीं। क्योंकि तैयारी ही कभी पूरी नहीं हो पाती तो जाएं कैसे!

तुम चकित होओगे, इस जगत के बड़े से बड़े धनी लोग भी निर्धन से भी ज्यादा निर्धन होते हैं। उनका बाहर का धन तुम देखोगे तो पाओगे बहुत धनी हैं, उनके भीतर जरा झांकोगे तो पाओगे राख ही राख है। वहां अंगार भी नहीं है। वहां जरा भी ज्योति नहीं जलती। मुर्दा ही मुर्दा। धनी आदमी को जीवित तुम मुश्किल से पाओगे। कारण? क्योंकि जीवन ही बेच-बेच कर तो धन इकट्ठा कर लिया। जीवन की सारी संवेदनाएं, जीवन की सारी क्षमताएं, जीवन का सारा काव्य तो बेच डाला और धन इकट्ठा कर लिया—इस आशा में कि फिर कुछ मिलेगा।

इसे मैं तुम्हें कह दूं: इस क्षण में है सुख। और अगर तुमने अगले क्षण में सोचा तो तुम धन-लोलुप हो। इसलिए मैं तुमसे यह भी नहीं कहता कि सिर्फ धनी ही पागल है; जो सोच रहा है स्वर्ग में मिलेगा, वह भी उतना ही पागल है। जो सोच रहा है परमात्मा को पा लूंगा, फिर सुख मिलेगा, वह भी पागल है। क्योंकि सबका तर्क एक ही है। तर्क यह है कि कुछ होगा, मिलेगा, फिर सुख। सुख जैसे परिणाम में आएगा। नहीं, सुख या तो अभी या कभी नहीं।

तुम यहां बैठे हो। अगर तुम सोच रहे हो कि मुझे सुन कर तुम समझ लोगे, समझ में सारे निचोड़ लोगे, फिर अपने जीवन का वैसा व्यवस्थापन करोगे, तब तुम सुख को पाओगे—तुम चूक गए। तब यही तुमने धन बना लिया। फिर यह भी धन हो गया। फिर यहां भी लोभ आ गया।

लोग आते हैं। एक डाक्टर हैं। उनको मैंने कहा कि तुम बैठे-बैठे नोट क्यों लेते रहते हो? उन्होंने कहा कि नोट इसलिए लेता हूं कि बाद में काम पड़ेंगे। मैंने कहा, हद हो गई। मैं समझा-समझा कर परेशान हुआ जाता हूं कि बाद की फिकर मत करो। बाद काम पड़ेंगे! अभी मैं तुम्हारे सामने कुछ मौजूद कर रहा हूं, तुम सुख ले लो। तुम सुखी हो जाओ। सुखी भवेत। अभी और यहीं। तुम यह क्षण जो सुख का बह रहा है मेरे और तुम्हारे बीच, इसे नोट लेकर खराब कर रहे हो। तुम धन इकट्ठा कर रहे हो फिर। नोट यानी धन। फिर पीछे काम पड़ेंगे। फिर देख लेंगे उलटा कर कापी, फिर सम्हाल कर रख लेंगे। फिर इसके अनुसार जीवन को बनाएंगे। यह टाइम-टेबिल बन जाएगा, लेकिन यात्रा कभी न होगी।

एक गांव में रामलीला हो रही थी। लंका से लौटते हैं राम, सीता, हनुमान तो उतरता है पुष्पक विमान। रामलीला का विमान तो एक रस्सी से बांध कर एक डोला नीचे उतारा हुआ था। वे उसमें बैठते और रस्सी खींच ली जाती। अब ऊपर जो चढ़ा था, अंधेरे में बैठा हुआ, उसको कुछ ठीक समय का बोध न रहा। इसके पहले कि रामचंद्र जी चढ़ते, उसने डोला खींच लिया। तो खड़े रह गए रामचंद्र जी, लक्ष्मण जी, हनुमान जी। हनुमान जी ने थोड़ी उछल-कूद भी की, मगर फिर भी न पहुंच पाए। डोला एकदम चला ही गया। छोटे-छोटे बच्चे थे गांव के, जो बने थे राम-लक्ष्मण। तो लक्ष्मण ने पूछा अपने भाई रामचंद्र जी से कि बड़े भइया, अगर आपके सूटकेस में टाइम-टेबिल हो तो देख कर बताएं, दूसरा हवाई जहाज कब छूटेगा?

कुछ लोग तो छिपाए हुए हैं टाइम-टेबिल सब जगह। टाइम-टेबिल का भी अध्ययन लोग ऐसे करते हैं जैसे कुरान-बाइबिल का कर रहे हों।

मैं ट्रेन में बहुत दिनों तक सफर करता था तो मैं देखता था, लोग टाइम-टेबिल ही लिए बैठे हैं, उसका अध्ययन कर रहे हैं! मैं कभी कहता भी कि आप घंटों से

टाइम-टेबिल का अध्ययन कर रहे हैं; इसमें अध्ययन करने जैसा है भी क्या? वे कहते, तो बैठे-बैठे क्या करें? तो टाइम-टेबिल का ही अध्ययन कर रहे हैं। योजना ही बना रहे होंगे मन में कुछ; ट्रेनों का इंतजाम बिठा रहे होंगे कुछ।

तुम अपने जीवन को गौर से देखना। कहीं तुम्हारा जीवन समय-सारिणी का अध्ययन ही तो नहीं हो गया है? धन होगा, पद होगा, प्रतिष्ठा होगी, बड़ा मकान होगा, बड़ी कार होगी, तब तुम सुख से रहोगे? तो तुम कभी सुख से न रहोगे। सुख से रहना हो तो अभी, अन्यथा कभी नहीं।

'सारे धन कमा कर मनुष्य अतिशय भोगों को पाता है, लेकिन सबके त्याग के बिना सुखी नहीं होता।'

और ध्यान रखना, अष्टावक्र के त्याग का यह अर्थ नहीं है कि तुम सब छोड़ कर जंगल भाग जाओ। क्योंकि वह जो सब छोड़ कर जंगल भागता है, उसकी भी दृष्टि अभी भ्रांत है। वह सोच रहा है कि अब जंगल पहुंच कर सुखी होऊंगा। फिर धन की यात्रा शुरू हो गई। अष्टावक्र का सूत्र यही है: तत्क्षण, अभी, यहीं, जहां हो वहीं सुखी हो जाओ!

तुम त्याग भी धन की ही भाषा में करते हो। एक आदमी त्याग करता है तो वह सोचता है, भीतर गणित बिठाता है: इतना त्याग करेंगे तो कितना मोक्ष मिलेगा? वहां भी सौदा है। इतने उपवास करेंगे तो स्वर्ग की किस सीढ़ी पर पहुंचेंगे? कितने उपवास करने से और कितना शरीर को गलाने-तपाने से सिद्धशिला पर विराजमान होंगे? हिसाब लगा रहा है। दूकानदार ही है यह। इसकी दूकानदारी बंद न हुई। इसने दूकानदारी नये आयाम में फैला दी।

नहीं, धार्मिक व्यक्ति वही है जो कहता है: सुख पाने के लिए कोई जरूरत नहीं है। सुख हमारा स्वभाव है। उसे कल नहीं पाना है; अभी उपलब्ध है। अभी इसी क्षण उसमें हम डूब सकते हैं, लीन हो सकते हैं।

'कर्तव्य से पैदा हुए दुखरूप सूर्य के ताप से जला है अंतर्मन जिसका, ऐसे पुरुष को शांतिरूपी अमृतधारा की वर्षा के बिना सुख कहां है?'

कर्तव्यदुःखमार्तण्डज्वालादग्धान्तरात्मनः।
कुतः प्रशमपीयूषधारासारमृते सुखम्।।

'कर्तव्य से पैदा हुए दुखरूप सूर्य के ताप से जला है अंतर्मन जिसका!'

खयाल करना, तुम जो भी धन इकट्ठा करते हो, इसीलिए इकट्ठा करते हो कि तुम सोचते हो कि तुम इकट्ठा कर सकते हो, तुम कर्ता हो। जो है वह मिला है; उसे इकट्ठा करने की जरूरत ही नहीं है। परमात्मा मिला है; उसे अर्जित नहीं करना है। वह

तुम्हारा स्वभाव है। सच्चिदानंद तुम हो। लेकिन आदमी सोचता है, अर्जित करना होगा, कमाई करनी होगी, सुख के लिए इंतजाम करना होगा, तो आदमी कर्ता बन जाता है। वह कहता है, ऐसा करूंगा, ऐसा करूंगा, इतना-इतना कर लूंगा—फिर तुम कर्ता बने कि तुम जले।

यह वचन सुनोः 'कर्तव्य से पैदा हुए दुखरूप सूर्य के ताप से जला है अंतर्मन जिसका।'

जो कर्ता के कारण ही दग्ध हुआ जा रहा है कि मुझे करना है। यह इतना विराट विश्व चल रहा है; तुम कभी आंख खोल कर नहीं देखते कि कोई कर्ता नहीं दिखाई पड़ता और सब हो रहा है!

जीसस ने अपने शिष्यों को कहा है: देखो खेत में लगे फूलों को। लिली के ये छोटे-छोटे फूल न तो श्रम करते हैं, न अर्जन करते हैं, फिर भी कैसे सुंदर हैं! कैसे मनमोहक! सम्राट सोलोमन भी अपनी सारी साज-सज्जा में इतना सुंदर न था।

क्या अर्थ हुआ इसका?

इसका अर्थ हुआ, जरा गौर से देखो, इतना विराट अस्तित्व चला जा रहा है, चल रहा है। तो जो इस विराट को चला रहा है, वही मुझको भी चला लेगा। ऐसा भाव जिसे आ गया, नमस्कार हो गया। ऐसा भाव जिसे आ गया, उसने अपनी सीमा छोड़ दी; असीम के साथ गठबंधन बांध लिया। उसने कहाः कर्ता है परमेश्वर, मैं कर्ता नहीं। उसने अपने मैं का जो केंद्र था, उसे विसर्जित कर दिया। उसने कहाः तूने ही पैदा किया; तू ही श्वास ले रहा है; तू ही भोजन पचाता है; तू ही भोजन को खून बनाता है; तू ही जवान करता है; तू ही बूढ़ा करता है; एक दिन तू ही उठा ले जाएगा। जब सभी तू कर रहा है तो बीच में हम कर्ता क्यों बनें? तू सभी कर! हम सिर्फ होने देंगे। हम कर्ता न रहेंगे। हम केवल उपकरण हो जाएंगे—निमित्त मात्र। तेरी धारा हमसे बहे; जैसे बांसुरीवादक की धारा बहती है बांस की पोंगरी से। बांस की पोंगरी सिर्फ खाली स्थान है जहां से स्वर बह सकते हैं। हम बांस की पोंगरी होंगे।

कबीर ने कहा है यही कि मैं बास की पोंगरी हूं। तुम गाओ तो गीत बहे; तुम न गाओ तो गीत चुप रहे। मैं न गाऊंगा। मैं न गुनगुनाऊंगा। मैं बीच में न आऊंगा। ऐसी जो भावदशा है, वही नमस्कार है, वही नमन है। वही समर्पण है। कहो श्रद्धा, कहो प्रार्थना, भक्ति, आस्तिकता, जो भी कहना हो। लेकिन सार-सूत्र की बात इतनी है कि कर्ता परमात्मा है, हम कर्ता नहीं हैं।

'कर्तव्य से पैदा हुए दुखरूप सूर्य से जला है जिसका अंतर्मन, ऐसे पुरुष को शांतिरूपी अमृतधारा की वर्षा के बिना सुख कहां है?'

नहीं, तुम्हारे कमाए सुख न कमाया जा सकेगा। शांतिरूपी वर्षा तुम्हारे ऊपर बरसे। तुम्हारी कमाई नहीं है शांति। तुम केवल द्वार दे दो और प्रभु बरसे, तुम्हारे भीतर भर जाए।

देखा तुमने, वर्षा होती है पहाड़ पर, पहाड़ खाली का खाली रह जाता है; क्योंकि पहले से ही भरा है। फिर वही वर्षा नीचे आती है, गड्ढों में भर जाती है और झीलें बन जाती हैं, मानसरोवर निर्मित हो जाते हैं। क्यों? झील भर जाती है, क्योंकि झील खाली थी। जो खाली है वह भर जाएगा; जो भरा है वह खाली रह जाएगा।

तो अगर तुम अपने अहंकार से बहुत भरे हो कि मैं कर्ता, मैं कर्ता, मैं धर्ता, मैं यह, मैं वह, अगर तुम्हारे भीतर ये सब बातें भरी हैं, तो तुम खाली रह जाओगे। परमात्मा बरसता है, लेकिन तुम झील न बन पाओगे। तुम खाली हो तो उसकी अमृतधारा तुम्हें भर दे। और तभी है शांति।

कुतः प्रशमपीयूषधारा सारमृते सुखम्।

उसकी अमृतधारा की वर्षा के बिना किसको शांति मिलती है! शांति तुम्हारे करने का परिणाम नहीं है; तुम्हारे अकर्ता हो जाने की सहज दशा है।

'यह संसार भावना मात्र है। परमार्थतः यह कुछ भी नहीं है। भावरूप और अभावरूप पदार्थों में स्थित स्वभाव का अभाव नहीं।'

'यह संसार भावना मात्र है...!'

इस संसार में तुम जो देख रहे हो, वैसा नहीं है। क्योंकि तुम्हारे पास देखने वाली कोरी आंख नहीं है। तुम्हारी आंख किन्हीं भावनाओं से भरी है। तो तुम्हारी भावना प्रक्षेपित हो जाती है। संसार के परदे पर तुम वही देख लेते हो जो तुम देखना चाहते हो, या देखने को आतुर हो। इसे थोड़ा समझने की कोशिश करना।

तुम वही नहीं देखते, जो है। जो है, उसे तो वही देखता है जिसके भीतर बोधोदय हुआ, जिसके भीतर परमात्मा की किरण उतरी, जो जागा। तुम तो अभी वही देखते हो जो देखना चाहते हो।

ऐसा समझो। एक आदमी भूखा सो गया, तो रात सपना देखता है कि राजमहल में भोजन पर आमंत्रित हुआ है। न कोई राजमहल है, न कोई भोजन है। लेकिन भूखा आदमी भोजन के सपने देखता है। देखेगा। तुमने अगर कभी उपवास किया हो तो तुम्हें पता होगा; न किया हो तो करके देखना। महत्वपूर्ण अनुभव है; उपवास का नहीं, रात सपने में भोजन का। जो भी तुम्हारे जीवन में वंचित रह गया है और वासना बनी रह गई है, तुम रात सपने में उसे दोहरा लेते हो।

लेकिन तुम्हारा दिन भी तुम्हारी रात से बहुत भिन्न नहीं है। होगा भी नहीं। तुम्हारी रात है; तुम्हारा दिन है। वही मन रात में है; वही मन दिन में है। दिन में

जरा तुम होशियारी करते हो; रात में बिलकुल होशियारी छोड़ देते हो। मगर दोनों में कोई गुणात्मक भेद नहीं है; परिमाण का भेद है। तुम वही देख लेते हो, जो तुम देखना चाहते हो।

मैं एक मित्र के साथ गंगा के किनारे बैठा था। अचानक मित्र उठा और उसने कहा कि रुकें, मुझसे न रहा जाएगा। यह स्त्री जो तट के किनारे बाल संवार रही है, उसे मैं देख कर आऊं। सुंदर मालूम होती है। मैंने कहा, देख आओ; क्योंकि भाव उठा है तो अब रुकना ठीक नहीं। वह वहां गया; वहां से सिर पीटता लौटा। मैंने कहा, मामला क्या है? वह कहने लगा, वह तो एक साधु है। पीठ थी हमारी तरफ, साधु महाराज के बड़े बाल थे, सुंदर देह थी। वह सिर पीटता लौट आया। मैंने कहा, क्या मामला हुआ? क्या स्त्री कुरूप निकली? उसने कहा, स्त्री ही न निकली। कुरूप भी निकलती तो भी ठीक था। मगर स्त्री ही न निकली। कोई साधु महाराज हैं। इन साधुओं के कारण भी बड़ी झंझट है, वह कहने लगा। मैंने कहा, अब साधु का इसमें क्या कुसूर है? तुम्हारी धारणा तुम आरोपित कर लेते हो। साधु को तो बेचारे को पता भी नहीं है। तुम्हारे लिए उसने यह आयोजन भी नहीं किया है।

इस संसार में तुम्हारी जो वासना है, उसका प्रक्षेपण होता रहता है। यह संसार तुम्हारी वासना, तुम्हारी भावना का प्रक्षेपण है। जिस दिन तुम भावना-शून्य हो जाते हो, उसी दिन दिखाई पड़ता है वह, जो है। तब तुम बड़े चकित होओगे। अनंत-अनंत चीजें जो कल तक दिखाई पड़ती थीं, एकदम खो गयीं; अब दिखाई ही नहीं पड़तीं।

एक महिला ने संन्यास लिया। एक महिला जैसी होनी चाहिए वैसी महिला। उनके घर मैं रुकता था कभी-कभी। और नहीं तो कम से कम तीन सौ साड़ियां तो उसकी अलमारी में होंगी ही। बहुत दिन तक वह रुकती रही। बार-बार कहती कि और तो मुझे कोई अड़चन नहीं है, साड़ियों का क्या होगा? मैंने उससे कहा कि देख, अगर यही भाव रहा तो मर कर साड़ी होगी। साड़ियों का क्या होगा? साड़ियों का जो होना होगा, होगा। तू नहीं थी तब साड़ियों का कुछ हो रहा था? तू नहीं होगी तब भी साड़ियों का कुछ होगा। बांट दे।

आखिर उसने हिम्मत कर ली, संन्यास ले लिया। अब तो गैरिक वस्त्र बचा। अब इतनी साड़ियों का कोई उपाय न रहा। कोई तीन महीने बाद उसने मुझे आकर कहा कि एक बड़ी हैरानी की बात है। पहले मैं बाजार से निकलती थी तो मुझे हजार कपड़े की दुकानें दिखाई पड़ती थीं, अब नहीं दिखाई पड़तीं। पहले कपड़े की दुकान दिखाई पड़ जाती तो मैं फिर जा ही नहीं सकती थी। हजार काम छोड़ कर भीतर जाती थी। जब तक देख न लूं कि कोई नई साड़ी तो नहीं आ गई, कोई नया कपड़ा तो नहीं आ गया...। लेकिन अब अचानक कुछ ऐसा हो गया है।

मैंने कहा, अचानक नहीं हो गया; कारण से हुआ है। अब गैरिक वस्त्र ही पहनना है तो और वस्त्र पहनने का भाव गिर गया। बचा नहीं भाव तो उसकी खोज बंद हो गई। खोज बंद हो गई तो अब कपड़े की दूकान में क्या अर्थ है?

चमार को बिठा दो सड़क के किनारे, वह सिर्फ तुम्हारे जूते देखता है; वह तुम्हारा चेहरा देखता ही नहीं। उसको सारी दुनिया जूतों से भरी है। जूते चल रहे हैं; जूते आ रहे हैं, जूते जा रहे हैं। अच्छे जूते, बुरे जूते, गरीब जूते, अमीर जूते, पढ़े-लिखे, गैर-पढ़े-लिखे, सब जूते! उसे कुछ और दिखाई नहीं पड़ता।

मुल्ला नसरुद्दीन पकड़ लिया गया; हवालात में बंद कर दिया गया। मैं गया उसे देखने। मैंने कहा : बड़े मियां, यह मामला क्या है? कैसे पकड़े गए? उसने कहा, सर्दी-जुकाम के कारण। मैंने कहा : सर्दी-जुकाम के कारण? सर्दी-जुकाम से तो मैं परेशान हूं; मुझे पकड़ा जाना था। तुम्हें किसने पकड़ा? उसने कहा कि अब समझो बात पूरी। एक आदमी की जेब में मैंने हाथ डाला; सर्दी-जुकाम के कारण पड़ाक से छींक आ गई। धरपकड़ा; वहीं पकड़ा गया।

चोरी के कारण नहीं पकड़ा गया है वह! सर्दी-जुकाम के कारण।

आदमी अपने हिसाब से कारण भी खोजता है। कारण भी सत्य नहीं होते। कारण में भी और कारण होते हैं। कारण के भीतर कारण होते हैं। तुम जो कारण बताते हो, वह सच नहीं होता है। तुम बेटे पर नाराज हो रहे हो। कोई तुमसे पूछता है : मत हो नाराज। तुम कहते हो : नाराज न होंगे तो यह सुधरेगा कैसे? लेकिन कारण के भीतर कारण होंगे। जरा गौर से देखना, इसको सुधारने में सच में तुम उत्सुक हो? या कि तुमने कुछ कहा था और उसने माना नहीं, इसलिए अहंकार को चोट लग गई। अब तुम अहंकार का बदला ले रहे हो, मगर छिपा कर ले रहे हो, आड़ में ले रहे हो। कहीं ऐसा तो नहीं है कि सुधारने से कोई संबंध ही नहीं है। दफ्तर में मालिक तुम पर नाराज हो गया था और मालिक से तुम नाराज न हो सके; क्योंकि वह जरा महंगा सौदा था। क्रोध भरा चला आया; अब घर में कमजोर बच्चे को देख कर निकल रहा है। जो मालिक पर निकलना था वह बच्चे पर निकल रहा है। जरा गौर से देखना, कारण के भीतर कारण है।

मुल्ला नसरुद्दीन एक दिन रात दो बजे सड़क से निकल रहा है। एक पुलिस वाले ने उसे पकड़ा और कहा कि महानुभाव, रात के दो बजे तुम कहां जा रहे हो? तो उसने कहा, भाषण सुनने। कमाल है, उस कांस्टेबल ने कहा, रात के दो बजे भाषण सुनने? कौन बैठा है भाषण देने को यहां दो बजे रात? होश की बातें करो! पी-पा कर तो नहीं चल रहे हो?

नसरुद्दीन ने कहा : आपको मेरी पत्नी का पता नहीं है हुजूर, दो बजे क्या, पूरी रात बैठी रहेगी, जब तक मैं न जाऊं; जब तक मुझे भाषण न सुनाए, तब तक वह सो नहीं सकती। भाषण सुनने जा रहा हूं।

कारण के भीतर कारण है। अपने-अपने कारण हैं। तुम जरा गौर से देखना। तुम जीवन की पर्त-दर-पर्त में ऐसा पाओगे।

'यह संसार भावना मात्र है।'

भवोऽयं भावनामात्रो न किंचित्परमार्थतः।

'इसकी कोई पारमार्थिक सत्ता नहीं है।'

तुमने जो संसार अब तक देखा है वह तुम्हारी भावनाओं का ही संसार है। तुमने वह तो देखा ही नहीं, जो है। जिसे कृष्णमूर्ति कहते हैं, दैट व्हिच इज, वह जो है, वह तो तुमने देखा ही नहीं। तुमने वही देख लिया है जो तुम देखना चाहते थे। तुमने वही देख लिया है जो तुम देख सकते थे अपने अंधेपन में। तुमने वही देख लिया है जो तुम देख सकते थे अपनी बेहोशी में। तुमने वही देख लिया है जो तुम देख सकते थे अपनी विक्षिप्तता में। तुमने कुछ का कुछ देख लिया है।

देखा तुमने, रास्ते पर रस्सी पड़ी है, तुमने सांप देख लिया! भागे, हांफने लगे, कि गिर पड़े।

मेरे गांव में एक कबीरपंथी साधु थे। अब तो चल बसे। उनका व्याख्यान सुनने मैं सदा जाता था। वे व्याख्यान में कुछ ऐसी बातें कहते थे जिनका उनके जीवन से कोई तालमेल नहीं था। मैं यही सुनने जाता था कि आदमी कितना गजब कर सकता है। वे कहते, संसार माया है, और एक-एक पैसे पर उनकी पकड़ थी। अब वे कहते थे कि यहां रखा क्या है? यह सब तो जैसे रेत में बच्चे मकान बनाते हैं। और उनको मैं देखता था कि वे चौबीस घंटे छाता लिए भर दुपहरी में खड़े हैं और आश्रम बनवा रहे हैं। सोचता, बड़े मजे की बात है। भर दुपहरी में खड़े रहते और पसीना चूता रहता और ये रेत के घर बना रहे हैं जो गिर जाने वाले हैं। मामला क्या है? इतने परेशान क्यों हो रहे हैं? कहते, पैसे-लत्ते में तो कुछ भी नहीं है। लेकिन एक-एक पैसे पर उनकी पकड़ ऐसी थी कि गांव में उनसे ज्यादा कंजूस आदमी नहीं था। उनकी बातें मैं सुनने जाता था—यही देखने कि आदमी कितनी दूर की बातें कह सकता है। वे सदा कहते थे कि यह संसार तो ऐसा है जैसे रस्सी में सांप दिखाई पड़ जाए।

यह मैंने इतनी बार सुना...। करीब-करीब वे रोज ही कहते थे : रज्जू में सर्प दिखाई पड़ जाए, ऐसा। सुन-सुन कर मुझे एक खयाल आया। मैंने कहा, इन पर प्रयोग करना चाहिए। वे रोज मेरे मकान के सामने से ही सांझ को निकलते थे। तो एक रस्सी में पतला धागा बांध कर रस्सी को दूसरी तरफ सड़क की नाली में डाल कर मैं

एक खाट के पीछे मकान में जाकर छिप कर बैठ गया। और धागा हाथ में रख लिया। जब वे आ रहे थे वहां से, तो मैंने वह धागा खींचा। रस्सी नाली से बाहर निकली। वे तो ऐसे भागे कि कोई पांच-सात कदम पर उनकी लुंगी फंस गई और गिर पड़े। इतना मैंने भी न सोचा था। और मैं पकड़ भी लिया गया, क्योंकि सारी भीड़ इकट्ठी हो गई। और मेरे पिता ने मुझसे पूछा, यह तुमने किया क्यों? बूढ़े आदमी हैं, हाथ-पैर टूट जाएं, कुछ हो जाए; यह कोई मजाक की बात है? मैंने कहा, मैंने किया भी नहीं, इन्होंने सुझाव दिलवाया। ये रोज कहे जाते हैं। आखिर एक सीमा होती है सुनने की भी। मैं सुनते-सुनते थक गया तो मैंने यह सोचा कि कम से कम इनको तो न दिखाई पड़ेगा। इनको दिखाई पड़ गया। ये भूल ही गए।

रस्सी में सांप दिखाई पड़ता है—भय के कारण। वह भय का प्रक्षेपण है। जो हमें दिखाई पड़ रहा है वह हमारा प्रक्षेपण है। जब अष्टावक्र जैसे मनीषी कहते हैं कि संसार भ्रमवत है, माया है, तो तुम यह मत समझना कि वे यह कह रहे हैं कि यह झूठ है। वे इतना ही कह रहे हैं: जैसा है वैसा तुमने नहीं जाना; कुछ का कुछ जान लिया; कुछ का कुछ दिखाई पड़ गया। क्योंकि भय है, लोभ है, मोह है, क्रोध है, ईर्ष्या है, जलन है। हजार तुम्हारे भीतर परदे हैं; उन परदों में से सब विकृत हो जाता है। कुछ सीधा-सीधा दिखाई नहीं पड़ता। आंख साफ-सुथरी नहीं है; बहुत धुएं से भरी है।

भवोऽयं भावनामात्रो न किंचित्परमार्थतः।

यह संसार, जो तुम जानते हो, तुम्हारे पास है, यह सिर्फ तुम्हारी भावना है। किसी को पत्नी मान लिया है, किसी को बेटा मान लिया है; किसी को अपना, किसी को शत्रु, किसी को मित्र। सब मान्यता है। कौन तुम्हारी पत्नी? बीस-पच्चीस वर्ष तक एक-दूसरे से अपरिचित जीए; फिर एक दिन किसी पंडित ने बिठा दी कुंडली तुम्हारी दोनों की। ये पंडित अपनी ही कुंडली बिठा नहीं पाए हैं। इनके और इनकी पत्नी के जरा दर्शन तो करो जाकर कि क्या चल रहा है। और ये हजारों की कुंडली बिठाए जा रहे हैं। उस आधार पर विवाह हो गया। हवन-यज्ञ करके सात चक्कर लगवा दिए।

एक सज्जन मेरे पास आए और उन्होंने कहा कि बड़ी मुश्किल में पड़ गया हूं। अब विवाह हो गया, भांवर पड़ गयीं, सात चक्कर लग गए; अब बनती तो बिलकुल नहीं है। ऐसा कष्ट झेल रहे हैं दोनों कि जिसका कोई हिसाब नहीं है। तो मैंने कहा कि तुम उलटे चक्कर क्यों नहीं लगा लेते सात? खतम करो मामला। यह चक्कर ही का मामला है न? ऐसे लगाए थे, अब वैसे लगा लो। गांठ बंध गई, गांठ खोल लो। करना क्या है? इसमें इतने परेशान क्यों हुए जा रहे हो? दो जीवन क्यों खराब किए ले रहे हो?

नहीं, वे कहते हैं, अजी, यह कैसे हो सकता है?

अब जब बंध सकते हैं सात फेरे डालने से, तो खुल क्यों नहीं सकते; मेरी समझ में नहीं आता।

तुम्हारे जीवन के जो राग, संबंध, आसक्तियां, द्वेष हैं, उन सब का जो जाल है, उसको ही संसार कह रहे हैं।

'यह संसार भावनामात्र है। परमार्थतः यह कुछ भी नहीं है। भावरूप, अभावरूप पदार्थों में स्थित स्वभाव का अभाव नहीं है।'

बस, एक चीज यहां सच है। और वह है तुम्हारा साक्षी-भाव, तुम्हारा स्वभाव। कुछ है; कुछ नहीं भी है। कुछ नहीं को तुमने है जैसा मान लिया है; कुछ 'है' को तुमने 'नहीं है' जैसा मान लिया है। यह सब तो ठीक है, लेकिन इन सब के बीच अगर एक ही कोई चीज सत्य है, पारमार्थिक रूप से, आत्यंतिक रूप से सत्य है, सत्य थी, सत्य है, और सत्य रहेगी, तो वह तुम्हारा साक्षी-भाव है। इसलिए उसको ही खोज लो। बाकी उलझाव में कुछ भी बहुत अर्थ नहीं है। दौड़-धूप होगी बहुत, पहुंचोगे कहीं भी नहीं। हाथ कुछ भी न लगेगा। मुट्ठी खाली की खाली रह जाएगी।

देखते हो, दुनिया में बड़ा अदभुत होता है। बच्चे आते तो बंधी मुट्ठी आते हैं; जाते तो खुली मुट्ठी चले जाते हैं। ऐसा लगता है आदमी कुछ लेकर आता है और गंवा कर लौट जाता है। बच्चों में तो कुछ मालूम भी होता है कि कुछ होगा आनंद, कुछ पुलक, कोई रस; बूढ़े बिलकुल सूख जाते हैं। होना तो उलटा चाहिए। कुछ और जान कर लौटते। यह संसार तो एक पाठशाला थी; कुछ सीख कर लौटते, कुछ और होश से भर कर लौटते। लेकिन और बेहोश होकर लौट जाते हैं।

'आत्मा का स्वभाव दूर नहीं है। वह समीप या परिच्छिन्न भी नहीं है। वह निर्विकल्प, निरायास, निर्विकार और निरंजन है।'

न दूरं न च संकोचाल्लब्धमेवात्मनः पदम्।

न तो आत्मा दूर है और न पास है; क्योंकि आत्मा भीतर है। दूर और पास तो पराई चीज होती है। वस्तुतः जिसको हम पास कहते हैं वह भी तो दूर है। थोड़ी कम दूर है, लेकिन दूर तो है ही। कोई मेरे से पांच फीट दूर बैठा, कोई दस फीट दूर बैठा, कोई पंद्रह फीट, कोई हजार फीट, कोई हजार मील, कोई करोड़ मील, मगर दूर तो सभी हैं। जिसको हम पास कहते हैं वह भी तो दूर ही है। पास भी तो दूर को ही नापने का ढंग हुआ। पास होकर भी कौन पास हो पाता है? ज्ञानी तो कहते हैं, यह देह भी दूर है। बहुत पास है, पर इससे क्या फर्क पड़ता है? सिर्फ चैतन्य, तुम्हारा साक्षी-भाव ,तुम्हारे भीतर जलती बोध की अग्नि, वही मात्र तुम हो। वह न तो दूर है न पास।

न दूरं न च संकोचात् लब्धं एव आत्मनः पदम्।

वह जो आत्मा है, वह जो स्वभाव है आत्मा का या आत्मा में छिपा जो परमात्मा है, न दूर न पास, न प्रकट न अप्रकट है।

निर्विकल्पं निरायासं निर्विकारं निरंजनम्।

वह निर्विकल्प है। विचार खो जाएं, अभी तुम जान लो। निर्विकल्प हो जाओ, अभी तुम जान लो। निरायास, उसको जानने के लिए आयास भी नहीं करना, प्रयास भी नहीं करना, प्रयत्न भी नहीं करना है। निरायास, वह तो मिला ही हुआ है। तुमने उसे कभी गंवाया नहीं। इसलिए तुम जरा जाग जाओ तो पता चल जाए कि खजाना सदा से पड़ा है। निर्विकार। और वहां कोई विकार कभी गए नहीं। लाख तुम्हारे साधु-संन्यासी तुम्हें समझाएं कि पापी हो; भूल में मत पड़ना। और लाख तुम्हें कोई समझाए, पुण्यात्मा हो; भूल में मत पड़ना। न तो पुण्य है वहां, न पाप है वहां। वहां निर्विकार है। तुमने क्या किया और क्या नहीं किया, सब सपने की बकवास है। उस एक को जानते ही सब किया-अनकिया सब खो जाता है, भ्रममात्र हो जाता है।

और निरंजन। उस पर कोई चीज रंग नहीं चढ़ा सकती। अलिप्त है। तुम चाहे कितनी ही काल-कोठरियों से गुजरो, उस पर कालिख नहीं लग सकती। और तुम चाहे नरक की यात्रा करो तो भी नरक उस पर छाया नहीं डाल सकता। तुम्हारे भीतर ऐसा परमधन लेकर तुम चल रहे हो जो छीना नहीं जा सकता, विकृत नहीं किया जा सकता, चोर चुरा नहीं सकते। मगर तुम्हें उसकी याद नहीं है। तुम बाहर देख रहे हो। तुम्हें उसकी याद नहीं है।

तुमने कभी-कभी देखा न कि आदमी चश्मा लगाए रहता और चश्मे को खोजता है! चश्मा ही लगाए है और चश्मे को खोजता है। जल्दी में ट्रेन पकड़नी, कि बस पकड़नी, कि कुछ काम आ गया है तो भूल जाता है एकदम। देखा कि आदमी कान पर पेंसिल खोंसे रहता और सारी टेबल खोज डालता है। ऐसी ही कुछ भूल हो गई है। बस ऐसी ही भूल हो गई है। भीतर पड़ा है और तुम यहां-वहां खोज रहे हो। फिर जब नहीं मिलता यहां-वहां तो बेचैनी बढ़ती है। बेचैनी में और भूल होती है। फिर जब बिलकुल नहीं मिलता, कितने ही दौड़ते हो, मीलों की यात्रा करते हो, जन्मों-जन्मों की यात्रा और नहीं मिलता, तो बहुत घबड़ा जाते हो। उस घबड़ाहट में और होश खो जाता है।

जरा बैठो। ध्यान का इतना ही अर्थ है: जरा बैठो। दौड़ो मत, खोजो भी मत; जरा शांत होकर बैठ जाओ। शायद जो तुम्हारे तल में पड़ा है, वह प्रकट हो जाए। शायद शांत अवस्था में तुम्हें अपने स्वभाव का स्मरण हो जाए।

मैंने सुना है, एक पुरानी कथा है। तुमने भी सुनी होगी। थोड़े से फर्क उसमें करना चाहता हूं। पुरानी कथा है। दस मूढ़ व्यक्ति नदी पार किए। नदी पूर पर थी—वर्षा

की नदी। उस पार जाकर उन्होंने सोचा कि गिनती कर लें, कहीं कोई खो न गया हो। तो उन्होंने गिनती की। जिसने भी गितनी की उसने नौ ही गिने, क्योंकि अपने को छोड़ गया। एक, दो, तीन, चार, पांच, छह, सात, आठ, नौ। सब ने गिना और सबने पाया कि बात बिलकुल सही है; एक खो गया है। क्योंकि सभी अपने को छोड़ कर गिनती करते थे। वे तो बैठ कर रोने लगे। वे तो छाती पीटने लगे कि साथी खो गया। पुरानी कथा कहती है कि कोई पंडित, बुद्धिमान पुरुष पास से गुजरा। उसने देखा, पूछा, क्यों रोते हो? कहा कि दस आए थे, नदी पार किए, नौ रह गए, एक खो गया। उसने नजर डाली, देखा दस के दस हैं, मूढ़ मालूम होते हैं। उसने कहा : खड़े होओ, मैं गिनती करता हूं। उसने गिनती की। पहले उसने गिनती करवाई देखने लिए कि ये किस तरह की गिनती करते हैं। देखा। तो एक आदमी ने गिनती की—एक, दो, तीन, चार, पांच, छह, सात, आठ, नौ। और उसने अपने को छोड़ दिया। तो उसने उसकी छाती पर हाथ रख कर जोर से कहा : पागल, दसवां तू है। तब उन्हें होश आ गया। वे दसों बड़े प्रसन्न हुए, उसे बड़ा धन्यवाद देने लगे कि आपने बड़ी कृपा की कि दसवां साथी मिल गया। नहीं तो खो ही गया था बिलकुल, गंवा बैठे थे।

अब यह कहानी बड़ी महत्वपूर्ण है। लेकिन इसमें कहानी कहती है कि दस मूढ़ व्यक्ति थे। मैं तुमसे कहूंगा, दस पंडित व्यक्ति नदी के पार गए। इतना फर्क करूंगा। क्योंकि मूढ़ कहीं गिनती की फिकर करते हैं? सुना तुमने, कहीं मूढ़ और गिनती की फिकर करें? मूढ़ का मतलब ही होता है : जिसको गिनती नहीं आती। नौ तक जिसको आती है वह कोई मूढ़ है? उसको तो सारी गिनती आ गई। नहीं, दस पंडित व्यक्तियों ने नदी पार की। बड़े ज्ञानी थे, वेद के ज्ञाता थे। कोई चतुर्वेदी, कोई त्रिवेदी, कोई द्विवेदी। बड़ी खोपड़ी में गिनती भरी थी! सारे सिद्धांत, विचार, सब; उनके मालिक थे वे। उन्हें खयाल आया, पंडित थे, सोचा कि कहीं कोई खो तो नहीं गया। और पंडित हों तो सीधे रास्ते तो जाते नहीं। पंडित तो तिरछा जाता है। वह तो कान भी पकड़ता है तो घूम कर, उलटी तरफ से पकड़ता है। तो उन्होंने गिनती की। और स्वभावतः जैसा कि पंडित करेगा, वह अपने को छोड़ जाता है। वह दूसरे को सलाह देता है, अपने को छोड़ जाता है। वह दूसरे को ज्ञान बांटता है, खुद अज्ञानी रह जाता है। वह सारी दुनिया को बदलने में लगा रहता है, खुद नहीं बदलता है; जैसा कि पंडित की आदत होती है। उसने गिनती की। नौ तक तो गिन लिया, दसवां चूक गया। रोने लगे।

वहां से कोई सीधा-साधा आदमी आता था। कहता हूं सीधा-साधा; न पंडित, न मूढ़। क्योंकि मूढ़ हो तो गिनती नहीं जानता है, पंडित हो तो गिनती गड़बड़ा जाती है। सीधा-साधा, सरल चित्त आदमी। न इतना मूढ़ कि गिनती न कर सके, न इतना

पंडित कि गिनती गड़बड़ कर ले। दोनों अतियों से मुक्त, कोई बुद्धपुरुष, मध्य में ठहरा हुआ, दोनों अतियों के पार, मज्झिम निकाय पर, ठीक संतुलित, न पंडित न मूढ़। ये दोनों तो असंतुलन हैं। मूढ़ बिलकुल नहीं जानता है और पंडित जरूरत से ज्यादा जान लेता है। दोनों बीमारियां हैं। एक बाएं झुक गया, एक दाएं। दोनों गिरेंगे। ठीक तो वही है जो रस्सी पर बीच में सम्हला है। कोई सीधा-सीधा आदमी आता था। उसे देख कर बड़ी हंसी आई कि पागल, क्यों रोते हो? और यह देख कर और भी हंसी आई कि सब बड़े पंडित हैं।

इतना फर्क कहानी में कर देना चाहता हूं। कहानी महत्वपूर्ण है।

और तुम्हारा गुरु इससे ज्यादा कुछ भी नहीं कर सकता कि तुम्हारी छाती पर हाथ रख कर कहे कि दसवां तू है! बस इससे ज्यादा गुरु और क्या कर सकता है? खोया नहीं है किसी को। जिसे तू खोज रहा है, वह तू है। तत्वमसि श्वेतकेतु।

'मोह मात्र के निवृत्त होने पर और अपने स्वरूप के ग्रहण मात्र से वीतशोक और निरावृत्त दृष्टि वाले पुरुष शोभायमान होते हैं।'

व्यामोहमात्रविरतौ स्वरूपादानमात्रतः।

वीतशोका विराजंते निरावरण दृष्टयः।।

जिसका यह सपनों में मोह छूट गया। जिसने ये मन में उठती रागात्मक वृत्तियों को जाग कर देख लिया और इनका विचार छोड़ दिया और जो चीजों को सीधा-सीधा देखने लगा।

व्यामोहमात्रविरतौ...।

मोहमात्र जिसका निवृत्त हुआ। जो अब ऐसा नहीं कहता है कि यह मेरा है और यह मेरा नहीं है। क्या मेरा है, और क्या तेरा है?

व्यामोहमात्रविरतौ स्वरूपादानमात्रतः।

और जिसने अपने स्वरूप को ग्रहण कर लिया। शब्द का अर्थ समझना।

स्वरूप को पाना थोड़े ही है—है ही। लेकिन तुम भूल गए हो। भूल को सुधार लिया। दो और दो पांच जोड़ रहे थे, दो और दो चार जोड़ लिए। दो और दो चार ही थे। जब तुम पांच जोड़ते थे तब भी चार ही थे। तुम पचास जोड़ो तो भी चार ही रहेंगे। तुम कुछ भी जोड़ो, इससे कोई फर्क नहीं पड़ता। तुम न भी जोड़ो तो भी दो और दो चार ही हैं।

स्वरूपादानमात्रतः।

और जिसने अब अपने स्वरूप को अंगीकार कर लिया; जो था उसे स्वीकार कर लिया, जो था उसकी स्मृति से भर गया।

वीतशोका विराजंते निरावरण दृष्टयः।

वह सारे दुख के पार हो जाता है। और एक ऐसे सिंहासन पर विराजमान हो जाता है जहां निर्मल दृष्टि है; जहां सब निर्मल है, निर्विकार है। ऐसी निर्विकार दृष्टि वाला व्यक्ति ही शोभायमान है।

हमने इस देश में ऐसे व्यक्ति की ही महिमा गाई है। धन की नहीं, पद की नहीं, सम्राटों की नहीं, साम्राज्यों की नहीं। हम तो एक ही साम्राज्य पर भरोसा करते हैं, वह है भीतर का, स्वभाव का, स्वच्छंद, स्वयं के गीत का। ऐसा ही व्यक्ति केवल शोभायमान है।

वीतशोका विराजंते निरावरणदृष्टयः।

जिसकी दृष्टि निरावरण हो गई। जिसकी आंख पर कोई परदा न रहा, कोई आवरण न रहा। जो देखने लगा सीधा-सीधा। जिसकी देखने की कोई आकांक्षा न रही कि ऐसा देखूं, कि ऐसा हो; जो सीधा-सीधा देखने लगा। ऐसी निरावरण दृष्टि को उपलब्ध व्यक्ति ही एकमात्र जगत में शोभायमान है।

'समस्त जगत कल्पना मात्र है और आत्मा मुक्त और सनातन है, ऐसा जान कर धीरपुरुष बालकों की भांति क्या चेष्टा करता है!'

यह बड़ा अदभुत सूत्र—आखिरी सूत्र आज के लिए।

समस्तं कल्पनामात्रमात्मा मुक्तः सनातनः।

इति विज्ञाय धीरो हि किमभ्यस्यति बालवत्।।

सारा जगत कल्पना मात्र है, ऐसा जिसने जाना, ऐसा जानते ही दूसरी बात भी जान ली साथ ही साथ, युगपत, कि आत्मा सनातन और मुक्त है। जब तक संसार सत्य है, आत्मा बंधन में मालूम होती है। जैसे ही संसार मालूम हुआ मिथ्या—आत्मा मुक्त है। संसार की भ्रांति ही बंधन है। बंधन वास्तविक नहीं है। तुमने मान रखा है कि बंधन है, इसलिए है। तुम छोड़ दो मान्यता, छूट जाता है।

'ऐसा जान कर धीरपुरुष क्या बालकों की भांति चेष्टा करता है!'

बच्चे अभ्यास करते हैं। भाषा सीखनी है तो अभ्यास करना पड़ता है। भाषा भूलनी हो तो भी क्या अभ्यास करना पड़ेगा? कुछ कमाना हो तो अभ्यास करना पड़ता है। कुछ गंवाना हो तो अभ्यास करना पड़ेगा?

रामकृष्ण के पास एक आदमी ने पांच सौ मोहरें लाकर रख दीं, कहा कि आप को दान करना है। रामकृष्ण ने कहा: तू एक काम कर, दान तो हम ले लिए, हमने स्वीकार कर लिया; अब हमारी तरफ से इनको गंगा में फेंक आ। वह आदमी बड़ी मुश्किल में पड़ा। इनकार ही कर देते तो अपने घर तो ले जाता; यह और उपद्रव कर दिया। स्वीकार भी कर लिया और अब कहते हैं: गंगा में फेंक आ। और अब कहते

हैं मेरी तरफ से, इसलिए अब मेरा कोई वश भी नहीं है। वह गया। बड़ी देर लगा दी। तो रामकृष्ण ने कहा : पता लगाओ, गया कि नहीं गया? कहां है? कितनी देर लगा दी? इतनी देर की जरूरत क्या?

कोई गया तो देखा, उसने वहां भीड़ इकट्ठी कर रखी थी। वह एक-एक अशर्फी को पटकता सीढ़ी पर, बजाता, खनखनाता, फिर फेंकता और गिनती करता। तो देर लग रही थी।

रामकृष्ण भागे गए और कहा : पागल, जब कमाना हो तो गिनती करनी पड़ती है; जब फेंकना है तो गिनती किसलिए कर रहा है? यह खनखना किसलिए रहा है? अब तुझे क्या फिकर पड़ी है कि सही है कि खोटी है, कि असली है कि नकली है। कमाते वक्त की तेरी आदत है। मगर गंवाने में? फेंक, इकट्ठा फेंक!

अभ्यास करना पड़ता है, जब हम कमाते हैं। भोग का अभ्यास करना पड़ता है; त्याग का अभ्यास नहीं करना पड़ता। त्याग तो एक क्षण में घट जाता है। भोग तो जन्मों-जन्मों में नहीं घटता और त्याग एक क्षण में घट जाता है। त्याग के लिए समय की जरूरत ही नहीं है। ज्ञान के लिए अभ्यास की जरूरत नहीं है, क्योंकि ज्ञान तुम्हारा स्वभाव है। अभ्यास तो उसका करना पड़ता है जो स्वभाव नहीं है। बच्चा पैदा होता है तो कोई भाषा लेकर तो पैदा नहीं होता। न जर्मन, न जापानी, न हिंदी, न मराठी, न गुजराती—कोई भाषा तो लेकर पैदा नहीं होता। बच्चा तो बिना भाषा के आता है। तो भाषा स्वभाव नहीं है। लेकिन मौन तो स्वभाव है। मौन तो लेकर सभी बच्चे आते हैं। जापान में पैदा हों कि चीन में, कि जर्मनी में, कि महाराष्ट्र में, कि गुजरात में, क्या फर्क पड़ता है? मौन तो सभी बच्चे लेकर आते हैं। तो जिस दिन तुम मौन होना चाहो, क्या मौन का अभ्यास करना पड़ेगा?

यह सूत्र बड़ा अदभुत है। यह यह कह रहा है कि जो स्वाभाविक है, उसका अभ्यास नहीं करना पड़ता। तुम अगर मौन होना चाहते हो, वस्तुतः होना चाहते हो, इसी क्षण हो सकते हो। भाषा सीखी हुई है, मौन तो अनसीखा हुआ है; तुम्हारा स्वभाव है।

अष्टावक्र की इस सारी महागीता का सार-सूत्र इतना है कि जो तुम्हें पाना है वह मिला हुआ है। तुम बस जागो और मालिक हो जाओ। दावा करो और मालिक हो जाओ। परमात्मा तुम्हारा स्वभावसिद्ध अधिकार है।

हरि ॐ तत्सत्!

* * *

प्रवचन : 56

आलसी शिरोमणि हो रहो

6 दिसंबर, 1976

पहला प्रश्न :
बड़ी जहमतें उठाईं तेरी बंदगी के पीछे
मेरी हर खुशी मिटी है तेरी हर खुशी के पीछे
मैं कहां-कहां न भटका तेरी बंदगी के पीछे!
अब आगे मैं क्या करूं, यह बताने की अनुकंपा करें।

करने में भटकन है। फिर पूछते हो, आगे क्या करूं! तो मतलब हुआ : अभी भटकने से मन भरा नहीं। करना ही भटकाव है। साक्षी बनो, कर्ता न रहो।...तो फिर मेरे पास आकर भी कहीं पहुंचे नहीं। फिर भटकोगे। किया कि भटके। करने में भटकन है। कर्ता होने में भटकन है। लेकिन मन बिना किए नहीं मानता। वह कहता है, अब कुछ बताएं, क्या करें?

न करो तो सब हो जाए। करने की जिद्द किए बैठे हो। कर-कर के हारे नहीं? कर-कर के क्या कर लिया है? इतना तो किया, जन्मों-जन्मों किया—परिणाम क्या है? लेकिन मन यही कहे चला जाता है कि शायद अभी तक ठीक से नहीं किया, अब ठीक से कर लें तो सब हो जाए। मन वहीं धोखा देता है।

मैंने सुना, जूतों की एक दूकान पर एक ग्राहक ने जूते की जोड़ी पसंद करके कीमत पूछी। तो मुल्ला नसरुद्दीन, जो वहां सेल्समैन का काम करता है, उसने दाम

बतलाए—चालीस रुपया। ग्राहक ने कहा, मेरे पास दस रुपये कम हैं, बाद में दे जाऊंगा। तो नसरुद्दीन ने कहा, मालिक से कह दें, वे मान लें तो ठीक है। ग्राहक ने मालिक के पास जाकर निवेदन किया। मालिक 'ना' कहने जा ही रहा था कि नसरुद्दीन ने जूते की जोड़ी डब्बे में बांध कर ग्राहक को देते हुए कहा मालिक से: 'दे दीजिए साहब, ये दस रुपया दे जाएंगे। भरोसा रखिए।' जब ग्राहक जूता लेकर चला गया और मालिक ने पूछा, क्या तुम उसे जानते हो नसरुद्दीन? नसरुद्दीन ने कहा: 'जानता तो नहीं, पहले कभी देखा भी नहीं। इस गांव में भी रहता है, इसका भी कुछ पक्का नहीं। लेकिन इतना जानता हूं कि वह वापिस आएगा, दस रुपये लेकर जरूर वापिस आएगा, आप घबड़ाएं मत। क्योंकि मैंने दोनों जूते एक ही पैर के बांध दिए हैं।'

अब लाख उपाय करो, एक ही पैर के दो जूते बैठेंगे नहीं। परमात्मा ने तुम्हें जब इस संसार में भेजा है, तो एक ही पैर के दो जूते बांध दिए हैं, ताकि तुम संसार में भटक न जाओ और लौट आओ। संसार एक प्रशिक्षण है। यहां जागना सीखना है। कर-कर के इसीलिए तो कुछ परिणाम नहीं होता। कर-कर के हार ही हाथ लगती है। कर-कर के टूटते हो, पराजित होते हो। करने का फैलाव संसार है। और जो जागने लगा इस फैलाव में, उसका धर्म में प्रवेश हुआ। और जो जाग गया, वह परमात्मा के घर वापिस लौट गया।

तुम कहते हो: 'बड़ी जहमतें उठाईं तेरी बंदगी के पीछे!'

इसमें थोड़ी भ्रांति है। तुमने बंदगी के पीछे जहमतें नहीं उठायीं। तुम जहमतें उठाना चाहते थे, इसलिए उठायीं। जहमतें उठाने में अहंकार को तृप्ति है। तुमने कष्ट झेले—प्रार्थना के लिए नहीं। क्योंकि प्रार्थना के लिए तो जरा सा भी कष्ट झेलने की जरूरत नहीं है। प्रार्थना में तो कांटा है ही नहीं; प्रार्थना तो फूल है। प्रार्थना तो कमल जैसी कोमल है। जहमतें! प्रार्थना में! तो फिर स्वर्ग कहां होगा? फिर सुख कहां होगा? फिर आनंद कहां होगा?

नहीं, ये बंदगी के कष्ट नहीं हैं जो तुमने झेले। तुमने बंदगी के नाम से झेले हों, यह हो सकता है; लेकिन ये कष्ट अहंकार के ही हैं। तुमने परमात्मा को खोजने में तकलीफ पाई, ऐसा तो हो ही नहीं सकता। परमात्मा को खोजने में कोई कैसे तकलीफ पाएगा! तुम खोजने में तकलीफ पाए। कोई धन खोजने में पा रहा है, कोई पद खोजने में पा रहा है, तुमने परमात्मा खोजने में पाई। तुम्हारे खोजने के अलग-अलग बहाने हैं, मगर खोजने का जो मजा है, जो अहंकार की तृप्ति है, उसके कारण तुमने जहमत उठाई।

'मेरी हर खुशी मिटी है तेरी हर खुशी के पीछे।'

उसकी खुशी का तो तुम्हें पता नहीं और तुम्हारे पास कभी खुशी थी जो मिटा दोगे? खुशी ही होती तो कौन परेशान होता परमात्मा को खोजने के लिए! तुमने सुखी

आदमी को परमात्मा की याद भी करते देखा? मैं गवाह हूं, मैं कभी याद नहीं करता। याद किसलिए करनी है? दुख...दुख में ही तुम याद करते हो। खुशी तो थी ही नहीं। कविताएं बना कर अपने आपको धोखा मत दो।

कविताएं सुंदर हो सकती हैं, इससे सच नहीं हो जातीं। सत्य निश्चित सुंदर है; लेकिन जो-जो सुंदर है, सभी सत्य नहीं है। सत्य महासुंदर है। लेकिन कोई चीज सुंदर है, इसीलिए सत्य मत मान लेना। क्योंकि तुम तो न मालूम क्या-क्या चीजों को सुंदर मानते हो! तुम तो हड्डी-मांस-मज्जा की देह को भी सुंदर मान लेते हो, जो कि बिलकुल असत है। तुम तो आकाश में उठ गए इंद्रधनुष को भी सुंदर मान लेते हो, जो कि है ही नहीं! तुम तो रात सपने को भी सुंदर मान लेते हो—और हजार बार जाग कर पाया है कि झूठ है! तुम्हारे सौंदर्य में कुछ बहुत सत्य नहीं है, हो नहीं सकता! सत्य तुममें हो, तो ही हो सकता है।

कविता तो सुंदर चुनी है तुमने। वह भी तुम्हारी नहीं है, वह भी उधार है।

'मेरी हर खुशी मिटी है तेरी हर खुशी के पीछे।'

नहीं, परमात्मा तुमसे किसी तरह का बलिदान तो चाहता ही नहीं। और जिन्होंने तुम्हें सिखाया है कि परमात्मा बलिदान चाहता है, वे बेईमान हैं। उन्होंने परमात्मा के नाम से तुमसे किसी और वेदी पर बलिदान करवा लिया है। हजार लोग उत्सुक हैं तुम्हारा बलिदान हो जाए, तुम शहीद हो जाओ। कोई कहता है, राष्ट्र के नाम पर शहीद हो जाओ। कोई कहता है, धर्म के नाम पर शहीद हो जाओ, जेहाद में शहीद हो जाओ! अगर धर्म के युद्ध में मरे तो स्वर्ग मिलगा, बहिश्त मिलेगी! लेकिन धर्म का कोई युद्ध होता है? अगर धर्म का भी युद्ध होता है, तो फिर अधर्म का क्या होगा? धार्मिक व्यक्ति का भी कोई राष्ट्र होता है? अगर धार्मिक व्यक्ति भी राष्ट्रों में बंटा है, तो राजनीतिज्ञ है। धार्मिक व्यक्ति की कोई राष्ट्र-भक्ति होती है? जमीन के टुकड़ों के प्रति भक्ति? असंभव है! धार्मिक व्यक्ति का इतना नीचा बोध नहीं होता।

तुम्हारे बोध तो बड़े अजीब हैं! तुम तो झंडा कोई नीचा कर दे तो जान देने को तैयार हो। और उसने कुछ नहीं किया। डंडे में एक कपड़ा लटका रखा है, उसको तुम झंडा कहते हो। और झंडा ऊंचा रहे हमारा!

तुम कभी अपनी मूढ़ताओं का विश्लेषण किए हो? और इन पर तुम कुर्बान होने को तैयार हो, मरने को तैयार हो! असल में तुम्हारी जिंदगी में कुछ भी नहीं है। तुम्हारी जिंदगी बिलकुल खाली है। तुम चले-चलाए कारतूस हो—कहीं भी लगा दो! चलो इसी में थोड़ा हो जाए!

लेकिन मैं तुमसे यह कहना चाहता हूं, परमात्मा तुमसे बलिदान नहीं मांगता। परमात्मा तुमसे उत्सव मांगता है। मुझे तुम अगर समझना चाहते हो, तो इस शब्द

'उत्सव' को ठीक से समझ लेना। परमात्मा नहीं चाहता कि तुम रोते हुए उसकी तरफ आओ—गिड़गिड़ाते, दावे करते हुए, कि मैंने कितना बलिदान किया! परमात्मा चाहता है कि तुम नाचते हुए आओ, गीत गाते, सुगंधित, संगीतपूर्ण, भरे-पूरे! तुम्हारा उत्सव ही उस तक पहुंचता है। उत्सव के क्षण में ही तुम उसके पास होते हो।

तो ये तो तुम बातें छोड़ दो कि तुमने अपनी खुशियां लुटा दीं! खुशियां थीं कहां? होतीं तो तुम लुटा देते? खुशियां तो कभी थीं ही नहीं! दुख ही दुख था। उसी दुख के कारण तो तुम खोजने निकले। लेकिन आदमी अपने को भी धोखा देने की कोशिश करता है।

तुमने देखा, जवान आदमी कहता है, बचपन में बड़ी खुशी थी! बूढ़ा कहता है, जवानी में बड़ी खुशी थी। मरता हुआ आदमी कहता है, जीवन में बड़ी खुशी थी। ऐसा लगता है कि जहां तुम होते हो वहां तो खुशी नहीं होती, जहां से तुम निकल गए वहां खुशी होती है। बच्चों से पूछो! बच्चे खुश इत्यादि जरा भी नहीं। यह बूढ़ों की बकवास है! ये बुढ़ापे में लिखी गई कविताएं हैं कि बचपन में बड़ी खुशी थी। बच्चों से तो पूछो। बच्चे बड़े दुखी हो रहे हैं। क्योंकि बच्चों को सिवाय अपनी असहाय अवस्था के और कुछ समझ में नहीं आता। और हरेक डांट रहा है, डपट रहा है। इधर बाप है, इधर मां है; इधर बड़ा भाई है, उधर स्कूल में शिक्षक है, और सब तरह के डांटने-डपटने वाले—और बच्चे को लगता है, किसी तरह बड़ा हो जाऊं बस, तो इन सबको मजा चखा दूं!

एक छोटा बच्चा स्कूल में, शिक्षक उसे कह रहा था...शिक्षक ने उसे मारा। वह बच्चा रो रहा था। तो शिक्षक ने कहा: 'रोओ मत, समझो। मैं तुम्हें प्रेम करता हूं, इसीलिए तुम्हें मारता हूं—ताकि तुम सुधरो, तुम्हारे जीवन में कुछ हो जाए, कुछ आ जाए।' बच्चे ने कहा: 'प्रेम तो मैं भी आपको करता हूं, लेकिन प्रमाण नहीं दे सकता!'

प्रमाण बाद में देना पड़ता है। बच्चा कैसे प्रमाण दे अभी!

छोटे बच्चे को पूछो, छोटा बच्चा खुश नहीं है। हर बच्चा जल्दी से बड़ा हो जाना चाहता है। इसीलिए तो कभी बाप के पास भी कुर्सी पर खड़ा हो जाता है और कहता है, देखो मैं तुमसे बड़ा हूं! हर बच्चा चाहता है बताना कि मैं तुमसे बड़ा हूं! रस लेना चाहता है इसमें कि मैं भी बड़ा हूं, मैं छोटा नहीं हूं! छोटे में निश्चित ही दुख है। कहां का सुख बता रहे हो तुम बच्चे को? हर चीज पर निर्भर रहना पड़ता है—मिठाई मांगनी तो मांगनी, आइसक्रीम चाहिए तो मांगनी। और मांगे आइसक्रीम, मिलती कहां है? हजार उपदेश मिलते—कि दांत खराब हो जाएंगे, कि पेट खराब हो जाएगा।

और बच्चों की कभी समझ में नहीं आता कि भगवान भी खूब है, बेस्वाद साग-भाजी में सब विटामिन रख दिए और आइसक्रीम में कुछ नहीं; सिर्फ बीमारियां

ही बीमारियां! जो स्वादिष्ट लगता है उसमें बीमारी है और जो स्वादिष्ट नहीं लगता—पालक की भाजी—उसमें सब लोहा और विटामिन और सब ताकत की चीजें भरी हैं। परमात्मा भी पागल मालूम पड़ता है। यह तो सीधी सी बात है कि विटामिन कहां होने चाहिए थे!

बच्चा कोई सुखी नहीं है। लेकिन जब तुम जवान हो जाओगे और जवानी के दुख आएंगे, तब तुम अपने मन को समझाने लगोगे, बचपन कितना सुखपूर्ण था! यह झूठ है। यह तुम अपने को समझा रहे हो। आज तो सुख नहीं है, तो दो ही उपाय हैं अपने को समझाने के : पीछे सुख था और आगे सुख होगा। आगे का तो इतना पक्का नहीं है, क्योंकि आगे क्या होगा, क्या पता! लेकिन पीछे, पीछे का तो अब मामला खतम हो चुका, वहां से तो गुजर चुके। जिस राह से आदमी गुजर जाता है उस राह के सुखों की याद करने लगता है। वे सब कंकड़-पत्थर, कांटे, कंटकाकीर्ण यात्रा, सब भूल जाती है; धूल-धवांस, धूप, वह सब भूल जाती है। जब किसी वृक्ष की छाया में बैठ जाता है तो याद करने लगता है, कैसी सुंदर यात्रा थी!

मैं एक सज्जन के साथ पहाड़ पर था। वे जब तक पहाड़ पर रहे, गिड़गिड़ाते ही रहे, शिकायत ही करते रहे कि क्या रखा है, इतनी चढ़ाई और कुछ सार नहीं दिखाई पड़ता। और थक जाते और हांफते और कहते, अब कभी दुबारा न आऊंगा। मैं उनकी सुनता रहा। फिर हम पहाड़ से नीचे उतर आए। गाड़ी में बैठ कर वापिस घर लौटते थे कि ट्रेन में एक सज्जन ने पूछा कि क्या आप लोग पहाड़ से आ रहे हैं? उन्होंने कहा, 'अरे बड़ा आनंद आया!' मैंने कहा, 'सोच समझ कर कहो, फिर तो तैयारी नहीं कर रहे आने की? किससे कह रहे हो? और मेरे सामने कह रहे हो कि बड़ा आनंद आया!'

वे थोड़ा झिझके! क्योंकि ऐसा तो सभी यात्री कहते हैं लौट कर कि बड़ा आनंद आया। हज-यात्री से पूछो, कहेगा, बड़ा आनंद आया! बातों में मत पड़ जाना। यह तो यात्री यह कह रहा है कि अब अपनी तो कट ही गई, दूसरों की भी कटवा दो। अब यात्री यह कह रहा है कि कट तो गई, अब और स्वीकार करना कि वहां दुख पाया और मूढ़ बने, अब यह और बदनामी क्यों करवानी? बड़ा आनंद आया! सभी यात्री लौट कर यही कहते हैं कि बड़ा आनंद, गजब का आनंद! कैसा सौंदर्य! स्वर्गीय सौंदर्य! ऐसी भ्रांति पलती है।

बूढ़ा आदमी जवानी के सौंदर्य और सुख की बातें करने लगता है। और जवान सिर्फ बेचैन है। जवान सिर्फ परेशान है, ज्वरग्रस्त है, वासना से दग्ध है, अंगारे की तरह वासना हृदय को काटे जाती है, चुभती है धार की तरह। कहीं कोई सुख-चैन नहीं है। हजार चिंताएं हैं—व्यवसाय की, धंधे की, दौड़-धाप है। मरता हुआ आदमी सोचने लगता है, जीवन में कैसा सुख था!

मैं तुमसे इसलिए यह कह रहा हूं ताकि तुम्हें खयाल रहे। जहां सुख नहीं है वहां सुख मान मत लेना। दुख को दुख की तरह जानना। दुख को जो दुख की तरह जान लेता है, वह सुख को पाने में समर्थ हो जाता है। और जो अपने को मना लेता है, झूठी सांत्वनाओं में ढांक लेता है अपने को, ओढ़ लेता है चादरें असत्य की—वह भटक जाता है।

'मैं कहां-कहां न भटका तेरी बंदगी के पीछे!'

अब बंदगी करनी हो तो कहीं भटकने की जरूरत है? कोई मक्का, मदीना, काशी, गिरनार, कि सारनाथ, कि बोधगया जाने की जरूरत है? बंदगी करनी हो तो यहीं नमन हो जाए। बंदगी तो झुकने का नाम है; जहां झुक गए बंदगी हो गई। तुम जहां झुके, वहीं परमात्मा मौजूद हो जाता है—तुम्हारे झुकने में मौजूद हो जाता है। उसको खोजने कहां जाओगे? कुछ पता-ठिकाना मालूम है? जाओगे कहां? जहां भी जाओगे, तुम तुम ही रहोगे। अगर झुकना था तो यहीं झुक जाते। काबा जाते हो झुकने? अगर पत्थरों के सामने ही झुकने में लगाव है तो यहां कोई पत्थरों की कमी है? कोई भी पत्थर रख कर झुक जाओ। काशी जाते हो? काशी में जो रह रहे हैं, तुम समझते हो उनको बंदगी उपलब्ध हो गई है?

कबीर तो मरते दम तक काशी में थे। आखिरी घड़ी बीमार जब पड़ गए, अपने बेटे से कहा कि अब मुझे यहां से हटा; मुझे मगहर ले चल। अब मगहर! कहावत है काशी में, काशी के लोगों ने ही गढ़ी होगी कि मगहर में जो मरता है, वह नरक जाता है या गधा होता है, और काशी में जो मरता है—काशीकरवट—वह तो सीधा स्वर्ग जाता है। कबीर उठ कर खड़े हो गए अपने बिस्तर से और कहा कि मुझे मगहर ले चल। लड़के ने कहा, बुढ़ापे में आपका दिमाग खराब हो रहा है? मगहर से तो लोग मरने काशी आते हैं। मगहर में मरें तो गधे हो जाते हैं। तो कबीर ने कहा, वह गधा हो जाना मुझे पसंद है, लेकिन काशी का ऋण नहीं लूंगा। यह अहसान नहीं लूंगा। अगर अपने कारण स्वर्ग पहुंचता हूं तो ठीक है। काशी के कारण स्वर्ग गया, यह भी कोई बात हुई? किस मुंह से भगवान के सामने खड़ा होऊंगा? वे कहेंगे, काशी में मरे कबीर, इसलिए स्वर्ग आ गए; मगहर में मरते तो गधा होते। मैं तो मगहर में ही मरूंगा। अगर मगहर में मर कर स्वर्ग पहुंचूं तो शान से प्रवेश तो होगा। यह कह तो सकूंगा, अपने कारण आया, काशी के कारण नहीं आया।

तुम कहां खोजते फिर रहे हो? तुम कारण खोज रहे हो कि किसी बहाने, किसी पीछे के दरवाजे से परमात्मा मिल जाए। मैं तुमसे यह कहता हूं, तीर्थयात्रा पर तुम इसीलिए जाते हो कि तुम झुकना नहीं चाहते, तुम बंदगी करना नहीं चाहते। तुम्हें बड़ी उल्टी बात लगेगी। क्योंकि तुम तो सोचते हो बंदगी के लिए तीर्थयात्रा कर रहे हैं।

बंदगी के लिए कहीं जाने की भी जरूरत है? तुम जहां हो वहीं झुक जाओ। तुम्हें अब तक समझाया गया है कि वहां जाओ जहां परमात्मा है, वहां झुकोगे तो मोक्ष मिलेगा। मैं तुमसे कहता हूं: तुम जहां झुक जाओ वहां परमात्मा के चरण मौजूद हो जाते हैं। तुम्हारे झुकने में ही—वही कला है—तुम्हारे झुकने में ही परमात्मा के चरण मौजूद हो जाते हैं। तुम झुके नहीं कि परमात्मा मौजूद हुआ नहीं। तुम झुके नहीं कि परमात्मा तुम्हारे भीतर उंडला नहीं।

तुम भटकते रहे अपने कारण। नहीं, इसको परमात्मा के कारण मत कहो। परमात्मा के कारण कोई कभी भटका है?

और अब तुम फिर पूछते हो कि 'अब आगे मैं क्या करूं, यह बताने की अनुकंपा करें।'

अनुकंपा! मैं तुम्हारा दुश्मन नहीं हूं कि अब तुम्हें और कुछ बताऊं कि अब तुम यह करो! मैं तुमसे कहूंगा: बहुत हो गया करना, अब 'न-करने' में विराजो। अब न-करने के सिंहासन पर बैठो। अब साक्षी बनो। अब देखो। कर्ता नहीं—द्रष्टा। अब तो सिर्फ बैठो; जो परमात्मा दिखाए, देखो; जो कराए, कर लो—लेकिन कर्ता मत बनो। भूख लगाए तो भोजन खोज लो। प्यास लगाए तो सरोवर की तलाश कर लो। नींद लगाए तो सो जाओ। नींद तोड़ दे तो उठ आओ। मगर साक्षी रहो। सारा कर्तापन उसी पर छोड़ दो।

अष्टावक्र का सार-सूत्र यही है कि तुम देखने में तल्लीन हो जाओ, द्रष्टा हो जाओ। भूख लगे तो देखो। ऐसा मत कहो, मुझे भूख लगी है। कहो, परमात्मा को भूख लगी। उसी को लगती है! नींद लगे तो कहो उसको नींद आने लगी, वह मेरे भीतर झपकने लगा, अब सो जाना चाहिए, मैं बाधा न दूं। प्यास लगे, पानी पी लो। जब तृप्ति हो तो पूछ लो उससे कि 'तृप्त हुए न? तुम्हारा कंठ अब जल तो नहीं रहा प्यास से?' मगर तुम देखने वाले ही रहो। बस, इतना सध जाए तो सब सध गया। इक साधे, सब सधै। तुम हजार-हजार काम करते रहो, कुछ भी न होगा। तुम एक छोटी सी बात साध लो: साक्षी हो जाओ।

मैंने सुना, एक डाक्टर के क्लीनिक में कंपाउंडर एक छोटे से बच्चे के पैर में पट्टी बांध रहा था। पर बच्चा उछलता-कूदता था, शोरगुल मचाता था, चीखता-चिल्लाता था। अंततः डाक्टर ने गुस्से में आकर कहा, हटो, मैं बांधता हूं। और उस लड़के से कहा, सीधे खड़े रहना बच्चू, वरना इंजेक्शन लगा दूंगा। बीच में बच्चे ने कुछ कहना भी चाहा तो डाक्टर ने फिर कहा कि अगर जरा बोले तो इंजेक्शन लगा दूंगा बच्चू, शांत खड़े रहो। अब ऐसी हालत थी तो बच्चा बिलकुल योगासान साधे

खड़ा रहा। 'ड्रेसिंग' हो जाने के बाद डाक्टर ने पूछा, बोलो बीच में क्या कह रहे थे? उसने कहा, यही कह रहा था डाक्टर साहब, कि चोट दाएं पैर में है और आपने पट्टी बाएं पैर में बांध दी।

कर्ता होने में चोट ही नहीं है, वहां तुम पट्टी बांध रहे हो। वह असली भ्रांति वहां नहीं है। बीमारी वहां नहीं है और पट्टी तुम वहां बांध रहे हो। बीमारी है तुम्हारी साक्षी-भाव में। तुम्हारा बोध खो गया है। तुम्हारा होश खो गया है। तुम्हारा ध्यान खंडित हो गया है। तुम्हारी जागृति धूमिल हो गई है। प्रश्न वहां है, समस्या वहां है। तुम कहते हो, क्या करें? किया कि भटके। चले कि भटके। बैठ जाओ, करो मत! देखो और पहुंच गए।

पहुंचने का सूत्र—कहीं चल कर नहीं पहुंचना है। पहुंचे हुए तुम हो। यही तो अष्टावक्र की उदघोषणा है। यह महावाक्य है कि तुम वहीं हो जहां तुम्हें होना चाहिए। तुम जरा आंख खोलो।

मैं झेन फकीर रिंझाई का जीवन कल रात पढ़ रहा था। किसी ने पूछा आकर रिंझाई को कि आप तो ज्ञान को उपलब्ध हो गए, आप मुझे समझाएं कैसे उपलब्ध हुए और मैं क्या करूं? तो रिंझाई ने कहा, 'करूं! तुम शांत होकर मुझे देखो मैं क्या करता हूं।' और रिंझाई ने झट से आंख बंद कर ली, थोड़ी देर आंख बंद किए बैठा रहा, फिर आंख खोली। और उस आदमी से कहा, समझे? उस आदमी ने कहा, 'क्या खाक समझे—तुमने जरा आंख बंद कर ली, आंख खोल ली—इसमें कुछ समझना है?' उन्होंने कहा, ङ्गतो फिर तुम न समझ पाओगे। बस बात इतनी है—आंख खोलने और बंद करने की है। इससे ज्यादा करने को कुछ भी नहीं है। पहले मैं बंद आंख किए था, अब मैंने आंख खोल ली। इतना ही फर्क पड़ा है। जो मैं पहले था, वही मैं अब हूं। पहले सोया-सोया था, अब जागा-जागा हूं। पहले होश का दीया न जलता था, अब होश का दीया जलता है। घर वही है, सब कुछ वही है। सिर्फ एक दीया भीतर जल गया है।

कुछ भी बदलता नहीं बुद्धपुरुष में। तुम्हारे जैसे ही हैं बुद्धपुरुष। जरा सा भेद है। बड़ा छोटा सा भेद है। तुम आंख बंद किए बैठे हो, उन्होंने आंख खोल ली। बस पलक का भेद है।

तो अब मत पूछो कि और क्या करें। करने से संसार बनता है, न करने से प्रभु मिलता है। अब तो तुम साक्षी हो जाओ। अब मेरे पास आ ही गए हो, तो अब तो बैठ जाओ—आलसी शिरोमणि! जैसा अष्टावक्र कहते हैं। यह शब्द मेरा नहीं है। मेरा होता तो तुम जरा हैरान होते। अष्टावक्र कहते हैं, आलसी शिरोमणि हो जाओ। करो ही मत।

और ध्यान रखना, फर्क क्या करते हैं साधारण आलसी और आलसी शिरोमणि में? साधारण आलसी करता तो नहीं, कर्म तो नहीं करता, पड़ा रहता है बिस्तर पर,

लेकिन कर्म की योजनाएं बनाता है। आलसी शिरोमणि करता है बहुत कुछ जो परमात्मा करवाता है, लेकिन कर्ता का भाव नहीं है, न कोई कर्म की योजना है। जो करवा लिया क्षण में, कर देता है, फिर बैठ गया। जब आज्ञा आ गई, कर देता है; जब आज्ञा न आई, तब विश्राम करता है। साधारण आलसी कर्म छोड़ देता है। और कर्ता छोड़ देता है जो, वही है आलसी शिरोमणि। तुम आलस्य के परम शिखर को छू लो। बस मेरी शिक्षा भी यही है।

दूसरा प्रश्नः ऐसा लगता है कि मेरा सब कुछ झूठ है—हरेक बात, हरेक विचार, हरेक भाव, प्रेम, प्रार्थना और हंसना और रोना भी। मैं जीता-जागता झूठ हूं। ऐसे में अब क्या हो भगवान? अब खुद पर भरोसा नहीं आता। यह लिखना भी झूठ है शायद।

पूछा है 'कृष्णप्रिया' ने।

यह तो बड़ी सत्य की किरण उतरी। अगर ऐसा समझ में आ जाए कि मेरा सब झूठ है, तो आधा काम पूरा हो गया; निर्वाण दूर न रहा। आधा काम पूरा हो गया। ऐसा समझ में आ जाए कि मेरा सब झूठ है तो हम सच के करीब सरकने लगे। क्योंकि सच के करीब सरकते हैं, तभी यह समझ में आता है कि मेरा सब झूठ है। झूठे आदमी को थोड़े ही समझ में आता कि मेरा सब झूठ है। झूठा आदमी तो सब तरह के प्रमाण जुटाता है कि 'मैं और झूठा! सारी दुनिया होगी झूठ, मैं सच्चा हूं!' झूठा आदमी दूसरों को ही नहीं समझाता है, अपने को भी समझाता है कि मैं सच्चा हूं। असल में झूठा आदमी दूसरे को इसीलिए समझाता है कि दूसरा समझ ले तो मुझे भी समझ में आ जाए कि मैं सच्चा हूं। दूसरों की आंखों में झांकता रहता हैः 'अगर सब लोग मुझे सच्चा मानते हैं तो मैं सच्चा होऊंगा ही। अगर मेरी हंसी झूठ होती तो दूसरे लोग मेरे साथ कैसे हंसते? अगर मेरा रोना झूठ होता तो दूसरों की आंखें गीली कैसे होतीं। नहीं, मैं सच होऊंगा ही। देखो, दूसरों में परिणाम दिखाई पड़ रहा है।' झूठा आदमी सारे उपाय करता है इस बात के ताकि उसे खुद भरोसा आ जाए कि मैं सच हूं।

कृष्णप्रिया को अगर समझ में आने लगा कि मेरा सब कुछ झूठ है, तो बड़ी शुभ घड़ी करीब आ गई।

'हरेक बात, हरेक विचार, हरेक भाव, प्रेम, प्रार्थना, हंसना-रोना भी...।'

इस बात को भी खयाल में लेना कि जब झूठ होता है तो सभी झूठ होता है, और जब सच होता है तो सभी सच होता है, मिश्रण नहीं होता। वह भी भ्रांति है झूठे आदमी की। झूठा आदमी कहता हैः माना कि कुछ बातें मुझमें झूठ हैं, लेकिन बाकी तो सच

हैं। ऐसा होता नहीं। या तो झूठ या सच। ऐसा बीच-बीच में नहीं होता कि कुछ झूठ और कुछ सच। यह धोखा है। सच और झूठ साथ रह नहीं सकते। यह तो ऐसा हुआ कि आधे कमरे में अंधेरा और आधे कमरे में प्रकाश है। यह होता नहीं। अगर रोशनी है तो पूरे कमरे में हो जाएगी। अगर अंधेरा है तो पूरे कमरे में रहेगा। तुम ऐसा थोड़े ही कह सकते हो कि बीच में एक रेखा खींच दी, लक्ष्मण-रेखा खींच दी कि 'अब इसके पार मत होना अंधेरे! तू उसी तरफ रहना, इधर रोशनी जल रही है।' रोशनी होती है तो कमरा पूरा रोशनी से भर जाता है। और अंधेरा होता है तो पूरा भर जाता है।

तुम जब झूठे होते हो तो पूरे ही झूठ होते हो। जब भी कोई आदमी मुझसे आकर कहता है, कुछ-कुछ शांत हूं, तो मैं कहता हूं ऐसी बातें मत करो। कुछ-कुछ शांत! सुना नहीं कभी। अशांत लोग देखे हैं, शांत लोग भी देखे हैं, लेकिन कुछ-कुछ शांत! यह तुम क्या बात कर रहे हो? यह तो ऐसा हुआ कि पानी हमने गरम किया और पचास डिग्री पर कुछ-कुछ पानी भाप होने लगा और कुछ-कुछ पानी पानी रहा! ऐसा नहीं होता। सौ डिग्री पर जब भाप बनना शुरू होता है—सौ डिग्री पर। ऐसा नहीं कि पचास डिग्री पर थोड़ा बना, फिर साठ डिग्री पर थोड़ा बना, फिर सत्तर डिग्री पर थोड़ा बना—ऐसा नहीं होता। छलांग है, विकास नहीं है। सीढ़ियां नहीं हैं—रूपांतरण है, क्रांति है।

जिस दिन यह समझ में आ जाए कि मैं बिलकुल अंधेरा, बिलकुल असत्य—शुभ घड़ी करीब आई। यह साधक की तैयारी है। इससे घबड़ाना मत। इससे घबड़ाहट होती है स्वभावतः, क्योंकि यह बात मानने का मन नहीं होता कि सब झूठ—मेरा हंसना भी, रोना भी; मेरा कुछ भी सच नहीं है, मेरा प्रेम, मेरी प्रार्थना...।

यह प्रश्न लिखा है और यह भी भरोसा नहीं आता कि यह भी सच है। यह भी झूठ है!

ऐसा जब होता है तब स्वभावतः बड़ी बेचैनी पैदा होती है। उस बेचैनी से बचने के लिए आदमी किसी झूठ को सच बनाने में लग जाता है, तो सहारा बन जाता है। नहीं, तुम बनाना ही मत।

कृष्णप्रिया को मेरा संदेश: झूठ है सब, ऐसा जान कर इस पीड़ा को झेलना। इसमें जल्दबाजी मत करना, लीपापोती मत करना। किसी झूठ को रंग-रोगन करके सच जैसा मत बना लेना। सब झूठ है तो सब झूठ है। सब झूठ का अर्थ हुआ कि पूरा व्यक्तित्व व्यर्थ है। अगर इस व्यर्थता के बोध को थोड़ा सम्हाले रखा तो व्यर्थ गिर जाएगा, क्योंकि व्यर्थ तुम्हारे बिना सहारे के नहीं जी सकता। झूठ तुम्हारे बिना सहारे के नहीं जी सकता। झूठ के पास अपने पैर नहीं हैं—तुम्हारे पैर चाहिए। इसीलिए तो

झूठ सच होने का दावा करता है। झूठ जब सच होने का दावा करता है तभी चल पाता है, झूठ की तरह कहीं चलता है!

अगर तुम किसी से कहो कि यह जो मैं कह रहा हूं झूठ है, आप मान लो। तो वह कहेगा, 'तुम पागल हो गए हो? तुम खुद ही कह रहे हो कि झूठ है तो मैं कैसे मान लूं? तो झूठे आदमी को सिद्ध करना पड़ता है कि यह सच है, यह झूठ नहीं है। क्योंकि लोग सच को मानते हैं, झूठ को नहीं मानते। सच को मानते हैं, इस कारण अगर झूठ भी, सच जैसा दावा किया जाए, तो मान लिया जाता है। मगर चलता सच है।'

तुमने देखा, खोटे सिक्के चलते हैं, लेकिन चलते हैं असली सिक्के के नाम से! खोटा सिक्का खोटा मालूम पड़ जाए, फिर नहीं चलता, फिर उसी क्षण अटक गया। जहां खोटा सिद्ध हुआ, वहीं अटका। जब सच्चा मालूम पड़ता था, चलता था। खोटे सिक्के के पास अपनी कोई गति नहीं है। गति सच्चे से उधार मिली है।

अब थोड़ा सोचो, झूठ तक चल जाता है सच्चे से थोड़ी सी आभा उधार लेकर! तो सच की तो क्या गति होगी! जब सच पूरा-पूरा सच होता है तो तुम्हारे जीवन में गत्यात्मकता होती है। तुम जीवंत होते हो। तुम्हारे जीवन में लपटें होती हैं, रोशनी होती है। तुम्हारे जीवन में प्राण होते हैं, परमात्मा होता है।

झूठ तो उधार है। उसमें जो थोड़ी-बहुत चमक दिखाई पड़ती है, वह भी किसी और की है—किसी सच से ले ली है। तो जब तुम्हें समझ में आ जाए कि मेरा सब झूठ है, अर्थात मैं झूठ हूं, क्योंकि 'मैं' तुम्हारे सबका ही जोड़ है।

ये जितनी बातें कृष्णप्रिया ने लिखी हैं, इन सबका जोड़ ही अहंकार है। सब झूठों के जोड़ का नाम है अहंकार। अगर ऐसा दिखाई पड़ गया तो अहंकार बिखर जाएगा। ताश के पत्ते जैसे मकान बनाया हो, महल बनाया हो ताश के पत्तों का, हवा का झोंका लगे और गिर जाए। कागज की नाव चलाई हो और जरा सा झोंका लगे, उलट जाए, डूब जाए। यह झूठ का घर अहंकार है। यह गिर जाएगा। अगर मेरा रोना झूठ है, तो मेरा 'मैं' का एक हिस्सा गिर गया। अगर मेरा हंसना भी झूठ है, 'मैं' का दूसरा हिस्सा गिर गया। अगर मेरी प्रार्थना भी झूठ है, तो परमात्मा और मेरे बीच में जो 'मैं' खड़ा था वह भी गिर गया। अगर मेरा प्रेम भी झूठ है, तो मेरे और मेरे प्रेमी के बीच जो खड़ा था अहंकार वह भी गिर गया। विचार भी झूठ हैं, भाव भी झूठ हैं। हरेक बात, हरेक ढंग, भाव-भंगिमा... तो अहंकार के सब आधार गिरने लगे, सब स्तंभ गिरने लगे। अचानक तुम पाओगे खंडहर रह गया। और उसी खंडहर से उठती है आत्मा। उसी अहंकार के खंडहर पर जन्म होता है तुम्हारे वास्तविक स्वरूप का।

सत्य पैदा होता है असत्य की राख पर। हो जाने दो। पीड़ा होगी। बड़ा संताप होगा। क्योंकि यह बात मानने का मन नहीं होता कि मेरा सब झूठ है। कुछ तो सच होगा! लेकिन स्मरण रखना कुछ सच नहीं होता। सच होता है तो पूरा होता है, या नहीं होता।

हम झूठ के सहारे जी रहे हैं, क्योंकि सच का हमें पता नहीं। और बिना किसी सहारे के जीना संभव नहीं है। सच का हमें कुछ पता नहीं है क्या है। और जीने के लिए कुछ तो सहारा चाहिए। जीने के लिए कुछ तो बहाना चाहिए। तो हम झूठ के साथ जी रहे हैं। हमने झूठ को सच मान लिया है।

मैं एक कविता पढ़ रहा था—

प्रेम के सघन कुंजों में
उदासी की गहरी छांव तले
आओ पल दो पल बैठ संतप्त मन को
थोड़ा-सा बांट लें
श्वासों के गांव में छाए हुए यादों के कोहरे को
आपसी मिलापों से आओ हम छांट लें
भूले अनुबंधों को, बिखरे संबंधों को
आंसू के धागों में फिर से हम गांठ लें
वीरानी पलकों में सपनों का दर्प कहां
उजड़े-से जीवन में मधुमासी पर्व कहां
पता नहीं फिर हम मिलें, या न मिलें
कम से कम अपने ही सायों में
आओ घड़ी दो घड़ी ही काट लें।

अपने ही सायों में! अपनी ही छाया में बैठ कर विश्राम करने तक की हालत आ जाती है। कुछ पता नहीं सत्य का। जीना तो है, तो चलो असत्य को ही सत्य मान कर जी लें!

एक बड़ी महत्वपूर्ण घटना इस सदी में घटी है। नीत्शे ने घोषणा की सौ वर्ष पहले कि ईश्वर मर गया और मनुष्य स्वतंत्र है। लेकिन नीत्शे यह न समझ पाया कि आदमी को कोई न कोई बहाना चाहिए। अगर ईश्वर न हो तो आदमी ईश्वर गढ़ेगा। आदमी झूठा ईश्वर बना लेगा अगर ईश्वर न हो, लेकिन बिना ईश्वर के कैसे रहेगा! बहुत कठिन हो जाएगा। खुद नीत्शे न रह सका। वह आखिर-आखिर में पागल हो गया। बात तो उसने कह दी किसी विचार के गहरे क्षण में कि ईश्वर मर चुका और

आदमी स्वतंत्र है। लेकिन स्वतंत्र होने की क्षमता तो चाहिए। सत्य को झेलने की क्षमता तो चाहिए। नीत्शे बुद्ध न हो सका, पागल हो गया। प्रबुद्ध होना तो दूर, प्रक्षिप्त हुआ, विक्षुब्ध हुआ, पागल हुआ! क्या था उसके पागलपन का कारण? बिना सहारे! अपने पागलपन में उसने जो डायरी लिखी उसमें लिखा है कि मुझे ऐसा लगता है : आदमी बिना झूठ के नहीं जी सकता। कोई न कोई झूठ चाहिए। मैंने सब झूठ छोड़ दिए, इसलिए लगता है कि मैं पागल हुआ जा रहा हूं।

अगर तुम सब झूठ छोड़ दो और तुम्हारी ऐसी धारणा हो कि सच तो है ही नहीं, तो तुम पागल हो ही जाओगे। यही फर्क है बुद्ध और नीत्शे में। बुद्ध ने भी सब झूठ छोड़ दिए; लेकिन बुद्ध को पता है : जहां झूठ होता है वहां सच भी होगा। सच के बिना तो झूठ हो ही नहीं सकते। झूठ कोई चीज होती ही इसीलिए है कि सच भी होता है, हो सकता है।

तुम जब कहते हो, मेरी हंसी झूठ, तो इसका अर्थ हुआ, तुम्हें भी कहीं न कहीं थोड़ा सा अहसास है कि सच हंसी भी हो सकती है। नहीं तो झूठ कहने का क्या प्रयोजन रह जाएगा? तुम कहते हो मेरा प्रेम झूठ-इसका अर्थ है, किसी अचेतन तल पर, किसी गहराई में तुम्हें भी अहसास तो होता है, साफ-साफ पकड़ न बैठती हो, धुंधला-धुंधला है सब, कुहासा छाया है बहुत, रोशनी नहीं है भीतर, अंधेरा है, अंधेरे में टटोलते हो, लेकिन लगता है कि सच प्रेम भी हो सकता है। नहीं तो इस प्रेम को झूठ कैसे कहोगे? अगर किसी समाज में सब सिक्के झूठ हों और असली सिक्का होता ही न हो, तो झूठे सिक्कों को झूठा कैसे कहोगे? झूठा कहने के लिए असली चाहिए। असली के बिना झूठा झूठा नहीं रह जाता।

नीत्शे ने कह दिया कि सच तो होता नहीं, और जो भी आदमी ने माना है, सब झूठ है।...पागल हो गया। उसने सत्य की राह भी रोक दी; झूठ को गिरा दिया और सत्य को आने न दिया। 'सत्य तो होता नहीं। सत्य तो हो ही नहीं सकता; जो होता झूठ ही है।' आधी दूर तक ठीक गया। कहा कि संसार माया है, यहां तक तो ठीक था, यह तो सभी ज्ञानी कहते रहे; लेकिन संसार इसीलिए माया है कि इस माया के कुहासे के पीछे छिपा ब्रह्म भी बैठा है। संसार असत्य है, सपना है; क्योंकि इस सपने के पीछे एक जाग्रत द्रष्टा भी छिपा है। नीत्शे ने उसे स्वीकार न किया। तो झूठ तो छोड़ दिया, झूठ की बैसाखियां गिर गईं और अपने पैरों का तो उसे भरोसा ही नहीं कि होते हैं। बैसाखी भी गिर गई और पैर तो होते ही नहीं। नीत्शे गिर पड़ा, खंडहर हो गया। झूठ के साथ खुद ही खंडहर हो गया।

फिर सौ साल में नीत्शे के पीछे जो हुआ, वह सोचने जैसा है। जिन-जिन समाजों ने नीत्शे की बात मान ली, वहां-वहां उपद्रव हुआ। जैसे जर्मनी में नीत्शे की

बात मान ली गई कि कोई ईश्वर नहीं है, ईश्वर झूठ है, तो जर्मनी ने हिटलर पैदा किया। आदमी को कोई तो चाहिए भरोसे के लिए। जीसस झूठे हो गए, ईश्वर झूठा हो गया, तो अडोल्फ हिटलर में भरोसा किया। अब यह बड़ा महंगा सौदा था। इससे जीसस बेहतर थे, जीसस में भरोसा बेहतर था। लेकिन आदमी बिना भरोसे के नहीं रह सकता। तो जगह खाली हो गई, 'वैक्यूम' हो गया, उसमें अडोल्फ हिटलर पैदा हो गया। और लोग तो चाहते थे, कोई किसी के चरण पकड़ लें। लोग तो चाहते थे, कोई सहारा मिल जाए—अडोल्फ हिटलर उनका मसीहा हो गया। वह उन्हें गहन विध्वंस में ले गया।

मार्क्स ने कह दिया कि कोई धर्म नहीं है, धर्म अफीम का नशा है। रूस में मार्क्स की बात मानी गई, जो परिणाम हुआ वह यह कि राज्य, 'स्टेट' ईश्वर हो गई। राज्य सब कुछ हो गया। अब सब नमन कर रहे हैं राज्य के सामने। स्टैलिन बैठ गया सिंहासन पर। ईश्वर तो हटा, ईश्वर की जगह स्टैलिन आ गया। इससे तो ईश्वर बेहतर था, कम से कम धारणा में कुछ सौंदर्य तो था; कुछ लालित्य तो था। कम से कम धारणा में कुछ ऊंचाई तो थी, कुछ खुला आकाश तो था, कहीं जाने की संभावना तो थी, विकास का उपाय तो था! स्टैलिन! मगर आदमी खाली नहीं रह सकता। आदमी को कुछ चाहिए।

प्रिया से मैं कहना चाहता हूं: इस घड़ी में तुझे लगेगा कि कुछ सहारा पकड़ लो, कुछ भी सच मान लो। जल्दी मत करना। सच है! तुम झूठ को गिर जाने दो और प्रतीक्षा करो, सच उतरेगा। सच नहीं है—ऐसा नहीं। सच है। सच ही है, और सब तरफ मौजूद है। तुम जरा झूठ को हट जाने दो और तुम्हारे भीतर जो खाली रिक्त आकाश बनेगा, उसी में चारों तरफ से दौड़ पड़ेंगी धाराएं सच की। तुम आपूरित हो सकोगी। तुम भरोगी। लेकिन कुछ देर खाली रहने की हिम्मत...। इस खाली रहने की हिम्मत का नाम ही ध्यान है। इस शून्य रहने की हिम्मत का नाम ही ध्यान है।

ध्यान का अर्थ है: असत्य को गिरा दिया, सत्य की प्रतीक्षा करते हैं। ध्यान का अर्थ है: विचार छोड़ दिए, निर्विचार की प्रतीक्षा करते हैं। ध्यान का अर्थ है: अहंकार को हटा दिया, अब उस निर्विकार, निरंजन की राह देखते हैं। द्वार खोल दिया है, अब जब मेहमान आएगा, स्वागत की तैयारी है।

तीसरा प्रश्न : आपने कहा, मैं तो संन्यास देते ही तुम्हें तत्काल मुक्त कर देता हूं। तो फिर 'संचित' का क्या भविष्य बनता है? क्या वह क्षीण हो जाता है। और अगर संन्यास लेने के तुरंत बाद ही मुक्ति नहीं होती तो क्या उसका अर्थ है कि संचित की चादर अभी मोटी है? फिर आपके तत्काल मुक्त कर देने का क्या तात्पर्य है?

महत्वपूर्ण प्रश्न है। गौर से सुनना और समझना। मैं फिर दोहराता हूं कि मुक्ति तुम्हारा स्वभाव है; मैं मुक्त कर देता हूं, ऐसा थोड़े ही। मुक्ति तुम्हारा स्वभाव है। तुमने याद कर ली, मुक्त हो गए। स्मरण भर की बात है, सुरति। याददाश्त लौटानी है। मैं तुम्हें याददाश्त दिला सकता हूं, मुक्त कैसे कर सकता हूं? तुम पर जंजीरें ही नहीं हैं। तुमने जंजीरें मान रखी हैं। मान्यता की जंजीरें हैं। मैं तुम्हें झकझोर देता हूं; कहता हूं, जरा गौर से देखो, तुम्हारे हाथ पर जंजीर नहीं है; खयाल है जंजीर का। तुमने आंख खोल कर कभी गौर से देखा ही नहीं कि हाथ पर जंजीरें नहीं हैं, पैर में बेड़ियां नहीं हैं, तुम मुक्त हो। मुक्त होना तुम्हारा स्वभाव है, तुम्हारी संपदा है।

इसलिए मैं कहता हूं कि मैं तो संन्यास देते ही तुम्हें तत्काल मुक्त कर देता हूं। संन्यास का मतलब : तुमने मुझे मौका दिया कि आप मुझे झकझोरेंगे तो मैं नाराज न होऊंगा। इतना ही मतलब है। संन्यास का इतना ही मतलब कि मैं राजी हूं, अगर आप मुझे जगाएंगे तो नाराज न होऊंगा। संन्यास का मतलब कि मैं उपलब्ध हूं, अगर आप कुछ चोट करना चाहें मेरे ऊपर, मेरे हृदय पर कुछ आघात करना चाहें तो मैं आपको दुश्मन न लेखूंगा। बस इतना ही मतलब संन्यास का।

और जब मैं कहता हूं, मैं तुम्हें संन्यास देते ही मुक्त कर देता हूं, तो मेरा अर्थ यह है कि मुक्ति कोई वस्तु नहीं कि अर्जित करनी हो, कि जिसका अभ्यास करना हो—तुम्हारा स्वभाव है। मुक्त तुम पैदा हुए हो। मुक्त ही तुम जी रहे हो। मुक्त ही तुम मरोगे। बीच में तुमने बंधन का एक स्वप्न देखा।

ऐसा समझो कि एक रात तुम सोए और तुमने सपना देखा कि तुम पकड़ लिए गए, तस्करी में पकड़ लिए गए, मीसा के अंतर्गत जेल में बंद कर दिए गए, हथकड़ियां डाल दी गईं। अब तुम बड़े घबराने लगे रात नींद में कि अब क्या होगा, क्या नहीं होगा, कैसे बाहर निकलेंगे? और सुबह नींद खुली तो तुम हंसने लगे। क्या तुम सुबह यह कहोगे कि रात जब तुम जेलखाने में पड़े थे, हथकड़ियां लग गई थीं, तब तुम सच में ही जेलखाने में पड़ गए थे? नहीं, सुबह तो तुम यह कहोगे : सच में तो मैं अपने बिस्तर पर आराम कर रहा था; झूठ में जेलखाने हो गया था। लेकिन बिस्तर पर तुम आराम कर रहे थे, तुम्हें याद नहीं रह गई इस बात की। सपना बहुत भारी, हावी हो

गया। तुम्हारी आंखें सपने से बोझिल हो गयीं। तुम सपने के द्वारा ग्रसित हो गए। सपने ने तुम्हें सम्मोहित कर लिया। सपना ऐसा था कि तुम भूल ही गए कि यह सपना है। सपने में जकड़ गए। रात भर तकलीफ पाई। लेकिन सुबह उठ कर तुम यह तो मानोगे कि तकलीफ हुई नहीं थी वस्तुतः, मानी हुई थी।

मैं तुमसे कहता हूं: मुक्त तुम पैदा हुए हो, मुक्त तुम अभी हो, इस क्षण! मैं अमुक्तों से नहीं बोल रहा हूं, मुक्तपुरुषों से बोल रहा हूं। क्योंकि अमुक्त कोई है ही नहीं। जिस दिन मैंने जाग कर देखा कि मैं मुक्त हूं, उसी दिन मेरे लिए सारा संसार मुक्त हो गया। तुम सपना देख रहे हो—वह तुम्हारा सपना है, मेरा सपना नहीं है। तुम अगर सपने में खोए हो—तुम खोए हो, मैं नहीं खोया हूं। तुम्हारा सपना तुम्हें धोखा देता होगा, मुझे धोखा नहीं दे रहा है।

जब मैं तुम्हें संन्यास देता हूं तो मैं इतना ही कहता हूं कि जैसा मैं जागा हूं, वैसे तुम जाग जाओ। अभी जाग जाओ, इसी क्षण जाग जाओ! तुम चाहते हो मैं तुम्हें कुछ उपाय बताऊं कि कैसे मुक्त हों। अगर मैं तुम्हें उपाय बताऊं तो उसका अर्थ हुआ कि मैं भी मुक्त नहीं हूं। अगर मैं तुम्हें उपाय बताऊं तो उसका अर्थ हुआ कि मुझे भी यह स्वीकार नहीं है कि तुम मुक्त हो। मैं भी मान रहा हूं कि तुम बंधन में पड़े हो, जंजीरें काटनी हैं, हथौड़ियां लानी हैं, बेड़ियां खोलनी हैं, बड़ी कठिन मेहनत करनी है, जेलखाने की दीवालें गिरानी हैं, बड़ी साधना करनी है, बड़ा अभ्यास करना है।

अष्टावक्र का वचन था कल कि जिसने यह जान लिया, वह फिर छोटे बच्चों की तरह अभ्यास नहीं करता है। अभ्यास नहीं करता है! और तुमने तो सारा योग ही अभ्यास बना रखा है: अभ्यास करो, साधन का अभ्यास करो!

अष्टावक्र कहते हैं: तुम सिद्ध हो! साधन की जरूरत उसे हो जो सिद्ध नहीं। यह तुम्हारा स्वभाव है। मैं जब कहता हूं कि मैं तुम्हें संन्यास देते ही तत्काल मुक्त कर देता हूं, तो मैं तुमसे यह कह रहा हूं कि मुक्ति की जरूरत ही नहीं है, तुम मुक्त हो। सिर्फ तुम्हें याद दिला देता हूं।

एक आदमी ने शराब पी ली। वह अपने घर आया, लेकिन शराब के नशे में समझ न पाया कि अपना घर है। उसने दरवाजा खटखटाया। उसकी मां ने दरवाजा खोला। उसने अपनी मां से पूछा कि हे बूढ़ी मां, क्या तू मुझे बता सकती है कि मैं कौन हूं और मेरा घर कहां है? क्योंकि मैं घर भूल गया हूं, मैंने नशा कर लिया है।

वह मां हंसने लगी। उसने कहा, 'पागल, किससे तू पता पूछ रहा है? यह तेरा घर है।' उस शराब में बेहोश आदमी ने आंखें मींड़ कर फिर से देखा और उसने कहा कि नहीं, यह घर मेरा नहीं है। मेरा घर है जरूर, कहीं आस-पास ही है, ज्यादा दूर भी नहीं है। मुझे मेरे घर पहुंचा दो।

मुहल्ले के लोग इकट्ठे हो गए। लोग कहने लगे, 'तू पागल हुआ है? यह तेरा घर है! यह तेरी मां खड़ी है!' वह रोने लगा। वह कहने लगा कि मुझे इस तरह उलझाओ मत। मेरी मां राह देखती होगी। रात हुई जा रही है, देर हुई जा रही है। वह बड़ी तड़फती होगी। मुझे मेरे घर पहुंचा दो।

एक दूसरा शराबी शराब पी कर अपनी बैलगाड़ी लिए चला आता था। वह भी खड़ा होकर सुन रहा था। उसने कहा, 'सुन भाई, आ जा बैठ जा बैलगाड़ी में। मैं तुझे पहुंचा दूंगा।' लोग चिल्लाए कि पागल हो गया है, वह भी पीए बैठा है। वह तुझे ले जा रहा है, और तुझे ले जा रहा है तेरे घर से दूर!

मैं तुमसे यह कहना चाहता हूं: तुम जहां हो, जैसे हो, ठीक वैसे ही होना है। तुम्हारा जो अंतरतम है, इस क्षण भी मोक्ष में है। तुम्हारे बाहर जो धूल-धवांस इकट्ठी हो गई है, दर्पण पर जो धूल इकट्ठी हो गई है, उसके कारण तुम पहचान नहीं पा रहे। दर्पण धुंधला हो गया है। लेकिन तुम्हें कहीं और कुछ और होना नहीं है। मुक्ति तुम्हारा स्वभाव है।

इसलिए कहता हूं कि मैं संन्यास देते ही तुम्हें तत्काल मुक्त कर देता हूं—मेरी तरफ से कर देता हूं, फिर तुम्हारी मर्जी। फिर तुम्हें सपना देखना हो तो तुम एक नया सपना देखोगे। तुम्हें अगर सपना ही देखना है तो तुम सपने का सिलसिला जारी रखोगे। मगर वह तुम्हारी भूल है, उसमें मेरी जिम्मेवारी नहीं है। तुम मुझे दोषी न ठहरा सकोगे। मैंने तो अपनी तरफ से घोषणा कर दी कि तुम मुक्त हो।

इस घोषणा को अंगीकार करो। इस घोषणा को स्वीकार करो। हालांकि तुम्हारा मन कहेगा: मैं और मुक्त! तुम्हें सदा निंदा सिखाई गई है—'तुम पापी, जन्म-जन्म के कर्मों से दबे, भ्रष्ट!'

'मैं और मुक्त! नहीं, नहीं। मुक्त तो महावीर होते, बुद्ध होते, कृष्ण होते। यह तो अवतारी पुरुषों की बात है। मैं और मुक्त! मेरे तो पत्नी है, बच्चे हैं, दफ्तर है, दूकान है। मैं और मुक्त! नहीं, नहीं!' यह दावा करने की तुम्हारी हिम्मत नहीं होती। तुम कहते हो: 'मेरी तो पत्नी है, मेरे बच्चे हैं, मेरा घर-द्वार है।'

तुम सपने का हिसाब बता रहे हो; मैं तुम्हारा स्वभाव खोल रहा हूं। तुम अपने सपने का हिसाब बता रहे हो कि ये इतने पत्नी-बच्चे, यह सब कुछ मामला है, मैं कैसे मुक्त हो सकता हूं? मैं तुमसे कहता हूं, यह सारा जो तुम्हारा सपना है, सपना है। कौन तुम्हारा है? किसके तुम हो? कौन तुम्हारा हो सकता है? किसके तुम हो सकते हो? तुम बस अपने हो। इसके अतिरिक्त सब मान्यता है, सब धारणा है।

तुमसे यह भी नहीं कह रहा कि भाग जाओ घर छोड़ कर, क्योंकि कौन पत्नी, कौन बेटा! वह जो भागता है, वह भी सपने में है। मैं तुमसे कह रहा हूं: जाग जाओ,

भागना कहां है! होशपूर्वक देख लो। संसार जैसा चलता है, चलता रहने दो। कुछ अड़चन नहीं है। तुम्हारे जागने से संसार नहीं जाग जाएगा, लेकिन तुम जाग कर एक अनूठे अनुभव को उपलब्ध हो जाओगे। तुम हंसोगे भीतर ही भीतर कि जागे हुए लोग कैसे सोए-सोए चल रहे हैं! जिनका स्वभाव मुक्ति है, वे कैसे बंधन में पड़े हैं! तुम आश्चर्यचकित होओगे। बड़ी लीला चल रही है। परमात्मा बंधन में है! मुक्त स्वभाव जंजीरों में है! जो हो नहीं सकता, वैसा होता मालूम पड़ रहा है!

मैं तो तुम्हें मुक्त कर देता हूं, लेकिन तुम्हारा मन नहीं मानता। तुम कहते हो: 'कुछ करना पड़ेगा, तब मुक्ति होगी। ऐसे कहीं मुक्ति होती है?' तुम मुक्ति अर्जित करना चाहते हो। खयाल रखना, अर्जन करने की सब आकांक्षा अहंकार की है। अहंकार कहता है: 'अर्जित करूंगा! जैसे धन कमाया, ऐसे ध्यान कमाऊंगा। जैसे मकान बनाया, ऐसे मंदिर बनाऊंगा! जैसे संसार रचाया, ऐसे मोक्ष भी रचाऊंगा!'

जो रचाया जाता है, वह संसार है। जो रचा ही हुआ है और केवल जाग कर देखा जाता है, वही मोक्ष है। तुम कहते हो, जैसे मैंने पद-पदवियां पाईं, ऐसे ही परमात्मा को भी पाऊंगा। तुम कहते हो, परमात्मा परम पद है। तुमने अपनी भाषा में उसको भी पद बना रखा है; जैसे वह जरा राष्ट्रपति, प्रधानमंत्री से और जरा ऊपर। 'वहां पहुंच कर रहूंगा।' लेकिन पद है!

परमात्मा पद नहीं है—तुम्हारा स्वभाव है। तुम वहां हो। तुम वहां से रत्ती भर हट नहीं सकते। तुम लाख चाहो तो तुम वहां से गिर नहीं सकते। गिरने की कोई सुविधा नहीं है। तुम कहीं भी रहो, परमात्मा ही रहोगे। नरक में रहो, स्वर्ग में रहो, तुम परमात्मा ही रहोगे। तुम्हारा भीतर का स्वभाव बदलता नहीं, बदला जा सकता नहीं। स्वभाव हम कहते ही उसी को हैं जो बदला न जा सके; जिसमें कोई बदलाहट न होती हो; जो शाश्वत है; जो सदा है और सदा एकरस है।

अब तुम पूछते हो: 'तो फिर संचित का क्या भविष्य बनता है?'

तुम संचित का हिसाब लगा रहे हो। संचित क्या है? एक सपना अभी देखा, एक सपना कल देखा था, एक सपना परसों देखा था—कल और परसों के सपनों को तुम संचित कहते हो? जब यही जो तुम देख रहे हो, सपना है, तो जो कल देखा था वह भी सपना हो गया, जो परसों देखा था वह भी सपना हो गया। संचित यानी क्या? अगर तुम्हें यह सपना सपना समझ में आ गया, जो तुम अभी देख रह हो, तो सारे जन्मों-जन्मों के सपने सपने हो गए। बात खतम हो गई। तुम सुबह उठ कर यह थोड़े ही कहोगे कि 'सपने में एक आदमी से रुपये उधार ले लिए, वापस तो करना पड़ेंगे न? आप तो कहते हो मुक्त हो गए, मान लिया, मगर अदालत पकड़ बैठेगी। वापस

तो करना पड़ेंगे न जिससे रुपये ले लिए हैं सपने में?' सपने में रुपये ले लिए वापस करने पड़ेंगे! कि सपने में किसी को रुपये दे दिए, वापस लेने पड़ेंगे! कि सपने में किसी को मार दिया, क्षमा मांगनी पड़ेगी! कि सपने में किसी ने अपमान कर दिया तो बदला लेना पड़ेगा! संचित क्या?

अब इसे समझना। संचित का अर्थ होता है कि तुम्हारी यह धारणा है कि तुमने कुछ किया। तुम कर्ता थे, तो कर्म बना।

ऐसा समझो, तुम साधारणतः सोचते हो कि कर्म हमें पकड़े हुए हैं। अष्टावक्र जैसों की उदघोषणा कुछ और है। वे कहते हैं, कर्ता का भाव तुम्हें पकड़े हुए है, कर्म नहीं। कर्ता के भाव के कारण फिर कर्म पकड़े हुए हैं। अगर कर्ता का भाव छूट गया तो मूल से बात कट गई; कर्म का तो अर्थ ही न रहा। फिर परमात्मा ने जो किया, किया; जो करवाया, करवाया। जो उसकी मर्जी थी, हुआ।

इधर तो तुम कहते हो, उसकी बिना मर्जी के पत्ता नहीं हिलता—और फिर भी संचित कर्म तुम करते हो! पुण्य-पाप तुम करते हो, उसकी मर्जी के बिना पत्ता नहीं हिलता! तुम कौन हो? तुम बीच में क्यों आ गए हो? तुम कह दो: 'जो हुआ उसके द्वारा हुआ। जो नहीं हुआ उसके द्वारा हुआ। अगर मैंने किसी को मारा तो उसने ही किया होगा। और अगर किसी ने मुझे मारा तो उसकी मर्जी रही होगी। न अब कोई नाराजगी है, न कोई लेन-देन है। दिया-लिया सब बराबर हो गया।' ऐसी अनुभूति का नाम मुक्ति है।'

मुक्ति में संचित का कोई हिसाब नहीं है। संचित में तो पुरानी धारणा तुम फिर खींच रहे हो। कर्म किया, तो उसका तो कुछ करना पड़ेगा न! पाप किए तो पुण्य करने पड़ेंगे। पुण्य से पाप को संतुलित करना पड़ेगा, तब कहीं मुक्ति होगी।

तुम बड़े हिसाबी-किताबी हो। तुम दुकानदार हो। तुम्हें परमात्मा समझ में नहीं आता। परमात्मा जुआरी है, दुकानदार नहीं। परमात्मा खिलाड़ी है, दुकानदार नहीं। तुम्हें यह बात ही समझ में नहीं आती कि यह बात तो बेबूझ है। तुम यह मान ही नहीं सकते कि पुण्यात्मा भी वैसा ही है जैसा पापी। दोनों ने सपना देखा। तुम कहते हो, 'पुण्यात्मा ने भी सपना देखा, पापी ने भी। दोनों में कुछ फर्क तो होगा!' कुछ फर्क नहीं है। रात तुम साधु बन गए सपने में कि चोर बन गए, क्या फर्क है! सुबह उठ कर क्या कुछ फर्क रह जाएगा? सुबह उठ कर दोनों सपने सपने हो गए—एक से सपने हो गए। अच्छा भी, बुरा भी।

शुभ और अशुभ के जो पार हो गया, वही मुक्त है। पाप और पुण्य के जो पार हो गया, वही मुक्त है। और पार होने के लिए तुम क्या करोगे? क्योंकि करने से तुम बंधे हो। इसलिए पार होने के लिए एक ही उपाय है कि तुम करो मत, करने को देखो! जो हो रहा है होने दो। निमित्त तुम हो जरूर। सपना तुमसे बहा जरूर।

'तो फिर संचित का क्या भविष्य बनता है?'

न संचित कभी था। अतीत भी नहीं है, भविष्य तो क्या खाक होगा! संचित का न कोई अतीत है, न कोई वर्तमान है, न कोई भविष्य है। सपने का कोई अतीत होता है? कोई भविष्य होता है? कोई वर्तमान होता है? सपना होता मालूम पड़ता है, होता नहीं—सिर्फ भास मात्र, आभास भर।

'क्या वह क्षीण हो जाता है?'

तुम अपनी भाषा दोहराए चले जा रहे हो। सुबह जब तुम जागते हो तो सपना क्षीण होता है? समाप्त होता है। क्षीण का तो मतलब यह है कि अभी थोड़ा-थोड़ा जा रहा है। तुम जाग भी गए, सपना दस इंच चला गया, फिर बीस इंच गया, फिर गज भर गया, फिर दो गज, फिर मील भर, ऐसा धीरे-धीरे...तुम जागे बैठे अपनी चाय पी रहे और सपना जो है वह रत्ती-रत्ती जा रहा है, क्षीण हो रहा है।

एक कोई धक्का दे दे तुमको सोते में, तुम्हारी एकदम से आंख खुल जाए, तो भी सपना गया—पूरा का पूरा गया। सपना बच कैसे सकता है?

नहीं, तुम्हारा फुटकर में बहुत भरोसा है; यहां थोक की यह बात हो रही है। तुम फुटकर व्यापारी मालूम पड़ते हो। तुम कहते हो, क्षीण होगा धीरे-धीरे, धीरे-धीरे...। एक-एक सीढ़ी चढ़ेंगे। तुम्हारी मर्जी! अगर तुम्हारा इतना ही लगाव है कि धीरे-धीरे सरकोगे, तुम सरको। मगर मैं तुमसे कहता हूं कि तुम धीरे-धीरे कितना ही सरको, तुम सपने के बाहर न आ पाओगे। क्योंकि सरकना भी सपने का हिस्सा है। 'धीरे-धीरे' भी सपने का हिस्सा है। समय मात्र सपने का हिस्सा है।

तत्क्षण जागो! इसलिए कहता हूं: मैं तो संन्यास देते ही तुम्हें तत्काल मुक्त कर देता हूं। फिर अगर तुम कंजूस हो, तुम्हारी मर्जी।

बड़े कृपण लोग हैं! मुक्ति तक में कृपण हैं! देने की तो बात दूर, यहां मैं कह रहा हूं, ले लो पूरा! वे कहते हैं कि इकट्ठा कैसे लें, धीरे-धीरे लेंगे! थोड़ा-थोड़ा दें, इतना ज्यादा मत दें।

तुम देने में तो कंजूस हो ही गए हो, लेने में भी कंजूस हो गए हो। तुमने हिम्मत ही खो दी। तुम्हारा साहस ही नहीं बचा।

'और अगर संन्यास लेने के तुरंत बाद ही मुक्ति नहीं होती तो क्या उसका अर्थ है कि संचित की चादर अभी मोटी है?'

छोड़ो भी यह चादर! यह चादर कहीं है ही नहीं।

एक रात मुल्ला नसरुद्दीन सोया। बीच रात में उठ कर बैठ गया। किसी ग्राहक से बात करने लगा। कपड़े की दूकान है। और जल्दी से चादर उसने फाड़ी। पत्नी चिल्लाई कि यह क्या कर रहे हो? उसने कहा कि तू चुप रह, दूकान पर तो कम से कम आकर बाधा न दिया कर।

तब उसकी नींद खुली—अपनी चादर फाड़ बैठा। न वहां कोई ग्राहक है, न कोई खरीदार है।

कैसी चादर? मोटी, पतली—कैसी चादर? मुक्त होने में तुम इतने ज्यादा भयभीत क्यों हो? तुम किसी न किसी तरह से बंधन को बचा क्यों रखना चाहते हो? डर का कारण है। डर का कारण है, क्योंकि मुक्ति तुम्हारी नहीं है। मुक्ति 'तुम' से मुक्ति है।

मुक्ति का अर्थ यह नहीं होता कि तुम मुक्त हो गए। तुम बचे तो मुक्ति कहां? मुक्ति का अर्थ होता है : तुम गए, मुक्ति रही। इसलिए घबड़ाहट है। इसलिए तुम कहते हो : 'थोड़ा-थोड़ा, धीरे-धीरे करेंगे। नहीं तो एकदम से खो गए...!' खोने से तुम डरे हो। 'मिट गए...!'

नदी भी डरती होगी सागर में उतरने के पहले, झिझकती होगी, लौट कर पीछे देखती होगी। इतनी लंबी यात्रा हिमालय से सागर तक की! इतने-इतने लंबे संस्मरण, इतने सपने, इतने वृक्षों के नीचे से गुजरना, इतने सूरज, इतने चांद, इतने लोग, इतने घाट, इतने अनुभव! सागर में गिरने के पहले सोचती होगी : 'मिट जाऊंगी। रोक लूं।' ठिठकती होगी, झिझकती होगी। पीछे मुंह करके देखती होगी, जिस राह से गुजर आई। ऐसी ही तुम्हारी गति है। तुम एकदम छोड़ नहीं देना चाहते। तुम बचा लेना चाहते हो कुछ। और तुम जब तक बचाना चाहोगे तब तक बचा रहेगा। तुम तुम्हारे मालिक हो। इधर मैं जगाता रहूंगा, तुम बचाते रहना।

मगर मैं अपनी तरफ से तुम्हें साफ कर दूं : कोई चादर नहीं है—न पतली, न मोटी। तुम बिलकुल उघाड़े बैठे हो। तुम बिलकुल नग्न हो, दिगंबर! कोई चादर वगैरह नहीं है। आत्मा पर कैसी चादर?

कबीर ने कहा है : 'ज्यों की त्यों धरि दीन्हीं चदरिया। खूब जतन कर ओढ़ी रे चदरिया।'

मैं तुमसे कहता हूं कि ज्यों की त्यों इसीलिए धर दी, क्योंकि चादर है ही नहीं। होती तो ज्यों की त्यों कैसे धरते? थोड़ा सोचो। होती चादर तो ज्यों की त्यों धर सकते? कुछ न कुछ गड़बड़ हो ही जाती। जिंदगी भर ओढ़ते तो गंदी भी होती, कूड़ा-कर्कट भी लगता। धोते तो कभी! तो अस्तव्यस्त भी होती, रंग भी उतरता। धूप-धाप भी पड़ती। जीर्ण-शीर्ण भी होती। और कबीर कहते हैं : 'ज्यों की त्यों धरि दीन्हीं चदरिया! खूब जतन कर ओढ़ी रे।'

चादर है ही नहीं। इसलिए ज्यों की त्यों धर दी। और चादर होती तो तुम लाख जतन से ओढ़ो, गड़बड़ हो ही जाएगी। है ही नहीं।

तो फिर...मैं तुमसे कहता हूं : चादर नहीं है। तुम हो चादर। और जब तक तुम बचना चाहते हो तब तक चादर बची है। जिस दिन तुम राजी हो मिटने को, फिर कुछ नहीं बचता, मुक्ति बचती है।

मुक्ति तुम्हारी नहीं है, फिर दोहरा दूं। मुक्ति तुमसे बड़ी है, तुमसे विराट है। मुक्ति सागर जैसी है, तुम नदी जैसे संकीर्ण हो।

पांचवां प्रश्न : आप कहते हैं कि सिर्फ सुन कर प्रभु को उपलब्ध हो सकते हो। आपको सुनते समय मुझे ऐसा लगता है कि सब जान लिया और सुन कर आनंद में डूब जाता हूं। लेकिन कुछ काल के अंतर पर पहले ही जैसा हो रहता हूं। तब ऐसा लगता है कि जाने कैसी मुसीबत में फंस गया! पहले ही मजे में था। अब हालत है कि छोड़े छूटता नहीं और पकड़ में भी आने से रहा। इस तड़पन से बचाओ भगवान!

समझो। पहली बात, तुम कहते हो : 'आप कहते हैं कि सिर्फ सुन कर प्रभु को उपलब्ध हो सकते हो।'

निश्चित ही। क्योंकि खोया होता तो कुछ और करना पड़ता। सिर्फ सुन कर उपलब्ध हो सकते हो। ऐसा ही मामला है, तुमने दो और दो पांच जोड़ रखे हैं और मैं आया और मैंने कहा कि पागल हुए हो, दो और दो पांच नहीं होते, दो और दो चार होते हैं। तो तुम क्या कहोगे कि 'बस क्या सुन कर ही दो और दो चार हो जाएं? अब मेहनत करनी पड़ेगी, शीर्षासन लगाएंगे, भजन-कीर्तन करेंगे, तपश्चर्या करेंगे, उपवास करेंगे—तब दो और दो चार होंगे।' दो और दो चार होते हैं! तुम्हारे उपवास इत्यादि से नहीं होंगे। दो और दो चार ही हैं। तुम जब दो और दो पांच लिख रहे हो, तब भी दो और दो चार ही हैं। पांच तुम्हारी ही गलती, तुम्हारी भ्रांति है।

संसार माया है—अर्थ : संसार तुम्हारी भ्रांति है, है नहीं। तो सुनने से ही हो सकता है।

'सुनने से ही तुम उपलब्ध हो सकते हो, ऐसा आप कहते हैं। आपको सुनते समय मुझे लगता है कि सब जान लिया।'

बस वहीं भूल हो गई। तुम समझे कि सब जान लिया, तो तुम ज्ञाता बन गए, ज्ञानी बन गए, पंडित बन गए। जान लिया! तो चूक हो गई। अहंकार ने फिर अपने को बचा लिया—जानने में बचा लिया।

अगर तुमने मुझे ठीक से समझा तो तुम जानोगे कि जानने को कुछ भी नहीं है। जानने को है क्या? अगर तुमने ठीक से मुझे सुना और समझा, तो तुम जानने से मुक्त हो जाओगे। जानने को क्या है? जीवन परम रहस्य है—गूढ़ रहस्य है। जानने में नहीं आता। जाना नहीं जाता। जीया जाता है। कोई समस्या नहीं है कि समाधान हो जाए। जीवन कोई प्रश्न नहीं है कि उत्तर बन जाए।

मैं तुम्हें कोई उत्तर नहीं दे रहा हूं, तुम्हें सिर्फ जगा रहा हूं। तुम उत्तर पकड़ रहे हो, मैं तुम्हें जगा रहा हूं। बस वहीं चूक हुई जा रही है। तुम सुन लेते हो मुझे, तुम थोड़ा सा संग्रह कर लिए बातों का। तुमने कहा कि बिलकुल ठीक, बात तो जंच गई। बस यहीं चूक गए। यह कोई बात थोड़े ही है जो मैं तुमसे कर रहा हूं। यह तो तुम्हें थोड़ा सा धक्के दे रहा हूं कि तुम थोड़ी आंख खोलो। तुम ज्ञानी बन कर मत लौट जाना।

मैं चाह रहा हूं कि तुम समझ लो कि सब ज्ञान मिथ्या है। ज्ञान मात्र मिथ्या है। ज्ञान का अर्थ ही हुआ कि तुम अलग हो गए। जिसे तुमने जाना उससे जानने वाला अलग हो गया। भेद खड़ा हो गया। अभेद टूट गया। अद्वैत मिट गया, द्वैत हो गया। दुई आ गई। परदा पड़ गया। बस उपद्रव शुरू हो गया।

मैं तुम्हें जगा रहा हूं—उसमें, जो एक है, अद्वैत है। तुम उस महासागर में जागो! ज्ञानी मत बनो। अन्यथा ज्ञानी बन कर जाओगे, दरवाजे से निकलते-निकलते ज्ञान हाथ से खिसक जाएगा। ज्ञान काम नहीं आएगा।

मैं तुमसे कहता हूं: अपने अज्ञान की आत्यंतिकता को स्वीकार कर लो। यह तुम्हें बड़ा कठिन लगता है। क्योंकि सब बातें अहंकार के विपरीत जाती हैं। अहंकार कहता है: कर्ता बनो। वह मैं कहता हूं, कर्ता मत बनो। अहंकार कहता है: 'चलो अच्छा तो ज्ञानी बन जाओ, पंडित तो बन सकते हैं न! इसमें तो कुछ हर्जा नहीं।' और मैं तुमसे कहता हूं: पंडित से ज्यादा मूढ़ कोई होता ही नहीं। पांडित्य मूढ़ता को बचाने का एक उपाय है। तुम तो सहज हो जाओ। तुम तो कह दो: 'जानने को क्या है? क्या जान सकता हूं?' आदमी ने कुछ जाना अब तक? तुम क्या जानते हो, तुमने कभी इस पर सोचा? तुम कहते हो, यह स्त्री मेरे साथ तीस साल से रहती है, मेरी पत्नी है। तुम इसको जानते हो? क्या जानते हो? तीस साल के बाद भी क्या जानते हो? छोड़ो, यह तो तीस साल से रहती है; तुम कितने जन्मों से अपने साथ हो, स्वयं को जानते हो? क्या पता है तुम्हें? आईने में जो तस्वीर दिखाई पड़ती है, वही तुम अपने को समझे बैठे हो। कि बाप ने एक नाम दिया, वह तुम हो! कौन हो तुम?

वैज्ञानिक कहते हैं कि वे जानते हैं। गलत खयाल है। वैज्ञानिक से पूछो, पानी क्या है? वह कहता है, हाइड्रोजन और आक्सीजन से मिल कर बना है। हाइड्रोजन और आक्सीजन क्या हैं? फिर अटक गए। एक तरफ से सरके थोड़े-बहुत, मगर वह कोई जानना हुआ? पानी पर अटके थे। पानी पूछा, क्या? कहा, हाइड्रोजन, आक्सीजन। हाइड्रोजन क्या? फिर अटक गए। फिर थोड़ा-बहुत धक्कम-धुक्की की तो कहा कि ये इलेक्ट्रॉन और न्यूट्रॉन और पॉजीट्रॉन। और ये क्या? तो वह कहता है, इनका कुछ पता नहीं चलता। तो साफ क्यों नहीं कहते कि पता नहीं चलता! ऐसा गोल-गोल

जाकर, पता नहीं चलता! जब इलेक्ट्रॉन न्यूट्रॉन का पता नहीं चलता, तो हाइड्रोजन का पता नहीं चला, और हाइड्रोजन का पता नहीं चला तो पानी का पता नहीं चला। मामला तो सब गड़बड़ हो गया।

यह तो ऐसा ही हुआ कि मैं स्टेशन पर आऊं और तुमसे पूछूं कि श्री रजनीश आश्रम कहां है? और तुम कहो कि कोरेगांव पार्क में। और मैं तुमसे पूछूं कि कोरेगांव पार्क कहां है? और तुम कहो कि ब्लू डायमंड के पास। मैं पूछूं ब्लू डायमंड कहां है? तुम कहो, इसका कुछ पता नहीं। तो मामला क्या हुआ? जब ब्लू डायमंड का पता नहीं है तो कोरेगांव गड़बड़ हो गया। कोरेगांव गड़बड़ हो गया तो आश्रम...! तो वहां पहुंचें कैसे? तुम कहोगे, अब यह आप समझो। बाकी यहां तक हमने बता दिया, ब्लू डायमंड तक। लेकिन ब्लू डायमंड क्या है, इसका किसी को कोई पता नहीं। तो यह कुछ जानना हुआ?

विज्ञान भी धोखा है। जानना तो होता ही नहीं। आज तक कोई बात जानी तो गई ही नहीं। यह सारा विराट अनजान है, अपरिचित है, अज्ञात है, अज्ञेय है। यहां जानना भ्रम है।

ज्ञान के भ्रम से तुम मुक्त हो जाओ, यह मेरी चेष्टा है। और तुम कहते हो कि 'आपको सुन कर मजा आ जाता है। जान लिया, ऐसा लगता है जान लिया। आई मुट्ठी में बात।' बस यहीं चूक गए तुम। धुआं पकड़ रहे हो। कुछ आएगा नहीं हाथ में। बाहर जाकर जब मुट्ठी खोलोगे, तुम कहोगे यह तो मामला गड़बड़ हो गया। मुट्ठी में तो कुछ भी नहीं है। एकदम पकड़ लिया था उस वक्त और सब छिटक गया। तुम भ्रांति में पड़ रहे हो।

मैं तुम्हें ज्ञान नहीं दे रहा हूं। मैं तुम्हें जाग दे रहा हूं। जाग का अर्थ है कि ज्ञान न तो कभी हुआ है, न हो सकता है, न होगा। जाग का अर्थ है: जीवन परम रहस्य है।

वेदों में एक बड़ी अनूठी बात है। 'यह सब क्या है?'—ऋषि ने पूछा है।

'शायद परमात्मा जिसने इसे बनाया वह जानता हो, या कौन जाने वह भी न जानता हो!'

यह बड़ी अदभुत बात है। परमात्मा! वेद का ऋषि कहता है: 'यह सब क्या है?'

'शायद! शायद, परमात्मा जानता हो जिसने यह सब बनाया, या कौन जाने वह भी न जानता हो!'

बड़े हिम्मतवर लोग रहे होंगे। इसका सार अर्थ हुआ कि परमात्मा को भी पता नहीं है।

असल में जिस चीज का पता हो जाए, वह व्यर्थ हो जाती है। पता ही हो गया तो फिर क्या बचा? पता चल गया तो परिभाषा हो गई। इस अस्तित्व की अब तक

कोई परिभाषा नहीं हो सकी। कोई कह सका, क्या है? इसलिए तो बुद्ध चुप रह गए। जब तुम उनसे पूछो ईश्वर है? वे चुप रह जाते हैं। आत्मा है? वे चुप रह जाते हैं। यह ठीक-ठीक उत्तर दिया बुद्ध ने! वे कहते हैं : यह बकवास बंद करो आत्मा, ईश्वर की! कौन जान पाया? जागो! जानने की चिंता छोड़ो।

तो एक तो कर्ता की दौड़ है, वह अहंकार की दौड़ है। फिर एक ज्ञान की दौड़ है, वह भी अहंकार की दौड़ है। कर्ता कहता है : अच्छा करो, बुरा मत करो। ज्ञानी कहता है : सत्य को जानो, असत्य को मत जानो। लेकिन दोनों भेद करते हैं। धार्मिक व्यक्ति तो कहता है : जाना ही नहीं जा सकता।

अगर मुझे सुन कर तुम्हें यह समझ में आ जाए कि जाना ही नहीं जा सकता, फिर तुम कैसे खो पाओगे, बताओ! फिर तुम यहां से चले जाओगे, क्या तुमने यह जो जाना कि नहीं जाना जा सकता, इसे तुम कभी भी खो सकोगे? फिर यह तुम्हारी संपदा हो गई। फिर तुम मुट्ठी खोलो कि बंद करो, तुम हिलाओ-डुलाओ हाथ, मुट्ठी खोल कर या बंद करके, यह गिरेगा नहीं। यह तुम्हारी संपदा हो गई। फिर तुम इसे कैसे छोड़ पाओगे? कोई उपाय है छोड़ने का? जानना तो छूट सकता है, भूल सकता है; लेकिन यह अज्ञान का गहन भाव कि नहीं कुछ पता है...।

उपनिषद कहते हैं : जो जानता है, जान लेना कि नहीं जानता। जो नहीं जानता, जानना कि वही जानता है।

और सुकरात ने कहा है : मुझे एक ही बात पता है कि मुझे कुछ भी पता नहीं।

ये परम ज्ञानियों की उदघोषणाएं हैं।

जानो कि जानने में जानना नहीं है। जानो कि न जानने में ही जानना है। तुम अगर मेरे पास से न जानने का यह अहोभाव लेकर विदा होओ, तो फिर तुमसे कोई भी इसे छीन न सकेगा। डाकू लूट न सकेंगे। जेबकतरे काट न सकेंगे। कोई तुम्हारे जीवन में संदेह पैदा न कर सकेगा। जहां ज्ञान है वहां संदेह की संभावना है। कोई दूसरा विपरीत ज्ञान ले आए, तो झंझट खड़ी कर देगा। तर्क ले आए, तो झंझट खड़ी कर देगा।

मैं तुम्हें ज्ञान नहीं दे रहा हूं। मैं तुम्हें कुछ और बहुमूल्य दे रहा हूं, जो तुम्हारी समझ में नहीं पड़ रहा है। जिस दिन जिसको समझ में पड़ जाएगा, वह उसी क्षण मुक्त हो गया। और जो अज्ञान में मुक्त हो गया, उसकी मुक्ति महान है, गहन है! उसका निर्वाण फिर छीना नहीं जा सकता।

तुमने क्या जाना? इसे सोचो। अब तक कुछ भी जान पाए? कुछ भी तो नहीं जान पाए। कूड़ा-कर्कट इकट्ठा कर लेते हो, सूचनाएं इकट्ठी कर लेते हो—सोचते हो जान लिया? किसी ने पूछा, यह वृक्ष जानते हो? तुमने कहा : हां, अशोक का वृक्ष है। यह कोई जानना हुआ? अशोक का वृक्ष तुमने कह दिया। अशोक के वृक्ष को पता है

कि उसका नाम अशोक है? तुमने क्या खाक जान लिया! तुमने ही नाम दे दिया, अशोक। तुमने ही बता दिया कि अशोक का वृक्ष है। तुम्हीं ने तख्ती लगा दी, तुम्हीं ने पढ़ ली। वृक्ष को भी तुम अभी तक नहीं समझा पाए कि तुम अशोक हो। तुम जानते क्या हो?—कामचलाऊ बातें, ऊपरी-ऊपरी, 'लेबिल' चिपका दिए हैं।

ज्ञान यहां कहीं भी नहीं है। न तो शास्त्रों में ज्ञान है, न वैज्ञानिकों के पास ज्ञान है। किसी के पास ज्ञान नहीं है। ज्ञान होता ही नहीं।

ऐसा भाव जब तुम्हारे भीतर स्पष्ट हो जाएगा, तब तुमसे कौन छीन सकेगा तुम्हारे बोध को! कैसे छीन सकेगा! तब तुम एक शाश्वतता में जीओगे—कालातीत, क्षेत्रातीत। तुम्हारी शांति प्रगाढ़ होगी। उसी क्षण उसका उदय होता है, जिसके प्रति नमन हो सकता है। वह उदय रहस्यपूर्ण है—ज्ञानपूर्ण नहीं।

और आखिरी प्रश्न—आखिरी में रखा है, क्योंकि प्रश्न नहीं है, उत्तर है। जैसे मैंने पूछा हो और कोई ज्ञानी आ गए हों, उन्होंने उत्तर दे दिया: 'मैं-तू—वह ये वास्तविक भेद नहीं हैं, शाब्दिक हैं। रुचि या स्थिति-विशेष में इनके द्वारा परमात्मा को पुकारा जाता है।'

अब यह तो उत्तर है, यह कोई प्रश्न नहीं है। अगर यह उत्तर तुम्हें मिल गया है, तो तुम यहां किसलिए आए हो? यहां क्या कर रहे हो? बात खतम हो गई। और अगर यह उत्तर तुम्हें अभी मिला नहीं है, तो तुम किसको यह उत्तर दे रहे हो और किस कारण?

आदमी को अपना ज्ञान बताने की बड़ी आकांक्षा होती है। जितना कम हो, उतनी ज्यादा आकांक्षा होती है। इसलिए तो कहते हैं: थोड़ा ज्ञान बड़ा खतरनाक। यह भी तुमने जाना नहीं है कि तुम क्या कह रहे हो? क्यों कह रहे हो? मैंने तुमसे पूछा नहीं। तुम्हें यह उत्तर देने की कोई जरूरत नहीं है। लेकिन फिर भी बिना पूछे तुमने दिया तो धन्यवाद! ऐसे ही तुम मुझे देते रहे तो कभी न कभी मैं भी ज्ञानी हो जाऊंगा! ऐसी कृपा बनाए रखना!

एक व्यक्ति आधी रात को सड़क पर घूम रहा था। एक सिपाही ने उसे रोक कर पूछा, श्रीमान, आपके पास इतनी रात गए सड़क पर घूमने का कोई कारण है? उस व्यक्ति ने सिर ठोंक कर कहा कि यदि मेरे पास कोई कारण ही होता तो मैं कभी का घर पहुंच कर अपनी बीबी के सामने पेश कर चुका होता; कारण नहीं है, इसीलिए तो घूम रहा हूं।

अगर तुम्हें पता ही चल गया है, जो तुमने कहा है अगर तुम्हें पता चल गया है,

तो तुम परमात्मा के सामने उपस्थित हो जाते, तब तो मंदिर का द्वार खुल जाता। इन शाब्दिक समझदारियों में मत उलझो।

'मैं, तू, वह—ये वास्तविक भेद नहीं हैं।'

कहा किसने कि ये वास्तविक भेद हैं? तुम सोचते हो कोई भेद वास्तविक होते हैं? भेद मात्र अवास्तविक हैं। तुमको यह खयाल किसने दे दिया कि भेद वास्तविक भी होते हैं?

और तुम कहते हो कि 'मैं, तू, वह—सब शाब्दिक भेद हैं।'

ये शब्द ही हैं, स्वभावतः भेद शाब्दिक होंगे। तुम समझा किसको रहे हो? किसने कहा कि ये शब्द नहीं हैं? और अगर शब्द न होते तो मैं कैसे बोलता, तुम कैसे लिखते? सब शब्द हैं।

'रुचि या स्थिति-विशेष में इनके द्वारा परमात्मा को पुकारा जाता है।'

तुम्हें परमात्मा का पता है? और जब तक स्थिति-विशेष रहे और रुचि-विशेष रहे तब तक परमात्मा से किसी का कभी संबंध हुआ है? अष्टावक्र कहते हैं : 'दृष्टि-शून्यः।' जब दृष्टि शून्य हो जाए, कोई दृष्टि न बचे! जब कोई स्थिति न बचे, कोई अवस्था न बचे, तुम स्थिति और अवस्थाओं के पार हो जाओ—तभी परमात्मा का प्रागट्य होता है।

तो अगर कोई रुचि है अभी शेष, तो तुम जिसको पुकार रहे हो वह परमात्मा नहीं है। वह तुम्हारी पुकार है, तुम्हारी रुचि की पुकार है। परमात्मा से उसका क्या लेना-देना? निश्चित ही अलग-अलग रुचि के लोग परमात्मा को अलग-अलग नाम देते रहते हैं। लेकिन क्या इससे परमात्मा को नाम मिलते हैं? जैसे मैंने तुमसे कहा, अशोक के वृक्ष को भी पता नहीं है कि वह अशोक का वृक्ष है। और परमात्मा को भी पता नहीं है कि तुम किस-किस तरह के पागलपन उसके नाम से कर रहे हो।

सूफी पुकारते हैं परमात्मा को स्त्री मान कर, प्रेयसी मान कर। कोई हैं जो परमात्मा को पिता मान कर पुकारते हैं; जैसे ईसाई। कोई कुछ मान कर पुकारते हैं, कोई कुछ मान कर पुकारते। इससे तुम्हारी रुचि भर का पता चलता है, या तुम्हारी बीमारी का पता चलता है। इससे परमात्मा तक पुकार नहीं पहुंचती; क्योंकि परमात्मा न पिता है, न माता है, न भाई है, न बेटा है, न पत्नी है, न प्रेयसी है।

परमात्मा कोई संबंध थोड़े ही है तुम्हारे और किसी के बीच! परमात्मा तो ऐसी घड़ी है जहां तुम न बचे; जहां पुकारने वाला न बचा। तुम जब पुकार रहे हो तब तक परमात्मा तक पुकार न पहुंचेगी। जब पुकारने वाला ही मिट गया, जब पुकार न बची, जब कोई न बचा पुकारने को, जब गहन सन्नाटा घिर गया, जब शून्य उतरा, शून्यादृष्टिः, सब शून्य भाव हो गया—तभी।

हेरत हेरत हे सखी रह्या कबीर हेराई! जब कबीर खो गया खोजते-खोजते, तब, तब हुआ मिलन।

कबीर ने कहा है : जब तक मैं था तब तक तू नहीं, अब तू है मैं नाहिं।

तो तुम पुकारो विशेष-स्थिति में, रुचि में, परमात्मा को नाम दो, ये सब तुम्हारे संबंध में खबर देते हैं, इससे परमात्मा का कुछ पता नहीं चलता।

मगर यह उत्तर चाहा किसने था? तुम्हारे भीतर दिखता है ज्ञान खड़बड़ा रहा है, प्रकट होना चाहता है। तुम बड़ी खतरनाक स्थिति में हो। जब तुम मुझे तक नहीं बख्शे, तो दूसरों की क्या हालत कर रहे होओगे। तुम्हारे पंजे में जो पड़ जाएगा, तुम उसी के गले में घोंटने लगोगे ज्ञान। तुम जरूर अत्याचार कर रहे होओगे लोगों पर। जिन पर भी कर सकते होओगे, तुम मौका न छोड़ते होओगे।

ध्यान रखना, ऐसा ज्ञान किसी के भी काम नहीं आता। जब तक कोई तुम्हारे पास पूछने न आया हो, तब तक मत कहना। क्योंकि जो बिना पूछे कहा जाता है, उसे कोई स्वीकार नहीं करता। जब कोई प्यास से पूछने आता है, तब मुश्किल से लोग स्वीकार करते हैं; तब भी मुश्किल से स्वीकार करते हैं। खुद ही आए थे पूछने, तो भी बड़े झिझक से स्वीकार करते हैं, तब भी स्वीकार कर लें तो धन्यभाग! लेकिन जब तुम्हीं उनकी तलाश में घूमते हो ज्ञान लेकर कि कहीं कोई मिल जाए तो उंडेल दें ज्ञान उसके ऊपर, तब तो कोई स्वीकार करने वाला नहीं है। लोग सिर्फ नाराज होंगे। इसलिए ज्ञानियों से लोग बचते हैं कि चले आ रहे हैं पंडित जी! वे भागते हैं, कि पंडित चले आ रहे हैं, यहां से बचो, नहीं तो वे सिर खाएंगे!

जो नहीं मांगा है वह देने की कोशिश कभी नहीं करना।

कहा जाता है कि दुनिया में जो चीज सबसे ज्यादा दी जाती है और सबसे कम ली जाती है, वह सलाह है। सलाह इतनी दी जाती है, इतनी दी जाती है—और लेता कोई भी नहीं! क्योंकि मुफ्त तुम देते हो—कौन लेगा? अकारण, बिना मांगे तुम देते हो—कौन लेगा?

नहीं, इस तरह के ज्ञान को उछालते मत फिरो। कोई तुम्हारे पास जिज्ञासा करने आए कभी, उसको बता देना। कोई तुमसे पूछता हो तो उसको बता देना। लेकिन कोई पूछे न, किसी ने जिज्ञासा न की हो, तो ऐसी आतुरता मत रखो। ऐसी आतुरता खतरनाक है, हिंसात्मक है। ऐसे ज्ञानियों ने लोगों के मन में ज्ञान के प्रति बड़ी अरुचि पैदा कर दी है। ऐसे ज्ञानियों के कारण जीवन की परम गुह्य बातें भी उबाने वाली हो गई हैं। उनसे रस समाप्त हो गया।

चुप रहो! अगर किसी को पता चलेगा कि तुम्हें ज्ञान मिल गया, तुम्हें कुछ जागरण आ गया, लोग अपने आप आने लगेंगे। कोई पूछे, तब कह देना।

यहां तो कोई भी तुमसे पूछ नहीं रहा था, कम से कम मैंने तो नहीं पूछा था।

लेकिन अहंकार रास्ते खोजता है, नये-नये रास्ते खोजता है। किसी भी तरह से अहंकार अपने को प्रतिस्थापित करना चाहता है कि मैं कुछ हूं, विशिष्ट हूं। और वही विशिष्टता तुम्हारा कारागृह है।

(वह तो आखिरी प्रश्न नहीं था, क्योंकि उत्तर था।)

आखिरी प्रश्न : आपने कहा कि कृष्ण भरोसे के नहीं थे; उनसे अधिक गैर-भरोसे का आदमी खोजना कठिन है। लेकिन मैं समझती हूं कि एक हैं जो उनसे भी अधिक गैर-भरोसे के हैं। क्या आप उन पर बोलना पसंद करेंगे, क्योंकि वे स्वयं भगवान श्री रजनीश हैं?

उन पर बोलने का खतरा तो मैं भी नहीं लूंगा। उनके संबंध में पूछो तो इतना ही कहूंगा :

हरि ॐ तत्सत्!

* * *

प्रवचन : 57

तथाता का सूत्र—सेतु है

7 दिसंबर, 1976

अष्टावक्र उवाच।

आत्मा ब्रह्मेति निश्चित्य भावाभावौ च कल्पितौ।
निष्कामः किंविजानाति किंब्रूते च करोति किम्।।184।।
अयं सोऽहमयं नाहमिति क्षीणा विकल्पनाः।
सर्वमात्मेति निश्चित्य तूष्णीभूतस्य योगिनः।।185।।
न विक्षेपो न चैकाग्रयं नातिबोधो न मूढ़ता।
न सुखं न च वा दुःखमुपशांतस्य योगिनः।।186।।
स्वराज्ये भैक्ष्यवृत्तौ च लाभालाभे जने वने।
निर्विकल्पस्वभावस्य न विशेषोऽस्ति योगिनः।।187।।
क्व धर्मः क्व च वा कामः क्व चार्थः क्व विवेकिता।
इदं कृतमिदं नेति द्वंद्वैर्मुक्तस्य योगिनः।।188।।
कृत्यं किमपि नैवास्ति न कापि हृदि रंजना।
यथा जीवनमेवेह जीवनमुक्तस्य योगिनः।।189।।

त्आमा ब्रह्मेति निश्चित्य भावाभावौ च कल्पितौ।
निष्कामः किं विजानाति किं ब्रूते च करोति किम्।।

पहला सूत्रः 'आत्मा ब्रह्म है और भाव और अभाव कल्पित है। यह निश्चयपूर्वक जान कर निष्काम पुरुष क्या जानता है, क्या कहता है और क्या करता है?'

समझना : 'आत्मा ब्रह्म है ऐसा निश्चयपूर्वक जान कर...।'

जो भी किसी और के माध्यम से जाना वह कभी भी निश्चयपूर्वक नहीं होगा। भरोसा दूसरे पर किया तो भीतर गहरे में गैर-भरोसा बना ही रहेगा। विश्वास के अंतस्तल में संदेह सदा मौजूद रहता है। तुम लाख विश्वास करने की चेष्टा करो, संदेह से छुटकारा नहीं है। विश्वास का अर्थ ही होता है कि संदेह है और संदेह को दबाने की तुम चेष्टा में संलग्न हो। दबा सकते हो, मिटा नहीं सकते। भुला सकते हो, मिटा नहीं सकते।

और जितना संदेह दब जाएगा, एक बड़ी विपरीत स्थिति पैदा होती है : ऊपर-ऊपर विश्वास होता है, भीतर-भीतर संदेह होता है। शब्दों में विश्वास होता है, प्राणों में संदेह होता है। कहने की बात एक रह जाती है, होना बिलकुल ही विपरीत हो जाता है। इसी का नाम पाखंड है।

इसीलिए लोग कहते कुछ हैं, करते कुछ हैं, सोचते कुछ हैं, जीवन में एकरसता नहीं। और जहां एकरसता न हो वहां संगीत कैसा! जहां वीणा के सब तार अलग-अलग जा रहे हों वहां संगीत कैसा! वहां शोरगुल होगा, संगीत नहीं हो सकता। लयबद्धता नहीं होगी, शांति नहीं होगी। सुख कहां!

पहला सूत्र है : 'जिसने निश्चित रूप से जाना कि आत्मा ब्रह्म है...।'

किसने निश्चित रूप से जाना? कौन निश्चित रूप से जान लेता है?

इति निश्चित्यं...।

किसको हम कहेंगे कि इसे निश्चय हो गया? जिसे अनुभव हुआ। अनुभव में संदेह नहीं है। अनुभव ही संदेह से मुक्ति है।

मेरे पास लोग आते हैं, वे कहते हैं : हमारा आपमें दृढ़ विश्वास है। मैं कहता हूं, दृढ़? दृढ़ का अर्थ ही हुआ कि बड़ा सघन संदेह मौजूद है भीतर; नहीं तो दृढ़ता से किसको दबा रहे हो?

कोई जब कहता है कि मुझे तुमसे पूरा-पूरा प्रेम है तो जरा सावधान होना, क्योंकि पूरा प्रेम, तो पीछे क्या छिपा रहे हो? इस 'पूरे' में क्या छिपा है? इतना आग्रह करके क्यों कह रहे हो कि मुझे पूरा-पूरा प्रेम है, मुझे पूरा-पूरा विश्वास है, मुझे दृढ़ श्रद्धा है? इस आग्रह के पीछे, परदे के पीछे विपरीत मौजूद है। जितना बड़ा संदेह हो उतनी ही दृढ़ता चाहिए विश्वास की। मगर फिर भी संदेह मिटता नहीं।

इसलिए तो नास्तिक और आस्तिक में ऊपर से कितना ही फर्क हो, भीतर से फर्क नहीं होता। क्या भीतर से फर्क है? नास्तिक मंदिर नहीं जाता, नास्तिक परमात्मा को नमस्कार नहीं करता। तुम मंदिर जाते हो, पहुंचे कभी? तुमने नमस्कार किया,

लेकिन नमस्कार उसके चरणों तक पहुंचा? तुम करते हो, नास्तिक नहीं करता है, लेकिन तुम्हारा करना भी कहां पहुंचता है? जीवन-व्यवहार में तो तुम बिलकुल एक जैसे हो। जीवन-व्यवहार में जरा भी भेद नहीं है। मुसलमान है, हिंदू है, ईसाई है, जैन है—जीवन-व्यवहार में जरा भी भेद नहीं है। ये सब श्रद्धाएं थोथी हैं, क्योंकि उधार हैं। निश्चित श्रद्धा किसकी होती है? जिसे अनुभव हुआ।

रामकृष्ण के पास केशवचंद्र मिलने गए। और केशवचंद्र ने कहा कि मेरा ईश्वर में भरोसा नहीं है! मैं विवाद करने आया हूं। मैं आपके भरोसे को खंडित कर दूंगा। आप मेरी चुनौती स्वीकार करें।

रामकृष्ण ने कहाः बहुत मुश्किल है। तुम यह कर न पाओगे। तुम्हारी हार निश्चित है। नहीं कि मैं विवाद कर सकता हूं। नहीं कि मेरे पास कोई तर्क है। मेरे पास कोई तर्क नहीं, लेकिन मैंने प्रभु को जाना है। तुम लाख खंडन करो, क्या फर्क पड़ता है? मैं फिर भी जानता हूं कि परमात्मा है। यह मेरा अपना निजी अनुभव है, तुम इसे छीन न सकोगे। यह मेरी श्वास-श्वास में समाया है। यह मेरे हृदय की धड़कन-धड़कन में व्यापा है। यह मेरे रोएं-रोएं की पुकार है, इसे तुम छीन न सकोगे। तुम्हारे तर्क का उत्तर मैं न दे पाऊंगा, केशवचंद्र। तुम बुद्धिमान हो, शास्त्रज्ञ हो, ज्ञानी हो, पंडित हो;—मैं अपढ़ गंवार हूं—रामकृष्ण ने कहा। लेकिन उलझोगे तो गंवार से जीतोगे नहीं, क्योंकि मेरे कोई सिद्धांत थोड़े ही हैं, कोई विश्वास थोड़े ही हैं। ऐसा मेरा अनुभव है। तुम मेरे अनुभव को कैसे खंडित करोगे? जो मैंने जाना है उसे तुम कैसे अनजाना करवा दोगे? मैंने इन आंखों से देखा है। लाख दुनिया कहे, सारी दुनिया एक तरफ हो जाए और कहे कि ईश्वर नहीं है, तो भी मैं कहता रहूंगा, है। क्योंकि मैंने तो जाना है!

केशव तो नहीं माने, उन्होंने तो बड़ा विवाद किया। और रामकृष्ण उनके विवाद को सुनते रहे, एक भी तर्क का उत्तर न दिया। बीच-बीच में जब केशवचंद्र कोई बहुत गंभीर तर्क उठाते तो वे खड़े हो-हो कर केशवचंद्र को गले लगा लेते। केशवचंद्र बहुत बेचैन होने लगे, वह जो भीड़ इकट्ठी हो गई थी देखने, केशवचंद्र के शिष्य आ गए थे कि बड़ा विवाद होगा, वे भी जरा बेचैन होने लगे। और केशवचंद्र को भी पसीना आने लगा। और केशवचंद्र ने कहा, यह मामला क्या है? आप होश में हैं? मैं आपके विपरीत बोल रहा हूं!

रामकृष्ण ने कहा कि तुम सोचते हो कि मेरे विपरीत बोल रहे हो। तुम्हें देख कर मुझे परमात्मा पर और भरोसा आने लगा है। जब ऐसी प्रतिभा हो सकती है संसार में तो बिना परमात्मा के कैसे होगी? तुम्हारी प्रतिभा अनूठी है। तुम्हारे तर्क बहुमूल्य हैं—बड़ी धार है तुम्हारे तर्कों में। यह प्रमाण है कि प्रभु है। यह तुम्हारा चैतन्य, यह तुम्हारा तर्क, ये तुम्हारे विचार, यह तुम्हारी प्रणाली—इस बात का सबूत है कि

परमात्मा है। जब फूल लगते हैं तो सबूत है कि वृक्ष होगा। फूल लाख उपाय करें, वृक्ष को खंडित न कर पाएंगे। उनका होना ही वृक्ष का सबूत हो जाता है। फूल लाख गवाही दें अदालत में जाकर कि वृक्ष नहीं होते हैं, लेकिन फूलों की गवाही ही बता देगी कि वृक्ष होते हैं, अन्यथा फूल कहां से आएंगे?

रामकृष्ण ने कहा: मैं तो गंवार हूं, मेरे पास तो कोई प्रतिभा का फूल नहीं है; तुम्हारे पास तो प्रतिभा का कमल है। मैं हजार-हजार धन्यवाद से भरा हूं। इसलिए उठ-उठ कर तुम्हें गले लगता हूं कि हे प्रभु, तूने खूब किया, केशवचंद्र को मेरे पास भेजा! तेरी एक झलक और मिली! तुझसे मेरी एक पहचान और हुई! एक नये द्वार से तुझे फिर देखा! अब तो कोई लाख उपाय करे केशव, तुम्हें देख लिया, अब तो कभी मान न सकूंगा कि ईश्वर नहीं है।

केशवचंद्र ने अपने स्मरणों में लिखा है कि जिस एक आदमी से मैं हार गया, वे रामकृष्ण हैं। इस आदमी से जीतने का उपाय न था। उस रात मैं सो न सका और बार-बार सोचने लगा, जरूर इस आदमी को कोई अनुभव हुआ है। कोई ऐसा प्रगाढ़ अनुभव हुआ है कि कोई तर्क उसे डगमगाते नहीं। इतना प्रगाढ़ अनुभव हुआ है कि तर्कों के माध्यम से भी, जो विपरीत तर्क हैं उनसे भी वही अनुभव सिद्ध होता है। नहीं, इस आदमी के चरणों में बैठना होगा। इस आदमी से सीखना होगा। इसे जो दिखाई पड़ा है वह मुझे भी देखना होगा। इसके पास आंख है, मेरे पास तर्क है। तर्क काफी नहीं। तर्क से कब किसी की भूख मिटी है! और तर्क से कब किसका कंठ तृप्त हुआ!

निश्चित जानने का अर्थ है रामकृष्ण की भांति जानना। निश्चित जानने का अर्थ है—विश्वास नहीं; अनुभव से आती है जो श्रद्धा, वही।

और जिसने विश्वास बना लिया, उसके भीतर श्रद्धा पैदा होने में बाधा पड़ जाती है। इसलिए उधार को तो काटो। बासे को तो हटाओ। पराए को तो त्यागो। कोई चिंता न करो। अगर सारे विश्वास हाथ से छूट जाएं तो घबड़ाओ मत, क्योंकि उनके हाथ में होने से भी कुछ लाभ नहीं है। जाने दो। तुम उस शून्य में खड़े हो जाओ जहां कोई विश्वास नहीं होता, कोई विचार नहीं होता। और वहीं से बजेगी धुन। वहीं से उठेगा एक नया स्वर। उसी शून्य से व्याप्त होता है कुछ अनुभव जो तुम्हें घेर लेता है। उसी अनुभव में जाना जाता है।

आत्मा ब्रह्मेति निश्चित्य...।

आत्मा ब्रह्म है, ऐसा उस अनुभव में जाना जाता है जहां तुम्हारी सीमाएं गिर जाती हैं और असीम और तुम्हारे बीच कोई भेद-रेखा नहीं रह जाती। आत्मा ब्रह्म है, इसका अर्थ हुआ: बूंद सागर है। लेकिन यह कैसे बूंद जानेगी? बूंद गिरे नहीं तो जान

सकेगी? बूंद सागर में गिरे तो ही जानेगी। बूंद कितनी ही पंडित हो जाए, महापंडित हो जाए; लेकिन जिस बूंद ने सागर में गिर कर नहीं देखा, उसे कुछ पता नहीं चलेगा कि बूंद सागर है। बूंद तो जब मिटती है तभी पता चलता है कि सागर है। तुम मिटते हो तभी ब्रह्म का पता चलता है। तुम तिरोहित हो जाते हो, तो ही ब्रह्म मौजूद होता है। तुम्हारी गैर-मौजूदगी उसकी मौजूदगी है। तुम्हारी मौजूदगी उसकी गैर-मौजूदगी है। तुम्हारे होने में ही ब्रह्म 'नहीं' हो गया है; तुम्हारे बिखरते ही पुनः हो जाएगा।

'आत्मा ब्रह्म है, ऐसा निश्चित रूप से जिसने जान लिया...।'

इस निश्चित रूप से जानने के लिए शास्त्र में मत जाओ, शून्य में जाओ। शब्द में मत जाओ, निःशब्द में उतरो। विचारों के तर्कजाल में मत उलझो। मौन। मौन ही द्वार है। चुप्पी साधो। घड़ी दो घड़ी को रोज बिलकुल चुप हो जाओ। जब तुम्हारे मन में कोई भी बोलने वाला न बचेगा, तब जो बोलेगा वही ब्रह्म है। जब तुम अपने भीतर पाओगे सन्नाटा ही सन्नाटा है, कोई पारावार नहीं है सन्नाटे का, कहीं शुरू नहीं होता, कहीं अंत नहीं होता—सन्नाटा ही सन्नाटा है, उसी सन्नाटे में पहली दफे प्रभु की पगध्वनि तुम्हें सुनाई पड़ेगी, पहली दफा तुम उसका स्पर्श अनुभव करोगे। वह पास से भी पास है। तुम जब तक विचार से भरे हो, वह दूर से भी दूर।

उपनिषद कहते हैं : परमात्मा दूर से भी दूर और पास से भी पास। दूर से भी दूर, अगर तुम विचार से भरे हो। क्योंकि तुम्हारे विचार आंखों को ढांक लेते हैं। जैसे दर्पण पर धूल जम जाए और दर्पण पर कोई प्रतिबिंब न बने। या जैसे झील में बहुत लहरें हो जाएं और चांद की झलक न बने। ऐसा जब तुम विचार से भरे हो तो तुम्हारे भीतर ‌जो है‌ उसका प्रतिबिंब नहीं बनता।

निश्चित जानने का अर्थ है : तुम इतने शांत हो गए, दर्पण बन गए, झील मौन हो गई, विचार सो गए, धूल हट गई—तो जो है, उसका दर्पण में चित्र बनने लगा। वही है निश्चित जानना—जब तुम प्रतिबिंब बनाते हो और उस प्रतिबिंब में तुम जानते हो : बूंद सागर है।

आत्मा ब्रह्मेति निश्चित्य भावाभावौ च कल्पितौ।

उस क्षण तुम्हें यह भी पता चलेगा कि भाव और अभाव मेरी कल्पनाएं थीं। कुछ मैंने सोचा था है, कुछ मैंने सोचा था नहीं है—दोनों झूठ थे। जो है उसका तो मुझे पता ही न था। मैं ही झूठ था, तो जो मैंने सोचा कि है, वह भी झूठ था; जो मैंने सोचा नहीं है, वह भी झूठ था।

ऐसा समझो कि एक रात तुमने सपना देखा। सपने में तुमने देखा कि सम्राट हो गए। बड़ा साम्राज्य है, बड़े महल हैं, स्वर्णों के अंबार हैं। और दूसरी रात तुमने सपना देखा कि तुम भिखारी हो गए, सब गंवा बैठे, राज्य खो गया, सब हार गए,

जंगल-जंगल भटकने लगे, भूखे-प्यासे। एक रात तुमने सपना देखा राज्य है, एक रात तुमने सपना देखा राज्य नहीं है—क्या दोनों सपनों में कुछ भी भेद है? दोनों तुम्हारी कल्पनाएं हैं। भाव भी तुम्हारी कल्पना है, अभाव भी तुम्हारी कल्पना है। और जो है वह तुम्हें दिखाई ही न पड़ा। जिस रात तुमने सपना देखा सम्राट होने का, सपना तो झूठा था; लेकिन जो देख रहा था सपना, वह सच है। दूसरी रात सपना देखा भिखारी होने का। सपना तो फिर भी झूठा था, जो दिखाई पड़ रहा था वह तो झूठा था; लेकिन जिसने देखा, वह अब भी सच है। साम्राज्य देखा कि भिखमंगापन, देखने वाला दोनों हालत में सच है। जो दिखाई पड़ा—भाव और अभाव—वे दोनों तो कल्पित हैं। सिर्फ द्रष्टा सच है, सिर्फ साक्षी सच है। और सब सपना है।

जैसे ही तुम शांत होओगे, ये दोनों प्रतीतियां एक ही साथ घट जाती हैं कि मैं नहीं हूं, ब्रह्म है। क्योंकि साक्षी एक ही है। मेरा साक्षी अलग और तुम्हारा साक्षी अलग, ऐसा नहीं। मेरा सपना अलग, तुम्हारा सपना अलग-निश्चित ही। लेकिन मेरा साक्षी और तुम्हारा साक्षी तो बिलकुल एकरूप हैं। साक्षी में कोई भेद नहीं।

ऐसा समझो, तुम यहां बैठे हो, अगर तुम सभी शांत और मौन होकर बैठ गए हो कि किसी के भीतर विचार की कोई लहर नहीं उठती—तो यहां कितने आदमी बैठे हैं? यहां फिर आदमियों की गिनती नहीं की जा सकती। फिर तो यहां एक ही शून्य बैठा है। तुम एक शून्य में कितने ही शून्य जोड़ते जाओ, संख्या थोड़े ही बढ़ती है। दो शून्य भी मिल कर एक ही शून्य, तीन शून्य भी मिल कर एक ही शून्य, चार शून्य भी मिल कर एक ही शून्य। अनंत शून्य भी जोड़ते जाओ तो भी शून्य एक ही रहता है। शून्य में कहीं संख्या थोड़े ही बढ़ती है। लेकिन तुम बोले, दूसरा बोला, तो दो हो गए। बोले कि दो हुए, चुप हुए कि एक हुए। तुमने कुछ कहा कि तुम अलग हुए, किसी दूसरे ने कुछ कहा कि अलग हुआ। विचार आया कि भेद आया। शब्द आए कि शत्रुता आई। तुमने कहा कि मैं हिंदू, मैंने कहा कि मैं मुसलमान—फर्क हो गया। तुमने कहा मैं बाइबिल मानता, मैंने कहा मैं कुरान—फर्क हो गया, विवाद आ गया। जहां विवाद आ गया वहां हम अलग-अलग हो गए। जहां निर्विवाद हम बैठे हैं चुप, वहां हम अलग नहीं; वहां एक ही बैठा है। जब तुम दौड़ते हो तो अलग-अलग, जब तुम बैठते हो तो एक ही रह जाता है। जब तुम सपने में होते हो तो भिन्न-भिन्न...।

तुमने एक मजा देखा! सपने में तुम अपने मित्र को निमंत्रित नहीं कर सकते, इतने अकेले हो जाते हो। रात सपना देखते हो, खूब अच्छा सपना भी देखो तो भी तुम अपनी पत्नी को अपने सपने में नहीं ले जा सकते। यह नहीं कह सकते कि तू भी आ जा, बड़ा सुंदर सपना है। कोई उपाय नहीं है। सपने में साझेदारी नहीं की जा सकती। दो आदमी एक ही सपना नहीं देख सकते। सपना इतना भिन्न कर देता है हमें! दो

आदमी एक ही सपना नहीं देख सकते। कितना ही प्रेम उनके भीतर हो और कितना ही एक-दूसरे के साथ उनकी आत्मीयता हो, तो भी सपने में अलग हो जाते हैं। जैसे दो आदमी एक साथ सपना नहीं देख सकते, ऐसे ही साक्षी में दो आदमी दो नहीं रह सकते, एक हो जाते हैं। उस एक का नाम ब्रह्म है।

आत्मा ब्रह्मेति निश्चित्य भावाभावौ च कल्पितौ।

और जो तुमने मान रखा है 'है' और जो तुमने मान रखा है 'नहीं है'—वे दोनों ही कल्पना-जाल हैं। वह तुम्हारी कल्पना है। तुम सच हो, तुम्हारा होना परम सत्य है, लेकिन शेष सब कल्पना का जाल है। अब इसे तुम अष्टावक्र को सुन कर मान लोगे तो यह निश्चित ज्ञान न होगा। इसको तुम प्रयोग कर के जानोगे तो निश्चित ज्ञान हो जाएगा।

धर्म उतना ही प्रयोगात्मक है जितना विज्ञान। इस बात को ठीक से समझ लेना चाहिए।

वैज्ञानिक कहते हैं: विज्ञान बड़ा प्रयोगात्मक, एक्सपेरिमेंटल है। मैं तुमसे कहता हूं: धर्म भी उतना ही प्रयोगात्मक है। विज्ञान और धर्म में प्रयोग को लेकर विवाद नहीं है। जो विरोध है वह प्रयोगशाला को लेकर है। विज्ञान की प्रयोगशाला बाहर है; धर्म की प्रयोगशाला भीतर है। विज्ञान प्रयोग करता है अन्य पर, धर्म प्रयोग करता है स्वयं पर। वैज्ञानिक टेबिल पर बिछा देता है किसी चीज को, उसका परीक्षण, उसका विश्लेषण करता है। धार्मिक अपने ही भीतर जाता है, अपने को ही बिछा देता है टेबिल पर, अपना ही परीक्षण करता है। धर्म है स्व-परीक्षा; विज्ञान पर-परीक्षा। विज्ञान है दूसरे को जानना, धर्म है स्व-ज्ञान—लेकिन प्रयोगात्मक है, एकदम प्रयोगात्मक है।

और तुमने अगर बिना प्रयोग किए कुछ मान लिया है तो उस कूड़े-कर्कट को हटाओ। उससे कुछ सार नहीं है। उससे तुम बोझिल हो गए हो। उससे तुम्हारा सिर भारी हो गया है। उससे पांडित्य तो मिल गया, मूढ़ता नहीं मिटी।

'यह निश्चयपूर्वक जान कर निष्काम पुरुष क्या जानता है, क्या कहता है और क्या करता है?'

यह वचन बड़ा अनूठा है। सुनो—

निष्कामः किंविजानाति किं ब्रूते च करोति किम्।

जिस व्यक्ति ने ऐसा जान लिया कि ब्रह्म ही है, मैं नहीं हूं, उसकी सब वासना चली जाती है। चली ही जाएगी, चली ही जानी चाहिए।

पहली बात: तुम्हें साधारणतः समझाया गया है कि जब तुम्हारी वासना चली जाएगी, तब ब्रह्म तुम्हें मिलेगा। नहीं, बात थोड़ी उलटी हो गई। जब ब्रह्म मिल जाता

है, तो ही वासना जाती है। तुमने जरा बैलगाड़ी में बैल पीछे बांध दिए, गाड़ी के पीछे बैल बांध दिए। वासना तो तब तक रहेगी जब तक तुम हो। रूप बदल ले, नये रास्ते पकड़ ले, यहां तक भी हो सकता है कि ब्रह्म को जानने की वासना बन जाए कि मैं ब्रह्म को जानूं, कि मैं मोक्ष को पाऊं—मगर यह भी वासना है। धन पाऊं—वासना। ध्यान पाऊं—वासना। संसार मिल जाए, मेरी मुट्ठी में हो—वासना। परमात्मा मिल जाए, मेरी मुट्ठी में हो—वासना। इस जीवन में सुख मिले—वासना। परलोक में सुख मिले, बहिश्त में, स्वर्ग में—वासना। वासना नये रूप ले सकती है, नये आयाम ले सकती है, नई दिशाएं पकड़ सकती है, नये विषयों पर आधारित हो सकती है। मिटेगी नहीं। जब तक तुम हो, वासना रहेगी। क्योंकि तुम्हारी मौजूदगी में वासना की तरंगें उठती हैं। तुम्हारी मौजूदगी वासनाओं की तरंगों के लिए स्रोत है। जब तुम ही खो जाते हो तभी वासना खोती है।

तुम तो एक ही उपाय से खो सकते हो और वह यह है कि तुम मौन हो कर, यह भीतर कौन तुम्हारे विराजमान है इसको आंख में आंख डाल कर देखने लगो। तो जिन्होंने तुमसे कहा है, वासना को पहले खोओ, उन्होंने तुम्हें झंझट में डाल दिया; उन्होंने तुम्हारे जीवन में नई वासनाओं को जन्म दे दिया—धार्मिक वासनाएं। मैं तुमसे कहता हूं, वासना तुम नहीं खो सकते, लेकिन विचार तुम खो सकते हो। और विचार को खो दिया तो तुम जानोगे कि मैं कहां, मैं कौन; वही है। जब वही है तो फिर वासना के लिए कोई कारण नहीं रह गया। जब मैं हूं ही नहीं तो बांस मिट गया, अब बांसुरी नहीं बज सकती। बांस ही न बचा तो बांसुरी कैसी!

वासना तो छाया है; जैसे तुम रास्ते पर चलते हो और छाया बनती है। तुम जाकर बैठ गए शांत, वृक्ष के नीचे, धूप में नहीं चलते, छाया बननी बंद हो गई। जिस दिन अहंकार शांत होकर बैठ जाता है, बैठते ही गिर जाता है, क्योंकि अहंकार दौड़ने में ही जीता है; बैठने में कभी जीता नहीं। अहंकार महत्वाकांक्षा में जीता है, भाग-दौड़, आपाधापी में जीता है, ज्वर में जीता है। अहंकार शांत बैठने में तो बिखर जाता है। तुम बैठ गए शांत छाया में, मौन हो गए, विचार न रहे, तुम न रहे, वासना भी गई। इस घड़ी में अष्टावक्र का सूत्र कहता है: निष्काम हुआ पुरुष क्या जानता है?

तुम शायद सोचते होओगे: जब हम बिलकुल शांत हो जाएंगे तो कुछ जानेंगे। तो फिर जाननेवाला बना रहा। तो अभी तुम बिलकुल शांत नहीं हुए, पूरे शांत नहीं हुए, समग्र रूपेण शांत नहीं हुए। अब तुमने कुछ और बचा लिया; भोक्ता न रहे तो ज्ञाता बन गए।

अष्टावक्र कहते हैं, ऐसा पुरुष क्या जानेगा? जानने वाला ही नहीं बचा तो अब जानने को क्या है? भेद नहीं बचा तो किसको जानेगा? क्या कहता है? ऐसा पुरुष

क्या बोलेगा? ऐसा थोड़े ही है कि परमात्मा तुम्हें मिल जाएगा तो तुम कुछ बोलोगे और परमात्मा तुमसे कुछ बोलेगा। बोल खो जाएगा। अबोल हो जाओगे।

तुलसीदास और दूसरे कवियों ने कहा है कि परमात्मा जो मूक हैं उन्हें वाचाल कर देता; जो पंगु हैं उन्हें दौड़ने की सामर्थ्य दे देता है। अष्टावक्र ने उलटी बात कही है और ज्यादा सही बात कही है। अष्टावक्र ने कहा है : जो बोलते हैं उन्हें मूक कर देता है; जो दौड़ते हैं उन्हें पंगु कर देता है; जो कर्मठ थे वे आलसी शिरोमणि हो जाते हैं।

वचन है : मूकं करोति वाचालम्। मूक को वाचाल कर देता है। पर इसी वचन को उल्टी तरफ से पढ़ा जाता है, पढ़ा जा सकता है। हम कह सकते हैं : मूक को वाचाल कर देते; मूकं करोति वाचाल। हम ऐसा भी पढ़ सकते हैं : मूकं, करोति वाचाल। वह जो वाचाल है उसको मूक कर देता है। वही ज्यादा सही है। वह जो बोलता है चुप हो जाता है। वह जो चलता है, रुक जाता है। वह जो आता-जाता है, अब कहीं आता-जाता नहीं, बिलकुल पंगु हो जाता है। कर्ता खो जाता, कर्म खो जाता।

'समस्त तरह की लहरें स्थूल या सूक्ष्म विसर्जित हो जातीं। ऐसा पुरुष न तो कुछ जानता, न कुछ कहता, न कुछ करता।'

किं विजानाति किं ब्रूते च किं करोति।

और यही परम ज्ञान की दशा है : जहां कुछ भी जाना नहीं जाता। क्योंकि न जानने वाला है, न कुछ जाना जाने वाला है। सुनते हैं यह विरोधाभासी वक्तव्य! यही परम ज्ञान की दशा है।

किं विजानाति किं ब्रूते...।

न कुछ कहा जाता, न कुछ कहा जा सकता।

किं करोति...।

करने को भी कुछ बचता नहीं। जो होता है होता है। जो हो रहा है होता रहता है।

कहते हैं, बुद्ध बयालीस साल तक लोगों को समझाते रहे। गांव-गांव जाते रहे। इतना बोले, सुबह से सांझ तक समझाते रहे। और एक दिन आनंद कुछ पूछता था तो आनंद से उन्होंने कहा कि आनंद तुझे पता है, बयालीस साल से मैं एक शब्द भी नहीं बोला हूं? आनंद ने कहा कि प्रभु किसी और को आप कहते तो शायद मान भी लेता। मैं बयालीस साल से आपके साथ फिरता हूं, मैं आपकी छाया की तरह हूं; मुझसे आप कह रहे हैं कि आप कुछ नहीं बोले! सुबह से सांझ तक आप लोगों को समझाते हैं।

बुद्ध ने कहा : आनंद, फिर भी मैं कहता हूं, तू स्मरण रखना, कि बयालीस साल से मैं एक शब्द नहीं बोला। आनंद ने कहा : गांव-गांव भटकते हैं, घर-घर,

द्वार-द्वार पर दस्तक देते हैं। तो बुद्ध ने कहाः आनंद, मैं फिर तुझसे कहता हूं कि बयालीस साल से मैं कहीं आया-गया नहीं। आनंद ने कहाः आप शायद मजाक कर रहे हैं। मुझे छेड़ें मत।

लेकिन आनंद समझ नहीं पाया। यह तो आनंद जब स्वयं बुद्ध के विसर्जन के बाद, बुद्ध के निर्वाण के बाद ज्ञान को उपलब्ध हुआ तब समझा, तब रोया। तब रोते समय उसने कहा कि हे प्रभु, तुमने कितना समझाया और मैं न समझा। आज मैं जानता हूं कि बयालीस साल तक न तुम कहीं गए, न आए। और आज मैं जानता हूं कि बयालीस साल तक तुमने एक शब्द नहीं बोला।

किं विजानाति किं ब्रूते किं करोति।

तुमने कुछ भी नहीं किया।

जब अहंकार चला जाता है तो सब क्रियाएं चली जाती हैं। क्रिया मात्र अहंकार की है। जानना भी क्रिया है, बोलना भी क्रिया है, चलना भी क्रिया है, करना भी क्रिया है। सब चला जाता है।

तुम्हें भी अड़चन होगी, अगर मैं तुमसे कहूं कि मैं एक शब्द भी नहीं बोला। अभी बोल ही रहा हूं। और अगर कहूं कि एक शब्द भी नहीं बोल रहा हूं तो तुम्हें भी अड़चन होगी। तुम्हारी अड़चन भी मैं समझता हूं। क्योंकि तुमने अब तक जो भी किया है वह 'किया' है; तुमने जीवन में कुछ होने नहीं दिया। ये शब्द बोले जा रहे हैं; इन शब्दों को कोई बोल नहीं रहा है। जैसे वृक्षों पर पत्ते लगते हैं और वृक्षों पर फूल लगते हैं, ऐसे ये शब्द भी लग रहे हैं। इन्हें कोई लगा नहीं रहा। इनके पीछे कोई चेष्टा नहीं है, कोई प्रयास नहीं है, कोई आग्रह नहीं है। ये न लगें तो कुछ फर्क न पड़ेगा। ये लगते हैं तो कुछ फर्क नहीं पड़ता है। अचानक बोलते-बोलते अगर बीच में ही मैं रुक जाऊं तो कुछ फर्क न पड़ेगा। अगर शब्द न आया तो न आया।

कूलरिज मरा—अंग्रेजी का महाकवि—तो हजारों अधूरी कविताएं छोड़ कर मरा। मरने के पहले उसके एक मित्र ने पूछा कि इतनी कविताएं अधूरी छोड़े जा रहे हो! इन्हें पूरा क्यों न किया? तो कूलरिज ने कहा, मैं कौन था पूरा करने वाला! जितनी आई उतनी आई; उससे ज्यादा नहीं आई तो नहीं आई। तीन पंक्तियां उतरीं तो मैंने तीन पंक्तियां लिख दीं। मैं तो उपकरण था। चौथी पंक्ति नहीं आई। पूरी चौपाई भी न बनी तो मैं क्या कर सकता था? जितना आया, आया।

केवल सात कविताएं पूरी करके कूलरिज ने जीवन भर में...सात कविताएं। लेकिन सात कविताओं के आधार पर महाकवि है। सात-सात हजार कविताएं लिखने वाले लोग भी महाकवि नहीं हैं। कुछ बात है कूलरिज की कविता में, कुछ पार की

बात है, कुछ बड़े दूर की ध्वनि है। कोई अज्ञात उतरा है। कूलरिज नहीं बोला; परमात्मा बोला है।

यही अर्थ है जब हम कहते हैं कि वेद अपौरुषेय हैं, या हम कहते हैं कुरान उतरा। इसका मतलब समझ लेना। हिंदू-मुसलमान क्या दावे करते हैं, उससे मुझे मतलब नहीं है। उनके दावे का मैं समर्थन भी नहीं कर रहा हूं। लेकिन इसका अर्थ यही है। कुरान उतरी। मोहम्मद ने खुद बनाई नहीं; उतरता हुआ पाया। जब पहली दफा कुरान मोहम्मद पर उतरी तो वे बहुत घबड़ा गए। क्योंकि वे तो गैर-पढ़े-लिखे आदमी थे। उन्होंने तो कभी सोचा भी नहीं था कि ऐसा अपूर्व काव्य, और उतर आएगा। इसकी कभी कल्पना भी न की थी, सपना भी न देखा था। यह तो उनके हिसाब-किताब के बाहर था। यह तो ऐसा ही समझो कि तुमने जिंदगी भर मूर्ति न बनाई हो और एक दिन अचानक तुम पाओ कि तुमने छैनी उठा ली है, हथौड़ी उठा ली है और तुम संगमरमर खराद रहे हो, संगमरमर को छैनी से काट रहे हो और तुम चौंको कि मैं यह क्या कर रहा हूं, मैं कोई मूर्तिकार नहीं हूं, मैंने कभी सोचा भी नहीं! मगर विवश, कोई अदम्य तुम्हें खींचे ले जाए और तुम न केवल इतना पाओ कि मूर्ति खोद रहे हो, तुम एक जगत की श्रेष्ठतम मूर्ति खोद दो, तो क्या तुम यह कह सकोगे कि मैंने खोदी? तुमने न तो कभी सीखा न तुमने सपना देखा। तुम्हारे मन में मूर्तियां तैरती ही न थीं।

मोहम्मद तो साधारण व्यक्ति थे, गैर-पढ़े-लिखे थे, काम से काम था। यह तो कभी सोचा भी न था। जब पहली दफा मोहम्मद पर कुरान उतरी और किसी अंतर-आकाश में उन्हें सुनाई पड़ा कि गुनगुना, गा! तो वे बहुत घबड़ा गए। लिख! तो वे बहुत घबरा गए। क्योंकि वे तो लिखना भी नहीं जानते थे। भीतर आवाज आई : नहीं लिख सकता, पढ़! तो उन्होंने कहा, मैं पढ़ना भी नहीं जानता। वे तो दस्तखत भी नहीं कर सकते थे। वे इतने घबड़ा गए कि उन्हें बुखार आ गया। समझा कि कोई भूत-प्रेत है या क्या मामला है? वे तो घर आकर रजाई ओढ़ कर सो गए। पत्नी ने बोला, क्या हुआ? भले-चंगे गए थे, क्या हो गया? उन्होंने कहा, मत पूछ कुछ तू। वे तो दुबके पड़े रहे रजाई में, कंपते रहे और वह आवाज गूंजती रही, और वह आवाज रूप लेने लगी और कुरान की पहली आयत उतरने लगी। इसे मोहम्मद ने उतरते देखा। यह मोहम्मद से बिलकुल अलग है। इसका मोहम्मद से कुछ लेना-देना नहीं है। मोहम्मद तो जैसे बांस की पोंगरी हैं; कोई इसमें से गीत गाने लगा; किसी के स्वर इसमें भरने लगे। मोहम्मद ने तो जगह दे दी और जगह भी आश्चर्यचकित भाव में दी, कुछ पता ही नहीं कि यह क्या हो रहा है। इसके लिए कोई तैयारी न थी। यह महान कुरान उतरी। यह महाकाव्य उतरा।

इस अर्थ में कुरान अपौरुषेय है, मनुष्य की बनाई हुई नहीं है। ऐसे ही वेद उतरे। ऐसे ही बाइबिल उतरी। ऐसे ही उपनिषद उतरे। ऐसे ही धम्मपद उतरा। ऐसे ही महावीर की वाणी उतरी। नहीं, किसी ने कहा नहीं है। अस्तित्व बोला। विराट बोला। अज्ञात बोला।

निष्कामः किं विजानाति किं ब्रूते च करोति किम्।

ऐसी वासनामुक्त दशा में जहां जान लिया गया कि आत्मा ब्रह्म है, फिर न तो कुछ कोई बोलता, न कुछ कोई जानता, न कुछ कोई करता; यद्यपि सब होता है—बोला भी जाता, किया भी जाता, जाना भी जाता।

'सब आत्मा है ऐसा निश्चयपूर्वक जान कर शांत हुए योगी की ऐसी कल्पनाएं कि यह मैं हूं और यह मैं नहीं हूं, क्षीण हो जाती हैं।'

अयं सोऽहमयं नाहमिति क्षीणा विकल्पनाः।
सर्वमात्मेति निश्चित्य तूष्णीभूतस्य योगिनः।।

सर्वं आत्मा!

ब्रह्म का अर्थ है: एक ही है। और सबमें एक ही है। पत्थर से लेकर परमात्मा तक एक का ही विस्तार है, एक की ही तरंगें हैं। जड़ से लेकर चैतन्य तक एक ही प्रकट हुआ है। अनेक-अनेक रूप धरे हैं, अनेक-अनेक भाव-भंगिमाएं हैं—मगर जिसकी हैं वह एक है।

सर्वं आत्मा!

सब आत्मा है।

इति निश्चित्य...।

ऐसा जिसने निश्चयपूर्वक जाना, अनुभव किया, स्वाद लिया! सिर में ही न घूमी ये बातें, हृदय में उतर गईं; ऊपर-ऊपर से न चिपकाई गईं, भीतर से अंकुरण हुआ, उदभव हुआ!

तूष्णीभूतस्य योगिनः।

ऐसा व्यक्ति परम शांति को उपलब्ध हो जाता है, परम विश्राम को।

तुमने खयाल किया? मेरे पास लोग आते हैं। वे कहते हैं कि 'बड़ी अशांति है, शांत कैसे हो जाएं? कोई शांति का रास्ता बता दें।' वे कोई सस्ता रास्ता चाहते हैं। वे कुछ ऐसा रास्ता चाहते हैं कि जैसे वे हैं वैसे बने भी रहें और शांत हो जाएं। धन के पीछे दौड़ रहे हैं तो दौड़ते रहें। सच तो यह है शायद शांत इसीलिए होना चाहते हैं ताकि धन के पीछे और ठीक से दौड़ सकें। रात नींद नहीं आती तो सुबह से दूकान में दौड़-धूप उतनी नहीं हो पाती जितनी हो सकती थी; विश्राम ही नहीं हो पाया तो श्रम कैसे हो?

आदमी शांत भी होना चाहता है तो सिर्फ इसीलिए ताकि वह जो अशांति का व्यापार चला रहा है, व्यवसाय चला रहा है, उसको वह ठीक से चला सके।

अगर मैं उनसे कहता हूं कि शांत तो तुम तब तक न हो सकोगे जब तक तुम हो, तो वे कहते हैं कि फिर अपने वश के बाहर है! शांति वे चाहते हैं किसी वस्तु की तरह उनमें जुड़ जाए। वे जैसे हैं, वैसे के वैसे रहें; शांति और आ जाए और उनमें जुड़ जाए। जैसे हम एक वस्तु खरीद लाते हैं बाजार से। नई टेबिल खरीद लाए कि टेलिविजन खरीद लाए। पुराना मकान है, पुराना घर, पुरानी पत्नी, पुराने बच्चे, सब पुराना, हम पुराने, सब पुराना, एक टेलिविजन खरीद लाए, उसको भी उसी कमरे में रख दिया। लोग चाहते हैं ऐसी शांति आ जाए, कि ऐसा ज्ञान आ जाए।

नहीं, सब पुराना जाएगा तो ही शांति आ सकती है। शांति तो तुम्हारे चले जाने की अवस्था है। जहां से तुम तिरोहित हो गए। जब तक तुम हो, तुम उपद्रव करते ही रहोगे। उपद्रव तुम्हारा स्वभाव है। उपद्रव अहंकार का स्वभाव है। अहंकार रोग है।

तूष्णीभूतस्य योगिनः।

जिसने जान लिया कि एक ही है, वही शांत हो पाता है; वही उस परम विश्रांति को उपलब्ध होता है जहां कोई तनाव नहीं रह जाता।

तनाव क्या है? तनाव यह है...तनाव को समझें। दूसरा दुश्मन है—यह तो तनाव पहला। दूसरा है, यह मान लेने से ही उपद्रव शुरू हो गया। तो फिर दूसरा छीन-झपट करेगा, प्रतिस्पर्धा करेगा, संघर्ष करना होगा। दूसरा है तो युद्ध है और दूसरा है तो दुश्मनी है। दूसरा है तो तुम अकेले नहीं हो। तुम जिन वासनाओं के पीछे दौड़ रहे, दूसरे भी दौड़ रहे हैं। तुम्हीं थोड़े ही राष्ट्रपति होना चाहते हो, साठ करोड़ भारतवासी राष्ट्रपति होना चाहते हैं। पद एक है और साठ करोड़ उम्मीदवार हैं, तो हर एक आदमी के खिलाफ बाकी साठ करोड़ जो बचे हैं, वे इसके दुश्मन हैं। जहां दूसरा है वहां दुश्मनी है। और जब दूसरा है तो फिर अपनी आत्मरक्षा का उपाय भी करना होगा। तो भय है, घबड़ाहट है, सुरक्षा करनी है। तुम सुरक्षा करते हो तो दूसरा भी डर जाता है।

तुमने देखा, पाकिस्तान खरीद ले अमरीका से हवाई जहाज कि हिंदुस्तान घबड़ाया कि बस शोरगुल मचा। तो खरीदो रूस से जल्दी या कुछ इंतजाम करो। इधर हिंदुस्तान ने खरीदा कि उधर पाकिस्तान घबराया कि अरे, और इंतजाम करो! कोई इसकी फिकर ही नहीं करता कि जब तुम दूसरे से घबड़ा कर इंतजाम करने लगते हो तो दूसरा भी तुमसे घबड़ा कर इंतजाम करने लगता है। दुष्ट चक्र पैदा होता है।

मुल्ला नसरुद्दीन एक राह से गुजर रहा था। सांझ का वक्त था, धुंधलका था। और उसने एक किताब पढ़ी थी और किताब में डाकुओं और हत्यारों की बात थी। कुछ होगी पुराने जासूसी ढंग की किताब, भूत-प्रेत, तिलिस्मी। वह घबड़ाया हुआ

था, किताब की छाया उसके सिर पर थी। और उसने देखा कि लोग चले आ रहे हैं। उसने कहा, मालूम होता है दुश्मन। और बैंड-बाजे भी बजा रहे हैं, हमला हो रहा है। घोड़े पर चढ़ा आ रहा है कोई आदमी और तलवार लटकाए हुए। वह तो एक बारात थी। मगर वह बहुत घबड़ा गया। उसने देखा, यहां तो कुछ उपाय भी नहीं है। पास ही एक कब्रिस्तान था, तो घबड़ा कर दीवाल छलांग कर कब्रिस्तान में पहुंच गया। वहां एक नई-नई कब्र खुदी थी। अभी मुर्दा लाने लोग गए होंगे कब्र खोद कर, तो वह उसी में लेट गया। उसने सोचा कि मुर्दे की कौन झंझट करता है।

लेकिन उसको ऐसा छलांग लगा कर देख कर, छाया को उतरते देख कर बाराती भी घबड़ा गए कि मामला क्या है! अचानक एक आदमी छलांग लगाया, भागा—वे भी देख रहे हैं। वे भी घबड़ा गए, उन्होंने भी बैंड-बाजे बंद कर दिए। जब बैंड-बाजे बंद कर दिए तो मुल्ला ने कहा मारे गए! देखे गए! वह बिलकुल सांस रोक कर पड़ा रहा। वे भी आहिस्ता से धीरे-धीरे दीवाल के ऊपर आकर झांके। जब बारातियों ने दीवाल के ऊपर झांका, उसने कहा : हो गया खात्मा समझो! अब पत्नी-बच्चों का मुंह दुबारा देखने न मिलेगा। और जब उसको उन्होंने देखा कि वह आदमी, बिलकुल जिंदा आदमी अभी गया और नई-नई खुदी कब्र में बिलकुल मुर्दे की तरह लेटा। उन्होंने कहा, कोई जालसाजी है। यह आदमी हमला करेगा, बम फेंकेगा या क्या करेगा! तो वे सब आए लालटेनें ले कर, मशालें जला कर खड़े हो गए चारों तरफ।

अब मुल्ला कब तक सांस रोके रहे! आखिर सांस सांस ही है। थोड़ी देर रोके रहा, फिर उठ कर बैठा गया। उसने कहा, अच्छा भाई कर लो जो करना है। उन्होंने कहा, क्या करना, क्या मतलब? तुम क्या करना चाहते हो? तब उसकी समझ में आया। उन बारातियों ने पूछा कि तुम यहां क्या कर रहे हो? तुम इस कब्र में क्यों लेटे हुए हो? तो नसरुद्दीन ने कहा, हद हो गई। मैं तुम्हारी वजह से यहां हूं और तुम मेरी वजह से यहां हो! और बेवजह सारा मामला है। जब उसने देखा लालटेन वगैरह, ज्योति में कि यह तो बारात है, दूल्ला-वूल्हा सजाए है, कहीं कोई हमला करने नहीं जा रहे हैं। अपना वहम है।

तुमने देखा? पड़ोसी कुछ करने लगे तो तुम तैयारी करने लगते हो। तुम कुछ करने लगे तो पड़ोसी तैयारी करने लगता है। दुनिया में आधे संघर्ष तो इसीलिए हो रहे हैं कि भय है। तुम घर लौटते—ऐसा कोई राष्ट्रों में हो रहा है, ऐसा नहीं है—तुम घर लौटते, तुम रास्ते में ही तैयारी करने लगते कि पत्नी क्या कहेगी, जवाब क्या देना है! तुम तैयारी करने लगे। पत्नी भी घर तैयारी कर रही है कि अच्छा, पांच बज रहा है, पति लौटते होंगे; देखें क्या उत्तर लेकर आ रहे हैं! वह भी तैयारी करने लगी। दोनों तैयार हैं।

दूसरे से बचने का भय तुम्हें और सिकोड़ जाता है, तनाव से भर जाता है, असुरक्षित कर जाता है। सारा जीवन इस कलह में बीत जाता है। छोटी कलह, बड़ी कलह, जातियों की, धर्मों की, राष्ट्रों की—मगर कलह एक ही है।

'सब आत्मा है ऐसा जिसने निश्चयपूर्वक जाना, वह हो गया शांत।'

तूष्णीभूतस्य योगिनः।

वही है योगी। जिसने यह जान लिया कि एक ही है, फिर क्या भय है! तुममें भी मैं ही हूं, तो फिर क्या प्रश्न, फिर किससे संघर्ष?

डार्विन का सिद्धांत है: संघर्ष। और पूरब के समस्त ज्ञानियों का सिद्धांत है: समर्पण। और डार्विन कहता है: जो सबलतम हैं वे बचे रहते हैं। सरवाइवल ऑफ दि फिटेस्ट। और पूरब के ज्ञानी कुछ और कहते हैं। पूछो लाओत्सु से, पूछो अष्टावक्र से, पूछो बुद्ध से, महावीर से; वे कुछ और कहते हैं। वे कहते हैं: जो कोमल है वही बच रहता है। जो प्रेमपूर्ण है वही बच रहता है। स्त्रैण तो बच रहता है, कठोर तो हार जाता है।

लाओत्सु कहता है: गिरती है जल की धार पहाड़ से कठोर चट्टान पर। ऊपर से तो देखने में यही लगेगा कि चट्टान जीतेगी, धार हारेगी। धार तो कोमल है, चट्टान तो मजबूत है। अगर डार्विन सच था तो धार हारनी थी, चट्टान जीतनी थी। लेकिन लाओत्सु सच मालूम होता है। धार जीत जाती है, चट्टान हार जाती है। कुछ वर्षों बाद तुम पाओगे चट्टान तो रेत होकर बह गई, धार अपनी जगह है।

कोमल जीतता है, कठोर हारता है। निर-अहंकारी जीतता है, अहंकारी हारता है। अहंकारी चट्टान की तरह है, निर-अहंकारी जल की धार है।

इसे ऐसा कहें, जो लड़ता वह हारता। जो हारता वही जीतता। जो हारने को राजी है उसका अर्थ ही यह है कि वह कहता है तुम भी मैं ही हो।

कभी तुमने देखा, अपने छोटे बेटे से तुम कुश्ती लड़ते हो तो तुम जीतते थोड़े ही हो। बेटे से जीतोगे तो मोहल्ले के लोग भी हंसेंगे, यह क्या नासमझी की बात की तुमने! जरा से बेटे से जीत कर उसकी छाती पर बैठ गए। नहीं, बाप जब बेटे से लड़ता है तो बस हारने के लिए लड़ता है। ऐसा थोड़ा...ऐसा भी नहीं कि एकदम से लेट जाएं, नहीं तो बेटे को भी मजा नहीं आएगा। वह कहेगा, यह क्या मामला है! क्या धोखा दे रहे? तो थोड़ा हाथ-पैर चलाता है, बल दिखलाता है, धमकाता है, लेकिन फिर लेट जाता है। बेटा छाती पर बैठ कर प्रसन्न होता है और कहता है जीत गए! बेटा अपना है तो हारने में डर क्या। अपने बेटे से कौन नहीं हारना चाहेगा!

उपनिषद के गुरुओं ने कहा है: गुरु तभी प्रसन्न होता है जब शिष्य से हार जाता है। अपने शिष्य से कौन नहीं हारना चाहेगा? कौन गुरु न चाहेगा कि शिष्य मुझसे

आगे निकल जाए—वहां पहुंच जाए जहां मैं भी नहीं पहुंच पाया! जब अपना ही है तो हार का मजा है। पराए से हम जीतना चाहते हैं, अपने से थोड़े ही जीतना चाहते हैं। अगर यह मेरा ही विस्तार है, अगर मैं इस विस्तार का ही एक हिस्सा हूं, अगर तुम और मेरे बीच कोई फासला नहीं है, एक ही चेतना का सागर है, तो फिर कैसी हार, कैसी जीत, फिर कैसा संघर्ष! और जहां संघर्ष न रहा वहां शांति है। शांति लाई नहीं जाती; संघर्ष के अभाव का नाम शांति है।

तूष्णीभूतस्य योगिनः।

और वही है योगी जो इस भांति शांत हुआ। ऐसे बैठ गए पालथी मार कर, आंख बंद करके, जबरदस्ती अपने को किसी तरह सम्हाल कर शांत किए बैठे हैं—यह कोई शांति नहीं है। यह तो सिकुड़ जाना है। मुर्दे की तरह बैठ गए अकड़ कर, किसी तरह अपने को समझा-बुझा कर, बांध-बूंध कर शांत कर लिया—यह कोई शांति नहीं है। वास्तविक योगी तो विश्राम को उपलब्ध हो जाता है, विराम को उपलब्ध हो जाता है। वह तो अपने को छोड़ देता, निमज्जित कर देता, बूंद सागर में गिर जाती है।

इति विकल्पनाःअयं सः अहं अयं न क्षीणाः।

'यह मैं हूं, यह मैं नहीं हूं—ऐसी सब कल्पनाएं योगी की सदा के लिए क्षीण हो जाती हैं।'

यह कहना कि यह मैं हूं और यह मैं नहीं हूं, भेद खड़ा करना है, जब कि एक ही है, तो किसी को कहना मैं और किसी को कहना तू, भेद खड़ा करना है; विकल्पना है, तुम्हारी धारणा है। और देखना, भय से भूत खड़े हो जाते हैं। खयाल पैदा हो जाए तो बस...।

मेरे गांव में मैं जब कभी-कभी जाता, तो एक सज्जन को मैं जानता था जो सदा बात करते कि मैं भूत-प्रेत से बिलकुल नहीं डरता। उनसे मैं इतनी दफे सुन चुका—स्कूल में शिक्षक हैं—कि मैंने उनसे कहा कि तुम जरूर डरते होओगे। तुम बार-बार कहते हो कि मैं भूत-प्रेत से नहीं डरता। कोई कारण भी नहीं होता तब भी तुम कहते हो कि भूत-प्रेत से नहीं डरता। तुम जरूर डरते होओगे। मैंने कहा कि मैं भूत-प्रेत जानता हूं, एक जगह हैं। अगर तुम्हारी सच में हिम्मत हो तो तुम चले चलो। अब वे सदा कहते थे। तो घबड़ाए तो बहुत। उनके चेहरे से तो बहुत घबड़ाहट मालूम पड़ी। लेकिन अब अहंकार का मामला था। उन्होंने कहा, मैं डरता ही नहीं, कहां है?

तो मेरे पड़ोस में ही एक गोडाउन, जहां एक कैरोसिन तेल बेचने वाले के टीन के डब्बे इकट्ठे रहते थे। खाली डब्बे गर्मी के दिन में सिकुड़ते और आवाज करते। और डब्बों की कतार लगी है उस घर में। तो मैंने उनसे कहा, बस तुम इसमें रात भर रह

जाओ। घबड़ाए तो वे बहुत, क्योंकि उसमें वर्षों से कोई नहीं रहा है। उसमें डब्बे ही भरे रहते हैं वहां। कहने लगे, क्या आपको पक्का है कि यहां भूत-प्रेत हैं? मैंने कहा, पक्का है ही और तुम खुद अनुभव करोगे कि जब भूत-प्रेत एक डब्बे में से दूसरे में जाने लगेंगे, तब तुम्हें पता चलेगा। घबड़ाना मत। और अगर कोई बहुत घबड़ाहट की बात हो जाए तो मैं एक घंटा टांग जाता हूं, इसको तुम बजा देना। तो मैं आ जाऊंगा और पास-पड़ोस के लोग आ जाएंगे, तुम्हें बचा लेंगे, तुम घबड़ाना मत।

उन्होंने कहा, घबड़ाता ही नहीं मैं। तो मैंने कहा, फिर घंटा ले जाने की जरूरत नहीं है। उन्होंने कहा, घंटा तो रख ही लेना चाहिए।

'तुम घबड़ाते ही नहीं तो घंटे का क्या करोगे?'

'अब वक्त-बेवक्त की कौन जानता है!'

मगर उनके हाथ-पैर कंपने लगे। मैं उन्हें छोड़ कर ही आया, कोई आधा ही घंटा नहीं हुआ होगा, शाम ही थी, साढ़े आठ-नौ बजे होंगे, कि उन्होंने जोर से घंटा बजाया। क्योंकि जैसे ही सांझ होती है और तापमान बदलता है तो दिन भर के तपे हुए डब्बे फैल जाते हैं और रात को सिकुड़ते हैं। जैसे ही सिकुड़ते कि आवाज होनी शुरू होती। अब उनको कल्पना तो पक्की थी और अकेले थे वहां, तो उन्होंने खूब कल्पना कर ली होगी अपने को संभालने के लिए, कि कोई कुछ नहीं कर सकता है, यह...। और जब उन्होंने सुना निकलने लगे भूत, एक डब्बे में से दूसरे में जाने लगे, घंटा बजाया। मैं पहुंचा। मुझे पता ही था कि घंटा बजेगा ही थोड़ी-बहुत देर में। ज्यादा देर नहीं लग सकती, क्योंकि वे भूत-प्रेत तो निकलेंगे ही। वे छज्जे पर खड़े हैं। उनको मैं कहूं कि आप अंदर से आकर दरवाजा खोलो, क्योंकि दरवाजा भीतर से तुम ही लगा गए हो। मगर उनकी इतनी हिम्मत नहीं कि वे उस कमरे में से गुजर सकें जहां से भूत-प्रेत निकल रहे हैं। और उनकी घिग्घी भी बंद हो गई। वे बोल भी न सकें। सीढ़ी लगा कर उनको नीचे उतारना पड़ा।

मैंने उनसे पूछा, बोलते क्यों नहीं? उन्होंने कहा, क्या खाक बोलूं? किसी तरह आधा घंटा बरदाश्त किया है। अब भूल कर कभी नहीं यह कहूंगा कि...। भूत-प्रेत होते हैं। अपना प्रत्यक्ष अनुभव अब मुझे हुआ। मैंने उन्हें लाख समझाया कि कोई भूत-प्रेत नहीं हैं। चलो मैं तुम्हारे साथ चलता हूं। तुम्हें सब राज समझाए देता हूं। उन्होंने कहा, छोड़ो, अब इस मकान में मैं दुबारा नहीं जा सकता हूं।

मैं फिर गांव जब भी जाता हूं उनसे पूछता हूं कि क्या खयाल है? उन्होंने कहा कि मैंने वह बात ही छोड़ दी।

तुम्हारी कल्पना तुम आरोपित कर ले सकते हो—किसी भी चीज पर आरोपित कर ले सकते हो। और विकल्पना का बड़ा बल है। तुम एक स्त्री को सुंदर मान लेते

हो, बस वह सुंदर हो जाती है। तुम धन में कुछ देखने लगते हो, दिखाई पड़ने लगता है। तुम पद में कुछ लोलुप हो जाते हो, वासना वहां जुड़ जाती है, विकल्पना जाल फैलाने लगती है। तुम कितनी बार नहीं बैठे-बैठे कल्पना करने लगते हो कि सफल हो गए, चुनाव जीत गए, अब जुलूस निकल रहा है, अब लोग फूलमालाएं पहना रहे हैं! बैठे अपने-अपने घर में हैं, लेकिन यह कल्पना चल रही है। कितनी बार नहीं तुम शेखचिल्ली हो जाते हो! ज्ञानी कहते हैं कि हमारा सारा जीवन शेखचिल्लीपन है। हमने कुछ कल्पनाएं बना रखी हैं। उन कल्पनाओं को हमने इतना बल दे दिया है, अपने प्राण उनमें उंडेल दिए हैं, उन पर इतना भरोसा कर लिया है कि वे वास्तविक मालूम होती हैं। वास्तविक हैं नहीं।

बच्चा जब पैदा होता है तो शून्य की तरह पैदा होता है। उसे कुछ पता नहीं होता। हम उसे सिखाते हैं कि यह तेरा शरीर। मान्यता पैदा होती है। वह सीख लेता है कि यह मेरा शरीर। हम उसे सिखाते हैं चरित्र, हम उसे सिखाते हैं अहंकार कि 'देख तू किस कुल में पैदा हुआ! देख, स्कूल में प्रथम आना। इसमें कुल की प्रतिष्ठा है। सबसे आगे रहना! चरित्र बनाना, अपने को विभूषित करना सुंदर गुणों से।' धीरे-धीरे धीरे-धीरे यह निरंतर जो सम्मोहन चलता है, बच्चा भी मानने लगता है कि मैं कुछ विशिष्ट हूं, मैं कुछ हूं, विशेष घर में पैदा हुआ, विशेष परिवार में पैदा हुआ, विशेष धर्म में पैदा हुआ, विशेष देश में पैदा हुआ, राष्ट्र का गौरव हूं, और-और इस तरह की सब बातें—देह हूं, मन हूं—ये सब बातें गहन होती चली जाती हैं।

निरंतर पुनरुक्ति से झूठ भी सच हो जाते हैं। बार-बार दोहराने से कोई भी बात सच मालूम होने लगती है। और एक बार तुम्हें सच मालूम होने लगे कि बस तुम उसके गिरफ्त में आ गए।

'सब आत्मा है, ऐसा निश्चयपूर्वक जान कर शांत हुए योगी की ऐसी कल्पनाएं कि यह मैं हूं और यह मैं नहीं हूं, क्षीण हो जाती हैं।'

तुम न तो देह हो, न तो मन हो। तुम इन दोनों के पार हो। न तुम हिंदू, न मुसलमान, न ईसाई, न जैन, न तुम स्त्री, न तुम पुरुष, न तुम भारतीय, न तुम चीनी, न तुम जर्मन। न तुम गोरे न तुम काले। न तुम जवान न तुम बूढ़े। तुम इन सबके पार हो। वह जो इन सब के पार छिपा देख रहा है—वही हो तुम। उस साक्षी के सत्य को जितना ही तुम अनुभव कर लो, जितना निश्चयपूर्वक अनुभव कर लो, उतने ही शांत हो जाओगे।

'उपशांत हुए योगी के लिए न विक्षेप है और न एकाग्रता है, न अतिबोध है और न मूढ़ता है, न सुख है न दुख है।'

इस सूत्र को खयाल में लेना : 'उपशांत'। इस तरह शांत हो गए योगी के लिए। जिसने अहंकार की विकल्पनाएं छोड़ दीं। जिसने अपने सब तरह के तादात्म्य छोड़ दिए हैं। जो अब नहीं कहता कि यह मैं हूं और जो तू से अपने को अलग नहीं करता, ऐसे उपशांत हुए योगी के लिए न विक्षेप है, अब उसे कोई चीज 'डिस्ट्रेक्ट' नहीं करती। अब कैसे उसे कोई चीज विक्षेप बन सकती है?

तुम बैठे। तुम कहते हो, मैं ध्यान करने बैठा और पत्नी ने बर्तन गिरा दिया चौके में और विक्षेप हो गया। ध्यान भंग हो गया। यह ध्यान नहीं था अगर यह भंग हो गया। कि बच्चा चिल्ला दिया, कि राह से कोई ट्रक निकल गया, कि हवाई जहाज गुजर गया ऊपर से—इससे बड़ी विघ्न-बाधा पड़ गई। अगर विघ्न-बाधा पड़ गई तो यह ध्यान नहीं था। तुम किसी तरह अपने को सम्हाल कर बैठे थे जबरदस्ती; जरा सी चोट, कि तुम्हारी जबरदस्ती टूट गई। यह कोई ध्यान नहीं था।

ध्यान की अवस्था तो शून्य की अवस्था है; विक्षेप हो कैसे सकता है? शून्य में कहीं कोई विक्षेप होता है? कोई विघ्न-बाधा पड़ती है? तुम अगर शांत बैठे थे, वस्तुतः उपशांत होकर बैठे थे तो पत्नी गिरा देती बर्तन, बर्तन की आवाज गूंजती, तुम्हें सुनाई पड़ती, लेकिन कोई प्रतिक्रिया नहीं होती। सुनाई पड़ती जरूर, क्योंकि कान तो हैं तुम्हारे, कान तो नहीं समाप्त हो गए। शायद और भी अच्छी तरह से सुनाई पड़ती, क्योंकि तुम बिलकुल शांत बैठे थे, सूई भी गिरती तो सुनाई पड़ती। लेकिन आवाज गूंजती। जैसे खाली मकान में आवाज गूंजती है, फिर विलीन हो जाती है—ऐसे तुम्हारे खालीपन में आवाज आती, गूंजती, विदा हो जाती; तुम जैसे थे वैसे ही बैठे रहते। तुम्हारा शून्य जरा भी न कंपता। शून्य कंपता ही नहीं; सिर्फ अहंकार कंपता है। सिर्फ अहंकार पर चोट लगती है। अहंकार तो एक तरह का घाव है, उस पर चोट लगती है। जरा कोई छू दे तो चोट लगती है। इसको खयाल में लेना।

'न तो कोई विक्षेप है और न कोई एकाग्रता है।'

यह बड़ा अनूठा वचन है! साधारणतः तुम सोचते हो ध्यान का अर्थ : एकाग्रता। ध्यान का अर्थ एकाग्रता या कनसंट्रेशन नहीं है। क्योंकि अगर एकाग्रता करोगे तो विक्षेप होगा, बाधा पड़ेगी। तुम अगर बैठे थे अपना ध्यान लगाए राम जी की प्रतिमा पर और कोई कुत्ता भौंक गया, बस गड़बड़ हो गई। क्योंकि वह कुत्ते का भौंकना तुम्हें सुनाई पड़ेगा न! जितनी देर कुत्ते का भौंकना सुनाई पड़ा, उतनी देर राम पर से ध्यान हट गया। एक क्षण को भूल गए। तुम अपनी माला फेर रहे थे और फोन की घंटी बजने लगी। एक सेकेंड को चित्त फोन की घंटी पर चला गया, माला हाथ से चूक गई। चाहे हाथ फेरता भी रहे, लेकिन भीतर तो चूक गई। तुम दुखी हो गए कि यह तो विक्षेप हो गया, बाधा पड़ गई।

ध्यान एकाग्रता नहीं है। ध्यान तो जागरूकता है।

तुम बैठे थे, कुत्ता भौंका तो वह भी सुनाई पड़ा। घंटी बजी टेलीफोन की, वह भी सुनाई पड़ी। जब कुत्ता भौंका तो ऐसा विचार नहीं पैदा हुआ भीतर कि कुत्ते को नहीं भौंकना चाहिए। तुम कौन हो कुत्ते को रोकने वाले? तुम्हें कुत्ता नहीं रोक रहा ध्यान करने से! कुत्ता नहीं कहता कि तुम्हारे ध्यान करने से बड़ा विक्षेप पड़ता है, कि हमें भौंकने में बाधा आती है। बंद करो ध्यान इत्यादि, क्योंकि इससे हमें भौंकने में थोड़ा अपराध भाव मालूम पड़ता है कि भौंकते हैं तो विक्षेप पड़ेगा। तुम हमारी स्वतंत्रता पर बाधा डाल रहे हो यहां बैठ कर, आंख बंद करके, आसन लगा कर।

नहीं, कुत्ते को तुम्हारे ध्यान से कुछ मतलब नहीं है। तुम्हारे ध्यान को कुत्ते से क्या मतलब है? कुत्ता भौंका, भौंका। आवाज गूंजी, गूंजी। कोई प्रतिक्रिया पैदा नहीं हुई। तुम्हारे भीतर ऐसा नहीं हुआ कि नहीं, इस कुत्ते को नहीं भौंकना चाहिए था। कि यह पड़ोसी का कुत्ता और यह पड़ोसी, ये मेरे दुश्मन हैं, ये मेरी जान के पीछे पड़े हैं। कि देखो, मैं ध्यान करने बैठा हूं और यह पड़ोसी अपने कुत्ते को भुंकवा रहा है! साजिश है। षडयंत्र है। चल पड़ा मन कि इसका बदला चुका कर रहूंगा। कि खरीद कर लाऊंगा इससे भी मजबूत कुत्ता, अलसेशियन, और इसको बदला चुकवा कर रहूंगा। कि यह कारपोरेशन क्या कर रहा है, आवारा कुत्ते घूम रहे हैं, इनको गोली क्यों नहीं दे देता? चल पड़ा मन। प्रतिक्रिया शुरू हो गई। तो विक्षेप...।

विक्षेप कुत्ते के भौंकने से नहीं होता, विक्षेप तुमने जो कुत्ते के भौंकने के साथ प्रतिक्रिया की, जो विचार करने लगे...। अब विचार तुम्हारा है। तुम विचार न करो। कुत्ता भौंका, भौंका। तुम शांत भाव से बैठे रहो। टेलीफोन की घंटी बजने लगी, तुम बेचैन हो जाते हो।

मैं कलकत्ते में एक सटोरिया के घर ठहरता था। वे बड़े सटोरिया थे। कमरा ही नहीं था कोई जहां उन्होंने टेलीफोन न लगा रखे हों। बाथरूम में भी दो-दो तीन-तीन टेलीफोन रखे हुए थे। बाथरूम की दीवाल पर भी सब वह गूद डाला था उन्होंने। लिख देते थे वहीं। क्योंकि बाथरूम में नहा रहे हैं और कोई सौदा कर लिया, वहीं फोन उठा कर टब में बैठे-बैठे, कि टायलेट पर बैठे-बैठे, पता नहीं...तो वहीं लिख देते। जब मैं उनके बाथरूम में स्नान किया तब मैंने देखा कि सब दीवालों पर पेंसिल से लिखा हुआ है। एक पेंसिल भी रखी है। मैंने उनसे पूछा कि मामला क्या है। उन्होंने कहा, अब सट्टे का मामला ही ऐसा है कि इसमें क्षण भर की देर नहीं होनी चाहिए। तो मैंने कहा बाथरूम तो समझ में आ गया, तुम्हारा पूजा घर देखना चाहता हूं। वह भी उन्होंने बना कर रखा है। वहां भी फोन लगा है। मैंने कहा, यह मामला क्या है? तुम यहां तो...। उन्होंने कहा, यह सट्टे का मामला ही ऐसा है। भगवान रुक सकता है

थोड़ी देर। यह सट्टे का मामला ही ऐसा है कि जरा सी देर हो गई तो सब गड़बड़ हो जाए, लाखों यहां के वहां हो ज़ाएं। तो यहां तो उसी वक्त निपटाना पड़ता है। माला चलती रहती है। निपटा देता हूं जल्दी से। एक सेकेंड में निपटा दिया, फिर अपनी माला फेरने लगे।

पर मैंने कहा, यह तो विक्षेप हुआ।

घंटी बजी टेलीफोन की तो तुम सोचने लगे, कौन फोन कर रहा होगा! कहीं कोई सौदा त़ो नहीं है! विचार उठ गया। ख्याल करना, टेलीफोन की घंटी बाधा नहीं डाल रही है, तुम्हारे भीतर जो विचार पैदा हो गया उससे बाधा पड़ रही है।

अब मैं भी उनके बाथरूम में नहाता था। तो मैंने कहा, घंटी बजती रहती है हमें क्या लेना-देना! अपना कोई सौदा ही नहीं है। तो घंटी कोई बाधा नहीं डालती। घंटी बजती रहती है, हम उसका मधुर संगीत सुनते, कि अपने को कोई लेना-देना नहीं है।

मैं एक रेस्ट हाउस में मेहमान था। और एक मंत्री भी वहां रुके थे। और रात मंत्री सो न सके, क्योंकि कुछ दस-बारह कुत्ते रेस्ट हाउस के कंपाउंड में भौंके। वे आए मेरे पास कमरे में, उन्होंने कहा कि आप तो बड़े मजे से सो रहे हैं। मुझे हिलाया। मैंने कहा, क्या मामला है? उन्होंने कहा, आपको देख कर ईर्ष्या होती है। आप मजे से सो रहे हैं, ये कुत्ते भौंक रहे हैं। ये मुझे सोने नहीं देते।

मैंने कहा कि आप देख ही रहे हैं कि मैं सो रहा हूं। अगर आप नहीं सो पा रहे हैं तो गड़बड़ कुछ आपमें होगी, कुत्तों में नहीं हो सकती। फिर कुत्तों को तो पता भी नहीं है कि नेता जी आए हैं। न अखबार पढ़ें, न रेडियो सुनें। ये कुत्ते हैं, इनको कुछ पता ही नहीं है कि आपका यहां आगमन हुआ है। ये कोई आदमी थोड़े ही हैं कि आपके स्वागत में कुछ शोरगुल कर रहे हैं, कि कोई आपके स्वागत में व्याख्यान कर रहे हैं। इनको कुछ लेना-देना नहीं है, अपने काम में लगे हैं।

पर उन्होंने कहा, मैं सोऊं कैसे यह बताएं। तो मैंने कहा, आप एक काम करें। कुत्ते नहीं भौंकना चाहिए, यह बात आपको बाधा डाल रही है। आप बिस्तर पर लेट जाएं और कहें कि 'भौंको कुत्तो, तुम्हारा काम भौंकना है, मेरा काम सोना है। तुम भौंको, हम सोते हैं।' और शांति से सुनें। कुत्तों के भौंकने में भी एक रस है।

उन्होंने कहा, क्या कह रहे हैं! मैंने कहा, आप कोशिश करके देख लें। आप अपनी कोशिश करके देख लिए, उससे कुछ हल नहीं हो रहा है, आधी रात हो गई। कुत्तों के भौंकने में भी एक रस है। वहां भी परमात्मा ही भौंक रहा है। यह भी परमात्मा का एक रूप है। इसको स्वीकार कर लें। इसके साथ विरोध छोड़ दें। इसे अंगीकार कर लें कि ठीक है तुम भी भौंको और हम भी सोएं। दुनिया बड़ी है। तुम्हारे लिए भी जगह है, मेरे लिए भी जगह है। परमात्मा बहुत बड़ा है, सबको संभाले है।

उन्होंने कहा, अच्छा चलो करके देख लेते हैं। राजी तो वे नहीं दिखाई पड़े। लेकिन कोई उपाय भी न था, तो करके देख लिया। कोई आधा घंटे बाद वे तो घुर्राने लगे। मैं गया। मैंने उनको हिलाया। मैंने कहा, क्या मामला है? बोले, हद हो गई, अब आपने फिर जगा दिया। किसी तरह मेरी नींद लगी थी।

मैंने कहा, अब तो आपको तरकीब हाथ में लग गई, अब कोई अड़चन नहीं है। मगर नींद लग गई थी, यह मैं जान लेना चाहता हूं। क्योंकि आप घुर्रा रहे थे। उन्होंने कहा, काम तो की बात, क्योंकि जैसे ही मैं शिथिल होकर पड़ गया हूं...मैंने कहा ठीक है। कुत्ते भौंकते हैं, भौंकते हैं।

ऐसी सहज स्वीकृत दशा है ध्यान। तुम जाग कर देखो : जो हो रहा है हो रहा है। हवाई जहाज भी चलेंगे, ट्रेन भी गुजरेगी, मालगाड़ियां शंटिंग भी करेंगी, ट्रक भी गुजरेंगे, बच्चे रोएंगे भी, स्त्रियां बर्तन भी गिराएंगी, पोस्टमैन दरवाजा भी खटखटाएगा—यह सब होगा।

एकाग्रता के कारण लोग जंगल भाग-भाग कर गए। उनको ध्यान का पता नहीं था; नहीं तो ध्यान तो यहीं हो जाएगा।

मैं एक अमरीकी मनोवैज्ञानिक का जीवन पढ़ रहा था। वह पूरब आना चाहता था विपस्सना ध्यान सीखने। तो बर्मा में सबसे बड़ा विपस्सना का स्कूल है—बौद्धों के ध्यान का। तो उसने तीन सप्ताह की छुट्टी निकाली। बड़ी तैयारियां करके रंगून पहुंचा। बड़ी कल्पनाएं लेकर पहुंचा था कि किसी पहाड़ की तलहटी में, कि घने वृक्षों की छाया में, कि झरने बहते होंगे, कि पक्षी कलरव करते होंगे, कि फूल खिले होंगे—एकांत में तीन सप्ताह आनंद से गुजारूंगा। यह न्यूयार्क का पागलपन...! तीन सप्ताह के लिए बड़ा प्रसन्न था। लेकिन जब उसकी टैक्सी जाकर आश्रम के सामने रुकी तो उसने सिर पीट लिया। वह रंगून के बीच बाजार में था, मछली बाजार में। बास ही बास और उपद्रव ही उपद्रव, सब तरफ शोरगुल और मक्खियां भिनभिना रही हैं और कुत्ते भौंक रहे और आदमी सौदा कर रहे हैं और स्त्रियां भागी जा रही हैं, और बच्चे चीख रहे हैं। यह आश्रम की जगह है? उसके मन में तो हुआ कि इसी वक्त सीधा वापस लौट जाऊं। लेकिन तीन दिन तक कोई लौटने के लिए हवाई जहाज भी न था। तो उसने सोचा अब आ ही गया हूं तो कम से कम इन सदगुरु के दर्शन तो कर ही लूं! यह किन सदगुरु ने यह आश्रम खोल रखा है यहां? यह कोई जगह है आश्रम खोलने की?

भीतर गया तो बड़ा हैरान हुआ। सांझ का वक्त था और कोई दो सौ कौए आश्रम पर लौट रहे, क्योंकि सांझ को बौद्ध भिक्षु भोजन करके उनको कुछ फेंक देते होंगे

चावल इत्यादि। तो वे सब वहां...बड़ा शोरगुल। कौए, महाराजनीतिज्ञ, बड़े विवाद में लगे। शास्त्रार्थ चल रहा है। और कौए तो शिकायत ही करते रहते हैं। उनको कभी किसी चीज से शांति तो मिलती नहीं। भ्रष्ट योगी हैं। शिकायत उनका धंधा है। वे एक-दूसरे से शिकायत में लगे हुए, चीख-चीत्कार मच रहा है।

उसने कहा...। और वहीं भिक्षु ध्यान करते हैं। कोई टहल रहा, जैसा बौद्ध टहल कर ध्यान करते हैं। कोई वृक्ष के नीचे शांत बैठा ध्यान कर रहा है। खड़ा होकर एक क्षण देखता रहा, बात कुछ समझ में नहीं आई, बड़ी विरोधाभासी लगी। लेकिन भिक्षुओं के चेहरों पर बड़ी शांति भी है। जैसे यह सब कुछ हो ही नहीं रहा है, या जैसे ये कहीं और हैं, किसी और लोक में हैं जहां ये सब खबरें नहीं पहुचतीं या पहुंचती हैं तो कोई विक्षेप नहीं है। इन भिक्षुओं के चेहरों को देख कर उसने सोचा तीन दिन तो रुक ही जाऊं।

वह गुरु के पास गया तो गुरु से उसने यही कहा कि यह क्या मामला है? यह कहां जगह चुनी आपने? तो गुरु ने कहा: रुको, तीन सप्ताह बाद अगर तुम फिर यही प्रश्न पूछोगे तो उत्तर दूंगा। तीन सप्ताह रुक गया। पहले तो तीन दिन के लिए रुका, लेकिन तीन दिन में लगा कि बात में कुछ है। एक सप्ताह रुका। एक सप्ताह रुका तो पता चला कि धीरे-धीरे यह बात कुछ अर्थ नहीं रखती कि बाजार में शोरगुल हो रहा है, ट्रक जा रहे हैं, कारें दौड़ रहीं, कौए कांव-कांव कर रहे, कुत्ते भौंक रहे, मक्खियां भिनभिना रहीं, ये सब बातें कुछ अर्थ नहीं रखतीं। तुम कहीं दूर लोक में जाने लगे। तुम कहीं भीतर उतरने लगे, कोई चीज अटकाव नहीं बनती।

दूसरे सप्ताह होते-होते तो उसे याद ही नहीं रहा। तीसरे सप्ताह तो उसे ऐसे लगा कि अगर ये कौए यहां न होते, ये कुत्ते यहां न होते, यह बाजार न होता, तो शायद ध्यान हो ही नहीं सकता था। क्योंकि इसके कारण एक पृष्ठभूमि बन गई। तब उसने गुरु को कहा कि मुझे क्षमा करें। मैंने जो शिकायत की थी वह ठीक न थी। वह मेरी जल्दबाजी थी।

गुरु ने कहा: बहुत सोच कर ही यह आश्रम यहां बनाया है। जान कर ही यहां बनाया है। क्योंकि विपस्सना का प्रयोग ही यही है कि जहां बाधा पड़ रही हो वहां बाधा के प्रति प्रतिक्रिया न करनी। प्रतिक्रिया-शून्य हो जाए चित्त, तो शांत हो जाता है।

'उपशांत हुए योगी के लिए न विक्षेप है और न एकाग्रता है। न अतिबोध है और न मूढ़ता है।'

यह सुनो अदभुत वचन! कि जो सच में शांत हो गया है वह कोई महाज्ञानी नहीं हो जाता, क्योंकि वह भी अतिशयोक्ति होगी। वह भी अतिशय हो जाएगा। जो शांत

हो गया है वह तो संतुलित हो जाता है। वह तो मध्य में ठहर जाता है। न तो मूढ़ रह जाता है और न ज्ञानी। तो न तो अतिबोध और न अति मूढ़ता; वह दोनों के मध्य में शांत चित्त खड़ा होता है। तुम उसे मूढ़ भी नहीं कह सकते, उसे पंडित भी नहीं कह सकते। वह तो बड़ा सरल, संतुलित होता है, मध्य में होता है। उसके जीवन में कोई अति नहीं रह जाती। कोई अति नहीं रह जाती! न तुम उसे हिंसक कह सकते न अहिंसक। ये दोनों अतियां हैं। न तुम उसे मित्र कह सकते न शत्रु। ये दोनों अतियां हैं। वह अति से मुक्त हो जाता है। और अति से मुक्त हो जाना ही मुक्त हो जाना है। उसे न सुख है न दुख है। वह द्वंद्व के पार हो जाता है।

साधारणतः लोग सोचते हैं: जब ज्ञान उत्पन्न होगा तो हम महाज्ञानी हो जाएंगे। नहीं, जब ज्ञान उत्पन्न होगा, तब न तो तुम ज्ञानी रह जाओगे और न मूढ़। जब ज्ञान उत्पन्न होगा तो तुम इतने शांत हो जाओगे कि ज्ञान का तनाव भी न रह जाएगा। तुम ऐसा भी न जानोगे कि मैं जानता हूं। यह बात भी चली जाएगी। तुम जानोगे भी और जानने का कोई अहंकार भी न रह जाएगा। तुम जानते हुए ऐसे हो जाओगे जैसे न जानते हुए हो। मूढ़ और ज्ञानी के मध्य हो जाओगे। कुछ-कुछ मूढ़ जैसे—जानते हुए न जानते हुए से। कुछ-कुछ ज्ञानी जैसे—न जानते हुए में जानते हुए से। ठीक बीच में खड़े हो जाओगे। इस मध्य में खड़े हो जाने का नाम संयम। इस मध्य में खड़े हो जाने का नाम सम्यकत्व। इस मध्य में खड़े हो जाने का नाम संगीत।

बुद्ध ने कहा है कि अगर वीणा के तार बहुत ढीले हों तो संगीत पैदा नहीं होता। और अगर वीणा के तार बहुत कसे हों तो वीणा टूट जाती है, तो भी संगीत पैदा नहीं होता। एक ऐसी भी दशा है वीणा के तारों की कि जब न तो तार कसे होते, न ढीले होते; ठीक मध्य में होते हैं। वहीं उठता है संगीत। जीवन की वीणा के संबंध में भी यही सच है।

'निर्विकल्प स्वभाव वाले योगी के लिए राज्य और भिक्षावृत्ति में, लाभ और हानि में, समाज और वन में फर्क नहीं है।'

न विक्षेपो न चैकाग्रयं नातिबोधो न मूढ़ता।
न सुखं न च वा दुःखमुपशांतस्य योगिनः।।
स्वराज्ये भैक्ष्यवृत्तौ च लाभालाभे जने वने।
निर्विकल्पस्वभावस्य न विशेषोऽस्ति योगिनः।।

ऐसा जो शांत हो गया, मध्य में ठहर गया, संतुलित हो गया, ऐसे अंतरसंगीत को जो उपलब्ध हो गया—ऐसे निर्विकल्प स्वभाव वाले योगी के लिए फिर न राज्य में कुछ विशेषता है, न भिक्षावृत्ति में। ऐसा योगी अगर भिक्षा मांगते मिल जाए तो भी

तुम सम्राट की शान उसमें पाओगे। और ऐसा व्यक्ति अगर सम्राट के सिंहासन पर बैठा मिल जाए तो भी तुम भिक्षु की स्वतंत्रता उसमें पाओगे।

ऐसा व्यक्ति कहीं भी मिल जाए, तुम अगर जरा गौर से देखोगे तो तुम उसमें दूसरा छोर भी संतुलित पाओगे। सम्राट होकर वह सिर्फ सम्राट नहीं हो जाता; वह किसी भी क्षण छोड़ कर चल सकता है। और भिक्षु होकर वह भिक्षु नहीं हो जाता, दीन नहीं हो जाता। भिक्षु में भी उसका गौरव मौजूद होता है और सम्राट में भी उसका शांत चित्त मौजूद होता है। भिक्षु और सम्राट से कुछ फर्क नहीं पड़ता। ऐसे व्यक्ति को ङ्गविशेष न अस्तिङ्ख कोई चीज विशेष नहीं है। फिर वह समाज में हो कि वन में, कोई भेद नहीं, तुम ऐसे व्यक्ति को भीड़ में भी अकेला पाओगे। और तुम ऐसे व्यक्ति को जंगल में बैठा हुआ पाओगे तो भीड़ से दूर न पाओगे, विपरीत न पाओगे। दुश्मन न पाओगे। ऐसा व्यक्ति भीड़ से डर कर नहीं चला गया है जंगल में। ऐसे व्यक्ति को तुम जंगल से भीड़ में ले आओ कि भीड़ से जंगल में ले जाओ, कोई फर्क न पड़ेगा। ऐसा व्यक्ति अब अपने भीतर ठहर गया है। कोई चीज कंपाती नहीं।

स्वराज्ये भैक्ष्यवृत्ता...।

चाहे राज्य हो चाहे भिक्षा।

लाभालाभे...।

चाहे लाभ हो चाहे हानि।

जने वा वने...।

चाहे जंगल चाहे भीड़।

निर्विकल्पस्वभावस्य योगिनः।

योगी तो निर्विकल्प बना रहता है।

उसका कोई चुनाव नहीं है। वह ऐसा भी नहीं कहता कि ऐसा ही हो। हो जाए तो ठीक, न हो जाए तो ठीक। ऐसा हो तो ठीक, अन्यथा हो तो ठीक। उसने सारी प्रतिक्रिया छोड़ दी। वह अब वक्तव्य ही नहीं देता। वह जो घटता है, उसे घट जाने देता है। उसकी अब कोई शिकायत नहीं है। सब उसे स्वीकार है। तथाता। सब उसे अंगीकार है।

'यह किया है और यह अनकिया है, इस प्रकार के द्वंद्व से मुक्त योगी के लिए कहां धर्म है, कहां काम है, कहां अर्थ, कहां विवेक?'

क्व धर्मः क्व च वा कामः क्व चार्थः क्व विवेकिता।

इदं कृतमिदं नेति द्वंद्वैर्मुक्तस्य योगिनः।।

हम तो इसी में पड़े रहते हैं कि क्या किया और क्या नहीं किया; क्या कर पाए

और क्या नहीं कर पाए—हिसाब लगाते रहते हैं। गणित बिठाते रहते हैं : इतना कमा लिया, इतना नहीं कमा पाए; यह-यह विजय कर ली, यह-यह बात में हार गए; यहां-यहां सफलता मिल गई, यहां-यहां असफल हो गए। चौबीस घंटे चिंतन चल रहा है—क्या किया, क्या नहीं किया! मरते-मरते दम तक आदमी यही सोचता रहता है : क्या किया, क्या नहीं किया।

एण्ड्रू कारनेगी, अमरीका का बहुत बड़ा करोड़पति, मर रहा था तो मरते वक्त उसने आंख खोली और कहा कि मुझे ठीक-ठीक बता दो कि मैं कितनी संपत्ति छोड़ कर मर रहा हूं। उसके सेक्रेटरी ने, जल्दी से भागा, फाइलों में से हिसाब लगाया, और ऐसा लगता है एण्ड्रू कारनेगी अटका रहा, उसकी सांस अटकी रही। जब उसने आकर कह दिया कि कोई दस अरब रुपये छोड़ कर आप मर रहे हैं तो एण्ड्रू कारनेगी मरा, और वह भी बहुत सुख से नहीं। क्योंकि उसने कहा : ङ्कमैंने तो सोचा था कम से कम सौ अरब रुपये कमा कर जाऊंगा। मैं एक हारा हुआ आदमी हूं।ङ्ख

दस अरब रुपये छोड़ कर मरने वाला आदमी भी सोचता है हारा हुआ हूं! ठीक है, अगर सौ अरब कमाने थे तो नब्बे अरब से हार हो गई। हार भारी है! ऐसा लगता है दस अरब रुपये जैसे दस रुपये भी नहीं हैं। ऐसा विषाद से भर कर गया यह आदमी। और जीवन भर दौड़ता रहा।

उसके सेक्रेटरी ने लिखा है कि अगर मुझे भगवान कहे कि तुम्हें एण्ड्रू कारनेगी होना है कि एण्ड्रू कारनेगी का सेक्रेटरी, तो मैं सेक्रेटरी ही होना पसंद करूंगा। क्यों? क्योंकि मैंने इससे ज्यादा परेशान व्यस्त आदमी नहीं देखा। चौबीस घंटे लगा है।

कहते हैं कि एण्ड्रू कारनेगी एक दफा अपने बेटे को न पहचान पाया। दफ्तर में बैठा था और एक युवा निकला तो उसने अपने सेक्रेटरी को पूछा कि यह कौन है?

'आपने हद कर दी...आपका बेटा!'

'अरे, मुझे फुरसत कहां?'

कभी अपने बेटों के पास बैठने की, बात करने की, चीत करने की, कभी उनके साथ खेलने की, छुट्टियों में किसी पहाड़ पर जाने की फुर्सत कहां। धन ही धन, एक ही दौड़। धन से आंख अंधी। अपना बेटा भी नहीं दिखाई पड़ता।

मुल्ला नसरुद्दीन अदालत में खड़ा था और मजिस्ट्रेट ने उससे कहा : नसरुद्दीन, यह अजीब बात है कि तुमने बॉक्स तो चुराया, मगर पास ही में जो नोट रखे हुए थे उनको नहीं लिया। इसका राज क्या है?

नसरुद्दीन ने कहा : खुदा के लिए इस बात का जिक्र न कीजिए। मेरी बीबी इसी गलती के लिए सप्ताह भर मुझसे लड़ती रही है। अब आप फिर वही उठाए दे रहे हैं।

बॉक्स तो चुरा लिया, उसके पास जो रुपये रखे थे, बीबी लड़ती रही सात दिन तक कि वह क्यों नहीं लाए? वह मजिस्ट्रेट से कह रहा है। खुदा के लिए यह बात फिर मत उठाइए। अब हो गई भूल हो गई। बॉक्स चुराया, यह कोई भूल नहीं; वे जो रुपये पास में रखे थे, वह नहीं चुराया। भूल हो गई, क्षमा करिए, अब दोबारा यह बात मत उठाइए। सात दिन सुन-सुन कर सिर पक गया। पत्नी यही बार-बार कहती है, बार-बार उठाती है कि वे रुपये क्यों छोड़ कर आए?

तुम्हारी जिंदगी इसी तरह के हिसाब में लगी है: क्या कर लिया, क्या नहीं किया। पूरी जिंदगी तुम यही जोड़ते रहोगे? और जब जाओगे, खाली हाथ जाओगे। सब किया, सब अनकिया, सब पड़ा रह जाएगा। किया तो व्यर्थ हो जाता है, न किया तो व्यर्थ हो जाता है।

'यह किया यह अनकिया, इस प्रकार के द्वंद्व से मुक्त योगी के लिए कहां धर्म!'

उसके लिए तो धर्म तक का कोई अर्थ नहीं रह जाता। क्योंकि धर्म का तो अर्थ ही होता है: जो करना चाहिए, वही धर्म। अधर्म का अर्थ होता है: जो नहीं करना चाहिए!

सुनते हो इस क्रांतिकारी वचन को? ऐसे व्यक्ति के लिए धर्म का भी कोई अर्थ नहीं है, क्योंकि अब करने, न करने से ही झंझट छुड़ा ली। अब तो साक्षीभाव में आ गए। ऐसे व्यक्ति के लिए कहां धर्म, कहां काम, कहां अर्थ, कहां विवेक! विवेक तक की कोई जरूरत नहीं है। अब ऐसा व्यक्ति डिसक्रिमिनेशन भी नहीं करता कि क्या अच्छा, क्या बुरा; क्या कर्तव्य, क्या अकर्तव्य; कौन सी बात नीति, कौन सी बात अनीति। ये सब बातें व्यर्थ हुईं। द्वंद्व गया और इस द्वंद्व के जाने पर जो पीछे शेष रह जाती है शांति, वही शांति है, वही संपदा है।

इदं कृतं इदं न कृतं द्वंद्वैर्मुक्तस्य योगिनः।

यह किया, यह नहीं किया, ऐसे द्वंद्व से जो मुक्त हो गया वही योगी है। जो किया उसने किया और जो नहीं किया उसने किया—परमात्मा जाने! जो साक्षी हो गया वही योगी है।

कृत्यं किमपि न एव न कापि हृदि रंजना।
यथा जीवनमेवेह जीवन्मुक्तस्य योगिनः।।

'जीवनमुक्त योगी के लिए कर्तव्य कर्म कुछ भी नहीं है।'

देखते हैं आग्नेय वचन, जलते हुए अग्नि के अंगारों जैसे वचन! इनसे ज्यादा क्रांतिकारी उदघोष कभी नहीं हुए।

'जीवनमुक्त योगी के लिए कर्तव्य कर्म कुछ भी नहीं है और न हृदय में कोई अनुराग है। वह इस संसार में यथाप्राप्त जीवन जीता है।'

जैसा जीवन है, वैसा है। जो मिला, मिला। जो नहीं मिला, नहीं मिला। जो हुआ, हुआ; जो नहीं हुआ, नहीं हुआ। वह हर हाल खुश है, हर हाल सुखी है।

यथा जीवनमेवेह...।

जैसा जीवन है उससे अन्यथा की जरा भी आकांक्षा नहीं है। जैसा जीवन है वैसा ही जीवन है।

तुम अन्यथा की आकांक्षा किए चले जाते हो। तुम्हारे पास दस रुपये हैं तो चाहते हो बीस हो जाएं। बीस रुपये हैं, तो चाहते हो चालीस हो जाएं। कुछ फर्क नहीं पड़ता; चालीस होंगे, तुम चाहोगे अस्सी हो जाएं। निन्यानबे का फेर तो तुम जानते ही हो। मगर यह धन के संबंध में ही लागू होता तो भी ठीक था।...तुम्हारा चेहरा सुंदर नहीं है, सुंदर हो जाए। तुम्हारा चरित्र सुंदर हो जाए, सुशील हो जाए। तुम महात्मा हो जाओ। बात वही की वही है। तुम जैसे हो वैसे में राजी नहीं; महात्मा होना है। यह क्या क्षुद्रात्मा! यह क्या पड़े घर-गृहस्थी में। तुम्हें तो बुद्ध-महावीर होना है! कुछ होना है! कुछ होकर रहना है! जो तुम हो उसमें तुम राजी नहीं।

और खयाल रखना, जो तुम हो उसमें अगर राजी हो जाओ, तो ही तुम बुद्ध होते हो, तो ही तुम महावीर होते हो। महात्मा कोई लक्ष्य नहीं है जिसे तुम पूरा कर लोगे। महात्मा का अर्थ है जो जैसा है वैसे में राजी हो गया। ऐसी परम तृप्ति, कि अब इससे अन्यथा कुछ भी नहीं होना है। जो उसने बनाया, जैसा उसने बनाया। जो वह दिखा दे, देख लेंगे। जो वह करा दे, कर लेंगे। जब उठा ले, उठ जाएंगे। जब तक रखे, रहे रहेंगे। जैसा खेल खिला दे, खेलेंगे। ऐसी जो भावदशा है वही महात्मा की, महाशय की दशा है।

यह सूत्र बहुत मनन करना। ध्यान करना।

कृत्यं किमपि न एव।

नहीं कोई कृत्य है।

न कापि हृदि रंजना।

और न हृदय में कुछ आकांक्षा है कि ऐसा ही हो, ऐसा कोई राग नहीं, ऐसा कोई अनुराग नहीं, ऐसा कोई मोह नहीं, ऐसी कोई ममता नहीं, आकांक्षा नहीं।

यथा जीवनमेवेह।

जैसा जीवन है, है। बस, ऐसे ही जीवन से मैं राजी हूं। इस राजीपन का नाम: योग।

जीवन्मुक्तस्य योगिनः।

और ऐसा व्यक्ति ही जीवन के सारे जाल से मुक्त हो जाता है।

इस एक सूत्र से सारा जीवन रूपांतरित हो सकता है। इस एक सूत्र में सब समाया है—सब वेदों का सार, सब कुरानों का सार। इस एक छोटे से सूत्र में सारी प्रार्थनाएं, सारी साधनाएं, सारी अर्चनाएं समाहित हैं। इस एक छोटे से सूत्र का विस्फोट तुम्हारे जीवन को आमूल बदल सकता है।

बस जैसे हो वैसे ही प्रभु को समर्पित हो जाओ। कह दो कि बस, जैसी तेरी मर्जी। जैसा रखेगा, रहेंगे। जो कराएगा, करेंगे। भटकाएगा, भटकेंगे। नरक में डाल देगा, नरक में रहेंगे। मगर शिकायत न करेंगे।

जैसे ही शिकायत से तुम मुक्त हो गए, प्रार्थना का जन्म होता है। और जैसे ही जो है उससे तुम राजी हो गए कि फिर तुम्हारे जीवन में सच्चिदानंद के अतिरिक्त और कुछ भी नहीं बचता। फिर परमात्मा ही परमात्मा का स्वाद है। फिर उसी-उसी की रसधार बहती है। फिर परम मंगल का क्षण आ गया।

इस सूत्र पर ध्यान करना। इस सूत्र का थोड़ा-थोड़ा स्वाद लेने की कोशिश करना। चौबीस घंटे जब भी याद आ जाए, इस सूत्र का थोड़ा उपयोग करना। चौबीस घंटे में हजारों मौके आते हैं जब यह सूत्र कुंजी बन सकता है। जहां शिकायत उठे वहीं इस सूत्र को कुंजी बना लेना। सब शिकायत के ताले इस सूत्र से खुल जा सकते हैं। और शिकायत गिर जाए तो मंदिर के द्वार खुले हैं, प्रभु उपलब्ध है। तुम अपनी आकांक्षाओं, शिकायतों, अभिरुचियों, अनुरागों के कारण देख नहीं पा रहे, अंधे बने हो।

यथा जीवनं एव—बस ऐसा है जीवन, ऐसा है; इससे रत्ती भर भिन्न नहीं चाहिए।

जीसस ने सूली पर मरते वक्त यही सूत्र उदघोष किया है। आखिरी वचन में जीसस ने कहा: दाई विल बी डन। तेरी मर्जी पूरी हो, प्रभु! सूली तो सूली, मारे तो मारे। तेरी मर्जी से अन्यथा मेरी कोई मर्जी नहीं है। तेरी मर्जी के साथ मैं राजी हूं।

इसी क्षण जीसस समाप्त हो गए और क्राइस्ट का जन्म हुआ। इसी क्षण जीसस का मनुष्य रूप विदा हो गया, प्रभु-रूप पैदा हुआ। पुनरुज्जीवन हुआ। जीसस द्विज बने। जीसस ब्रह्मज्ञानी हो गए। इसी क्षण!

मंसूर को सूली लगाई गई, हाथ-पैर काटे गए, तब भी वह हंस रहा था। आकाश की तरफ देख कर हंस रहा था। और किसी ने भीड़ में से पूछा कि तुम क्यों हंसते हो मंसूर, तुम्हें इतनी पीड़ा दी जा रही है?

उसने कहा: मैं इसलिए हंस रहा हूं कि ईश्वर यह हालत पैदा करके भी मेरे भीतर शिकायत पैदा नहीं कर पाया। मैं हंस रहा हूं। मैं ईश्वर की तरफ देख कर हंस

रहा हूं कि कर ले तू यह भी, मगर मैं राजी हूं। तू किसी भी रूप में आए, तू मुझे धोखा न दे पाएगा। मैं तुझे पहचान गया। तू मौत की तरह आया है, स्वीकार है। मैं हंस रहा हूं ईश्वर की तरफ देख कर कि तूने धोखा तो खूब दिया, डर था कि शायद इसमें मैं धोखा खा जाता; लेकिन नहीं, तू धोखा नहीं दे पाया। मैं राजी हूं! अहोभाग्य है यह भी मेरा : तू आया तो सही, मृत्यु की तरह सही! तूने मेरी परीक्षा तो ली!

अग्निपरीक्षा तो उन्हीं की ली जाती है जो वस्तुतः योग्य हैं। तो कठिनाई को परीक्षा समझना। संकट को संकट मत समझना, चुनौती समझना और इस सूत्र को याद रखना। इस सूत्र के सहारे तुम जहां हो वहां से परमात्मा तक सेतु बन सकता है।

देखा न लक्ष्मणझूला—रस्सियों का झूला! ऐसा यह सूत्र बहुत पतला धागा है, लेकिन इस धागे के सहारे तुम अंतिम यात्रा कर ले सकते हो।

हरि ॐ तत्सत्!

* * *

प्रवचन : 58

संन्यास—सहज होने की प्रक्रिया

8 दिसंबर, 1976

पहला प्रश्न: आपने संन्यास देते ही मुक्त करने की बात कही, लेकिन मुक्त होते ही संन्यासी का जीवन आमूल रूप से परिवर्तित क्यों नहीं हो पाता है? हालत ऐसी है कि संन्यास के बाद भी वह अपनी पुरानी मनोदशा में ही जीता है। कभी-कभी तो सामान्य सतह से भी नीचे गिर जाता है। मुक्ति का सुवास उसे तत्क्षण एक ईमानदार महामानव क्यों नहीं बना पाता? क्या इससे ङ्गसंचितङ्ख का संकेत नहीं मिलता कि सब कुछ पूर्व-कर्म से बंधा है, नियत है?

पहली बात: मैंने कहा, मैं संन्यास देते ही तुम्हें मुक्त कर देता हूं; मैंने यह नहीं कहा कि तुम मुक्त हो जाते हो। मेरे मुक्त करने से तुम कैसे मुक्त हो जाओगे? मेरी घोषणा के साथ जब तक तुम्हारा सहयोग न हो, तुम मुक्त न हो पाओगे। तुमने अगर अपने बंधनों में ही प्रेम बना रखा है और जंजीरें तुम्हें आभूषण मालूम होने लगी हैं और कारागृह को तुम घर समझते हो, तो मैंने कह दिया कि तुम मुक्त हो गए, लेकिन इससे तुम खुले आकाश के नीचे न आ जाओगे। मेरी घोषणा काफी नहीं है; तुम्हारा सहयोग जरूरी है।

मेरी तरफ से तो तुम मुक्त ही हो। मेरी तरफ से तो कोई व्यक्ति अमुक्त है ही नहीं, अमुक्त हो ही नहीं सकता। अमुक्ति एक स्वप्न है; आंख खोलने की बात है,

समाप्त हो जाएगा। लेकिन तुम मेरी घोषणा मात्र से मुक्त नहीं हो जाते। तुम नये-नये बहाने खोजते हो।

अब तुम यह बहाना खोज रहे हो कि क्या इससे 'संचित' का संकेत नहीं मिलता कि सब कुछ पूर्व-कर्म से बंधा है, नियत है?

तुम चाहते हो किसी तरह तुम अपनी जिम्मेवारी, अपना दायित्व टाल दो; तुम कह दो, 'हमारे किए क्या होगा! सब बंधा हुआ है।' तुम बचना चाहते हो। तुम सहयोग तक करने से बचना चाहते हो। तुम आंख तक खोलने से बचना चाहते हो। तुम अपनी बंद आंख के लिए हजार बहाने खोजते हो।

प्रश्न महत्वपूर्ण है, सभी के काम का है: 'आपने संन्यास देते ही मुक्त करने की बात कही...।'

मैं इसीलिए कहता हूं कि मैंने मुक्त कर दिया, क्योंकि तुम मुक्त हो; मेरे किए से नहीं मुक्त हो जाते। मुक्ति तुम्हारा स्वभाव है। मैं तुम्हारे स्वभाव की घोषणा कर रहा हूं। तुम मेरे वक्तव्य को गलत मत समझ लेना। तुम यह मत समझ लेना कि मैं तुम्हें मुक्त कर रहा हूं। मुक्त तो तुम थे ही; भूल गए थे, याद दिला दी।

सदगुरु सिवाय स्मरण दिलाने के और कुछ भी नहीं करता है। जो तुम्हारा है वही तुम्हें दे देता है। जो तुमने मान रखा था, जगा देता है और कह देता है मान्यता थी, भ्रम था, झूठ था। तुमने रस्सी में सांप देख लिया था, मैं दीया लेकर तुम्हारे पास खड़ा हूं; कहता हूं गौर से देख लो। मैं तुम्हें सांप से मुक्त किए दे रहा हूं। क्या इसका यह अर्थ हुआ कि सांप था और मैं तुम्हें मुक्त कर रहा हूं सांप से? इसका इतना ही अर्थ हुआ कि सांप तो था ही नहीं, इसीलिए मुक्त कर रहा हूं, अन्यथा मुक्त तुम होते कैसे? दीया लाने से भी क्या होता था? अगर सांप था तो था। अंधेरे में शायद थोड़ा शक-शुबा भी रहता कि शायद रस्सी हो; दीया लाने से तो और साफ हो जाता कि नहीं सांप ही है। दीया लाने से तुम कैसे मुक्त हो सकते थे?

सदगुरु के पास आने से तुम मुक्त नहीं हो सकते, क्योंकि सदगुरु दीया है—एक रोशनी। उस रोशनी में तुम्हारे जीवन का पुनरावलोकन कर लेना। रस्सी दिखाई पड़ जाए तो क्या कहना चाहिए अब: तुम सांप से मुक्त हो गए? कि जाना कि सांप था ही नहीं? तुम एक झूठे सांप से भयभीत हो रहे थे, जो नहीं था उससे घबड़ा गए थे।

इसलिए मैंने कहा कि मैं संन्यास देते ही तुम्हें मुक्त कर देता हूं। मेरा काम पूरा हो गया। लेकिन इससे तुम्हारा काम पूरा हो गया, ऐसा मैंने नहीं कहा। तुम्हारा भी सहयोग अगर परिपूर्ण हो तो बात घट जाए। जहां सदगुरु और शिष्य संपूर्ण सहयोग में मिल जाते हैं, वहीं क्रांति घट जाती है। लेकिन तुम जब राजी होओगे तब न!

तुम स्वतंत्र होना ही नहीं चाहते। तुम बंधन के लिए नये-नये तर्क खोज लेते हो। तुम बहाने ईजाद करने में बड़े कुशल हो।

अब तुम पूछ रहे हो : 'लेकिन मुक्त होते ही संन्यासी का जीवन आमूल रूप से परिवर्तित क्यों नहीं हो पाता?'

अब यह और भी महत्वपूर्ण बात समझो। संन्यास का या मुक्ति का परिवर्तन से कोई संबंध नहीं है। क्योंकि यह परिवर्तन की आकांक्षा भी अमुक्त मन की आकांक्षा है। तुम अपने को बदलना चाहते हो। क्यों बदलना चाहते हो? यह बदलने की चाह कहां से आती है? तुम परमात्मा हो, इससे श्रेष्ठ कुछ हो नहीं सकता अब। जो श्रेष्ठतम था, हो चुका है, घट चुका है। तुम बदलना चाहते हो। तुम परमात्मा में भी थोड़ा शृंगार करना चाहते हो। तुम थोड़ा रंग-रोगन करना चाहते हो। तुम कहते हो कि बदलाहट क्यों नहीं होती?

मुक्ति का बदलाहट से कोई संबंध नहीं है। मुक्ति की तो घोषणा ही यही है कि अब बदलने को कुछ बचा नहीं; जैसा है वैसा है। अष्टावक्र के वचन तुम सुन नहीं रहे हो?—जैसा है वैसा है। अब बदलना किसको? बदले कौन? बदले किसलिए? बदले कहां?

अब तुम पूछते हो कि परिवर्तन क्यों नहीं हो पाता? तो तुम मुक्ति का अर्थ ही नहीं समझे।

परिवर्तन तो अहंकार की ही आकांक्षा है। तुम अपने में चार चांद लगाना चाहते हो। धन मिले तो तुम अकड़ कर चल सको। पद मिले तो अकड़ कर चल सको। पद नहीं मिला, धन नहीं मिला, या मिला भी तो सार नहीं मिला—अब तुम चाहते हो कम से कम ध्यान की अकड़ हो, योग की अकड़ हो, संतत्व की अकड़ हो, कम से कम महात्मा तो हो जाएं! लेकिन परिवर्तन नहीं हो रहा! अभी तक महात्मा नहीं हुए। अभी भी जीवन की छोटी-छोटी चीजें पकड़ती हैं। भूख लगती, प्यास लगती, नींद आती—और कृष्ण तो गीता में कहते हैं कि योगी सोता ही नहीं। और भूख लगती, प्यास लगती, पसीना आता, धूप खलती। तो तुम पाते हो कि अरे, अभी तक महात्मा तो बने नहीं; कांटों की शैय्या पर तो सो नहीं सकते अभी तक—तो फिर कैसी मुक्ति?

तुम मुक्ति का अर्थ ही न समझे। मुक्ति का अर्थ है : तुम जैसे हो परिपूर्ण हो, इस भाव का उदय। भूख तो लगती ही रहेगी लेकिन अब तुम्हें न लगेगी, शरीर को ही लगेगी, बस इतना फर्क होगा। फर्क भीतरी होगा। बाहर से किसी को पता भी न चलेगा, कानों-कान खबर न होगी। जिस मुक्ति की बाहर से खबर होती है, समझना कि कहीं कुछ गड़बड़ हो गई; अहंकार फिर प्रदर्शन कर रहा है, फिर शोरगुल मचा रहा

है कि देखो, मैं महात्मा हो गया! मुक्ति की तो कानों-कान खबर नहीं पड़ती। मुक्ति तो तुम्हारी साधारणता को अछूता छोड़ देती है।

अब तुम्हारी घबराहटें अजीब हैं! एक सज्जन आए, वे कहने लगे कि संन्यास तो ले लिया लेकिन चाय अब तक नहीं छूटी। यहां हम चाह को छोड़ने की बात कर रहे हैं, वे चाय छोड़ने की बात कर रहे हैं। दरिद्रता की कोई हद है! और चाय छोड़ भी दी तो क्या पा लोगे? चाय ही छूटेगी न! तुम पा क्या लोगे? लेकिन तुम्हें मूढ़ों ने समझाया है कि चाय छोड़ने से मोक्ष मिल जाता। काश! मोक्ष इतना सस्ता होता कि चाय छोड़ने से मिल जाता, कि तुम धूम्रपान न करते और मोक्ष मिल जाता! कितने तो लोग हैं जो धूम्रपान नहीं करते हैं, मोक्ष पा लिया? तुम भी उन जैसे ही हो जाओगे, नहीं करोगे तो। मैं यह नहीं कह रहा हूं कि धूम्रपान करना। मैं यह भी नहीं कह रहा हूं कि धूम्रपान करने से मोक्ष मिलता है। मैं इतना ही कह रहा हूं, धूम्रपान करने और न करने से मोक्ष का कोई संबंध नहीं। करो, तुम्हारी मर्जी; न करो, तुम्हारी मर्जी। ये असंगत बातें हैं। चाय पीते हो कि नहीं पीते, इससे कुछ संबंध नहीं है। चाय पीते हो कि कॉफी पीते हो, इससे कुछ संबंध नहीं है। मोक्ष तो जागरण है। पहले तुम चाय पीते थे, सोए-सोए पीते थे; अब तुम जाग कर पीओगे। और अगर जागरण में चाय छूट जाए अनायास, छोड़नी न पड़े, तुम्हें अचानक लगे कि बात खतम हो गई, रस न रहा अब, तो गई, तो छोड़ने का भाव भी पैदा नहीं होगा कि मैंने कुछ त्याग कर दिया।

क्षुद्र को त्याग कर क्षुद्र त्यागी ही तो बनोगे न, महाशय कैसे बनोगे? क्षुद्र आशय हैं तुम्हारे। कोई धूम्रपान छोड़ना चाहता, कोई चाय छोड़ना चाहता, कोई कुछ छोड़ना चाहता। तुम्हारे आशय क्षुद्र हैं। इनको तुम छोड़ भी दो तो तुम क्षुद्र रहोगे। फिर तुम सड़क पर अकड़ कर चलोगे कि अब कोई आए और चरण छुए, क्योंकि महात्मा ने चाय छोड़ दी।

तुम जरा अपनी क्षुद्रता का हिसाब तो समझो! पूछते हो कि जीवन आमूल रूप से परिवर्तित क्यों नहीं होता है? जीवन में खराबी क्या है जो परिवर्तित हो? मैंने तो कुछ खराबी नहीं देखी। भूख लगनी चाहिए। भूख न लगे तो बीमार हो तुम। भूख लगनी स्वाभाविक है। प्यास लगनी चाहिए। प्यास न लगे तो बीमार हो तुम। सोओगे भी। और स्वभावतः जो कांटों का बिस्तर बना कर सो रहा है, वह पागल है, विक्षिप्त है। यह देह तुम्हारी है, तुम्हारा मंदिर है; इसे कांटों पर सुला रहे हो?

और जो अपनी देह के प्रति कठोर है, वह दूसरों की देहों के प्रति भी सदय नहीं हो सकता, असंभव। जो अपने के प्रति सदय न हो सका, वह दूसरे के प्रति कैसे सदय होगा? तुम हिंसक हो। तुम दुष्ट प्रकृति के हो। तुम कांटे बिछा कर लेट रहे हो। अब तुम्हारी मर्जी होगी कि सारी दुनिया कांटों पर लेटे। अगर सारी दुनिया न लेटे

कांटों पर तो तुम हजार तरह के उपाय करोगे, उपदेश करोगे, समझाओगे कि कांटों पर लेटने से मोक्ष मिलता है, देखो मैं लेटा! देखो मेरी कट गई, तुम भी कटवा लो! इससे बड़ा आनंद मिलता है!

कांटों पर लेटने से बड़ा आनंद मिलता है! किसको तुम धोखा दे रहे हो? हां, कांटों पर लेटने से इतना ही हो सकता है कि तुम्हारी संवेदनशीलता धीरे-धीरे क्षीण हो जाए, तुम्हारी चमड़ी पथरीली हो जाए, तुम चट्टान जैसे हो जाओ। और जीवन का रहस्य तो फूल जैसे होने में है, चट्टान जैसे होने में नहीं है। जीवन का रहस्य तो कोमलता में है। जीवन का रहस्य तो स्त्रैणता में है। परुष हो गए, अति पुरुष हो गए—उतने ही कठोर हो जाओगे; उतना ही तुम्हारे जीवन से काव्य खो जाएगा, माधुर्य खो जाएगा, संगीत खो जाएगा, गीत खो जाएगा, तुम्हारे भीतर का छंद समाप्त हो जाएगा।

तो तुमने कांटों पर लेटे आदमी को कभी कोई प्रतिभाशाली आदमी देखा? तुम जाकर काशी में अनेक को पा सकते हो कांटों पर लेटे, लेकिन कभी तुम्हें प्रतिभा के दर्शन होते हैं वहां? तुमने कांटों पर लेटे किसी आदमी को अलबर्ट आइंस्टीन की प्रतिभा जैसा देखा? कांटों पर लेटे आदमी को तुमने कभी बीथोवन या तानसेन या कालीदास या भवभूति, एज्रा, ऐसी किसी ऊंचाइयों को छूते देखा? तुमने इन कांटों पर लेटे आदमियों से उपनिषद पैदा होते देखे, वेद की ऋचाओं का जन्म होते देखा?

ये कांटों पर लेटे आदमियों को जरा गौर से तो देखो, इनका सृजन क्या है? इनकी सृजनात्मकता क्या है? इनसे होता क्या है? बस कांटे पर लेटे हैं, यही गुणवत्ता है! इतना ही काफी है परमात्मा का सौभाग्य? और परमात्मा के प्रति अहोभाव प्रगट करने के लिए कांटों पर लेट जाना काफी है? यह भी खूब धन्यवाद हुआ कि परमात्मा जीवन दे और तुम कांटों पर लेट गए! और परमात्मा फूल जैसी देह दे और तुम उसे पथरीला करने लगे!

नहीं, इससे होगा क्या? किस बात को तुम आमूल क्रांति चाहते हो?

जीवन तो जैसा है वैसा ही रहेगा; वैसा ही रहना चाहिए। हां, इतना फर्क पड़ेगा...और वही वस्तुतः आमूल क्रांति है। आमूल का मतलब होता है मूल से। चाय पीना मूल में तो नहीं हो सकता, न सिगरेट पीना मूल में हो सकता है और न बिस्तर पर सोना और न कांटों पर सोना मूल में हो सकता है। न भोजन करना और न उपवास करना मूल में हो सकता है। मूल में तो साक्षी-भाव है।

आमूल क्रांति का अर्थ होता है : जो अब तक सोए-सोए करते थे, अब जाग कर करते हैं। जागने के कारण जो गिर जाएगा गिर जाएगा, जो बचेगा बचेगा; लेकिन न अपनी तरफ से कुछ बदलना है, न कुछ गिराना, न कुछ लाना। साक्षी है मूल।

शब्दों के अर्थ भी समझना शुरू करो। 'आमूल' कहते हो, आमूल क्रांति नहीं हुई। आमूल क्रांति का क्या मतलब है? अब सिर के बल चलने लगोगे सड़क पर, तब आमूल क्रांति हुई? क्योंकि पैर के बल तो साधारण आदमी चलते हैं; तुम सिर के बल चलोगे तो आमूल क्रांति हो गई। लोग तो भोजन खाते हैं, तुम कंकड़-पत्थर खाने लगोगे, तब आमूल क्रांति हो गई?

आमूल क्रांति का अर्थ है : लोग सोए हैं, मूर्च्छित हैं, तुम जाग गए, तुम साक्षी हो गए। अब देह को भूख लग आती है तो लगती है, और देह भोजन कर लेती है, तृप्त हो जाती है; तुम पीछे खड़े देखते हो शांत भाव से। भूख लगी, भोजन का आयोजन कर देते; तृप्ति हो जाती, तुम देखते रहते। तुम द्रष्टा हुए।

लेकिन तुम किन्हीं छोटी-छोटी क्रांतियों को करने में लगे हुए हो। तुम्हारे तथाकथित महात्माओं ने तुम्हें बड़े क्षुद्र आशय दिए हैं। उन क्षुद्र आशयों के कारण मैं तुम्हें महा सूत्र दे देता हूं कि तुम मुक्त हुए, फिर भी तुम दीन बने रहते हो, दरिद्र बने रहते हो। तुम्हें इतनी बड़ी संपदा दे देता हूं, फिर भी तुम आते हो, कहते हो कि यह नहीं छूट रहा, वह नहीं छूट रहा। तुमसे कहा किसने कि तुम छोड़ो? मैंने नहीं कहा। किसी और ने कहा होगा। तो तुम्हारे जीवन में बड़ी कीचड़ मची है, साफ-सुथरा नहीं! तुम मेरे भी संन्यासी हो, तो भी वस्तुतः मेरे नहीं हो; हजार स्वर तुम्हारे भीतर पड़े हैं। जिन बातों का मैं निरंतर खंडन कर रहा हूं वे भी तुम्हारे भीतर पड़ी हैं, और तुम्हारे भीतर अभी भी मूल्यवान हैं और महत्वपूर्ण हैं। इसलिए तुम्हारे मन में बार-बार उठने लगता है प्रश्न : अभी तक क्रांति नहीं हुई?

तुम एक दफा इस क्रांति की लिस्ट बनाओ। क्या तुम चाहते हो क्रांति में? तब तुम बड़े हैरान होओगे कि तुम बड़ी अजीब-अजीब बातें लिस्ट में लिखने लगे। ऐसी अजीब बातें लिखने लगे जिनका कोई मूल्य नहीं है।

एक सज्जन मेरे पास आए। वे कहने लगे : 'इतना ध्यान करता हूं, लेकिन शरीर तो बूढ़ा होता जा रहा है। ध्यानी का तो शरीर बूढ़ा नहीं होना चाहिए।' ये आमूल क्रांतियां हैं! ध्यानी का शरीर बूढ़ा नहीं होना चाहिए! बुढ़ापे में कुछ खराबी है? जो जवान हुआ बूढ़ा होगा। ध्यानी भी बूढ़ा होगा। ध्यानी भी मरेगा। फर्क इतना ही रहेगा कि ध्यानी जब बूढ़ा होगा तब भी साक्षी रहेगा कि जो बूढ़ा हो रहा है वह मैं नहीं हूं, इतना फर्क होगा। और ध्यानी जब मरेगा तो जागता मरेगा और जानता मरेगा कि जो मर रहा है, वह मेरी देह थी, वह मैं नहीं हूं। मृत्यु तो होगी। नहीं तो बुद्ध, महावीर, कृष्ण, मोहम्मद, क्राइस्ट, कोई मरते ही नहीं। क्योंकि ध्यानी थे, मरेंगे कैसे? ध्यानी तो अमृत को उपलब्ध हो जाता है! तो मर नहीं सकते थे। बूढ़े भी न होते।

तुम झूठी बातों में पड़े हो और तुमने व्यर्थ की बातें अपने भीतर इकट्ठी कर ली हैं। मैं लाख चेष्टा करता हूं तुम्हारी व्यर्थ की बातें छीन लूं, तुम कहीं कोने-कातर में छिपा लेते हो।

मैं वस्तुतः तुम्हें मुक्त कर रहा हूं। मैं तुम्हें क्रांति से भी मुक्त कर रहा हूं, परिवर्तन से भी मुक्त कर रहा हूं, मैं तुम्हें मूलतः मुक्त कर रहा हूं। मैं तुमसे यह कह रहा हूं: ये सब कुछ करने की बातें ही नहीं हैं; तुम जैसे हो भले हो, चंगे हो, शुभ हो, सुंदर हो। तुम इसे स्वीकार कर लो। तुम अपने जीवन की सहजता को व्यर्थ की बातों से विकृत मत करो। विक्षिप्त होने के उपाय मत करो, पागल मत बनो!

तुम्हारे सौ में से निन्यानबे महात्मा पागलखानों में होने चाहिए और अगर तुम पागल बनने को क्रांति कहते हो तो कम से कम मेरे पास मत आओ। मैं तुम्हें पागल बनाने में जरा भी उत्सुक नहीं हूं।

'हालत ऐसी है कि संन्यास के बाद भी वह अपनी पुरानी मनोदशा में ही जीता है।'

और किस दशा में जीओगे? इधर तुमने संन्यास लिया, उधर तुम्हारी देह एकदम स्वर्णकाया हो जाएगी? इधर तुमने संन्यास लिया और वहां तुम्हारे पास मन एकदम बुद्ध का, महावीर का, कृष्ण का, क्राइस्ट का हो जाएगा? मन तो मन ही है। मन तो मन जैसा ही रहेगा। फर्क क्या पड़ेगा? फर्क इतना ही पड़ेगा कि अब तक मन मालिक था, अब तुम मालिक हो जाओगे। अब तक देह चलाती थी, अब तुम चलाओगे। अब तक देह खींचती थी, तुम मजबूरी में खिंचे जाते थे; अब तुम मजबूरी में न खिंचोगे, अब तुम होशपूर्वक, बोधपूर्वक जाओगे।

मन तो मन ही है। मन तो कंप्यूटर है, यंत्र है। एकदम कैसे बदल जाएगा? तुम्हारा मन है क्या? तुम्हारे अब तक के जीवन-अनुभवों का सार है। जैसे कि तुम आत्मकथा लिख रहे हो, और तुम अपनी आत्मकथा में सब बातें लिखते जाओ और फिर तुम एक दिन संन्यास ले लो और फिर तुम किताब खोल कर देखो, तुम कहो कि मेरी आत्मकथा तो वही की वही है! तुम क्या पागलपन की बात कर रहे हो? तुम्हारे संन्यास से तुम्हारी लिखी गई आत्मकथा थोड़े ही बदल जाएगी।

मन तो अतीत है; हो चुका। मन तो अतीत की धूल है। वह जो कल बीत गया, उसके चिह्न हैं। तुम्हारे संन्यास लेने से वह चिह्न थोड़े ही मिट जाएंगे; वे तो बने रहेंगे। वह तो हो चुका। जो हो चुका हो चुका; अब उसमें कुछ फर्क होने वाला नहीं है। वह तो बन गई अमिट लकीर। इतना ही होगा कि अब तुम चौंक कर जानोगे कि मैंने भ्रांति से मन के साथ अपना तादात्म्य कर लिया था। यह मन मैं नहीं हूं।

यह मन मेरे पास एक यंत्र है। इसकी जब जरूरत हो, उपयोग कर लूंगा। गणित करना होगा तो मन का उपयोग करना होगा। महावीर भी मन का उपयोग किए बिना गणित नहीं हल कर सकते।

अगर मैं तुमसे बोल रहा हूं तो मन का उपयोग कर रहा हूं; बिना मन का उपयोग किए तुमसे बोल नहीं सकता। क्योंकि वाणी तो मन का संग्रह है। भाषा तो मन में अंकित है। जो भी तुमसे कह रहा हूं, वह कह नहीं सकूंगा अगर मन का उपयोग न करूं। तो मन का उपयोग तो जारी है। और वही कह सकूंगा तुमसे जो मन ने अतीत में जाना है, जो मन ने अतीत में पहचाना है। मन तो संपदा है। लेकिन फर्क इतना पड़ गया कि जब मैं खाली बैठा हूं और किसी से बोल नहीं रहा हूं, तो चुप होता हूं, मन शांत होता है। ऐसे ही जैसे जब तुम कहीं नहीं जा रहे, अपनी कुर्सी पर बैठे हो, तुम्हारे पैर नहीं चलते रहते। कुछ लोगों के चलते रहते हैं; बैठे हैं कुर्सी पर तो पैर ही हिलाते रहते हैं। इसका मतलब? इसका मतलब : या तो चलो या बैठो, दो में से कुछ एक करो। यह क्या धोबी के गधे, घर के न घाट के। यह बैठे हो कुर्सी पर, पैर क्यों हिला रहे हो? अगर चलना है तो चलो, वह भी शुभ है; बैठना है तो बैठो। मगर बीच में तो मत अटके रहो, त्रिशंकु तो न बनो। जब तुम बैठे हो, तब तुम पैर नहीं चलाते, क्योंकि तुम जानते हो कि अभी पैर का कोई उपयोग नहीं है। पैर मौजूद हैं, लेकिन तुम चलाते नहीं। कुछ उठाना है तो हाथ हिलाते हो; कुछ उठाना नहीं है तो हाथ नहीं हिलाते।

जब कुछ सोचना है तो मन का उपयोग करते हो; जब कुछ सोचना नहीं तो मन का उपयोग नहीं करते। कुछ बोलना है तो मन का उपयोग करते हो। कुछ निवेदन करना है तो मन का उपयोग करते हो। जब कुछ संवाद नहीं है, कोई संबंध नहीं जोड़ना, किसी से कुछ कहना नहीं, तब मन शांत होता है। तब मन नहीं होता; बंद होता है। तुम निपट सन्नाटे में होते हो। एक गहरी प्रशांति तुम्हें घेरे होती है। तुम जागे होते हो। तुम परिपूर्ण होश में होते हो।

मन तो तुम्हारा वही रहेगा, सिर्फ मन के साथ तादात्म्य छूट जाएगा। अब तुम ऐसा न कहोगे कि मैं यह मन हूं और ऐसा भी न कहोगे कि मैं यह देह हूं।

और तुम कहते हो : ङ्कभी-कभी तो सामान्य सतह से भी नीचे गिर जाता है।ङ्ख

किसको तुम सामान्य कहते हो? तुम्हारे मन में बड़ी निंदाएं भरी हैं। ङ्कसामान्य आदमीङ्ख निंदा का शब्द है, गाली दे रहे हो तुम। तुम यह कह रहे हो : ङ्कसामान्य से भी नीचे गिर जाता है!ङ्ख ये सामान्य आदमी चाय पी रहे, धूम्रपान कर रहे, सिनेमा जा रहे! अब अगर तुम सिनेमा चले गए तो तुम्हारे मन में भाव उठा कि सामान्य से नीचे गिर गए। मैंने तुम्हें इतना मुक्त किया है कि मैं तुमसे कहता हूं तुम गिर सकते ही नहीं, गिरने का कोई उपाय नहीं है।

'सामान्य' किसको कहते हो? ये जो अनंत-अनंत कोटि लोग हैं, इनके प्रति तुम्हारे मन में बड़ी गहन निंदा है। क्यों तुम चाहते हो कि इनसे तुम विशिष्ट हो जाओ? यह विशिष्ट होने की आकांक्षा अहंकार ही तो है, और क्या है? इस विशिष्ट होने की आकांक्षा में तुम अध्यात्म समझे बैठे हो, कि संन्यास तुमने समझा है!

मेरे पास आते हैं पुराने ढब के संन्यासी। वे कहते हैं: यह आप क्या कर रहे हैं, सामान्य आदमियों को संन्यास दिए दे रहे हैं!

मैंने कहा: परमात्मा नहीं झेंपता सामान्य आदमी बनाने से तो मैं क्यों परेशान होऊं संन्यास देने से? और परमात्मा सामान्य आदमी ज्यादा बनाता है, तुम देख रहे हो। तुम्हारे जैसे विशिष्ट आदमी तो कभी-कभी बनाता है और मुझे शक है कि वह बनाता भी है! क्योंकि मैंने अभी तक कोई संन्यासी पैदा होते नहीं देखा, सब सामान्य आदमी पैदा होते हैं; संन्यासी तो तुम बन जाते हो।

अब्राहम लिंकन जब अमरीका का प्रेसिडेंट हुआ, उसका चेहरा बहुत सुंदर नहीं था, घरेलू ढंग का था। किसी ने पूछ लिया उससे कि तुम अमरीका के प्रेसिडेंट भी हो गए, लेकिन तुम्हारा चेहरा इतना कुरूप क्यों है? अब्राहम लिंकन ने कहा कि जहां तक मैं समझता हूं, परमात्मा कुरूप आदमियों को पसंद करता है, क्योंकि सुंदर कम बनाता और कुरूप ज्यादा बनाता है। यह परमात्मा की पसंदगी मालूम होती है। इतना ही कह सकता हूं, और तो मुझे कुछ पता नहीं। लाख में एकाध को सुंदर बनाता है, बाकी को तो साधारण बनाता है। तो परमात्मा साधारण को पसंद करता है, इसीलिए।

मगर सुंदर तो शायद परमात्मा बनाता भी होगा; तुमने किसी को देखा कि परमात्मा किसी को संन्यासी बनाता है? सब सामान्य बच्चों की तरह पैदा होते हैं। बुद्ध हों कि महावीर हों कि कृष्ण हों कि क्राइस्ट हों, सब सामान्य बच्चों की तरह पैदा होते हैं।

परमात्मा सामान्य का प्रेमी है—सहज का, साधारण का। आदमी का अहंकार है जो विशिष्ट होना चाहता है।

झेन फकीर रिंझाई अपने झोपड़े में बैठा था और एक शिष्य ने उससे कहा कि तीन साल आपके चरणों की सेवा करते हो गए, अभी तक मैं आप जैसा क्यों नहीं हो पाया? रिंझाई ने कहा: देखो, सामने देखो। चीड़ के दो वृक्ष खड़े हैं; एक छोटा है, एक बड़ा है। एक को परमात्मा ने ऐसा बनाया, एक को परमात्मा ने ऐसा बनाया। लेकिन मैं तुमसे कहता हूं कि मैंने इन दोनों वृक्षों में कभी कोई प्रतिस्पर्धा नहीं देखी। छोटे ने कभी कहा नहीं कि मैं छोटा क्यों बनाया गया और बड़े ने कभी अकड़ कर नहीं कहा कि ऐ छोटे, अपनी हैसियत से रह! मुझे देख, मैं कितना बड़ा हूं! इनमें मैंने कभी विवाद नहीं सुना। मुझे मेरे जैसा बनाया, तुम्हें तुम जैसा बनाया।

छोटे-बड़े की धारणा आदमी की है। साधारण-असाधारण की धारणा आदमी की है। सब एक जैसे हैं। सब एकरस हैं। अगर एक ही ब्रह्म सब में विराजा है, तो कौन विशिष्ट, कौन सामान्य?

यह तुम्हारे भीतर जो भाव है कि कभी-कभी सामान्य सतह से भी नीचे गिर जाता है, तुम कुछ धारणाएं लेकर चल रहे हो कि संन्यासी को ऐसा होना चाहिए; संन्यासी को कभी क्रोध नहीं करना चाहिए। अब कभी हो गया क्रोध, किसी ने धक्का मार दिया, अब क्रोध हो गया, अब तुम घर लौट कर बैठे उदास कि यह मामला क्या है, सामान्य से नीचे गिर गए, क्रोध हो गया! संन्यासी को तो क्रोध होना नहीं चाहिए! तो तुम मेरे संन्यास को समझे नहीं। मैं तुमसे कह रहा हूं कि संन्यासी अहंकार का विसर्जन कर दे, तो ही संन्यासी है। अब यह एक नया अहंकार तुम पाल रहे हो कि संन्यासी को क्रोध नहीं होना चाहिए। क्यों नहीं होना चाहिए? हो जाए तो ठीक, न हो जाए तो ठीक है। जो परमात्मा करवा ले, ठीक है। अगर तुम इतनी परम स्वीकृति को जीने लगो तो ये सामान्य-असामान्य, विशिष्ट-साधारण, ये सब कोटियां तुम्हारी गिर जाएंगी। और तब तुम अचानक चौंक कर एक दिन पाओगे: क्रोध भी खो गया। क्योंकि क्रोध जीता ही इन्हीं कोटियों के कारण है कि मैं विशिष्ट!

तुम्हें जब कोई धक्का मार देता है, तुम क्या कहते हो? जानते नहीं, मैं कौन हूं! क्या मतलब हुआ: 'जानते नहीं मैं कौन हूं? होश सम्हालो!'

यह अहंकार ही तो क्रोध पैदा कर रहा है। फिर एक नया अहंकार तुमने पैदा कर लिया कि मैं संन्यासी हूं, क्रोध नहीं करूंगा चाहे कुछ भी हो जाए। अब यह एक नया अहंकार है। फिर तुम विशिष्ट हुए। क्रोध तो होगा, अब भीतर सरकेगा।

उस आदमी के जीवन में विकृतियां खो जाती हैं जिस आदमी के जीवन में मूल्य तिरोहित हो जाते हैं। इसलिए अष्टावक्र बार-बार कहते हैं: न कुछ शुभ है, न कुछ अशुभ है; न कुछ कर्तव्य न कुछ अकर्तव्य; न कुछ नीति न कुछ अनीति। ये वचन बड़े क्रांतिकारी हैं। मुझे पक्का भरोसा नहीं है कि तुम समझ पा रहे हो, क्योंकि तुम्हारे भीतर सदियों से बैठा हुआ धारणाओं का जाल है। वह उधर बैठा सोच रहा है कि अच्छा ऐसा...ऐसा तो हो नहीं सकता। तुम्हें यह घबड़ाहट लगी है कि तुम्हारी कोटियों का क्या होगा!

तुम संन्यासी भी होना चाहते हो तो विशिष्ट होने को। और मैं तुम्हें संन्यासी बना रहा हूं ताकि तुम अति सामान्य हो जाओ, सहज हो जाओ। तुम्हारा पुराना संन्यासी विशिष्ट था—घर में,नहीं रहेगा, जंगल में रहेगा; किसी के साथ नहीं उठेगा-बैठेगा, साधारण बोलचाल में नहीं उतरेगा, दूर-दूर, पृथक-पृथक, अलग-अलग, हर बात में भेद प्रगट करेगा; सामान्य से अपने को अलग करने की हर चेष्टा करेगा। मैंने तुम्हें

संन्यास दिया है और तुम्हें जीवन से दूर करने की कोई चेष्टा नहीं की। तुम पति हो, पत्नी हो, बेटे हो, बाप हो, घर है, द्वार है, दूकान भी चलाओगे, नौकरी भी करोगे—तुम्हें मैंने संन्यास दिया है, तुम जैसे हो वैसे ही। तुम्हें मैं अन्यथा नहीं देखना चाहता।

अगर तुम मेरी बात समझ गए तो मैंने तुम्हें मुक्ति दे दी है। अब तुम्हारे ऊपर कोई बोझ नहीं है—कुछ होने का बोझ नहीं है।

'मुक्ति का सुवास उसे तत्क्षण एक ईमानदार महामानव क्यों नहीं बना पाता?'

महामानव बनने की आकांक्षा पागलपन है। 'महामानव'—मतलब क्या होता है? दूसरे मानव पीछे पड़ जाएं; तुम झंडा लिए आगे चले जा रहे हो—'झंडा ऊंचा रहे हमारा!' महामानव! आदमी होना काफी नहीं, पर्याप्त नहीं? तुम किसी न कसी तरफ महान होकर रहोगे?

सहज मानव कहो, महामानव नहीं। और सहज मानव ही वस्तुतः महामानव है। जिसको तुम महामानव कहते हो वह तो अहंकार की एक नई यात्रा है। इससे सावधान रहो। अहंकार के रास्ते बड़े सूक्ष्म हैं, बड़े बारीक हैं। वह हर जगह से अपनी तरकीब खोज लेता है।

मुल्ला नसरुद्दीन की पत्नी अपने मायके गई। बार-बार नसरुद्दीन को लिखती कि कुछ दिनों के लिए आप भी बनारस आ जाएं। लेकिन मुल्ला नसरुद्दीन पूना छोड़ता नहीं। आखिरकार उनकी श्रीमती ने पत्र के साथ एक चित्र भी भेजा जिसमें एक पार्क की बेंच पर एक जोड़ा बैठा हुआ है—पति-पत्नी एक-दूसरे का हाथ पकड़े हुए, एक-दूसरे की आंखों में आंखें डाले हुए। और पास के ही एक बेंच पर उनकी श्रीमती जी अकेली बैठी हैं—चिंतित, उदास अवस्था में, खोई-खोई, जैसे सब संपत्ति खो गई है। साथ के पत्र में लिखा था: 'देखो, तुम्हारे बिना मैं कितनी अकेली हो गई हूं!'

मुल्ला ने चित्र को देखा और गुस्से से भर कर तार किया: 'यह सब तो ठीक है, पर यह लिखो कि फोटो किसने खींची?'

आदमी के मन में अगर संदेह है तो कोई रास्ता खोज ही लेगा। अहंकार अगर है तो कोई रास्ता खोज ही लेगा। तुम इधर से दबाओगे उधर से निकल आएगा। तुम इधर से बचोगे, कोई और नया मार्ग खोज कर आ जाएगा।

साधक को स्मरण रखना है कि अहंकार के सारे मार्ग पहचान लिए जाएं।

मैं तुमसे अहंकार छोड़ने को नहीं कह रहा हूं, क्योंकि अहंकार छोड़ना भी अहंकार बन जाता है। मैं तुमसे इतना ही कह रहा हूं: तुम कृपा करके अहंकार के मार्ग पहचानो—कहां-कहां से आता है, कैसे-कैसे आता है, कैसी सूक्ष्म प्रक्रियाएं लेता है, कैसे वेश पहनता है? तुम पहचान भी नहीं पाते। कभी विनम्रता बन कर आ जाता है।

अब महामानव बन कर आ रहा है। अब वह कह रहा है कि तुम, अरे तुम कोई साधारण मानव हो! तुम महामानव हो। तुम्हें कुछ करके दिखाना है दुनिया में। तुम्हें नाम छोड़ जाना है दुनिया में। अभी धन कमाना था, अभी चुनाव जीतना था; अब किसी तरह वहां से छूटे तो अब महामानव होना है। लेकिन जो है, उससे तुम राजी नहीं; कुछ होकर दिखाना है।

मैं तुमसे कह रहा हूंः तुम जो हो ऐसे ही तुम सुंदर हो। तुम जैसे हो इसी में विश्राम को उपलब्ध हो जाओ।

तुम जरा मेरी बात को समझो, गुनो! थोड़ा इसका रस लो। तुम जैसे हो वैसे में ही राजी हो जाओ। क्रोध आए तो कहना कि मैं क्रोधी हूं, तो आता है। किसी से झंझट-झगड़ा हो जाए तो कह देना कि मैं झंझटी आदमी हूं, तो झंझट होती है। ऐसा मैं हूं! अपने हृदय को खोल कर रख दो, सहज, जैसे हो। और तब तुम्हारे भीतर सहज मानव पैदा होगा, जिसको बाउल कहते हैंः आधार-मानुष, सहज मनुष्य। उस सहज की तलाश हो रही है। साधो, सहज समाधि भली!

तुम कुछ असहज करके दिखाना चाहते हो। तुम कुछ ऐसा करके दिखाना चाहते हो जो किसी ने न किया हो, ताकि तुम ऊपर दिखाई पड़ो; ताकि तुम सबसे पृथक, श्रेष्ठ मालूम पड़ो।

तुम्हारे तथाकथित महात्माओं में और तुम्हारे राजनीतिज्ञों में बहुत फर्क नहीं होता, क्योंकि राजनीति का मौलिक अर्थ इतना ही होता है कि दूसरों को नीचे दिखाना है; अपने को ऊपर, दूसरे को नीचे। जहां ऐसी वृत्ति है वहां राजनीति है। और जहां ऐसा भाव आ गया कि हम सब एक ही के हिस्से हैं और एक ही हममें विराजमान, कौन ऊपर कौन नीचे, एक की ही लीला है, बुरा भी वही भला भी वही, छोटा भी वही बड़ा भी वही, राम भी वही रावण भी वही—जिस दिन ऐसा भाव आ गया उस दिन तुम धार्मिक हो गए।

और अंततः पूछा है, 'क्या इससे ञसंचितङ्क का संकेत नहीं मिलता?'

इससे सिर्फ इस बात का संकेत मिलता है कि मैं तुमसे जो कह रहा हूं उसमें से तुम कुछ भी न समझे। कुछ और बात का संकेत नहीं मिलता। इससे इतना ही संकेत मिलता है कि मैं यहां बीन बजाए जाता हूं, तुम वहां पगुराए जाते हो। तुम समझ नहीं पाते जो मैं कह रहा हूं। तुम अपनी ही धुन गाए जाते हो। मेरे और तुम्हारे प्रयोजन अलग-अलग मालूम होते हैं। तुम कुछ विशिष्ट होने आए हो, और मेरी सारी चेष्टा है कि तुम्हें जमीन पर ले आऊं, साधारण, सहज। तुम्हारी आकांक्षा है कि तुम अहंकार में सजावटें कर लो और मेरी इच्छा है कि तुम्हारा अहंकार नग्न दिगंबर छूट जाए, जैसा है वैसा है।

अगर मेरे पास रहना है तो मुझे समझ कर रहो, अन्यथा तुम मुझे भी चूकोगे। और तुम्हारे जीवन में कुछ सुलझाव आने की बजाय उलझाव आ जाएंगे। क्योंकि द्वंद्व खड़ा हो जाएगा। अगर तुम्हें महामानव होना है, तुम कोई और महात्मा खोजो जो तुम्हें शिक्षा देगा—शुभ की अशुभ की, क्या करना क्या नहीं करना; अनुशासन देगा; ब्रह्ममुहूर्त में उठने से लेकर रात सोने तक तुम्हारे जीवन को कैदी का जीवन बना देगा, सारी व्यवस्था दे देगा। तुम कोई महात्मा खोजो।

मैं साधारण आदमी हूं और मैं तुम्हें साधारण ही बना सकता हूं। मेरे जीवन में कुछ भी विशिष्टता नहीं है। विशिष्टता का आग्रह भी नहीं है। मैं बस तुम्हारे जैसा हूं। फर्क अगर कुछ होगा तो इतना ही है कि मुझे इससे अन्यथा होने की कोई आकांक्षा नहीं है। मैं परम तृप्त हूं। मैं राजी हूं। मैं अहोभाग्य से भरा हूं; जैसा है सुंदर है, सत्य है। जो भी हो रहा है, उससे इंच भर भिन्न करने की कोई आकांक्षा नहीं है, कोई योजना नहीं है। मेरे पास कर्ता का भाव ही नहीं है। देखता हूं। जो दृश्य परमात्मा देता है, वही देखता हूं। अगर तुम भी द्रष्टा होने को राजी हो और कर्ता का पागलपन तुम्हारा छूट गया है, तो ही मेरे पास तुम्हारे जीवन में कोई सुगंध, कोई अनुभूति का प्रकाश फैलना शुरू होगा। अन्यथा तुम मुझे न समझ पाओगे। मैं तो आलसी शिरोमणि हूं; तुम्हें भी वहीं ले चलना चाहता हूं जहां कर्तापन न रह जाए; जहां प्रभु जो कराए तुम करो, जो बुलवाए बोलो, जो न करवाए न करो; जहां तुम बीच-बीच में आओ ही न; जहां तुम मार्ग से बिलकुल हट जाओ।

मैं बिलकुल मार्ग से हट गया हूं; जो होता है होता है। ऐसा ही तुम्हारे भीतर भी हो जाए, ऐसे आधार-मानुष को पुकारा है मैंने; ऐसे सहज मनुष्य को पुकार दी है।

संन्यास यानी सहज होने की प्रक्रिया। और सहज होने की प्रक्रिया का आधार भाव यही है कि मुक्त तुम हो, इसलिए कुछ और होना नहीं है। अपनी सहजता में डूब गए कि मुक्त हो गए।

इसलिए मैं तो घोषणा करता हूं तुम्हारी मुक्ति की। अगर तुम्हारी भी हिम्मत हो तो स्वीकार कर लो। साहस की जरूरत है।

दूसरा प्रश्न : कोई बीस वर्षों से आप हम लोगों से बोल रहे हैं और आपके अनेक वक्तव्य एक-दूसरे का खंडन करते हैं; लेकिन आश्चर्य कि आज तक आपने अपना एक भी वक्तव्य वापस नहीं लिया और न किसी वक्तव्य में कुछ संशोधन करने की जरूरत मानी। और आपके समस्त वक्तव्य अब सार्वजनिक संपत्ति बन गए हैं। क्या आप जान-बूझ कर ऐसा कर रहे हैं और इसके पीछे क्या राज है कोई? और क्या यह खतरा नहीं है कि कालांतर में लोग संदेह करें कि ये सारे वक्तव्य एक ही महापुरुष के हैं?

मैंजो भी बोलता हूं, बोल दिया कि मेरा संबंध छूट गया उससे। फिर मेरा क्या रहा उसमें? जो बात मैंने तुमसे कह दी, तुम्हारी हो गई। दूसरे क्षण में जो बात मैं कहूंगा, वह हो सकता है पहली के विपरीत दिखाई पड़ती हो; लेकिन अब पहली को बदलने वाला मैं कौन हूं? जिस क्षण में पहली बात उठी थी, वह क्षण न रहा। उस क्षण के न रह जाने से अब उसे वापस करने का भी कोई उपाय नहीं रह गया है। इसलिए मैं पीछे लौट कर देखता ही नहीं। उस क्षण में वही सत्य था जो मैंने कहा। वह उस क्षण का सत्य था।

और संगति में मेरी श्रद्धा नहीं है। मेरी श्रद्धा सत्य में है। मैं जो भी कहूं वह एक-दूसरे से संगत हो, ऐसा मेरा कोई आग्रह नहीं है। क्योंकि अगर एक-दूसरे से मैं जो भी कहूं, वे सब वक्तव्य संगत होने चाहिए तो मैं असत्य हो जाऊंगा। क्योंकि सत्य स्वयं बहुत विरोधाभासी है। कभी सुबह है, कभी रात है। और कभी धूप है और कभी छांव है। और कभी जीवन है और कभी मृत्यु है। सत्य के मौसम बदलते हैं। सत्य बड़ा विरोधाभासी है। राम में भी है, रावण में भी है। शुभ में भी है, अशुभ में भी है। सत्य के अनेक रूप हैं। सत्य अनेकांत है।

इसलिए जो मैंने एक क्षण में कहा वह सत्य का एक पहलू था; दूसरे क्षण में जो कहा वह सत्य का दूसरा पहलू होगा; तीसरे क्षण में जो कहा वह सत्य का तीसरा पहलू होगा। वे सभी सत्य के पहलू हैं, लेकिन सत्य विराट है। शब्द में तो छोटा-छोटा ही पकड़ में आता है, पूरा तो कभी पकड़ में नहीं आता। नहीं तो एक बार कह कर बात खतम कर देता। पूरा नहीं आता पकड़ में। पूरा आ नहीं सकता। शब्द बड़े संकीर्ण हैं। सत्य तो है आकाश जैसा और शब्द हैं छोटे-छोटे आंगन।

तो जितना आंगन में समाता है उतना उस बार कह दिया। कल के आंगन में कुछ और समाएगा, परसों के आंगन में कुछ और।

तो मैं पीछे लौट कर नहीं देखता। और पीछे लौट कर देखने का अर्थ भी क्या है? न मैं आगे की फिकर करता, न मैं पीछे की फिकर करता। इस क्षण में जो घटता

है घट जाने देता हूं। फिकर नहीं करता, क्योंकि मैं कोई कर्ता नहीं हूं। मैं अगर कहूं कि दस साल पहले जो मैंने कहा था, अब मैं वापस लेता हूं— तो उसका तो अर्थ यह हुआ कि उसका कर्ता मैं था। और अब मैं अनुभव कर रहा हूं कि उससे झंझट आ रही है; अब मैं जो कह रहा हूं वह उसके विपरीत पड़ता है, इसलिए साफ-सुथरा कर लेना, उसे वापस ले लेना। लेकिन जो दस साल पहले कहा गया था, किसी संदर्भ में, किसी परिस्थिति में, किसी व्यक्ति की मौजूदगी में, किसी चुनौती में, वह उस क्षण का सत्य था। उसे वापस लेने का मुझे कोई अधिकार नहीं। उसे मैंने बोला भी नहीं था, तो वापस लेने का मेरा क्या अधिकार है? मैं उसका मालिक नहीं हूं। जो मुझसे बोला था उस क्षण वही मुझसे अब भी बोल रहा है—इतना मैं जानता हूं। उस क्षण उसने ऐसा बोलना चाहा था, इस क्षण ऐसा बोल रहा है। अगर इसमें किसी को संगति बिठानी हो तो परमात्मा, वह फिकर करे। मैंने अपने को बांसुरी की तरह छोड़ दिया है।

अब बांसुरी यह थोड़े ही कहेगी कि 'कल तुमने एक गीत गाया और आज तुम दूसरा गाने लगे? हे वेणु-वादक, रुको! यह असंगति हुई जाती है। कल तुम कोई और राग छेड़े थे, आज तुमने कोई राग छेड़ दिया। नहीं-नहीं, या तो जो कल गाया था वही गाओ, या फिर आज जो तुम गा रहे हो तो कल के लिए क्षमा मांग लो।' बांसुरी ऐसा कहेगी: जिसने कल गाया था, वही आज भी गा रहा है। कल उसने उस राग को पसंद किया था, आज उसने कोई और राग चुना है।

मैं बीच में पड़ने वाला कौन? इसलिए मुझे चिंता नहीं सताती।

तुम्हारा प्रश्न भी ठीक है। कोई दूसरा व्यक्ति इतने वक्तव्य देता तो या तो पागल हो जाता... क्योंकि अगर इतना बोझ अपने सिर पर रखता तो विक्षिप्त हो जाता। इन सबके बीच कैसे हिसाब बिठाता, कितने गीत गाए गए? मगर मैं तो जो गीत इस क्षण गाया जा रहा है, उससे ही संबंधित हूं। उससे अन्यथा का मुझे कुछ हिसाब नहीं है।

संगति बिठाने में मेरी रुचि नहीं है। और तुम भी इस फिकर में मत पड़ना। तुम्हारी तकलीफ मैं समझता हूं। तुम भी इस फिकर में मत पड़ना। तुम भी यह हिसाब मत लगाना कि मेरे सारे वक्तव्यों में कुछ संगति खोज लो। संगति है, लेकिन तुम जिस दिन बांसुरी बनोगे उस दिन पता चलेगी, उसके पहले पता नहीं चलेगी। वक्तव्यों में संगति नहीं है; जो ओंठ मेरी बांसुरी पर रखे हैं, वे एक के ही ओंठ हैं, उसमें संगति है। वक्तव्य अलग-अलग, गीत अलग-अलग, छंद अलग-अलग; लेकिन यह तो तुम्हें उसी दिन पता चलेगा जब तुम भी बांस की पोंगरी हो जाओगे। तब तुम अचानक देख पाओगे: अरे, सब जो विपरीत दिखाई पड़ता था, संयुक्त हो गया! वह जो सब खंड-खंड दिखाई पड़ता था, अखंड हो गया। वह जो सब टुकड़े-टुकड़े मालूम पड़ता था और तालमेल नहीं बैठता था, वह किसी एक विराट व्यवस्था का अंग था, उसमें एक

अनुशासन था। वह तुम्हें उसी दिन दिखाई पड़ेगा जिस दिन परमात्मा बोलने लगेगा तुम्हारे ओंठ से और तुम्हारे ओंठ से गाने लगेगा, तुम बांसुरी हो जाओगे।

मैं कोई दार्शनिक नहीं हूं। इसलिए किसी वक्तव्य को न तो कहने की इच्छा है न उसे वापस लेने की इच्छा है। जो जिस क्षण में हो जाए, मैं राजी हूं।

तुम मुझे एक कवि समझो। तुम कवि से आकांक्षा नहीं करते कि उसकी दो कविताओं में संगति हो। या तुम मुझे एक चित्रकार समझो। तुम चित्रकार से आशा नहीं करते कि उसके दो चित्रों में एक संगति हो। सच तो यह है चित्रकार से तुम्हारी अपेक्षा होती है कि उसका दूसरा चित्र बिलकुल अनूठा हो, पहले से बिलकुल मेल न खाए। अगर कोई चित्रकार अपने उन्हीं-उन्हीं चित्रों को दोहराए चला जाए तो तुम कहोगे यह चित्रकार मुर्दा है।

ऐसा पिकासो के जीवन में उल्लेख है, कोई मित्र पिकासो की एक पेंटिंग खरीदा। कई लाख रुपये में खरीदी। वह पिकासो के पास लाया और उसने कहा कि यह पेंटिंग मौलिक रूप से तुम्हारी ही है न, किसी ने कोई नकल तो नहीं की, कोई धोखाधड़ी तो नहीं है? इसके पहले कि मैं खरीदूं, मैं तुमसे पूछ लेना चाहता हूं।

पिकासो ने पेंटिंग की तरफ देखा और कहा कि झंझट में पड़ना मत, यह सब नकल है, यह असली नहीं है।

पिकासो की प्रेयसी पास बैठी थी, वह बड़ी चौंकी। उसने कहा: 'रुको! तुम होश में हो?' पिकासो से कहा: 'यह चित्र तुमने मेरी आंखों के सामने बनाया, मुझे भलीभांति याद है, यह चित्र तुम्हारा ही बनाया हुआ है।'

पिकासो ने कहा: 'मैंने कब कहा कि मैंने नहीं बनाया, लेकिन यह नकल है।'

अब और उलझन हो गई। पत्नी ने कहा: 'तुमने ही बनाया और नकल! तुम कह क्या रहे हो?'

पिकासो ने कहा: 'मैं इसलिए कह रहा हूं कि मैं ऐसा चित्र पहले भी बना चुका, फिर यह दुबारा बनाया। यह दुबारा मैंने बनाया कि किसी और ने बनाया, क्या फर्क पड़ता है? यह मौलिक नहीं है। यह पुनरुक्ति है। मेरे हाथ से ही हुई पुनरुक्ति, लेकिन यह मौलिक नहीं है। ऐसा चित्र मैं पहले बना चुका हूं। यह फिर पुनरुक्ति है। पुनरुक्ति तो मौलिक नहीं होती।'

तो हम पिकासो से आशा करते हैं कि वह जो हर चित्र बनाए, वह ऐसा अनूठा हो कि पुराने चित्रों से भिन्न हो। कवि से हम आशा करते हैं, एक ही गीत न गाए चला जाए।

मेरे गांव में एक कवि हैं। एक ही कविता उन्होंने लिखी है, वह भी पता नहीं चुराई या क्या किया। क्योंकि जो एक ही लिखता है, वह संदिग्ध है। अगर कवि थे तो

कभी तो दूसरी लिखते। एक ही कविता जानते हैं वे : 'हे युवक!' बस कुछ युवक के संबंध में एक कविता है। और उनसे पूरा गांव परेशान है। क्योंकि ऐसा हो ही नहीं सकता कि वे कवि-सम्मेलन में उपस्थित न हो जाएं और उनको वह 'हे युवक' कविता सुननी ही पड़ेगी।

गांव की यह परेशानी जब मैं छोटा था तभी मुझे समझ में आ गई। तो कोई भी कवि-सम्मेलन हो, मैं उनके घर जाकर खबर कर आता कि कवि-सम्मेलन हो रहा है और आपको बुलाया है। ऐसा बार-बार जब मैंने किया, कहीं भी कवि-सम्मेलन हो, कुछ भी हो, मैं उनको बुला आता। और कभी-कभी तो ऐसी जगह भी कि जहां कोई कवि-सम्मेलन नहीं, कोई सभा हो रही, कुछ हो रही, मैं उनको निमंत्रण कर आता कि आप आइए और लोगों को बड़ी कविता की इच्छा है। एक दिन मुझसे कहने लगे कि तुम मालूम होते हो, मेरे बड़े प्रेमी हो, तुम्हीं आते हो हमेशा! और ऐसी सभाओं में उनकी कविता पढ़वा देता जहां कि लोग सिर ठोंक लेते, क्योंकि वे आए नहीं थे यह सुनने।

मैं पहले उनको निमंत्रण दे आता, फिर मंच के पास—छोटा गांव—मंच के पास खड़ा हो जाता। जैसे ही वे आते, मैं उनसे कहता : 'वकील साहिब, आइए-आइए!' मंच पर चढ़ा देता। अब कोई गांव में कह भी नहीं सकता। वे थे वकील, तो कोई झगड़ा-झांसा भी नहीं कर सकता। उनको मंच पर चढ़ा कर बिठा देता। फिर भीड़ में जाकर वहां से चिट लिख कर भेजने लगता कि एक कविता होनी चाहिए, वकील साहिब की एक कविता होनी चाहिए। सारा गांव जानता कि मेरे अलावा उस कविता को कोई नहीं सुनना चाहता है। अगर सभापति मेरी चिटों पर कोई ध्यान न देते तो मैं बीच में खड़ा हो जाता कि जनता वकील साहिब की कविता सुनना चाहती है। अब जनता यह कह भी नहीं सकती कि कोई नहीं सुनना चाहता, क्योंकि वकील साहिब, झगड़ा-झंझट की बात है। और जनता चिट लिख-लिख कर भेज रही है। सभापति को मजबूरन कहना पड़ता कि वकील साहिब, आपकी कविता सुनाइए। वे 'हे युवक'...वह शुरू कर देते।

जब ऐसा बहुत बार हुआ तो एक दिन मुझसे वे बोले कि मामला क्या है, तुम्हीं क्यों आते हो? सब कवि-सम्मेलन, सब सभाएं, धर्म की सभा कि राजनीति की, कुछ भी हो, तुम क्या सभी के संयोजक हो?

मैंने कहा : नहीं, वे संयोजक तो सब अलग-अलग हैं, लेकिन वे जानते हैं कि मैं आपका भक्त हूं तो मुझे भेज देते हैं। धीरे-धीरे तो उनको शक होने लगा कि मैं...क्योंकि कोई उनकी कविता सुनना न चाहे, वह समझ में भी आए उन्हें कि कोई सुनना नहीं चाहता, सब लोग ऐसे उदास होकर बैठ जाएं, इधर-उधर देखने लगें कि

फिर आ गए ये। नौबत यहां तक पहुंची कि मुझे जो अध्यक्ष इत्यादि सभाओं के होते वे मुझे पहले बुला कर कहते कि भाई, वकील साहिब को न बुला आना। हम तुम्हें मिठाई खिलाएंगे, अगर वकील साहिब को न लाए।

अब एक ही कविता, वह जरूर उन्होंने चुराई होगी।

कवि से हम आशा करते हैं कि वह नई कविताएं कहे; चित्रकार से कि नये चित्र बनाए; मूर्तिकार से कि नई मूर्तियां गढ़े। दार्शनिक से हम आशा करते हैं कि उसने जो कहा है, बस उसी को कहता रहे।

नहीं, मैं कोई दार्शनिक नहीं हूं। मैं कोई पंडित नहीं हूं। मेरे वक्तव्य तुम कविताओं की तरह लेना। जिसको मैंने बांधना चाहा है, वह तो एक है; लेकिन उसे बहुत-बहुत अलग-अलग दिशाओं से बांधना चाहा है। जो मैं प्रगट करना चाहता हूं वह तो एक है; लेकिन बहुत-बहुत अलग-अलग रंगों में मैंने वे चित्र बनाए हैं। तुम समझ पाओगे यह बात तभी, जब तुम भी ऐसे खाली हो जाओगे जैसा खाली मैं हूं।

तो मैं तुमसे यह कहना चाहता हूं कि मैंने अब तक कोई ऐसा वक्तव्य नहीं दिया है जिसको मैं समझता हूं कि विरोधाभासी है। भिन्न-भिन्न वक्तव्य दिए हैं, अलग-अलग बातें कही हैं, अलग-अलग ढंग से गीत को बांधा है; लेकिन जो मैंने कहा है, वह एक ही है। बहुत अलग-अलग माध्यमों में बांधा है।

एक गीत को हम कविता की तरह कागज पर लिख सकते हैं और उसी गीत को हम संगीत की तरह वीणा पर बजा सकते हैं। अब कागज पर लिखी कविता में और वीणा के बजते-हिलते तारों में कोई भी संगति नहीं है। उसी कविता को हम चित्र की तरह चित्रित भी कर सकते हैं। तुमने देखा होगा, रागिनियों के चित्र देखे होंगे। हर रागिनी का चित्र भी बनाया जा सकता है। क्योंकि हर राग का रंग भी है। 'राग' शब्द का अर्थ ही रंग होता है। राग का अर्थ ही होता है रंग। हर राग का रंग है।

तो अगर मैं शांति की कोई कविता कहूं तो शांति की वीणा पर धुन भी बजाई जा सकती है कि उस धुन को सुन कर शांत भाव पैदा होने लगे। और शांत चित्र भी बनाया जा सकता है नीले-हरे रंगों में, कि चित्र को देख कर शांति पैदा होने लगे। और शांति की प्रतिमा भी बनाई जा सकती है—बुद्ध की प्रतिमा कि उसे तुम गौर से देखते रहो तो तुम्हारे भीतर अशांति खोने लगे। ये अलग-अलग माध्यम हैं। लेकिन जो मैं कहना चाहता हूं, वह तो एक ही है।

इसलिए मुझे तो कोई विरोधाभास दिखाई भी नहीं पड़ा कि पश्चात्ताप करूं, कि वापस ले लूं। हां, तुम्हारी तकलीफ मैं समझता हूं। तुम्हें बहुत बार लगता होगा कि कभी मैं कुछ कह देता हूं, कभी कुछ कह देता हूं। क्योंकि तुम इतने विस्तीर्ण सत्य को लेने को तैयार नहीं हो। तुम बहुत संकीर्ण सत्य को लेने को तैयार हो। जब मैं कहता

हूं भक्ति से भगवान मिल जाएगा, तो जो भक्त है वह कहता है ठीक। और जब मैं ज्ञान पर बोल रहा होता हूं, तो मैं कहता हूं, भक्ति से कैसे भगवान मिलेगा? वह भक्त घबड़ाया, उसने कहा : 'मामला गड़बड़ हो गया! हम तो कल राजी हो गए थे, हम तो बिलकुल तैयार हो गए थे कि अब संन्यास ले लें इस आदमी से, यह अपनी ही बात कह रहा है और आज ये कह रहे हैं कि भक्ति से कैसे भगवान मिलेगा?' क्योंकि भक्त जब तक है तब तक कैसे भगवान मिलेगा? जब तक मैं है तब तक तो तू बना रहेगा। और जब तक तू है तब तक मैं भी बना रहेगा। साक्षी से मिलेगा, भक्ति से नहीं। भक्ति में तो राग है।

तो तुम घबड़ाए। लेकिन जो साक्षी को मानने वाला था, वह चौंक कर बैठ गया। उसने कहा, अब बात ठीक हुई; यह आदमी अब तक गलत-सलत बोल रहा था, लेकिन आज पते की कही।

लेकिन मैं एक ही बात कह रहा हूं। ये अलग-अलग माध्यम हैं। ये अलग-अलग मार्ग हैं। इन सबसे उसी एक शिखर पर हम पहुंच जाते हैं।

और मैंने ऐसा चुना है कि मैं सभी मार्गों की तुमसे बात करूंगा। ऐसा पहली दफा हो रहा है। बुद्ध ने एक मार्ग की बात कही, महावीर ने एक मार्ग की बात कही, नारद ने एक मार्ग की, अष्टावक्र ने एक मार्ग की। इसका दुष्परिणाम हुआ। इसका दुष्परिणाम यह हुआ कि जिसने अष्टावक्र को माना वह नारद के विपरीत हो गया; जिसने नारद को माना वह बुद्ध के विपरीत हो गया; जिसने बुद्ध को माना वह महावीर के विपरीत हो गया। और मेरा जानना है कि ये कोई भी विपरीत नहीं हैं; ये सब एक ही तरफ इशारा कर रहे हैं। अंगुलियां अलग-अलग; जिस चांद की तरफ इशारा है, वह चांद एक है। तुम चांद को देखो, अंगुली को पकड़ कर मत बैठ जाओ। इस सत्य को उजागर करने के लिए मैंने तय किया कि मैं सब पर बोलूंगा। और जब मैं एक पर बोलता हूं तो मैं सब भूल जाता हूं जो मैं पहले बोला; तभी तो इस पर बोल सकता हूं, नहीं तो बोल न पाऊंगा। तब न्याय न हो सकेगा।

अगर, समझो कि अष्टावक्र पर बोलते वक्त मैं जरा भीतर नारद का राग भी रखूं कि कहीं ऐसा न हो, नारद गलत न हो जाएं, तो फिर लीपा-पोती हो जाएगी। फिर अष्टावक्र पर मैं पूरे रूप से न बोल सकूंगा। जब अष्टावक्र पर बोलता हूं तो नानक समझें अपनी, नारद समझें अपनी, कबीर-मीरा अपनी फिकर कर लें; मैं फिकर नहीं करता। फिर मेरी फिकर एक ही है कि अष्टावक्र के साथ प्रामाणिक रूप से उनकी बात पूरी की पूरी तुम तक पहुंचा दूं। फिर मैं अष्टावक्र के साथ पूरा लीन हो जाता हूं। फिर मैं नहीं बोलता, फिर मैं अष्टावक्र को बोलने देता हूं। इसलिए तुम्हें विरोधाभास दिखाई पड़ते हैं। मगर तुम कहीं से भी चल पड़ो, तुम किसी भी मार्ग को पकड़ लो। जिस दिन पहुंचोगे उस दिन जानोगे कोई विरोधाभास नहीं है।

'कोई बीस वर्षों से आप हम लोगों से बोल रहे हैं। आपके अनेक वक्तव्य एक-दूसरे का खंडन करते हैं।'

इसलिए भी मेरा रस है इस बात में कि हर वक्तव्य का खंडन हो जाए, ताकि तुम वक्तव्य से बंधे न रह जाओ। मैं अवक्तव्य की तरफ तुम्हें ले चल रहा हूं, अनिर्वचनीय की तरफ ले चल रहा हूं। मेरा वक्तव्य तुम्हारी छाती पर पत्थर बन कर न बैठ जाए। इसके पहले कि तुम पकड़ो, मैं उसे तोड़ भी देता हूं। मैं तुम्हें मुक्त करना चाहता हूं, बांधना नहीं। तुम मेरे वक्तव्यों में न बंध जाओ। तुम बंध भी न सकोगे। मैं मौका ही नहीं देता। तुम तो कई दफा तैयारी कर लेते हो। तुम तो बिलकुल बैठ जाते हो कि ठीक है आ गया घर। अब अपना सम्हाल लें, अब कहीं जाना-आना नहीं, यह हो गई बात पक्की। लेकिन इसके पहले कि तुम सम्हलो, मैं छीनना शुरू कर देता हूं। एक हाथ से देता हूं, दूसरे से छीन लेता हूं। क्योंकि मैं चाहता हूं कि तुम एक ऐसी दशा में आ जाओ जहां कोई वक्तव्य तुम्हारे ऊपर न हो। अवक्तव्य, अनिर्वचनीय, शून्य रह जाए। मेरे वक्तव्य सत्य के मार्ग में बाधा न बनें, क्योंकि सभी वक्तव्य बाधा बन जाते हैं। वक्तव्य को पकड़ा कि तुम सांप्रदायिक हो गए।

इसी तरह तो मुसलमान मुसलमान है; उसने कुरान का वक्तव्य पकड़ लिया। बौद्ध बौद्ध है; उसने बुद्ध का वक्तव्य पकड़ लिया। जैन जैन है; उसने महावीर का वक्तव्य पकड़ लिया। मैं तुम्हारे लिए कोई वक्तव्य नहीं छोड़ जाना चाहता। मैं तुम्हें अवक्तव्य, अनिर्वचनीय दशा में छोड़ जाना चाहता हूं। सब कहूंगा और सब छीन लूंगा। इधर एक हाथ से दूंगा, दूसरे हाथ से अलग कर लूंगा। कभी तो तुम समझोगे कि यह खाली दशा, जब तुम्हारे हाथ में कुछ भी नहीं होता, यही सत्य की दशा है। जब पकड़ने को कुछ भी नहीं होता तभी तुम मुक्त हो। जहां तुमने कुछ पकड़ा कि तुम पकड़े गए। पकड़ने वाला पकड़ा जाता है। जिसे तुम पकड़ते हो वह तुम्हें पकड़ लेता है।

वक्तव्य को पकड़ने वाला सांप्रदायिक हो जाता है। अवक्तव्य में जीने वाला धार्मिक है। फिर अवक्तव्य में जीने वाला सब वक्तव्यों को समझ लेता है, तो भी किसी वक्तव्य से ग्रसित नहीं होता, परिभाषित नहीं होता।

'आपके अनेक वक्तव्य एक-दूसरे का खंडन करते हैं। लेकिन आश्चर्य कि आज तक आपने अपना एक भी वक्तव्य वापस नहीं लिया है।'

लेने की कोई जरूरत नहीं है। अगर किसी वक्तव्य को मैं वापस लूं तो उसका अर्थ यह होगा कि किसी वक्तव्य के पक्ष में वापस ले रहा हूं। कल कोई बात कही थी, उसे वापस लेता हूं; क्योंकि आज कुछ कहना चाहता हूं और चाहता हूं कि कल की

बात बाधा न बने; आज की बात तुम्हें पूरी तरह पकड़ ले, इसलिए कल की बात वापस लेना चाहता हूं। नहीं, वापस तो मैं सभी लेना चाहता हूं, इसलिए कोई भी वापस न लूंगा। जाल तो मैं पूरा वापस समेट लेना चाहता हूं, लेकिन मेरे समेटने से न होगा, तुम्हारे समझने से होगा। मैं ऐसा ही खंडन करता जाऊंगा।

तुमने महावीर का स्यादवाद समझा? महावीर से कोई पूछता, ईश्वर है, तो महावीर सात वक्तव्य देते। ईश्वर है? तो महावीर कहते : हां है, 'स्याद अस्ति'। और इसके पहले कि वह आदमी पकड़ ले, महावीर कहते हैं : शायद नहीं है, 'स्याद नास्ति'। और उसके पहले कि वह आदमी इस वक्तव्य को पकड़ ले, महावीर कहते हैं कि शायद दोनों है 'अस्ति, नास्ति'। और इसके पहले कि वह आदमी इस वक्तव्य को पकड़ ले, महावीर कहते हैं : शायद दोनों नहीं है। ऐसा महावीर चलते जाते। छः वक्तव्य देते हैं। और इसके पहले कि आदमी इनमें से कोई भी वक्तव्य पकड़ ले, महावीर कहते हैं : अवक्तव्य, कहा नहीं जा सकता। वह सातवां है।

सब वक्तव्यों के बाद याद रखना, मैं तुमसे कहना चाहता हूं : अवक्तव्य। जो मैं कहना चाहता हूं, वह कहा नहीं जा सकता। कहने की कोशिश कर रहा हूं, क्योंकि तुम अनकहे को अभी समझ न सकोगे। इसलिए कभी कहता हूं ईश्वर है, यह भी एक वक्तव्य है—ईश्वर के संबंध में। कभी कहता हूं ईश्वर नहीं है, यह भी एक वक्तव्य है—ईश्वर के संबंध में। पहले वक्तव्य में 'हां' के द्वारा ईश्वर को समझाया गया, दूसरे वक्तव्य में 'नहीं' के द्वारा समझाया गया। पहले वक्तव्य में दिन के द्वारा, दूसरे वक्तव्य में रात के द्वारा। पहले वक्तव्य में भाव के द्वारा, दूसरे वक्तव्य में अभाव के द्वारा। पहले वक्तव्य में आस्तिकता के सहारे, दूसरे वक्तव्य में नास्तिकता के सहारे।

अब तुम बड़े हैरान होओगे कि नास्तिक का वक्तव्य भी ईश्वर के संबंध में है। और ईश्वर में दोनों मिले हैं 'है' भी और ङ्गनहींङ्ख भी। तभी तो चीजें होती हैं और 'नहीं' हो जाती हैं।

तुम देखते हो, एक वृक्ष है; कल नहीं था, फिर बीज फूटा, फिर वृक्ष हो गया; आज है, कल फिर नहीं हो जाएगा। अगर परमात्मा का स्वभाव सिर्फ 'है' ही हो तो वृक्ष 'नहीं' कैसे होगा? परमात्मा के स्वभाव में दोनों बात होनी चाहिए। वृक्ष का होना भी परमात्मा को राजी है, वृक्ष का न होना भी राजी है। जब वृक्ष 'नहीं' हो जाता तब भी परमात्मा को कोई बाधा नहीं पड़ती; वृक्ष हो जाता है तो भी बाधा नहीं पड़ती। तो परमात्मा में 'हां' भी है, 'नहीं' भी है। अभाव भी, भाव भी। यह जरा कठिन है।

आस्तिक का वक्तव्य सरलतम है। वह कहता है 'है'। नास्तिक का वक्तव्य थोड़ा कठिन है, लेकिन बहुत कठिन नहीं । वह कहता 'नहीं' है। लेकिन खयाल

करते हैं, दोनों वक्तव्यों में 'है' तो है ही। कोई कहता है परमात्मा 'है'; कोई कहता है परमात्मा 'नहीं है'! पर 'है' तो दोनों में ही मौजूद है। है—पन तो है ही। महावीर फिर तीसरा वक्तव्य बनाते हैं कि दोनों है; अलग-अलग मत कहो; अलग-अलग कहने में बात अधूरी रह जाती है; पूरा कह दो। ऐसा बढ़ते जाते हैं और अंत में असली बात कहते हैं कि अवक्तव्य है, कहा नहीं जा सकता।

ये सब कहने के उपाय हुए। इस बहाने कहना चाहा। लेकिन जो भी कहा वह छोटा-छोटा रहा; जिसे कहा जाना था वह बहुत बड़ा है, समाया नहीं, अटा नहीं, कह नहीं पाए। तो आखिर में असली बात कहे देते हैं कि मौन से ही उसे कहा जा सकता है।

'आश्चर्य कि आपने आज तक अपना एक भी वक्तव्य वापस नहीं लिया है।'

सभी वक्तव्य उसी एक की तरफ इशारे हैं।

'और न किसी वक्तव्य में कोई संशोधन करने की जरूरत समझी।'

संशोधन का तो मतलब होता है अहंकार।

ऐसा हुआ कि गुजरात के एक पुराने गांधीवादी आनंद स्वामी एक रात मेरे साथ रुके। बैठ कर गपशप होती थी। तो उन्होंने मुझसे कहा कि मैं गांधी जी का पुराना से पुराना रिपोर्टर हूं। जब गांधी जी अफ्रीका से भारत आए, तो जो वक्तव्य उन्होंने पहला दिया था उसकी रिपोर्ट अखबारों में मैंने ही दी थी। लेकिन उस वक्तव्य में गांधी जी ने कुछ अपशब्द उपयोग किए थे, अंग्रेजों के प्रति कुछ गालियां उपयोग की थीं, वे मैंने छोड़ दी थीं। और जब दूसरे दिन गांधी जी ने रिपोर्ट पढ़ी अखबारों में तो उन्होंने पता लगवाया कि यह रिपोर्ट किसने दी है। मुझे बुलवाया, मुझे गले लगा लिया और कहा: रिपोर्टर ऐसा होना चाहिए! तुमने गालियां छोड़ दीं, यह अच्छा किया। क्योंकि देकर तो पीछे मैं भी पछताया। अपशब्द बोले नहीं जाने चाहिए। ऐसा ही करना। यह सही-सही रिपोर्टिंग है। और उन्होंने मेरी पीठ थपथपाई, ऐसा स्वामी आनंद ने मुझसे कहा।

मैंने कहा कि आप एक काम और किए कभी कि गांधी जी गाली न दें और आप एकाध रिपोर्ट में गाली जोड़ देते, फिर देखते क्या होता है! वे कहते, क्या मतलब? मैंने कहा, पहली रिपोर्ट भी हो तो गई गलत, हो तो गई झूठ; जो कहा था वह आपने छोड़ दिया; जो कहा था वह कहा गया था। और गांधी जी ने पीठ थपथपाई, इसका तो मतलब यह हुआ कि गांधी जी पीछे पछताए जो कहा था। तो जो कहा था, बेहोशी में कहा होगा। अगर होश में कहा था तो पछताने का क्या सवाल है? बेहोशी में कहा होगा। फिर जब होश आया, पीछे से लौट कर जब देखा, तो लगा कि यह तो मेरे अहंकार को चोट लगेगी, यह मेरे महात्मापन का क्या होगा! लोग कहेंगे, गाली दे

दी! तो डरे होंगे कि कहीं अखबार में रिपोर्ट न निकल जाए, नहीं तो वह इतिहास की संपत्ति हो जाएगी। तो तुम्हें बुलाया। तुम्हारी पीठ थपथपाई। तुमने उनके अहंकार को बचाया, उन्होंने तुम्हारे अहंकार को बचाया। तुम इससे बड़े खुश हुए। यह झूठ, और गांधी कहते हैं कि सत्य पर मेरा आग्रह है और सत्याग्रह को मानते हैं। और सत्य, कहते हैं, सबसे ऊपर है। मगर यह तो सत्य न हुआ। और अगर यह सत्य है तो फिर गांधी जी एक दिन गाली न दें, तुम उसमें गाली जोड़ देना, फिर वह क्यों असत्य होगा? वह भी सत्य है। गाली हटाओ कि जोड़ो, बराबर।

मैंने कहा : अगर मैं होता तो तुमसे कहता तुम्हें रिपोर्टिंग आती नहीं है, यह धंधा तुम छोड़ो, तुमने झूठ किया। हालांकि झूठ गांधी जी के अहंकार के समर्थन में था, इसलिए वे राजी हो गए। अगर असमर्थन में होता तो? तो गांधी जी वक्तव्य देते अखबारों में कि यह रिपोर्ट झूठी है। झूठी तो यह थी ही, पर उन्होंने कोई वक्तव्य अखबारों में तो दिया ही नहीं कि मैंने गालियां दी थीं, उनका क्या हुआ? उलटे तुम्हारी पीठ थपथपाई। यह तो बड़ा लेन-देन हो गया, यह तो पारस्परिक हिसाब हो गया। तुमने उन्हें बचाया, उन्होंने तुम्हें बचाया। और अगर वे तुम्हें कहें कि तुम बड़े से बड़े रिपोर्टर हो, तो आश्चर्य क्या? महात्मापन पर थोड़ी चोट लगती, वह तुमने बचा ली। और तुमने सदियों के लिए धोखा दिया, क्योंकि अब कोई निश्चित रूप से कह सकेगा कि गांधी ने कभी गाली नहीं दी, जो कि झूठ होगी बात। और गांधी की कथाओं में लिखा जाएगा, उन्होंने कभी गाली नहीं दी। और उन्होंने गाली दी थी, मैंने कहा, अभी तुम लिख जाओ इसको कम से कम।

वे मुझसे इतने नाराज हो गए, क्योंकि वे सोचते थे कि मैं भी उनकी पीठ थपथपाऊंगा। मैंने कहा, यह तो तुमने बेईमानी की। फिर मुझे कभी नहीं मिले।

मैंने जो कहा, कहा है। बदलना क्या है? कहते वक्त होश से कहा है। बदलेगा कौन? जितने होश से कहा है, उससे ज्यादा होश से कहा ही नहीं जा सकता है, इसलिए बदलने का कोई सवाल नहीं है। जो हुआ, हुआ। अब उससे मेरी बदनामी हो कि नाम हो, उससे मैं महात्मा समझा जाऊं कि दुरात्मा समझा जाऊं, ये बातें गौण हैं। जो कहा गया, वह कहा गया। क्या तुम समझोगे, तुम्हारे ऊपर है। इसलिए कभी किसी बात में संशोधन करने की मैंने जरूरत नहीं मानी। संशोधन का कोई अर्थ ही नहीं है।

'क्या आप जानबूझ कर ऐसा करते हैं और इसके पीछे क्या कोई राज है?'

नहीं, जानबूझ कर नहीं करता हूं; ऐसा हो रहा है; ऐसा होते देखता हूं। और यही सहज मालूम होता है। इसमें कोई असहजता नहीं है। पीछे से क्या लीपा-पोती

करनी? जो क्षण जैसा था वैसा था। उस क्षण के संबंध में मेरा वक्तव्य गवाही रहेगा। मेरा कोई वक्तव्य मेरे संबंध में झूठ नहीं कहेगा।

हां, तुम्हारी तकलीफ मैं समझता हूं कि तुम्हें अड़चन होती है समझने में; लेकिन यह तुम्हारी समस्या है, मेरी नहीं। यह उलझन तुम्हारी है, इसमें तुम कुछ रास्ता निकालो। तुम्हारी उलझन को बचाने के लिए मैं सच को झूठ करूं, झूठ को सच करूं, यह मुझसे न हो सकेगा।

'और क्या यह खतरा नहीं है कि कालांतर में लोग संदेह करें कि सारे वक्तव्य एक ही महापुरुष के हैं?'

हर्जा क्या है? अगर लोग ऐसे ही समझेंगे कि बहुत से लोगों की ये बातें हो सकती हैं, एक की नहीं हो सकतीं, तो हर्जा क्या है? यह लोग जानें। और पीछे का हम क्या हिसाब रखें आज से कि कल लोग क्या सोचेंगे! भविष्य को हम अज्ञात ही रहने दें।

मैं जानता हूं कि मेरे वक्तव्य अड़चन देंगे। कोई व्यक्ति जो मेरे वक्तव्यों के आधार पर पी एच. डी. लेना चाहेगा, इतनी आसानी से न ले पाएगा। लाख सिर मारेगा तो भी उसकी सूझ-बूझ में न पड़ेगा। यह कोई नहर नहीं है जो मैंने तुमसे कही; यह उद्दाम वेग में बाढ़ में आई हुई नदी है, इसको तुम पी एच. डी. के हिसाब से न बांध सकोगे। लेकिन पी एच. डी. मिले किसी को, न मिले, इसकी परेशानी मैं क्यों लूं?

एक जगह आधुनिक कला की प्रदर्शनी हो रही थी। अब आधुनिक कला तो आप जानते हैं, कुछ भी समझ में नहीं आता।

कहते हैं एक बार पिकासो का चित्र उल्टा टांग दिया किसी ने प्रदर्शनी में, तो वह उल्टा ही टंगा रहा और लोग उसकी प्रशंसा करते रहे और आलोचकों ने उसकी प्रशंसा में लेख लिख मारे। और जब पिकासो पहुंचा उसने कहा: किसने यह बदतमीजी की, मेरा चित्र उलटा लटका हुआ है!

मगर उलटा-सीधे का पता लगाना मुश्किल है।

एक बार पिकासो के पास एक आदमी आया, वह दो पेंटिंग खरीदना चाहता था और एक ही तैयार थी। वह अरबपति आदमी था। उसने कहा, जो पैसे चाहिए, लेकिन अभी इसी वक्त...। पिकासो भीतर गया, उसने कैंची से पेंटिंग के दो टुकड़े कर दिए, दो पेंटिंग हो गईं। अब पिकासो की पेंटिंग ऐसी है कि तुम चार टुकड़े भी कर दो तो भी पता नहीं चलेगा कि बीच से काटी कि क्या हुआ।

एक बार तो कहते हैं एक आदमी ने अपना पोर्ट्रेट बनवाया। पिकासो ने बनाया। कई हजार डालर मांगे। उस आदमी ने कहा, और सब तो ठीक है, लेकिन मेरी नाक ठीक नहीं। पिकासो ने कहा, अच्छा ठीक है, झंझट तो बहुत होगी, लेकिन हम ठीक

कर देंगे। जब वह आदमी चला गया तो पिकासो बड़ा उदास बैठा है। उसकी प्रेयसी ने पूछा, इतने उदास क्यों हो? उसने कहा कि मुझे ही पता नहीं कि नाक बनाई कहां है! अब कहां ठीक कर दो!

यह आधुनिक कला तो ऐसी है। तो आधुनिक चित्रों की एक प्रदर्शनी होती थी। लोग बड़े हैरान हुए, क्योंकि प्रदर्शनी में जो पुरस्कार बांटने के लिए न्यायाधीश नियुक्त किया था, एक ज्योतिषी...। लोगों ने पूछा: ज्योतिषी महाराज को कला का क्या पता? इनको हमने भूत-प्रेत उतारते भी देखा, हाथ, कुंडली पढ़ते भी देखा, ज्योतिषशास्त्र भी, मगर कला का इनको कुछ पता है, यह तो हमें पता ही नहीं था। आज तक ये कहां छिपे रहे?

तो संयोजकों ने कहा, इन्हें कला का कुछ पता भी नहीं है, लेकिन यह कला ऐसी है कि इसमें पता होने का सवाल कहां है? और सच तो यह है कि यह कला ऐसी उलझन-भरी है कि सिर्फ ज्योतिषी ही पता लगा सकता है कि इसमें कौन सा ठीक है, कौन सा गलत है।

मैं जो कह रहा हूं, जब इकट्ठा तुम उसे फैलाओगे तो बहुत कठिन हो जाएगा, यह सच है। उसमें पता लगाना कि मैंने क्या कहा, क्या नहीं कहा, क्यों ऐसा कहा, फिर क्यों ऐसा खंडन कर दिया। चलो अच्छा ही है, भविष्य के लिए थोड़ा बौद्धिक अभ्यास होगा।

ये वक्तव्य मैं पंडितों के लिए छोड़ भी नहीं जा रहा हूं; ये तो उनके लिए छोड़ जा रहा हूं जो ध्यानी हैं। ध्यानी को समझ में आएंगे, पंडित को समझ में नहीं आएंगे।

तो इनके पीछे एक राज है और वह राज यह है कि ध्यानी को ही समझ में आ सकते हैं ये, पंडित को बिलकुल समझ में नहीं आएंगे। पंडित तो कहेगा कि यह आदमी या तो पागल था या बहुत तरह के आदमी थे। ये एक आदमी के वक्तव्य नहीं हैं, कई आदमियों के वक्तव्य एक-दूसरे से मिल गए हैं, डांवाडोल हो गए हैं, गड्डमगड्ड हो गए हैं। यह कोई एक आदमी की बात नहीं हो सकती, एक आदमी इतनी बातें कैसे कह सकता है?

राज है—ये वक्तव्य पंडित के लिए छोड़े नहीं जा रहे हैं। ये वक्तव्य ध्यानी के लिए छोड़े जा रहे हैं। हां, जो ध्यान और प्रेम में डूब कर इनको पढ़ेगा, वह समझ लेगा। नहीं कि वक्तव्य समझ लेगा; समझ लेगा उसको जिसने ये दिए थे; समझ लेगा उस चैतन्य की दशा को जिसमें ये दिए गए थे; समझ लेगा उस साक्षी-भाव को जिसमें इनका अवतरण हुआ था।

मेरे एक-एक शब्द में मेरे शून्य की थोड़ी सी झलक रहेगी। और मेरे शब्द के आस-पास खाली जगह में मेरी मौजूदगी रहेगी।

राज इनमें है; लेकिन तर्क और विचार का नहीं—ध्यान और शून्य का।

आखिरी प्रश्न : कल आपने भय की चर्चा की कि सब कुछ भय से ही हो रहा है। वेद भी ऐसा ही कहते हैं। वेदों में भी आदमी को डराया ही गया है। यह भय क्यों और कैसे पैदा हुआ जिसके कारण मैं बहुत परेशान हूं? भय के अतिरिक्त मुझमें कोई वासना नहीं है। इस भय मात्र को मिटाने के उपाय बताने की अनुकंपा करें।

पहली बात : जब तक तुम भय को मिटाना चाहोगे, भय न मिटेगा। तुम्हारे मिटाने में ही भय छिपा है। तुम न केवल भयभीत हो, तुम भय से भी भयभीत हो। इसलिए तो मिटाना चाहते हो। तुम मिटा न सकोगे। तुम मिटोगे तो भय चला जाएगा। तुम भय को न मिटा सकोगे। भय ही तुम्हारे अहंकार की छाया है।

समझो कि भय क्या है।

तुम जानते हो मौत होगी, इसे तुम झुठला नहीं सकते। रोज कोई मरता है। हर मरने वाले में तुम्हारे ही मरने की खबर आती है। जब भी कोई अरथी निकलती है, तुम्हारी ही अरथी निकलती है। और जब भी कोई चिता जलती है, तुम्हारी ही चिता जलती है। कैसे भुलाओगे? तुम जानते हो कि तुम भी मरोगे। जन्म गए तो मरोगे तो ही। यह देह तो मरण-शय्या पर धरी है। यह तो चढ़ी है चिता पर। यह तो तुम रोज मरते जा रहे हो। भयभीत कैसे न होओगे? यह डर तो खाएगा। यह तो घबड़ाएगा कि मौत करीब आ रही है, पता नहीं कब आ जाए! कभी भी आ जाए, किसी भी क्षण आ सकती है।

इस जीवन में एक ही चीज निश्चित है—मृत्यु; और तो कुछ निश्चित नहीं है। इस निश्चित मृत्यु से तुम घबड़ाओगे कैसे न? घबड़ाओगे तो ही। यह बिलकुल स्वाभाविक है। तुमने शरीर को समझ लिया मैं, तो मौत होने वाली है। मौत होगी तो भय होगा। तुमने मन को समझ लिया मैं। और मन तो शरीर से भी ज्यादा अस्थिर है; क्षण भर भी वही नहीं रहता, बदलता ही जाता है; पानी की धार है, अभी कुछ, अभी कुछ। सुबह प्रेम से भरा था, दोपहर घृणा से भर गया। अभी-अभी श्रद्धा उमग रही थी, अभी-अभी अश्रद्धा पैदा हो गई। अभी-अभी बड़ी करुणा दर्शा रहे थे, अभी-अभी क्रोध में आ गए। अभी जिसके लिए मरने को तैयार थे, अभी उसको मारने को तत्पर हो गए।

यह मन तो भरोसे का नहीं है; यह तो बिलकुल कंप रहा है। यह तो पानी की लहर है। इस पर तो खींचो कुछ, खिंचता नहीं है, मिट जाता है। इस मन के साथ तुमने अपने को एक समझा है! क्षणभंगुर मन के साथ तुमने अपने को एक समझा है। मृत्यु के मुख में चले जा रहे शरीर के साथ तुमने अपने को एक समझा। तुम भयभीत कैसे न होओगे? और तुम पूछते हो : भय से छुटकारा कैसे हो?

भय स्वाभाविक है। भय तुम्हारे भ्रांत तादात्म्य की छाया है। जिस दिन तुम जानोगे कि मैं शरीर नहीं, मैं मन नहीं, उसी दिन तुम जानोगे कि भय गया। लेकिन उस दिन तुम यह भी जानोगे कि मैं भी नहीं; न शरीर मैं हूं, न मन मैं हूं। तब जो शेष रह जाता है वहां तो मैं खोजे भी मिलता नहीं। वहां तो मैं की कोई धारणा ही नहीं बनती। मैं तो पैदा ही तादात्म्य से होता है। किसी चीज से जुड़ जाओ तो मैं पैदा होता है। शरीर से जुड़ जाओ तो मैं। मन से जुड़ जाओ तो मैं। धन से जुड़ जाओ तो मैं। धर्म से जुड़ जाओ तो मैं। कहीं भी जोड़ लो अपने को तो मैं। जब सब जोड़ छूट गए तो मैं बचता नहीं। तब भीतर रह जाता है शून्य स्वभाव। उस शून्य स्वभाव में कोई भय की रेखा भी पैदा नहीं होती।

तो तुम पूछते हो कि भय से कैसे छुटकारा हो?

नहीं, भय से छुटकारे की चेष्टा न करो; भय को समझो कि भय क्यों है? छुटकारे के तो तुम उपाय कर ही रहे हो। तो कोई भगवान के चरणों को पकड़े पड़ा है कि हे प्रभु, बचाओ, तुम्हारी शरण आया हूं। लेकिन भय के कारण ही पड़ा है। तुम भगवान को याद ही करते हो जब तुम भयभीत हो जाते हो।

एक नाव डूबी-डूबी हो रही थी और मुल्ला नसरुद्दीन और उसका मित्र दोनों कंप रहे हैं। नसरुद्दीन का मित्र घुटने टेक कर बैठ गया, नमाज पढ़ने लगा। उसने कहा, ङ्कहे अल्लाह, हे परम पिता, अगर तूने मुझे बचा लिया तो मैं अब कभी भी शराब न पीऊंगा। अगर तूने मुझे आज बचा लिया तो मैं कभी धूम्रपान न करूंगा।ङ्ख वह बड़े त्याग करने लगा। आखिर में वह यह कहने ही जा रहा था कि अगर तूने मुझे बचा लिया तो मैं संन्यासी हो जाऊंगा, फकीर हो जाऊंगा—तभी मुल्ला बोला, ङ्कठहर-ठहर! रुक! इतनी जल्दी मत कर, किनारा दिखाई पड़ रहा है।ङ्ख और वह आदमी उठ कर खड़ा हो गया और भूल गया सब बकवास। जब किनारा ही दिखाई पड़ रहा है तो फिर कौन फिकर करता है!

मुल्ला एक बार चढ़ रहा था वृक्ष पर, खजूर लगे थे। लंबा वृक्ष। पैर खिसके, तो कहने लगा, 'हे प्रभु अगर आज वृक्ष तक पहुंचा दो, खजूर तोड़ लूं, तो पूरा नगद एक रुपया चढ़ाऊंगा। पक्का मानो। हालांकि अतीत में मैंने ऐसा कुछ भी नहीं किया कि तुम भरोसा करो, मगर इस बार करो।' चढ़ गया। जब खजूर के बिलकुल पास पहुंचने लगा फलों के, तो उसने सोचा, यह तो तुम भी मानोगे कि इतने से खजूर के लिए एक रुपया ज्यादा है। जब खजूर पर हाथ ही रख दिया तो उसने कहा कि चढ़ें तो हम और पैसा तुम्हें चढ़ाएं! इसी बीच पैर खिसका और धड़ाम से जमीन पर गिरा। खजूर भी छूट गए। नीचे गिरा, जल्दी कपड़े झाड़ कर ऊपर देख कर बोला, ङ्कयह भी

क्या बात हुई। अरे जरा मजाक भी नहीं समझे! अगर आज गिराया न होता तो एक नगद कलदार चढ़ाते।

बस आदमी जब भय में होता है तब भगवान; जैसे ही भय के जरा बाहर हुआ कि भगवान इत्यादि सब भूल जाता है। तुम्हारा भगवान तुम्हारे भय का ही रूप है।

और लोग मानते हैं कि आत्मा अमर है। यह भी तुम्हारे भय की ही धारणा है। मैं यह नहीं कह रहा कि आत्मा अमर नहीं है। लेकिन तुम्हारा मानना कि आत्मा अमर है—भय की धारणा है। डरे हो मौत से, तो कहते हो, आत्मा अमर है। कंप रहे हो। आत्मा का कोई पता नहीं, अमरता की तो बात ही छोड़ो। मगर आत्मा अमर है! इन सिद्धांतों में अपने को छिपाने की कोशिश मत करो।

भय से मुक्ति संभव है—भय को जानने के द्वारा। भय का साक्षात्कार करो। जहां भी तुम्हें लगे भय है, वहां भय पर ध्यान करो। समझने की कोशिश करो—क्यों है? कहां है? किस कोने में छिपा? मन के किस अचेतन में बैठा? कहां से उठता यह धुआं? क्यों उठता?

जिन मित्र ने पूछा है, मुझे लगता है कि उन्होंने भय का कभी साक्षात्कार नहीं किया। भय ने उन्हें पंगु कर दिया है। तुम इस पंगुता को तोड़ो। जब भय लगे, बैठ कर शांति से ध्यानपूर्वक भय को पहचानो कहां है। लगता है शरीर मर जाएगा, तो शरीर तो मरना ही है; इसमें भय की क्या बात है? यह तो होना ही है। इसमें भय करने से प्रयोजन क्या है?

सुकरात मरता था, एक शिष्य ने पूछा, आप भयभीत नहीं हैं? तो सुकरात ने आंख खोली और उसने कहा, भय? दो ही संभावनाएं हैं: या तो जैसा नास्तिक कहते हैं कि मैं मर जाऊंगा, बिलकुल मर जाऊंगा, कुछ भी न बचेगा; जब कुछ बचेगा ही नहीं तो भय किसका, किसको होगा? बात खतम हो गई। सुकरात न रहा, खतम हो गई बात। रह कर भी क्या करना था? इतने दिन रहे तो भी क्या कर लिया? जन्म के पहले भी नहीं थे, तब तो कोई तकलीफ नहीं थी; मौत के बाद फिर नहीं हो जाएंगे, तो तकलीफ क्या है?

तुमसे मैं पूछता हूं: जन्म के पहले तुम नहीं थे, अगर नास्तिक सही हैं, तो जन्म के पहले तुम नहीं थे; कौन सी तकलीफ थी नहीं होने में? कोई याद आती है तकलीफ? जन्म के पहले की कोई तकलीफ याद है? जब थे ही नहीं तो तकलीफ कैसी? जब कोई था ही नहीं तो तकलीफ किसको? मरने के बाद फिर नहीं हो गए, तो अब घबड़ाना क्या है? फिर वैसे ही होगा जैसे जन्म के पहले थे, ऐसे ही समझो।

तो सुकरात ने कहा: अगर नास्तिक सही हैं, कि आत्मा समाप्त हो जाएगी मृत्यु में, कुछ भी न बचेगा, तो भय क्या? जैसे जन्म के पहले नहीं थे वैसे फिर नहीं हो गए,

बात खतम हो गई, आई-गई हो गई। एक लहर उठी, खो गई। या हो सकता है, आस्तिक सही हों। अगर आस्तिक सही हैं और आत्मा बचेगी, तो फिर भय कैसा? शरीर ही गया, हम तो बचे ही रहे। हम तो शरीर थे ही नहीं।

तो सुकरात ने कहा: दो ही संभावनाएं हैं या तो आस्तिक सही हों या नास्तिक सही हों। और सुकरात बड़ा हिम्मत का आदमी है। वह यह भी नहीं कहता है कि मैं मानता हूं इसमें कौन सही है। वह कहता है: मुझे कुछ पता नहीं है। मगर भय कैसा? दो में से कोई एक ही ठीक हो सकता है। दोनों हालत में भय व्यर्थ है।

तो अगर शरीर का जाने का भय लगता है तो क्या डर है? शरीर तो जाएगा।

एक फकीर के दो बेटे थे, मर गए एक दुर्घटना में। जब वह फकीर घर आया नमाज पढ़ कर मस्जिद से तो उसकी पत्नी ने कहा, पहले तुम भोजन कर लो, फिर तुम्हें एक बात कहनी है। उसने भोजन कर लिया। लेकिन वह बार-बार पूछने लगा, बेटे कहां हैं? क्योंकि उसको बेटों से बड़ा लगाव था। जुड़वां बेटे थे। और कहने लगा कि वे सदा मस्जिद पहुंच जाते थे, आज मस्जिद भी नहीं पहुंचे, बात क्या है? पत्नी ने कहा, पीछे बताऊंगी, आप पहले भोजन कर लें। उसने भोजन कर लिया, हाथ-पैर धोकर बैठ गया। तो उसने कहा, अब दूसरे कमरे में आएं, लेकिन पहले एक बात कहनी है। बीस साल पहले एक आदमी कुछ हीरे-जवाहरात मेरे पास रख गया था अमानत के तौर पर, आज वापस मांगने आया, तो मैं उसे लौटा दूं? फकीर ने कहा, यह भी कोई पूछने की बात है? जो उसकी है चीज, उसे लौटा दो। इसमें मेरे पूछने के लिए रुकने की जरूरत ही न थी। तुमने लौटाए क्यों न? क्या कुछ मन में बेईमानी आ गई?

उसने कहा, बस फिर सब ठीक है, अंदर आएं। उसने चादर उठा दी, दोनों लड़के मुर्दा पड़े थे। फकीर तो सन्नाटे में आ गया। लेकिन तब समझा बात। बीस साल पहले दोनों पैदा हुए थे; जिसने दिया था, वह आज वापस ले गया। हंसने लगा। उसने पत्नी से कहा, तूने ठीक किया। तूने यह बात मुझसे ठीक ही पूछी। और फिर देख मजे की बात, बीस साल पहले ये दोनों जब पैदा नहीं हुए थे तब भी सब ठीक था, अब ये दोनों चले गए तो गलत होने का क्या कारण है! तब भी तो हम मजे में थे जब ये नहीं थे। जैसे तब थे वैसे अब होंगे। एक सपना था, देखा और टूट गया।

तो अगर शरीर के कारण भय लगता है तो यह शरीर तो जाएगा। इसे बचाने का कोई उपाय नहीं। अगर मन के कारण भय लगता है तो मन तो तुम हो ही नहीं। थोड़े जागो! ध्यान करो! होश से भरो। जैसे-जैसे जागने लगोगे, चैतन्य की ज्योति जलने लगेगी, शरीर-मन से अलग होने लगोगे, वैसे-वैसे भय विसर्जित हो जाएगा।

लेकिन तुम भय के खिलाफ मत लड़ो। खिलाफ लड़ोगे तो तुम भीतर तो कंपते ही रहोगे। हालत उलटी बनी रहेगी।

भय से मुक्त होकर अपूर्व जीवन के फूल खिलते हैं। भय से दबे रह कर सब जीवन की कलियां बिन खिली रह जाती हैं, पंखुड़ियां खिलती ही नहीं। भय तो जड़ कर जाता है। तो मैं जानता हूं तुम्हारी तकलीफ। लेकिन तुम भय से बचने के लिए उत्सुक हो तो कभी न बच पाओगे। मैं तुमसे कहता हूंः भय को जानो, देखो—है; जीवन का हिस्सा है। आंख गड़ा कर भय को देखो, साक्षात्कार करो। जैसे-जैसे तुम्हारी आंख खुलने लगेगी और भय को तुम ठीक से देखने लगोगे, पहचानने लगोगे—कहां से भय पैदा होता है—उतना ही उतना भय विसर्जित होने लगेगा, दूर हटने लगेगा। और एक ऐसी घड़ी आती है अभय की, जब कोई भय नहीं रह जाता। मृत्यु तो रहेगी, शरीर मरेगा, मन बदलेगा, सब होता रहेगा; लेकिन तुम्हारे अंतस्तल में कुछ है शाश्वत-सनातन छिपा, जिसकी कोई मृत्यु नहीं। उसका थोड़ा स्वाद लो। साक्षी में उसका स्वाद मिलेगा। उसके स्वाद पर ही भय विसर्जित होता है; और कोई उपाय नहीं है।

हरि ॐ तत्सत्!

* * *

प्रवचन : 59

साक्षी स्वाद है संन्यास का

9 दिसंबर, 1976

अष्टावक्र उवाच।

> क्व मोहः क्व च वा विश्वं क्व ध्यानं क्व मुक्तता।
> सर्वसंकल्पसीमायां विश्रांतस्य महात्मनः।।190।।
> येन विश्वमिदं दृष्टं स नास्तीति करोति वै।
> निर्वासनः किं कुरुते पश्यन्नपि न पश्यति।।191।।
> येन दृष्टं परं ब्रह्म सोऽहं ब्रह्मेति चिंतयेत्।
> किं चिंतयति निश्चिन्तो द्वितीयं यो न पश्यति।।192।।
> दृष्टो येनात्मविक्षेपो निरोधं कुरुते त्वसौ।
> उदारस्तु न विक्षिप्तः साध्याभावात्करोति किम्।।193।।
> धीरो लोकविपर्यस्तो वर्तमानोऽपि लोकवत्।
> न समाधिं न विक्षेपं न लेपं स्वस्थ पश्यति।।194।।
> भावाभावविहीनो यस्तृप्तो निर्वासनो बुधः।
> नैव किंचित्कृतं तेन लोकदृष्ट्या विकुर्वता।।195।।
> प्रवृत्तौ वा निवृत्तौ वा नैव धीरस्य दुर्ग्रहः।
> यदा यत्कर्तुमायाति तत्कृत्वा तिष्ठतः सुखम्।।196।।

एक मित्र ने बड़े क्रोध में पत्र लिखा है। लिखा है कि अष्टावक्र जो कहते हैं, आप जो समझाते हैं, वैसा अगर लोग मान लेंगे तो संसार-चक्र बंद ही हो जाएगा।

सुनें। एक तो संसार-चक्र चले, इसका मैंने कोई जुम्मा नहीं लिया। आपने लिया हो, आपकी आप जानें। फिर संसार-चक्र आप नहीं थे तब भी चल रहा था, आप नहीं होंगे तब भी चलता रहेगा। संसार-चक्र आप पर निर्भर है, इस भ्रांति में पड़ें मत। जो चलाता है, चलाएगा, और न चलाना चाहेगा तो तुम्हारे चलाए न चलेगा। तुम अपने को ही चला लो, उतना ही बहुत है। बड़ी चिंताएं सिर पर मत लो। छोटी चिंताएं हल नहीं हो रही हैं। ऐसी चिंताओं में मत उलझ जाना जिन पर तुम्हारा कोई बस ही न हो।

अष्टावक्र को हुए कोई पांच हजार साल होते हैं। अष्टावक्र कह गए, संसार-चक्र चल रहा है। और मेरे पांच हजार साल बाद अगर तुम आओगे, तो भी तुम पाओगे संसार सब चल रहा है। संसार-चक्र के चलने का मेरे या तुम्हारे कुछ कहने या होने से कोई संबंध नहीं है। हां, इतना ही है कि अगर तुम समझ जाओ तो तुम संसार-चक्र के बाहर हो जाते हो। तुम्हारे लिए चलना बंद हो जाता है। आवागमन से छूटने की बात, मुक्ति की आकांक्षा और क्या है?—संसार-चक्र के मैं बाहर हो जाऊं।

तुम्हें संसार-चक्र की चिंता भी नहीं है; तुम छिपे ढंग से कुछ और कह रहे हो। शायद तुम्हें होश भी न हो कि तुम क्या कह रहे हो। तुम इस संसार के चक्र को छोड़ना नहीं चाहते। बात तुम कर रहे हो : कहीं यह बंद तो न हो जाए! तुम भीतर से पकड़ना चाहते हो। पकड़ने के लिए बहाने खोज रहे हो। बहाना तुम कितना ही करो, तुम मुझे धोखा न दे पाओगे। तुम्हें चिंता भी क्या है संसार की? कौड़ी भर चिंता नहीं है तुम्हें—कल का मिटता आज मिट जाए। फिकर तुम्हें कुछ और है। तुम्हारी वासनाओं का एक जाल है। उस वासना के जाल को तुम छिपाना चाहते हो। वह वासना का जाल नई-नई तरकीबें खोजता है। वह सीधा-सीधा हाथ में आता भी नहीं, क्योंकि सीधा-सीधा हाथ में आ जाए तो बड़ी शर्म लगेगी। तुम अपनी भ्रांति और मूढ़ता को बचाना चाहते हो, नाम बड़ा ले रहे हो। नाम तुम कह रहे हो संसार-चक्र; जैसे तुम कुछ इस चक्र के रक्षक हो!

मैंने सुना है, एक प्रोफेसर हैं, पोपट लाल। दादर के एक प्राइवेट सिंधी कालेज में प्रोफेसर हैं। एक तो प्राइवेट कालेज—और फिर सिंधियों का! तो प्रोफेसर की जो गति हो गई वह समझ सकते हो। असमय में मरने की तैयारी है। समय के पहले आंखों पर बड़ा मोटा चश्मा चढ़ गया है, कमर झुक गई है। पिता तो चल बसे हैं; बूढ़ी मां, वह पीछे पड़ी थी कि विवाह करो, विवाह करो पोपट! पोपट ने बहुत समझाया, बहुत तरह के बहाने खोजे। कहा कि मैं तो विवेकानंद का भक्त हूं और मैं तो ब्रह्मचर्य का जीवन जीना चाहता हूं। लेकिन मां कहीं इस तरह की बातें सुनती है! मां ने समझाया कि संसार-चक्र कैसे चलेगा? ऐसे में तो संसार-चक्र बंद हो जाएगा। फिर मां पर दया करके पोपट लाल विवाह को राजी हुए।

बंबई में तो कोई लड़की उनसे विवाह करने को राजी थी नहीं। सच तो यह है कि जब से वे प्रोफेसर हुए, जिस विभाग में प्रोफेसर हुए उसमें लड़कियों ने भर्ती होना बंद कर दिया। तो कोई गांव की, देहात की लड़की खोजी गई। वह विवाह करके आ भी गई। प्रोफेसर तो सुबह ही से निकल जाते दूर, उपनगर में रहते हैं, सुबह से ही निकल जाते हैं। दिन भर पढ़ाना। प्राइवेट कालेज और सिंधियों का! फिर प्रिंसिपल की भी सेवा करनी, प्रिंसिपल की पत्नी को भी सिनेमा दिखाना, बच्चों को चौपाटी घुमाना—सब तरह के काम। रात कुटे-पिटे लौटते, तो सो जाते।

बूढ़ी को बहू पर दया आने लगी। एक दिन बंबई भी नहीं दिखाया ले जाकर, तो एक दिन वह बंबई दिखाने ले गई। जैसे ही बस पर पहुंचे स्टेशन पर, तो वहां कोई किसी सांड को पकड़ का बधिया बनाते थे। तो उस बहू ने बूढ़ी से पूछा कि इस सांड को यह क्या कर रहे हैं? बूढ़ी शर्माई भी, किन शब्दों में कहे! लेकिन बहू न मानी तो उसे कहना पड़ा कि ये इसे खस्सी करते हैं। तो उसने कहा, इतनी मेहनत क्यों करते हैं—दादर के सिंधी कालेज में प्रोफेसर ही बना दिया होता!

जो मन में छिपा हो वह कहीं न कहीं से निकलता है। तुम्हारे दबाए-दबाए नहीं दबता—नई-नई शक्लों में प्रकट हो जाता है। कहीं से तो निकलेगा। तुम संसार-चक्र के बंद होने से घबड़ाए हुए हो! परमात्मा ने तुमसे पूछ कर संसार-चक्र चलाया था? और अगर बंद करना चाहेगा तो तुमसे सलाह लेगा? तुम्हारी सलाह चलती है कुछ? अपने पर ही नहीं चलती, दूसरे पर क्या चलेगी? और सर्व पर तो चलने का कोई उपाय नहीं है। लेकिन तुम ऐसी चिंताएं लेते हो। ऐसी बड़ी चिंताओं में तुम छोटी चिंताओं को छिपा लेते हो। असली चिंता भूल जाती है। और इस भांति तुम एक पर्दा डाल लेते हो अपनी आंख पर और आंख नहीं खुलने देते।

छोड़ो! यह रुकता हो रुक जाए।

यह तो ऐसे ही हुआ कि तुम किसी चिकित्सक के पास जाओ और उससे कहो कि दवाइयां खोजना बंद करो, अगर ऐसी दवाइयों को खोजते रहे तो फिर बीमारियों का क्या होगा, बीमारियों का चक्र बंद ही हो जाएगा!

संसार-चक्र—जिसे तुम कहते हो—सिवाय बीमारियों के और क्या है? सिवाय दुख और पीड़ा के क्या जाना? जीवन में घाव ही घाव तो हो गए हैं, कहीं फूल खिले? मवाद ही मवाद है! कहीं कोई संगीत पैदा हुआ? दुर्गंध ही दुर्गंध है। कहीं तो कोई सुगंध नहीं। फिर भी संसार-चक्र बंद न हो जाए, इसकी चिंता है। गटर में पड़े हो; लेकिन कहीं गटर की गंदगी समाप्त न हो जाए, इसकी चिंता है। कहीं गटर बहना बंद न हो जाए, इसकी चिंता है। पाया क्या है? अन्यथा सारे ज्ञानी संसार से मुक्त होने की आकांक्षा क्यों करते?

तुम्हारा संसार सिवाय नरक के और कुछ भी नहीं है। इस संसार से तुम थोड़े जागो तो स्वर्ग के द्वार खुलें। यह तुम्हारा सपना है। यह सत्य नहीं है जिसे तुम संसार कहते हो। सत्य तो वही है जिसे ज्ञानी ब्रह्म कहते हैं।

अब इस बात को भी तुम खयाल में ले लेना : जब अष्टावक्र या मैं तुमसे कहता हूं कि संसार से जागो, तो मैं यह नहीं कह रहा हूं कि जब तुम जाग जाओगे तो ये वृक्ष वृक्ष न रहेंगे, कि पक्षी गीत न गाएंगे, कि आकाश में इंद्रधनुष न बनेगा, कि सूरज न निकलेगा, कि चांद-तारे न होंगे। सब होगा। सच तो यह है कि पहली दफा, पहली दफा प्रगाढ़ता से होगा। अभी तो तुम्हारी आंखें इतने सपनों से भरी हैं कि तुम इंद्रधुनष को देख कैसे पाओगे? तुम्हारी आंख का अंधेरा इतना है कि इंद्रधनुष धुंधले हो जाते हैं। तुम फूल का सौंदर्य पहचानोगे कैसे? भीतर इतनी कुरूपता है, फूल पर उंडल जाती है। सब फूल खराब हो जाते हैं। पक्षियों के गीत तुम्हारे हृदय में कहां पहुंच पाते हैं? तुम्हारा खुद का शोरगुल इतना है कि पक्षियों सारे गीत बाहर के बाहर रह जाते हैं।

जब ज्ञानी कहते हैं संसार के बाहर हो जाओ, तो वे यह नहीं कह रहे हैं कि यह जो वस्तुतः है इससे तुम बाहर हो जाओगे। इससे तो बाहर होने का कोई उपाय नहीं। इसके साथ तो तुम एकीभूत हो, एकरस हो। यह तो तुम्हारा ही स्वरूप है। तुम इसके ही हिस्से हो। फिर किससे बाहर हो जाओगे? वह जो तुमने मान रखा है और है नहीं; वह जो रस्सी में तुमने सांप देख रखा है। सांप से मुक्ति हो जाएगी, रस्सी तो रहेगी। तुम्हारा सपनों का एक जाल है। तुम कुछ का कुछ देख रहे हो।

एक मित्र हैं। वे हमेशा मुझसे कहते हैं कि मुझे नींद में, रात सपने में बड़े काव्य का स्फुरण होता है। मैंने उनसे कहा कि तुम्हें मैं जानता हूं, तुम्हें मैं देखता हूं, तुम्हारे जागरण में भी काव्य का स्फुरण नहीं होता, तो नींद में कैसे होगा! आखिर नींद तो तुम्हारी ही है न! जागरण तुम्हारा इतना कोरा और रेगिस्तान जैसा है, इसमें कहीं कोई मरूद्यान नहीं दिखाई पड़ता, तो नींद में काव्य पैदा होता होगा!

वे कहने लगे कि आप मानो, जब मैं रोज सुबह उठता हूं तो मुझे ऐसा थोड़ी-थोड़ी भनक रहती है कि रात बड़ी कविता पैदा हुई। और आपसे क्या कहूं, आप न मानोगे; हिंदी में तो होती ही है, अंग्रेजी तक में होती है।

तो मैंने कहा, तुम ऐसा करो कि आज रात अपने बिस्तर के पास ही टेबल रख कर कापी और पेंसिल रख कर सो जाओ और सोते वक्त यह खयाल रख कर सोओ कि आज कोई भी कविता भीतर पैदा होगी तो उसी क्षण मेरी नींद खुल जाए। ऐसा दोहराते रहो। दोहराते-दोहराते ही सो जाओ। हजार बार दोहराकर और सो जाओ। और जब तक ऐसा हो न जाए तब तक रोज यह करते रहो, एक न एक दिन

नींद टूट जाएगी। तुम उठ कर तत्क्षण लिख लेना और सुबह मेरे पास ले आना, ईमानदारी से, जो भी लिखो।

वे दूसरे दिन कापी लेकर आ गए, बड़े उदास थे। मैंने पूछा, क्या मामला है? वे कहने लगे, शायद आप ठीक ही कहते थे। मैं ऐसा ही किया रात में और बीच में मेरी नींद टूट भी गई और मैंने लिख भी लिया और मैं ले आया हूं, लेकिन बताने में शर्म लगती है।

मैंने कहा, फिर भी दिखा तो दो। उन्होंने कहा, आप क्षमा करो, न देखो तो ठीक। फिर भी मैंने आग्रह किया तो उन्होंने बड़े डरते-डरते और संकोच से अपनी कापी दे दी। आड़े-तिरछे अक्षरों में नींद में लिखा गया था, आधी नींद में रहे होंगे। जो लिखा था, वह उनके दरवाजे के बाहर गोल्ड स्पॉट का एक बड़ा विज्ञापन लगा है: लिव्वा लिटल हॉट, सिप्पा गोल्ड स्पॉट! यह अंग्रेजी और इसका हिंदी में तरजुमा भी लिखा है: जी भर के जीयो, गोल्ड स्पॉट पीयो। यह कविता उतरी। इसी को रोज पढ़ते रहे होंगे। सामने ही लगा है बोर्ड। यही मन में बैठ गई होगी। यही रात सपने में डोलने लगी।

तुम्हारा जो संसार है, वह तुम्हारी नींद में है। जो भ्रांतियां हो रही हैं, उनका ही नाम है। तो जब भी अष्टावक्र ‌ऽसंसारः शब्द का उपयोग करते हैं कि ज्ञानी संसार से जाग जाता है, संसार से मुक्त हो जाता है, तो तुम संसार से यह मत समझना कि जो है उससे मुक्त हो जाता है। जो है, उससे कैसे मुक्त हो जाओगे? जो है, उसमें तो मुक्त होना है। जो नहीं है, उससे मुक्त होना है। और जो नहीं है, उससे मुक्त हो जाता है वही जो है, उसमें मुक्त हो जाता है।

मुक्ति के दो पहलू हैं। झूठ से मुक्त होना है, सच में मुक्त होना है। झूठ के बंधन के कारण सच में हम अपने पंख नहीं खोल पाते। झूठ की जंजीरों के कारण सच के आकाश में नहीं उड़ पाते।

नहीं! अगर ज्ञानियों की बात तुम ठीक से समझे तो तुम्हारा जीवन और भी सुंदर हो जाएगा, सुंदरतम हो जाएगा—सत्यम् शिवम् सुंदरम् होगा।

यह संसार बड़ा स्वर्णिम हो जाए अगर तुम जाग जाओ; तुम्हारी नींद के कारण बहुत गंदा हो गया है। तुम्हारी बेहोशी के कारण विक्षिप्त दशा है यह। इस विक्षिप्त दशा को तुम संसार कह रहे हो! लोग दौड़े जा रहे, भागे जा रहे—यह भी नहीं जानते कहां जा रहे; यह भी नहीं जानते क्यों जा रहे। सब जा रहे, इसलिए वे भी जा रहे; सब दिल्ली जा रहे, इसलिए वे भी दिल्ली जा रहे। सबको पद चाहिए तो उनको भी पद चाहिए। सबको धन चाहिए तो उनको भी धन चाहिए। बाकी सबसे भी पूछो तो वे कहते हैं कि बाकी सबको चाहिए, इसलिए हमको भी चाहिए। लोग धक्कम-धुक्की

में हैं; एक-दूसरे का अनुकरण कर रहे हैं। लोग कार्बन कापियां हैं; छाया की तरह जी रहे हैं। वास्तविक नहीं हैं, ठोस नहीं हैं, प्रामाणिक नहीं हैं। इस दौड़-धाप को, इस आपा-धापी को बीमारी कहना चाहिए।

मनोवैज्ञानिक कहते हैं, दुनिया में चार आदमियों में करीब-करीब तीन पागल हैं। और चौथे के संबंध में वे कहते हैं कि हम इतना ही कह सकते हैं कि संभव है कि न हो पागल, पक्का नहीं। और ऐसा होना ही चाहिए। जिनको हमने बुद्धपुरुष कहा है, ठीक यह होगा कि हम कहें कि ये वे थोड़े से लोग हैं जो हमारे पागलपन के घेरे के बाहर हो गए। भीड़ तो पागल है।

धन जोड़ते हो और जीवन गंवा देते हो। कंकड़-पत्थर इकट्ठे कर लेते हो, आत्मा बेच डालते हो। पागल नहीं तो और क्या हो? कांटे बटोर रहे हो, छाती से लगाए बैठे हो और फूलों का खयाल कर रहे हो। या कि कांटों पर फूलों के लेबिल लगा रखे हैं। कांटे चुभ भी रहे हैं, पीड़ा भी हो रही है, फिर भी छोड़ते नहीं। और अगर कोई कहे, तो तुम कहते हो संसार-चक्र बंद हो जाएगा; जैसे कि तुमने कुछ ठेका लिया है संसार-चक्र को चलाने का!

संसार-चक्र तो परमात्मा का ही आयोजन है। संसार-चक्र तो परमात्मा की ही यात्रा है। ये संसार के चक्के तो उसके ही रथ के चक्के हैं। यह तो चलता रहेगा। अभी तुम घसीटे जा रहे हो, फिर तुम रथ पर सवार हो जाओगे—इतना ही फर्क है। इस फर्क को मैं फिर दोहरा दूं। अभी तुम ऐसी हालत में हो, जैसे कि चाक से बंधे और सड़क पर घसिट रहे हो; सारी धूल-धवांस तुम्हारे ऊपर पड़ रही है; हड्डी-पसली टूटी जा रही है; जीर्ण-जर्जर हुए जा रहे हो—चक्के से बंधे हो।

रथ तो चलता रहेगा। सूरज तो उगेगा। चांद तो आएंगे। तारे तो चलेंगे। पृथ्वी तो हरी होगी। पक्षी तो गीत गाएंगे। प्रेम तो होगा। सत्य की वर्षा तो होती रहेगी। अमृत तो उगेगा। यह सब तो होगा। लेकिन तुम रथ पर सवार होओगे सम्राट की तरह—रथ के चक्के से गुलाम की तरह बंधे हुए नहीं।

घबड़ाओ मत। जागने में कुछ भी खोता नहीं। वही खोता है जो कभी था ही नहीं और तुमने सोच रखा था कि है। जागने में मिलता ही मिलता है। और वही मिलता है जो तुम्हारे पास ही था, लेकिन तुमने कभी अपनी गांठ ही न खोली, तुमने कभी भीतर झांका ही नहीं।

तो मैं अपने संन्यासियों को निरंतर कहता हूं: मैं तुम्हें वही देना चाहता हूं जो तुम्हारे पास है और तुमसे वही ले लेना चाहता हूं जो तुम्हारे पास नहीं है।

मुझसे कोई पूछता है: हम संन्यास ले रहे हैं तो अब हम क्या त्यागें? तो मैं उनसे कहता हूं: वही त्याग दो जो तुम्हारे पास नहीं है। वही त्याग दो जो तुम्हारे पास नहीं है।

जो तुमने मान रखा है कि है और है नहीं। अहंकार है नहीं जरा भी; खोजने जाओगे तो पाओगे नहीं। जितना खोजोगे उतना ही कम पाओगे। ठीक-ठीक खोजोगे, बिलकुल नहीं पाओगे। भीतर आंख बंद करके जाओगे पता लगाने कि अहंकार कहां है, तो कहीं भी जरा सी भी छाया न मिलेगी। पर है। और उसी के लिए हम जी रहे और मर रहे और मार रहे हैं। मान रखा है कि यही हूं मैं।

'मेरा-तेरा' झूठ है। यहां कुछ भी मेरा नहीं है और कुछ भी तेरा नहीं है। सब था, हम नहीं थे; सब होगा, हम नहीं हो जाएंगे। तो यहां 'मेरा-तेरा' झूठ है। सब है प्रभु का। तो जहां तुमने कहा मेरा वहां तुमने झूठ खड़ा कर दिया। झूठ जितने तुम खड़े कर लेते हो उतना ही सत्य से मिलन असंभव हो जाता है। तुम अगर कभी सत्य की तरफ उन्मुख भी होते हो तो सत्य की खोज के कारण नहीं।

किसी की पत्नी मर गई, वह आ जाता है कि अब क्या रखा संसार में, अब तो मुझे संन्यास दे दें! मैं कहता हूं: थोड़ी देर रुक, अभी इस दुख में संन्यास मत ले। क्योंकि दो महीने बाद जब दुख चला जाएगा तो फिर तू पत्नी की तलाश करने लगेगा। यह तो दुखावेश है। इस आवेश में संन्यास मत ले।

किसी का दिवाला निकल जाता है; वह कहता है अब तो संन्यास लेना है। अभी एक क्षण पहले तक संसार-चक्र को चलाने का आग्रह था; अब दिवाला निकल गया तो एकदम संसार-चक्र को बंद कर देने की इच्छा हो रही है। लेकिन अभी खबर आ जाए कि घर में खजाना दबा पड़ा था, पिता रख गए थे, वह मिल गया, तो यह सोचेगा कि छोड़ो, अभी कहां संन्यास की बात करनी, फिर देखेंगे!

तुम तो जब हारते हो और टूटते हो, तभी तुम संन्यास की सोचते हो, संसार से हटने की सोचते हो। यह कोई समझपूर्वक बात नहीं हो रही।

मैंने सुना, एक जहाज पर मुल्ला नसरुद्दीन यात्रा कर रहा था। एक बच्चा गिर पड़ा, रेलिंग से झुक रहा था, गिर पड़ा। कौन कूदे समुद्र में! लोग खड़े होकर देखने लगे और तभी अचानक लोगों ने देखा कि मुल्ला कूदा और बच्चे को निकाल कर बाहर आया। जयजयकार होने लगा: मुल्ला नसरुद्दीन जिंदाबाद! और लोग बड़ी फूलमालाएं ले आए और उन्होंने कहा: गजब कर दिया! मुल्ला ने कहा: बंद करो बकवास! पहले यह बताओ, मुझे धक्का किसने दिया? चमड़ी उधेड़ दूंगा जिसने धक्का दिया है, पता भर चल जाए।

ऐसा तुम्हारा संन्यास है—कोई धक्का दे दे।

तुम संसार से हटो भी, तो खुद नहीं हटते, इज्जत से नहीं हटते, बेइज्जती से। जब तक काफी जूते न पड़ जाएं, तुम हटते ही नहीं।

कहावत है : सौ सौ जूते खाएं, तमाशा घुस कर देखें। कौन फिकर करता है, तमाशा जब हो रहा हो तो कितने ही जूते पड़ जाएं!

संसार का इतना मोह क्या है? पाया क्या है? क्यों इतने जोर से पकड़े हुए हो? अगर इसके विश्लेषण में जाओगे तो तुम्हें दिखाई पड़ेगा : इतने जोर से इसीलिए पकड़े हुए हो कि कुछ भी नहीं पाया है। तुम्हारा जीवन खाली है। आशा में पकड़े हुए हो, शायद संसार से कुछ मिल जाए, आज नहीं कल, कल नहीं परसों। अब तक तो नहीं मिला, कल शायद मिल जाए! पकड़े हो। छोड़ते नहीं।

देखो जरा गौर से, तुम रेत को निचोड़ कर तेल निकालना चाहते हो, यह निकलेगा नहीं! सब समय व्यर्थ जाएगा। कभी कोई नहीं जीत पाया इस तरह। कितने मनुष्य पृथ्वी पर रहे हैं! अरबों-खरबों आदमी तुमसे पहले आ चुके हैं और यही सब कर चुके हैं, यही तमाशा देख चुके हैं। और फिर, खाली हाथ वापस विदा हो गए हैं। इसके पहले कि तुम्हारा भी विदा का क्षण आ जाए, तुम स्वेच्छा से जाग उठो। जो मौत करेगी, वह जिस दिन तुम स्वयं करने को राजी हो जाते हो उसी दिन सत्य उपलब्ध होना शुरू हो जाता है। मौत तुमसे छीनेगी; तुम खुद ही कह दो : इसमें कुछ है नहीं, मैं पकड़ता नहीं।

फिर मैं तुमसे यह भी नहीं कह रहा हूं, न अष्टावक्र कह रहे हैं कि तुम भाग जाओ जंगल-पहाड़ों पर। क्योंकि भगोड़ापन कोई ज्ञानी नहीं सिखाएगा। जो भाग कर भी गए हैं, जब उन्हें ज्ञान उपलब्ध हो गया तो वापस लौट आए। बुद्ध और महावीर भाग कर गए थे, लेकिन जब ज्ञान उपलब्ध हुआ तब समझ में आ गई बात, वापस लौट आए।

रवींद्रनाथ की एक बड़ी प्यारी कविता है। बुद्ध जब वापस लौटते हैं छः वर्ष के बाद और उनकी पत्नी से मिलन होता है, यशोधरा मिलने आती है, तो यशोधरा उनसे एक सवाल पूछती है कि मुझे सिर्फ एक सवाल पूछना है; इन वर्षों में जब आप मुझे छोड़ कर चले गए तो एक ही सवाल मुझे पीड़ित करता रहा है, मैं उसके लिए ही जीवित रही हूं, वही पूछ लूं, तो बस। बुद्ध ने कहा कि क्या सवाल है तेरा? यशोधरा ने कहा : मुझे यही पूछना है कि जो तुम्हें जंगल में जाकर मिला, क्या यहीं इसी महल में रहते हुए नहीं मिल सकता था?

रवींद्रनाथ बुद्ध के भागने के पक्ष में नहीं थे। भागने के पक्ष में कोई भी नहीं हो सकता। इसलिए उन्होंने यह कविता लिखी है और यशोधरा से अपना मंतव्य कहलवा दिया है। पूछती है यशोधरा : अगर तुम, जंगल में जो तुमने पाया, माना कि पाया जंगल में, अगर तुम यहीं रहते तो पा सकते थे या नहीं? और रवींद्रनाथ कहते हैं कि बुद्ध चुप रह गए। क्या कहें? अगर यह कहें कि यहीं रह कर मिल सकता था तो यशोधरा कहेगी, क्या पागलपन किया, फिर किसलिए भागे-दौड़े? और यह तो कह

ही नहीं सकते कि यहां नहीं मिल सकता था जो वहां मिला। क्योंकि जो वहां मिला वह कहीं भी मिल सकता था। वह तो भ्रांति ही थी।

भगोड़ापन, अष्टावक्र की शिक्षा नहीं है। निश्चित ही मेरी तो बिलकुल नहीं है। आज के सूत्र तुम्हें साफ करेंगे।

संसार में रहते हुए जागरण की कला ही धर्म है। तब तुम इस भांति हो जाते हो जैसे जल में कमल। होते हो जल में, लेकिन जल छूता नहीं। मजा भी तभी है। गरिमा भी तभी, गौरव भी तभी है। महिमा भी तभी है, जब तुम भीड़ में खड़े और अकेले हो जाओ। बाजार के शोरगुल में और ध्यान के फल लग जाएं। जहां सब व्याघात हैं और सब विक्षेप हैं, वहां तुम्हारे भीतर समाधि की सुगंध आ जाए। क्योंकि हिमालय पर तो डर है, तुम अगर चले जाओ तो हिमालय की शांति धोखा दे सकती है। हिमालय शांत है, निश्चित शांत है। वहां बैठे-बैठे तुम भी शांत हो जाओगे, लेकिन इसका पक्का पता नहीं चलेगा कि तुम शांत हुए कि हिमालय की शांति के कारण तुम शांत मालूम हुए। यह वातावरण के कारण है शांति या तुम्हारा मन बदला, इसका पता न चलेगा। यह तो पता तभी चलेगा जब तुम बाजार में वापस आओगे।

और मैं तुमसे कहता हूं: हिमालय पर जो उलझ जाता है वह फिर बाजार में आने में डरने लगता है। डरता है इसलिए कि बाजार में आया कि खोया। और बाजार में आता है, तभी परीक्षा है, तभी कसौटी है। क्योंकि यहीं पता चलेगा। जहां खोने की सुविधा हो वहां न खोए, तो ही कुछ पाया। जहां खोने की सुविधा ही न हो वहां अगर न खोए तो कुछ भी नहीं पाया। अगर हिमालय के एकांत में अपनी गुफा में बैठ कर तुम्हें क्रोध न आए तो कुछ मूल्य है इसका? कोई गाली दे तब पता चलता है कि क्रोध आया या नहीं। कोई गाली ही नहीं दे रहा है, तुम अपनी गुफा में बैठे हो, कोई उकसा नहीं रहा है, कोई भड़का नहीं रहा है, कोई उत्तेजना नहीं है, कोई शोरगुल नहीं है, कोई उपद्रव नहीं है—ऐसी घड़ी में अगर शांति लगने लगे तो यह शांति उधार है। यह हिमालय की शांति है जो तुममें झलकने लगी। यह तुम्हारी नहीं! तुम्हारी शांति की कसौटी तो बाजार में है।

इसलिए अष्टावक्र भागने के पक्ष में नहीं हैं, न मैं हूं; जागने के पक्ष में जरूर हैं। भागना कायरता है। भागने में भय है। और भय से कहां विजय है!

यह सूत्र समझो। पहला सूत्र:

क्व मोहः क्व च वा विश्वं क्व ध्यानं क्व मुक्तता।
सर्वसंकल्पसीमायां विश्रांतस्य महात्मनः।।

'संपूर्ण संकल्पों के अंत होने पर विश्रांत हुए महात्मा के लिए कहां मोह है, कहां संसार है, कहां ध्यान है, कहां मुक्ति है?'

सुनो यह अपूर्व वचन। अष्टावक्र कहते हैं: जिसके संपूर्ण संकल्पों का अंत आ गया; जिसके मन में अब संकल्प-विकल्प नहीं उठते; जिसके मन में अब क्या हो क्या न हो, इस तरह के कोई सपने जाल नहीं बुनते; जिसके मन में भविष्य की कोई धारणा नहीं पैदा होती; जिसकी कल्पना शांत हो गई है और जिसकी स्मृति भी सो गई; जो सिर्फ वर्तमान में जीता है।

सर्व संकल्प सीमायां विश्रांतस्य महात्मनः।

और इन सब संकल्पों का जहां सीमांत आ गया है, वहां जो विश्राम को उपलब्ध हो गया वही महात्मा है।

महात्मा का अर्थ—जिसके जीवन में अब कोई आकांक्षा की दौड़ न रही; अब जो कुछ भी नहीं चाहता, परमात्मा को भी नहीं चाहता, ब्रह्म को भी नहीं चाहता, मोक्ष को भी नहीं चाहता—जो चाहता ही नहीं, चाह मात्र विसर्जित हो गई। अब तो जो है, उसमें रस-मुग्ध। जो है, उसके काव्य में डूबा। अब तो जो है उसमें परम तृप्त। अब तो जैसा है उसमें ही महोत्सव को उपलब्ध।

'संपूर्ण संकल्पों के अंत होने पर विश्रांत हुए महात्मा के लिए कहां मोह!'

अब किसको कहे मेरा? मैं ही न बचा। इसे समझो।

संकल्पों और विकल्पों के जोड़ का नाम ही मैं है। सोचो एक धारणा: अगर कोई तुमसे तुम्हारा अतीत छीन ले तो तुम यह बता न सकोगे कि तुम कौन हो। क्योंकि अतीत के छिनते ही तुम बता न सकोगे, कौन तुम्हारा पिता, कौन तुम्हारी मां, किस कुल से आते, किस देश के वासी, किस भाषा को बोलते, हिंदू हो कि मुसलमान कि ईसाई कि जैन, ब्राह्मण कि शूद्र, कुछ भी न बता सकोगे। अगर कोई एक झटके में तुम्हारा अतीत छीन ले तो तुम्हारे पास ङ्कमैंङ्ख की कोई परिभाषा बचेगी? एकदम तुम पाओगे परिभाषा खो गई।

मेरे एक मित्र हैं, डाक्टर हैं। ट्रेन से जाते थे, भीड़ थी ट्रेन में, दरवाजे पर खड़े थे। थोड़े झक्की स्वभाव के हैं। भूल गए होंगे कि डंडे को पकड़े रहना है जोर से। खड़े-खड़े कुछ विचार में खो गए होंगे, गिर पड़े। ट्रेन से बाहर गिर गए, सिर में बड़ी चोट लगी। ऐसे ऊपर से कोई खास चोट नहीं लगी। ऊपर से कोई घाव नहीं हुआ। कोई हड्डी-पसली नहीं टूटी। लेकिन स्मृति खो गई। याददाश्त खो गई। मस्तिष्क तो यंत्र है, बड़ा बारीक यंत्र है—कुछ चोट भीतर पहुंच गई और स्मृति के धागे टूट गए। बस भूल गए। वे यह भी न बता सके कि उनका नाम क्या है। वे यह भी न बता सके कि वे कहां से आ रहे हैं। उनकी टिकिट वगैरह देख कर उनको गांव वापस भेजा गया। तीन वर्ष तक उन्हें कुछ भी याद न रही। मेरे साथ पढ़े, बचपन से मेरे दोस्त, मैं

उन्हें देखने गया। वे मेरी तरफ देखते रहे। वे मुझे पहचान ही न सके। सब खो गया। वे अपनी पत्नी न पहचान सके, अपने बाप को न पहचान सके। फिर से अ ब स से सीखना शुरू किया।

अगर तुम्हारी स्मृति हट जाए तो तुम कौन हो? तुम्हारा मैं तुम्हारी स्मृति का संग्रहीभूत सार-संचय है। और अगर तुम्हारे भविष्य की योजनाएं तुमसे छूट जाएं, तब तो तुम बिलकुल ही खो गए। तुम्हारा अतीत भी तुम्हारे 'मैं' को बनाता है। तुम कहते हो, मैं फलां का बेटा, इतना धन मेरे पास, मैं ब्राह्मण। और आगे की योजना-कल्पना भी तुम्हें बनाती है। तुम कहते हो, आज नहीं कल चीफ मिनिस्टर होने वाला, कि प्राइम मिनिस्टर होने वाला, कि जरा ठहरो, देखो करोड़ों रुपये कमा देने वाला हूं। तो तुम्हारा अतीत भी तुम्हारे 'मैं' को बनाता है और तुम्हारा भविष्य भी तुम्हारे 'मैं' को बनाता है। इन दोनों के बीच में ॠमैंॠ खड़ा है। ये दो बैसाखियां तुम्हारे 'मैं' के पैर हैं। ये दोनों गिर जाएं, तुम्हारा 'मैं' गिर गया।

संकल्प-विकल्प के अंत हो जाने पर व्यक्ति की चेतना परम विश्राम में पहुंच जाती है। न तो पीछे का कोई धक्का रहता है, न आगे का कोई खिंचाव रहता है। तुम वर्तमान क्षण में रह जाते शांत, विश्रांति को उपलब्ध। ऐसे महात्मा के लिए कहां मोह है और कहां संसार!

क्या तुम समझते हो ऐसे महात्मा के लिए ये सब वृक्ष, चांद-तारे, आकाश, बादल खो जाएंगे? अगर ऐसा होता तो अष्टावक्र बोल किससे रहे हैं? जनक तो है ही नहीं फिर, समझा किसको रहे हैं? नहीं; 'कहां संसार' का अर्थ है: कहां सपना! 'संसार' शब्द का अर्थ है तुम्हारे भीतर चलते हुए सपनों की दौड़—ऐसा हो जाए, ऐसा पा लूं, ऐसा कर लूं। वह जो तुम्हारे भीतर शेखचिल्ली बैठा है, उस शेखचिल्ली की ही यात्रा का नाम संसार है!

इसे मैं तुम्हें बार-बार समझा देना चाहता हूं, नहीं तो तुम्हें बड़ी भ्रांति होती है। तुम सोचते हो संसार छोड़ने का अर्थ घर-द्वार छोड़ो। संसार छोड़ने का अर्थ है: भविष्य छोड़ो! संसार छोड़ने का अर्थ है: अतीत छोड़ो। संसार छोड़ने का अर्थ है: कल्पना-विकल्पना छोड़ो।

'कहां संसार!'

और बड़ा अदभुत सूत्र है! अष्टावक्र कहते हैं: 'ऐसे व्यक्ति को कहां ध्यान और कहां मुक्ति!'

सब गया। जब बीमारी गई तो औषधि भी गई। तुम्हारी जब बीमारी चली जाती है तो तुम औषधि की बोतलें थोड़े ही टांगे फिरते हो कि इनका बड़ा धन्यवाद, कि इन्हीं

के कारण बीमारी गई, अब इनको कैसे छोड़ें, कि अब तो इनको हम सदा टांगे फिरेंगे! ये पेन्सिलिन का इंजेक्शन, इसी के कारण बीमारी गई, तो अब इसकी पूजा करेंगे! जिस दिन बीमारी गई उसी दिन तुम कचरे-घर में फेंक आते हो सब दवाइयां, बात खतम हो गई।

ध्यान तो औषधि है। विचार बीमारी है; ध्यान औषधि है। संसार बीमारी है; मोक्ष औषधि है। जब संसार ही न रहा तो कहां मोक्ष, कैसा मोक्ष! जिससे बंधे थे वही न रहा, तो अब कैसा छुटकारा!

यह तुम्हें बड़ा कठिन मालूम पड़ेगा, क्योंकि तुमने यह तो सुना है कि संसार नहीं रह जाएगा, तब तुमने मान रखा है कि मोक्ष होगा। लेकिन अष्टावक्र ठीक कह रहे हैं, बिलकुल ठीक कह रहे हैं। अष्टावक्र के वचन ऐसे सत्य हैं अध्यात्म के जगत में, जैसे गणित के जगत में आइंस्टीन के वचन सत्य हैं। बड़ी गहरी आंख है। ये कह रहे हैं कि जब बीमारी चली गई तो औषधि भी गई। जब संसार ही न बचा तो अब मोक्ष की बात ही क्या उठानी।

सर्वसंकल्पसीमायां विश्रांतस्य महात्मनः।

अब तो सबसे विश्रांति हो गई—संसार से, मोक्ष से, विचार से, ध्यान से।

क्व मोहः क्व विश्वं क्व ध्यानं क्व मुक्तता।

अब कैसा संसार, कैसी मुक्ति, कैसा बंधन, कैसी स्वतंत्रता! सब गए, साथ ही साथ गए।

हमारे जीवन के सभी द्वैत साथ ही साथ जाते हैं। तुम बहुत हैरान होओगे : जिस दिन तुम्हारे जीवन से दुख चला जाता है उसी दिन सुख भी चला जाता है। और उस दशा को ही हमने आनंद कहा है। जिस दिन तुम्हारे जीवन से संसार जाता है, उसी दिन मोक्ष भी चला जाता है। और उसी दशा को हमने स्वभाव कहा है, सत्य कहा है।

'जिसने इस जगत को देखा है, वह भला उसे इनकार भी करे'— सुनना— 'लेकिन वासनारहित पुरुष को क्या करना है; वह देखता हुआ भी नहीं देखता है।'

'जिसने इस संसार को देखा है, वह भला उसे इनकार भी करे...।'

वह जो भाग रहा है संसार से, उसको अभी भी संसार दिखाई पड़ रहा है, नहीं तो भागेगा क्यों? भाग कहां रहा है? किससे भाग रहा है? अगर कोई डर कर भाग रहा है स्त्री से, तो स्त्री में उसकी वासना अभी शेष है। डर कर भाग रही है कोई स्त्री पति से, तो पति में उसकी वासना शेष है। जिसमें हमारा लगाव है उसी से हम भागते हैं। जहां हमारी चाह है उसी से हम अपने को रोकते हैं।

तो जिसको तुम त्यागी कहते हो, वह भोगी का ही विपरीत रूप है; भोगी का ही शीर्षासन करता हुआ रूप है। त्यागी और भोगी में कुछ बहुत बुनियादी फर्क नहीं।

हां, एक-दूसरे के उलटे खड़े हैं। एक-दूसरे की तरफ पीठ किए खड़े हैं। लेकिन दोनों की नजर एक ही बात पर है। भोगी धन चाहता है, त्यागी धन से डरा हुआ है। डर का मतलब ही है चाह अभी मौजूद है। भोगी कहता है: धन न मिलेगा तो मर जाऊंगा। त्यागी कहता है: धन मेरे सामने मत लाना, धन देख कर ही मुझे ऐसा होता है जैसे कोई सांप-बिच्छू ले आया। धन मेरे सामने मत लाना, धन जहर है!

भोगी कहता है कामनी और कांचन जीवन का लक्ष्य है। और त्यागी समझाता है लोगों को, कामिनी-कांचन से बचो। मगर दोनों की नजर एक ही बात पर लगी है, भेद नहीं है। ज्ञानी को न तो कामिनी-कांचन में कोई रस है न कोई त्याग है।

येन विश्वमिदं दृष्टं स नास्तीति करोति वै।

जिसको संसार दिखाई पड़ रहा है, वह अगर इनकार करे संसार का, त्याग करे, चल सकता है।

निर्वासनः किं कुरुते...।

लेकिन जिसकी सब वासना ही शून्य हो गई, अब क्या करेगा, त्याग करेगा? कैसे करेगा? भोग ही नहीं बचा तो त्याग कैसे बचेगा? त्याग तो भोग के ही सिक्के का दूसरा पहलू है।

निर्वासनः किं कुरुते पश्यन्नपि न पश्यति।

ऐसा व्यक्ति तो देखता है, फिर भी उसे कुछ दिखाई कहां पड़ता है! संसार दिखाई नहीं पड़ता उसे; देखता है। वस्तुतः उसी के पास देखने वाली आंखें हैं, जो देखते हुए संसार नहीं देखता है।

धन पड़ा है। तुम पास से गुजरे। तुम अगर भोगी हो तो जल्दी से कब्जा कर लेना चाहोगे। तुम अगर त्यागी हो, छलांग लगा कर भाग खड़े होओगे, क्योंकि धन पड़ा है; कहीं ऐसा न हो कि तुम जरा देर रुक जाओ और लोभ पकड़ ले; कहीं ऐसा न हो किसी को आस-पास न देख कर दिल हो कि उठा ही लो, कोई भी तो नहीं देख रहा, वक्त बे वक्त काम पड़ जाएगा। तुम एकदम छलांग लगा कर भागोगे। तुम्हारी छलांग बता रही है कि तुम्हारे भीतर अभी भी वासना शेष है। एक तीसरा आदमी है वह चलता है, जैसा चल रहा था वैसे ही चलता है। धन पड़ा है; न तो उठाता उसे, न भागता।

ईश्वरचंद्र विद्यासागर को गवर्नर जनरल ने एक उपाधि देने का आयोजन किया था। तो गरीब आदमी थे और दीन-हीन वस्त्र थे उनके। मित्रों ने कहा कि वायसराय के भवन में जाओगे, स्वागत-समारोह होगा, बड़े-बड़े लोग होंगे, पदाधिकारी होंगे—इन कपड़ों में? नहीं, यह ठीक नहीं। हम तुम्हें अच्छे कपड़े बना देते हैं।

ईश्वरचंद्र ने बहुत मना किया कि मेरे ही कपड़े...जो भी हैं, मेरे ही हैं; तुम्हारे बनाए उधार होंगे। लेकिन मित्र न माने तो वे राजी हो गए। एक ही दिन पहले सांझ को

घूमने निकले थे और सामने ही एक मुसलमान लखनवी कपड़े पहने हुए, हाथ में छड़ी लिए हुए, लखनवी चाल से चलता हुआ टहल रहा था—आगे ही उनके। और तभी एक आदमी भागा हुआ आया और उसने कहा उस मुसलमान को कि मीर साहिब, आपके मकान में आग लग गई, चलिए, जल्दी चलिए! सब जला जा रहा है! यह सुन कर विद्यासागर तक उत्तेजित हो गए और भागने को खड़े हो गए कि कहां लग गई आग! लेकिन वह आदमी वैसा ही चलता रहा जैसा चल रहा था। उस नौकर ने फिर कहा: मालिक सुना नहीं, आप होश में हैं? मकान में आग लग गई है, सब जला जा रहा है! और आपकी चाल वही चले जा रहे हैं आप! लखनवी चाल का यह मौका नहीं।

ईश्वरचंद्र विद्यासागर ने लिखा है कि उस आदमी ने मुस्कुरा कर कहा: चाल मेरी जिंदगी भर की है, मकान के जलने न जलने से चाल को नहीं बदल सकता। फिर जो जल रहा है, जल रहा है; मेरे दौड़ने से भी क्या होगा! यह मेरी जिंदगी भर की चाल है, इसको इतनी आसानी से नहीं बदल सकता। तुझे भागना हो, तू भाग; मैं आता हूं। यह मेरे टहलने का समय है। फिर मकान जल ही रहा है; मेरे भागने से क्या होगा! मेरे भागने से कुछ बचने वाला नहीं है।

और वह आदमी उसी चाल से चलता रहा। विद्यासागर ने लिखा है कि मुझे होश हुआ। मैंने कहा, हद हो गई बात, यह एक आदमी है जिसे कोई फर्क न पड़ा। और एक मैं हूं कि वायसराय की सभा में जा रहा हूं पुरस्कार लेने, तो मित्रों के उधार कपड़े ले लिए! और यह आदमी अपनी चाल नहीं बदल रहा है, मकान में आग लग गई तो भी! और मैं अपने कपड़े बदल रहा हूं!

वे दूसरे दिन अपने पुराने गरीब के कपड़े ही पहने हुए वायसराय के भवन में पहुंच गए। वायसराय भी थोड़ा चिंतित था। उसने पूछा भी कि ईश्वरचंद्र मैंने तो सुना था मित्रों ने कपड़ों की व्यवस्था कर दी। उन्होंने कहा: कर दी थी, लेकिन इन मीर साहिब ने सब गड़बड़ कर दी। नहीं; इतनी आसानी से क्या जिंदगी भर की चालें बदली जाती हैं!

जीवन में ऐसा हो कि वैसा हो, अगर तुम्हारी चाल वैसी की वैसी बनी रहे, जरा भी फर्क न पड़े, भोग में कि त्याग में, सुख में कि दुख में, सफलता में कि विफलता में, तुम ठीक वैसे ही अकंप बने रहो, तो ही विश्राम उपलब्ध हुआ।

निर्वासनः किं कुरुते पश्यन्नपि न पश्यति।

तब तुम्हें संसार दिखाई भी पड़ता है और नहीं भी दिखाई पड़ता है। जो है वही दिखाई पड़ता है। जो नहीं है वह नहीं दिखाई पड़ता। तब तुम्हारे लिए वस्तुतः यथार्थ प्रकट होता है। तुम उस यथार्थ पर अपने प्रक्षेपण नहीं करते हो।

जो जैसा है उसे वैसा ही देख लेना परम आनंद है, परम विश्राम है।

'जिसने परमब्रह्म को देखा है, वह भला 'मैं ब्रह्म हूं' का चिंतन भी करे, लेकिन जो निश्चिंत होकर दूसरा नहीं देखता है, वह क्या चिंतन करे!'

सुनो उपनिषद से भी ऊंची उड़ान! उपनिषद आखिरी उड़ान मालूम होते हैं। उपनिषद के पार भी कोई उड़ान हो सकती है, इसकी संभावना नहीं मालूम होती है, लेकिन अष्टावक्र उपनिषद से भी ऊंची उड़ान भरते हैं। यह सूत्र कह रहा है:

येन दृष्टं परं ब्रह्म सोऽहं ब्रह्मेति चिंतयेत्।

जिसको ब्रह्म दिखाई पड़ता हो वह शायद ऐसा सोचे भी कि मैं ब्रह्म हूं...।

किं चिंतयति निश्चिंतो द्वितीयं यो न पश्यति।

लेकिन जिसे दूसरा दिखाई ही नहीं पड़ता, जिसका सारा चिंतन और चिंताएं समाप्त हो गई हैं, वह क्या सोचे! वह क्या करे! वह तो यह भी नहीं कह सकता: अहं ब्रह्मास्मि! क्योंकि अहं और ब्रह्म का कोई भेद ही नहीं बचा है।

उपनिषद का महावाक्य है: अहं ब्रह्मास्मि! मैं ब्रह्म हूं!

अष्टावक्र कहते हैं: मैं कौन, ब्रह्म कौन! अभी तो दो बचे हैं। अभी तुम दो के बीच संबंध जोड़ रहे हो, मगर दो मिटे नहीं; अभी दूसरा दिखाई पड़ता है।

प्रसिद्ध झेन फकीर रिंझाई का एक शिष्य उसके पास आया और उसने कहा कि ध्यान फल गया है, फूल लग गए हैं, मैं शून्य को उपलब्ध हुआ हूं। रिंझाई कुछ काम कर रहा था, कुछ चित्र बना रहा था। उसने आंख भी न उठाई। शिष्य बड़ा दुखी हुआ—इतनी बड़ी घटना की खबर लेकर आया कि मैं शून्य को उपलब्ध हो गया हूं और यह एक गुरु है, यह अपना चित्र बना रहा है, आंख भी नहीं उठाई! उसने फिर कहा: आपने सुना नहीं, मैं समाधि को उपलब्ध होकर आया हूं! रिंझाई ने वैसे ही चित्र बनाते कहा कि समाधि इत्यादि फेंक कर आ, शून्य इत्यादि बाहर फेंक कर आ, भीतर मत ला। क्योंकि जब तक तुझे लगता है कि मैं शून्य को उपलब्ध हुआ हूं तब तक तू मौजूद है, फिर कैसा शून्य!

शून्य को जो उपलब्ध हुआ वह यह कह ही नहीं सकता कि मैं शून्य को उपलब्ध हुआ हूं। कैसे कहोगे! कौन कहेगा! शून्य और मैं दो तो नहीं, एक ही हो गए।

तो रिंझाई ठीक कह रहा है कि इसे भी तू बाहर फेंक कर आ। वर्षों बीत गए, पहले ध्यान करने में वर्षों बीते थे, फिर ध्यान को फेंकने में वर्षों बीते। हमारा मन ऐसा है कि हम जो पकड़ लें सो पकड़ लेते हैं; पहले संसार पकड़ लेते हैं, फिर त्याग पकड़ लेते हैं। संन्यास पकड़ लेते हैं। शून्य तक को पकड़ लेते हैं। हमें पकड़ने की ऐसी आदत है कि शून्य पर भी मुट्ठी बांधने की कोशिश करते हैं।

वर्षों बीत गए, तब शिष्य एक दिन वापस आया। रिंझाई खड़ा हो गया। तो उसने कहा : अच्छा, तो अब बात हो गई! शिष्य ने कुछ कहा भी नहीं था, लेकिन रिंझाई खड़ा हो गया। उसने शिष्य को गले लगा लिया। उसने कहा : ङ्क्तो बात हो गई !ङ्ख पर शिष्य ने कहा : आज तो मैंने कुछ निवेदन भी नहीं किया है। रिंझाई ने कहा : इसीलिए, इसीलिए! निवेदन तो किया नहीं जा सकता। आज तू शून्य होकर आया है, निवेदन करने वाला मौजूद नहीं है।

'मैं ब्रह्म हूं'—तो थोड़ा सा भेद शेष है। सुनो इस वचन को :

'जिसने परमब्रह्म को देखा है वह भला ङ्क्मैं ब्रह्म हूंङ्ख का चिंतन भी करे, लेकिन जो निश्चिंत होकर दूसरा नहीं देखता है वह क्या चिंतन करे!'

किं चिंतयति निश्चिंतो द्वितीयं यो न पश्यति।

यह परम ज्ञान की अवस्था है। यह ज्ञान के भी पार परमज्ञान की अवस्था है। शायद इसीलिए बुद्ध और महावीर ने परमात्मा की बात नहीं की। हिंदुओं ने समझा नास्तिक हैं, कि बुद्ध परमात्मा की बात नहीं करते, महावीर भी परमात्मा की बात नहीं करते। लेकिन मैं तुम्हें याद दिलाना चाहता हूं : यह परम अवस्था है जहां परमात्मा की बात की नहीं जा सकती। परमात्मा की बात करने के लिए भी थोड़ा नीचे उतरना पड़ता है। तो बुद्ध ने तो आत्मा तक की बात नहीं की, क्योंकि ये तो अनुभव हैं, इनकी बातें नहीं हो सकती हैं। इनके विचार...इनको विचार में नहीं बांधा जा सकता। ये तो चिंतन के पार की प्रतीतियां हैं। चिंतन में इनकी छाया भी नहीं बनती। और जो भी चिंतन में बनता है वह विकृत हो जाता है।

'जो आत्मा में विक्षेप देखता है, वह पुरुष भला चित्त का निरोध करे...।'

देखें एक-एक सूत्र! पहला सूत्र त्यागियों के विरोध में कि त्यागी भी भोगी जैसे हैं; दूसरा सूत्र उपनिषद के पार जाता है, उपनिषद के विरोध में, कि 'मैं ब्रह्म हूं' ऐसी घोषणा करने वाला भी अभी एक सीढ़ी नीचे है। तीसरा सूत्र पतंजलि के विरोध में है :

'जो आत्मा में विक्षेप देखता है, वह पुरुष भला चित्त का निरोध करे...।'

पतंजलि ने कहा : योग का अर्थ है चित्त-वृत्ति निरोध।

'लेकिन विक्षेप-मुक्त उदार पुरुष साध्य के अभाव में क्या करे!'

जब तक मन में विक्षेप हैं तब तक कोई निरोध भी करे, लेकिन विक्षेप न रहे तो कैसा निरोध, किसका निरोध और कौन करे!

दृष्टो येनात्मविक्षेपो निरोधं कुरुते त्वसौ।

हां, जिसके मन में बेचैनियां हैं, वह संयम साधे। जिसके मन में तनाव हैं, वह विश्रांति साधे। और जिसके मन में हजार-हजार तरंगें उठती हैं वासना की, वह निरोध साधे।

उदारस्तु न विक्षिप्तः साध्याभावात्करोति किम्।

लेकिन, जिसका मन सच में शांत हुआ, चैतन्य सच में ही विश्रांति को उपलब्ध हुआ, वह किस बात का निरोध करे! निरोध करने को कुछ बचा नहीं।

'विक्षेप-मुक्त उदार पुरुष साध्य के अभाव में क्या करे!'

उसके लिए कोई साध्य भी नहीं बचा। न साध्य बचा न साधन बचा। ऐसी ही घड़ी परममुक्ति की घड़ी है: जब न कुछ पाने को बचा न कुछ खोने को बचा। तब तुम आ गए घर। तब तुम आ गए उस जगह जहां आने के लिए सदा से दौड़ रहे थे। और यह जगह कुछ ऐसी है कि तुम्हारे भीतर सदा मौजूद थी; तुम कभी भी भीतर मुड़ जाते तो इसे पा लेते। इसे खोजने के लिए खोजना जरूरी ही न था; वस्तुतः खोजने के कारण ही भटके रहे। यह तुम्हारा स्वभाव है। साध्य नहीं; तुम्हारा स्वभाव है। इसे पाने के लिए कुछ करना नहीं है; इसे तुमने पाया ही हुआ है! यह प्रभु-प्रसाद है। यह तुम्हें मिला ही हुआ है। यह तुम्हारे भीतर ही मौजूद है। लेकिन भीतर तुम जरा आंख तो करो।

'जो लोगों की तरह बरतता हुआ भी लोगों से भिन्न है, वह धीरपुरुष न अपनी समाधि को न विक्षेप को और न दूषण को ही देखता है।'

धीरो लोकविपर्यस्तो वर्तमानोऽपि लोकवत्।

और परम ज्ञानी की परिभाषा करते हैं: 'जो लोगों की तरह बरतता हुआ भी लोगों से भिन्न है।'

अब तुम खयाल करना, जैसे ही तुम्हारे जीवन में त्याग आना शुरू होता है, तुम तत्क्षण कोशिश करते हो कि भोगियों जैसे न बरतो। विशिष्ट होने की कोशिश करते हो।

कल ही किसी ने पूछा था कि मुझे रास्ता बताएं कि मेरे भीतर महामानव कैसे पैदा हो, मैं महात्मा कैसे बनूं? यह तो अहंकार ही है। अब यह महात्मा की आड़ में बचना चाहता है। तुम सहज हो जाओ। यह महान बनने की चेष्टा बीमार है। इस चेष्टा में ही रोग के सारे बीज छिपे हैं, कीटाणु छिपे हैं। तुम तो ऐसे ही बरतो जैसा सामान्य जन बरतता है। तुम भिन्न होने की चेष्टा ही मत करो।

इसलिए मैं संन्यास के बाद यह नहीं तुमसे कहता कि तुम विशिष्ट होने की चेष्टा करो। मैं तुमसे कहता हूं: तुम जैसे हो वैसे ही रहो; जैसे साधारण जन हैं, वैसे ही रहो। अंतर आना है भीतर। घटना घटनी है भीतर। तुम भीतर साक्षी हो जाओ, क्रांति हो जाएगी। तुम वही करो जो तुम कल तक करते थे; बस अब साक्षी का सूत्र जोड़ दो।

संन्यास किसी चीज का त्याग नहीं, बल्कि किसी नई भाव-दशा का ग्रहण है। संन्यास किसी चीज को तोड़ नहीं देना है, बल्कि तुम्हारे जीवन में एक नये साक्षी-भाव को जोड़ लेना है। ऋण नहीं है संन्यास, धन है।

'जो लोगों की तरह बरतता हुआ भी लोगों से भिन्न है, वह धीरपुरुष न अपनी समाधि को न विक्षेप को और न दूषण, बंधनलिप्त होने को ही देखता है।'

धीरो लोकविपर्यस्तो वर्तमानोऽपि लोकवत्।
न समाधिं न विक्षेपं न लेपं स्वस्थ पश्यति।।

ऐसा पुरुष न तो दावा करता कि मैं समाधिस्थ हूं, न दावा करता है कि मैं अलिप्त हूं, न दावा करता कि मैं वीतराग हूं—दावा ही नहीं करता। लेकिन तुम अगर उसके पास जाओगे तो तुम अनुभव करोगे। उसकी तरंग-तरंग में दावा है; उसमें कोई दावा नहीं है। उसकी मौजूदगी में दावा है। तुम उसके पास अनुभव करोगे कुछ हुआ है, कुछ अपूर्व घटा है, कुछ अद्वितीय घटा है; कुछ ऐसा घटा है जो घटता नहीं है साधारणतः। और फिर भी तुम चकित होओगे कि वह तुम्हारे जैसा ही व्यवहार करता है।

कबीर ज्ञान को उपलब्ध हो गए तो उनके भक्तों ने कहा कि अब आप ये कपड़े बुनना बंद कर दें; यह शोभा नहीं देता। कबीर तो जुलाहे थे। अब यह बैठे-बैठे दिन भर कपड़े बुनना, फिर बाजार में कपड़े बेचने जाना—और आप तो इतने बड़े महात्मा हैं, आपके इतने शिष्य हैं, यह आप बंद कर दें! लेकिन कबीर ने कहा कि नहीं; जो था जैसा था वैसा ही रहने दो। और फिर बहुत रूपों में राम आते हैं बाजार में कपड़े खरीदने और मैं कपड़ा न बनाऊंगा उनके लिए, तो इतने ढंग से कोई कपड़े उनके लिए बनाएगा नहीं। देखते मैं कितने जतन से बुनता हूं! इतने जतन से कोई बुनेगा नहीं। नहीं, काम जारी रहेगा।

तो कबीर जुलाहे ही बने रहे; मरते दम तक कपड़ा बुनते रहे और बेचते रहे। यह परम ज्ञानी की अवस्था है। अगर जरा भी अहंकार होता तो यह मौका छोड़ने जैसा नहीं था।

गोरा कुम्हार ज्ञान को उपलब्ध हो गया लेकिन घड़े तो बनाता ही रहा और घड़े तो बेचता ही रहा। कहते हैं किसी ने उससे कहा भी कि यह भी क्या धंधा कर रहे हो कुम्हार का!

तो उसने कहा, मैंने तो सुना है कि परमात्मा भी कुम्हार है, उसने संसार को बनाया। जब उसे भी शर्म न आई तो मुझे क्या शर्म! हम छोटे-छोटे घड़े बनाते हैं, उसने बड़े-बड़े घड़े बनाए। अब निश्चित ही वह बड़ा है, हम छोटे हैं।

मगर जो चलता था वह चलता रहा।

सेना नाई लोगों के बाल ही काटता रहा। भक्त उससे कहते कि बंद करो। कोई भक्त बाल बनवाने आया था, वह कहता हमें संकोच लगता है कि आप जैसे महात्मा से हम बाल बनवाएं! तो सेना ने कहा, तुम बाल बनवा लो! घोंटते-घोंटते सिर भी घोंट देंगे, सफा कर देंगे सब। सफाई ही करना है न! महात्मा का काम ही यही है कि सफाई करता रहे। हजामत ही करनी है न, तो महात्मा का काम ही यह है। तुम आते भर रहो, बाल कटाते-कटाते किसी दिन सिर भी कटा बैठोगे।

मगर सेना नाई बाल ही बनाता रहा। रैदास चमार का काम करते रहे। ये अनूठे पुरुष हैं; इनमें ही ठीक-ठीक ङ्गमहाशयङ्घ प्रकट हुआ है!

ङ्गजो लोगों की तरह बरतता हुआ भी लोगों से भिन्न है।ङ्घ

वर्तन तो लोगों जैसा है, लेकिन भेद भीतर है। लोग मूर्च्छित बरत रहे हैं, वह जाग्रत। उसी राह पर चल रहा है जिस पर और लोग भी चल रहे हैं; लेकिन लोग नशे में चल रहे हैं, वह होश में चल रहा है। वही कर रहा है जो लोग कर रहे हैं! लेकिन लोगों को करने का कोई पता नहीं कि क्या हो रहा है, किए जा रहे हैं, वासनाओं की धुंध में चले जा रहे हैं, दौड़े जा रहे हैं। ज्ञानी भीतर दीये को जलाए है। भेद भीतर के दीये में है।

और ध्यान रखना, व्यवहार में जो भेद दिखाना चाहता है, शायद उसके भीतर दीया नहीं जला है; इसलिए जो दीये से पता चलना चाहिए था, वह भेद से दिखलाना चाहता है। दीया तो नहीं है; दीया तो खाली है, घर सूना पड़ा है। तो वह फिर ऊपर के आयोजन करता है। नंगा खड़ा हो जाता है। भीतर निर्दोष होता तो नंगे खड़े होने की कोई ऐसी आवश्यकता न थी। भीतर तो निर्दोष नहीं है। भीतर तो अभी बालवत नहीं हुआ। लेकिन बाहर से दावा तो कर ही सकता है। नंगे खड़े हो जाने से तो कुछ हल नहीं होता। नंगे तो पागल भी खड़े हो जाते हैं। नंगे खड़ा हो जाना तो बड़ी छोटे से अभ्यास की बात है। इससे तुम्हारे भीतर रूपांतरण नहीं होगा।

मैं यह भी नहीं कह रहा हूं कि अगर तुम्हारे भीतर रूपांतरण हो जाए और तुम्हें सहज यही लगे नग्न होना, तो मैं यह नहीं कह रहा हूं कि रुकना। जो सहज हो करना। लेकिन चेष्टा से नहीं हो।

तुम देखते अपने साधु-महात्मा को! वह सब तरह की कोशिश करता है तुमसे विशिष्ट होने की।

एक साधु मेरे साथ ही यात्रा को गए। उनके साथ मैं बड़ी मुश्किल में पड़ा क्योंकि उनका सब काम तीन बजे रात। तो वे उठ आएं। मैंने कहा कि दूसरे के घर में

ठहरे हैं, दूसरे का भी तो खयाल करो। उन्होंने कहा, मैं कोई गृहस्थ थोड़े ही हूं; मैं तो तीन ही बजे उठूंगा। मैंने कहा, चलो कोई बात नहीं तीन बजे उठ आओ, लेकिन इतने जोर-जोर से तो राम-राम न करो, घर के लोग जगते हैं, मोहल्ले के लोग जगते हैं। उन्होंने कहा, वह तो मैं सदा से करता रहा हूं। मैंने कहा, धीरे-धीरे कर लो, मन में करने में क्या बिगड़ता है? राम तो सुन लेंगे। कोई राम बहरे तो नहीं हैं। कहा नहीं है कबीर ने कि बहरा हुआ खुदाय! क्या तेरा खुदा बहरा है जो इतने जोर से अजान कर रहा है? इतने जोर से क्या चिल्लाना!

लेकिन लगता ऐसा है, मैंने उनसे कहा कि तुम्हें ईश्वर से कोई मतलब नहीं है, तुम पूरे मुहल्ले को, गांव को खबर करना चाहते हो कि स्वामी जी उठ गए, कि देखो स्वामी जी तीन बजे ब्रह्ममुहूर्त में उठ गए हैं! फिर तो बड़ी झंझटें उनके साथ : घी ताजा चाहिए तीन घंटे पहले बना, नहीं तो वे ले नहीं सकते। और गाय का दूध चाहिए, भैंस का नहीं। मैंने पूछा, मामला क्या है? वे कहने लगे कि भैंस का दूध लो तो भैंस जैसी बुद्धि हो जाती है। तो मैंने कहा, तरबूज-खरबूज मत खाना, नहीं तो तरबूज-खरबूज जैसी बुद्धि हो जाएगी। साग-भाजी मत खाना, नहीं तो साग-भाजी हो जाओगे। और गाय भी सफेद चाहिए, काली गाय नहीं! वे इतना उपद्रव खड़ा कर देते, मगर जल्दी से प्रसिद्ध हो जाते। पूरा गांव जान जाता कि महात्मा जी आ गए। पूरा गांव मुश्किल में पड़ जाता। मगर इतना ही सारा खेल था। इससे ज्यादा कुछ भी नहीं।

जितना बाहर तुम प्रकट करना चाहते हो उसका कुल मतलब इतना ही होता है, भीतर का दीया नहीं जला; उसका परिपूरक कोई ढंग खोज रहे हो तुम कि लोगों को पता चल जाए। भीतर का दीया जल जाता है, तब तो लोगों को पता चलता है। वह पता चलना बड़ा सूक्ष्म है। तुम्हारी तरंगें लोगों के हृदय को छूने लगती हैं। तुम्हारे पास से उठती हुई तरंगें धीरे-धीरे लोगों के हृदय को घेर लेती हैं। बड़ा कोमल स्पर्श है। बड़ी स्त्रैण छाया है महाशय की, महात्मा की। आक्रमण नहीं है किसी के ऊपर।

अहंकार आक्रमक है। अहंकार पुरुष है। निर-अहंकारिता तो बड़ी प्रेमपूर्ण है।

भीतर का दीया मौजूद हो तो तुम बाहर की चिंता नहीं करते; लेकिन भीतर का दीया मौजूद न हो तब तो बाहर की ही चिंता पर निर्भर रहना पड़ता है। तो उपवास करोगे, शीर्षासन कर लोगे, आसन करोगे, व्यायाम करोगे, हजार तरह की मूढ़ताएं करोगे। और पीछे खयाल रखना कि कुल आयोजन इतना ही हो रहा है कि लोगों को पता चल जाए कि तुम विशिष्ट हो; तुम कोई साधारण आदमी नहीं, बड़े विशिष्ट आदमी हो।

तुम अगर अपने महात्माओं की जीवन-चर्या गौर से देखो तो निन्यानबे प्रतिशत इस तरह की बातें पाओगे जिनका कुल आयोजन अहंकार की पुष्टि है। किसी भी तरह

सिद्ध कर देना है कि हम सामान्य नहीं हैं, विशिष्ट हैं। और जो विशिष्ट है वह कभी इस तरह की आकांक्षा नहीं करता। वह विशिष्ट है; सिद्ध करने की कोई जरूरत नहीं है। उसकी विशिष्टता इतनी प्रगाढ़ है कि वह सामान्य होने की हिम्मत कर सकता है।

इस बात को तुम खयाल में लेना। जिसकी विशिष्टता सुनिश्चित है, वही केवल सामान्य होने का साहस कर सकता है। जिसकी विशिष्टता सुनिश्चित नहीं है, वह विशिष्ट होने की चेष्टा करता है। असाधारण पुरुष साधारण हो सकता है। साधारण पुरुष असाधारण होने की योजना करता है।

'जो लोगों की तरह बरतता हुआ भी लोगों से भिन्न है...।'

भिन्नता आंतरिक है, आत्मिक है। भिन्नता भीतर के प्रकाश की है; बाहर के व्यवहार की नहीं।

'वह धीर पुरुष न अपनी समाधि को, न विक्षेप को और न दूषण को ही देखता है।'

उसे फिर कुछ भी नहीं दिखाई पड़ता। न अपनी समाधि दिखाई पड़ती है और न दूसरों की गैर-समाधि दिखाई पड़ती है। वह तुम्हारी तरफ ऐसे नहीं देखता कि तुम कोई हीन, पापी, नारकीय, कि तुम नरक की यात्रा पर जा रहे हो। वह ऐसा नहीं देखता। जिसको अपने भीतर विश्रांति मिल गई वह तुम्हारे भीतर भी कुछ दूषण नहीं देखता।

बुद्ध का बड़ा अदभुत वचन है। बुद्ध ने कहा कि जिस क्षण मैं ज्ञान को उपलब्ध हुआ, मेरे लिए सारा संसार ज्ञान को उपलब्ध हो गया; उसके बाद मैंने अज्ञानी देखा ही नहीं। यह मत समझ लेना कि तुम ज्ञान को उपलब्ध हो गए इस कारण। बुद्ध यह कह रहे हैं कि जिसकी आंख में ज्ञान आ जाता है वह तुम्हारे भीतर भी छिपे हुए रत्न को देख लेता है। वह तुम्हारे स्वभाव को भी देख लेता है। तो बुद्ध ने किसी के भीतर अज्ञानी नहीं देखा। और जब भी कोई महात्मा तुम्हारे साथ ऐसा व्यवहार करने लगे कि मैं पवित्र, तुम अपवित्र; मैं ऊपर, तुम नीचे; मैं महात्मा, तुम साधारण पुरुष, सांसारिक—तब समझ लेना कि इस आदमी को अभी दिखाई नहीं पड़ा, इसकी आंखें नहीं खुलीं, यह अंधा है। ये अंधे के ढंग हैं। यह अंधे की तरह अभी भी टटोल रहा है। इसके पास आंख नहीं है। अन्यथा तुम्हारे भीतर बैठा परमात्मा भी इसको दिखाई पड़ जाता—उतना ही जितना अपने भीतर का दिखाई पड़ जाता है।

ऐसा समझो कि जितना तुम अपने भीतर जाते हो उतना ही तुम दूसरे के भीतर भी चले गए, क्योंकि तुम और दूसरे का भीतर अलग-अलग नहीं है। मेरा अंतस्तल और तुम्हारा अंतस्तल अलग-अलग नहीं है। अंतरतम में हम एक हैं; बाहर-बाहर भिन्न हैं। तो जिसको सिर्फ बाहर की सूझ है उसको भेद दिखाई पड़ता है।

जिसको भीतर की सूझ होती है उसे कोई भेद नहीं दिखाई पड़ता है। तो न तो वह अपनी समाधि को देखता है।

न समाधिं न विक्षेपं।

और तुम उसके लिए विक्षेप भी पैदा नहीं कर सकते।

कहावत है कि घर में एक आदमी धार्मिक हो जाए तो पूरा घर परेशान हो जाता है। तुमने देखा, एकाध धार्मिक आदमी तुम्हारे घर में पैदा हो जाए, घर भर की मुसीबत आ गई! वे नहा कर चले आ रहे हैं: कोई छू न दे! किसी ने छू दिया कि उपद्रव हो गया, विक्षेप हो गया।

मेरी नानी थी—सीधी-साधी ग्रामीण, पुरानी परंपरागत, जैन ढांचे में पली थी। कोई इतना भी नाम ले दे, मांसाहार का नाम ले दे भोजन करते वक्त कि विक्षेप हो गया। अब ङ्कमांसाहारङ्ग शब्द में तो मांसाहार नहीं है। मांसाहार की तो दूर छोड़ो, कोई कह दे टमाटर, तो वह नाराज हो जाती। जब तक वह जीवित रही, घर में टमाटर नहीं आ सकता था, क्योंकि टमाटर से थोड़ा-थोड़ा मांस का खयाल आता है। जैसे ही मुझे समझ आ गया, मैं बचपन में काफी दिन तक उनके साथ रहा, तो मैं कुछ भी नहीं कहता था; मैं एकदम से अपने मुंह पर ऐसा अंगुली रख लेता। तो वह कहती, क्या कर रहे हो? मैं कहता, गलत चीज आ रही है। बस विक्षेप हो गया। वह कहती, विक्षेप हो गया। अब मैंने कुछ कहा ही नहीं है अभी, टमाटर भी नहीं कहा है, मगर अंगुली रख लेना काफी था। अभी जो कहा ही नहीं है, उसके कारण विक्षेप हो गया।

विक्षेप का क्या अर्थ होता है? विक्षेप का अर्थ होता है: हम विक्षुब्ध होने को तत्पर हैं, तैयार हैं; हम मौका ही देख रहे हैं; कोई भी कारण मिल जाए, हम विक्षुब्ध हो जाएंगे। फिर कारण मिल जाएगा। फिर कारण ज्यादा दूर नहीं है। जब तुम्हीं तैयार बैठे हो तो कोई न कोई कारण मिल जाएगा। कुछ न कुछ हो जाएगा। न होगा तो तुम खोज लोगे।

अष्टावक्र कहते हैं: न समाधिं न विक्षेपं।

जो व्यक्ति सच में ही शांत हुआ, विश्राम को उपलब्ध हुआ, तुम उसे विक्षुब्ध नहीं कर सकते। उसके लिए कोई विक्षेप नहीं रहा। वह ध्यान कर रहा हो, शांत बैठा हो, तुम बैंड-बाजे बजाओ तो भी कोई विक्षेप नहीं होगा। तुम शोरगुल मचाओ तो भी कोई विक्षेप नहीं होगा। उसकी शांति में कोई बाधा नहीं पड़ेगी। शांति है तो बाधा पड़ती ही नहीं है। शांति नहीं है तो ही बाधा पड़ती है। जिसको तुम जबरदस्ती आरोपित कर लेते हो, उसमें बाधा पड़ती है। जो भीतर से विकसित होता है, आता है अंतरतम से, जिसका आविर्भाव होता है, उसमें कोई बाधा नहीं पड़ती।

शंकराचार्य गंगा से स्नान करके लौट रहे हैं सुबह, ब्रह्ममुहूर्त, और एक शूद्र ने उनको धक्का मार दिया। नाराज हो गए कि तूने मेरा स्नान खराब कर दिया। शूद्र हो कर! खयाल नहीं रखता कि ब्राह्मण को देख कर चले?

उस शूद्र ने बड़ी अदभुत बात कही। उस शूद्र ने कहा : मैं एक बात पूछना चाहता हूं। आप कहते हैं संसार माया, तो देह माया है, झूठ है; है नहीं, भासती है। तो जो देह भासती है उसके कारण आप अपवित्र हो गए? या तो ऐसा हुआ, या फिर मेरी आत्मा शूद्र है और आपकी आत्मा ब्राह्मण है। तो फिर आत्मा में भी शूद्र और ब्राह्मण हैं। तो आत्मा फिर मेरी ब्रह्म कैसे होगी? तो फिर आत्मा भी निर्विकार नहीं है। तो या तो मेरी देह को छूने के कारण आप भ्रष्ट हो गए—देह जो कि है ही नहीं आपके हिसाब से; या फिर मेरी आत्मा ही भ्रष्ट है। आप मुझे कह दें।

शंकर को कहते हैं बोध हुआ। झुक कर चरण छू लिए और कहा कि मैं अब तक शब्दों के जाल में ही खोया रहा।

यह विक्षेप कि शूद्र ने मुझे छू दिया, तुम्हारी धारणा के कारण है।

एक दफा मैं ट्रेन में सवार हुआ। बंबई से बैठा। तो मेरे डब्बे में एक ही सज्जन और थे। बहुत लोग मुझे छोड़ने आए थे तो उन्होंने सोचा जरूर कोई महात्मा हैं। तो भारत में तो ऐसा है कि महात्मा हो कि फिर पैर में गिरना। तो जैसे ही मैं दरवाजा बंद करके, गाड़ी चली, भीतर आया, वे एकदम साष्टांग मेरे पैर में गिर पड़े। मैंने उनसे पूछा, भाई पहले पूछ तो लेते कि मैं कौन हूं। वे बोले, क्या मतलब? वे एकदम चौंक कर उठ आए। मैंने कहा, मैं मुसलमान हूं। वे बोले, धत तेरे की! पहले क्यों न कहा? मैंने कहा कि तुमने मौका ही नहीं दिया, तुम एकदम पैर छू लिए। तुम मौका भी तो देते, पूछ तो लेते।

फिर उन्हें कुछ शक हुआ, मेरे चेहरे की तरफ देखा कि नहीं-नहीं। और मैंने कहा कि तुम अपने को समझाना चाहो तो तुम्हारी मर्जी, हालांकि तुमने छू लिए पैर। वे बोले, मैं ब्राह्मण हूं और मैं तो यही समझा कि कोई महात्मा हैं, इतने लोग छोड़ने आए थे।

मैंने कहा, ये कोई लोग भले लोग नहीं थे। ये सब बंबई के सटोरिया, स्मगलर इस तरह के लोग हैं। ये कोई सज्जन नहीं हैं। तुम बड़ी भूल में पड़ गए।

दोनों हम बैठे हैं एक ही कमरे में, वे बार-बार मेरे चेहरे की तरफ देखें गौर से, पता लगाएं कि आदमी मुसलमान है कि हिंदू। थोड़ी देर बाद बोले कि नहीं-नहीं, मालूम तो आप मुसलमान नहीं पड़ते। मैंने कहा, भई तुम्हारी मर्जी, तुम्हें समझाना हो तुम समझा लो। कहो तो मैं लिख कर दे दूं कि मैं मुसलमान नहीं हूं, लेकिन अब मैं हूं तो हूं। तुमने भूल तो कर ली।

जब उनको बहुत बेचैन देखा तो मैंने कहा, अरे मजाक कर रहा हूं। उन्होंने फिर मेरे पैर छूए कि अरे, आप भी, ऐसी मजाक की जाती है? मैंने कहा, मैं अभी भी मजाक कर रहा हूं। वह तो टिकिट कलेक्टर आया तो उससे कहा कि मेरा कमरा बदल दो, मैं दूसरे कमरे में जाना चाहता हूं। और जाते वक्त ऐसे देखते गए कि यह आदमी पागल है या क्या मामला!

तुम्हारी धारणा! अगर मैं मुसलमान हूं, विक्षेप हो गया। अब मैं मैं ही हूं, चाहे मुसलमान कहो चाहे हिंदू कहो। अगर मैं नहीं हूं मुसलमान, फिर पैर छू लिए, फिर ठीक हो गई बात।

तुर्गनेव की एक बड़ी प्रसिद्ध कहानी है कि दो पुलिसवाले एक रास्ते से गुजर रहे हैं, एक होटल के सामने भीड़ लगी है और एक आदमी ने कुत्ते की दोनों टांगें पकड़ रखी हैं, वह उसको पछाड़ने को खड़ा है और चिल्ला रहा है कि इसको मार ही डालूंगा, इसने मुझे काटा। एक पुलिसवाले ने भी कहा कि अच्छा है, मार ही डालिए; हम पुलिसवालों को भी बहुत भौंकता है।

कुत्ते कुछ अजीब ही होते हैं। पुलिसवाले, पोस्टमैन, संन्यासी, जहां भी यूनीफार्म देखा कि वे भौंके।

...मार ही डालो इसको। मगर दूसरे पुलिस वाले ने उसके कान में कहा कि ठहरो, यह इंस्पेक्टर साहिब का कुत्ता मालूम होता है। बस बात बदल गई, वह आदमी एकदम झपट पड़ा। वह पुलिसवाला उस आदमी को पकड़ लिया, कहा कि तुम क्या हंगामा मचा रहे हो सड़क पर, तमाशा कर रहे हो? छोड़ो, जानते हो यह कुत्ता कौन है, किसका है? और जल्दी से उसने कुत्ते को अपने कंधे में ले लिया और पुचकारने लगा। बात बदल गई और उसने दूसरे पुलिसवाले से कहा कि पकड़ो इस आदमी को, हवालात ले चलो। बलवा करवाएगा!

मगर दूसरे ने कहा कि भाई, यह कुत्ता लगता तो वैसा है लेकिन है नहीं। उसने तत्क्षण कुत्ता पटक दिया। और उसने कहा, स्नान करना पड़ेगा। पहले क्यों ऐसा कह दिया कि कुत्ता वही है। और उस आदमी से कहा, पकड़ इस कुत्ते को, मार ही डाल इसको।

ऐसे कहानी चलती है। वह फिर कह देता है पुलिस वाला कि भई मैं पक्का नहीं कह सकता, क्योंकि लगता तो बिलकुल ऐसे ही है इंस्पेक्टर साहिब का कुत्ता, अपन झंझट में न पड़ें। फिर कहानी बदल जाती है।

तुम्हारे विक्षेप तुम्हारी धारणाएं हैं। तुम मान लेते हो तो विक्षेप। शूद्र हो गया कोई, कोई मुसलमान हो गया, कोई हिंदू हो गया, कोई ब्राह्मण हो गया। फिर हर चीज

से उपद्रव होने लगा। तुम्हारी धारणाएं छूट जाएं, तुम शांत हो जाओ, निर्धारणा को उपलब्ध हो जाओ, फिर कैसा विक्षेप! फिर तो पास में कोई चिल्लाता भी रहे, शोरगुल भी मचाए तो भी शोरगुल तुम्हारे भीतर कोई तनाव पैदा नहीं करता। शोरगुल भी तुम सुन लोगे। यह भी स्वीकार है।

स्वीकार में एक क्रांति घट जाती है। रूप बदल जाता है।

'जो लोगों की तरह बरतता हुआ भी लोगों से भिन्न है, वह धीरपुरुष न अपनी समाधि को, न विक्षेप को और न दूषण को ही देखता है।'

न समाधिं न विक्षेपं न लेपं स्वस्थ पश्यति।

और जीवन में उसके ऊपर कोई भी चीज लेप नहीं बनती। कोई चीज उसे लिप्त नहीं कर पाती। तुम उसे काली कोठरी में से भी भेज दे सकते हो, तो भी वह साफ-सुथरा का साफ-सुथरा बाहर आ जाएगा। और तुम कितने ही साफ-सुथरे सफेद वस्त्र पहने बैठे रहो, इससे कुछ फर्क नहीं पड़ता।

मुल्ला नसरुद्दीन ने राह पर एक सुंदर स्त्री को देख कर एकदम उसे धक्का मार दिया। वह स्त्री नाराज हो गई। नये जमाने की स्त्री, उसने मुल्ला का एकदम हाथ पकड़ लिया और कहा कि शर्म नहीं आती, बाल सफेद हो गए! मुल्ला ने कहा : अरे बाल सफेद हो गए तो क्या हुआ, दिल तो अभी भी काला का काला है!

कपड़े कितने ही सफेद पहन लो, इससे क्या हो सकता है; दिल काला है तो काला है। मुल्ला ने कहा, बाल से धोखा मत खा, दिल अभी काला का काला है।

एक तो आवरण है जिसमें हम भीतर कुछ छिपाए हुए हैं। जो छिपाए हैं, वह विपरीत है। लेकिन ज्ञानीपुरुष को कोई चीज लिप्त नहीं करती, इसका अर्थ हुआ कि हर घड़ी में उसका जागरण अविच्छिन्न बना रहता है। वह संसार से गुजर जाएगा और यह संसार की कोई चीज उसे छुएगी नहीं। और ऐसा भी नहीं कि डरा-डरा गुजरेगा। ऐसा भी नहीं भागा-भागा गुजरेगा। ऐसा भी नहीं कि अपने को छिपा कर और कंबल ओढ़ कर गुजरेगा। नहीं, ऐसे गुजरेगा जैसे तुम गुजरते हो। लेकिन तुम बार-बार लिप्त हो जाओगे और वह लिप्त न होगा। बस वहीं भेद है।

एक फकीर को—जापान की पुरानी कथा है—एक सम्राट ने कहा कि आपको मैं सदा इस वृक्ष के नीचे बैठे देखता हूं, मेरे मन में बड़ी श्रद्धा जन्मती है। आपके प्रति मुझे बड़ा भाव पैदा होता है। जब भी मैं यहां से गुजरता हूं, कुछ घटता है। आप महल चलें। आप यहां न बैठें। आप मेरे मेहमान बनें। आप जैसे महापुरुष यहां वृक्ष के नीचे बैठे हैं! धूप-धाप, वर्षा-गर्मी! आप चलें।

वह फकीर उठ कर खड़ा हो गया। उसने कहा, अच्छा। सम्राट थोड़ा झिझका, क्योंकि हमारी तो परिभाषा ही त्याग की यही होती है...। सम्राट ने भी सोचा होगा कि

संन्यासी कहेगा, 'अरे कहां तू मुझे ले जाता है कचरे में, महल इत्यादि सब कूड़ा-कर्कट! मैं संसारी नहीं हूं, मैं संन्यासी हूं।' तो सम्राट बिलकुल पैर में गिर गया होता। लेकिन यह संन्यासी खड़ा हो गया। यह कुछ अष्टावक्र की धारणा का आदमी रहा होगा। उसने कहा, ठीक, यहां नहीं तो वहां। तुझे दुखी क्यों करें! चल।

लेकिन सम्राट दुखी हो गया। उसने सोचा : यह कहां की झंझट ले ली सिर! यह तो कोई ऐसे ही भोगी दिखाई पड़ता है, बना-ठना बैठा था, रास्ता ही देख रहा था कि कोई बुला ले कि चल पड़ें। फंस गए इसके जाल में। लेकिन अब कह चुके तो एकदम इनकार भी नहीं कर सकते।

ले आया। उसे महल में रख दिया। सुंदरतम जो भवन था महल का, उसमें रख दिया। वह अच्छे से अच्छा भोजन करता, शानदार गद्दे-तकियों पर सोता। छह महीने बाद सम्राट ने उससे कहा, महाराज, अब मुझे एक बात बताएं कि अब मुझमें और आपमें भेद क्या? अब तो हम एक ही जैसे हैं। बल्कि आपकी हालत मुझसे भी बेहतर है कि न कोई चिंता न फिक्र। हम धक्के खाते चौबीस घंटे, परेशान होते; आप मजा कर रहे! यह तो खूब रही। फर्क क्या है? अब मुझे फर्क बता दें। मेरे मन में यह बार-बार सवाल उठता है।

उस फकीर ने कहा : यह सवाल उसी वक्त उठ गया था जब मैं उठ कर खड़ा हुआ था झाड़ के नीचे। इसका तेरे महल में आने से कोई संबंध नहीं है। वह तो जब मैं उठ कर खड़ा हो गया था और मैंने कहा चलो चलता हूं, तभी यह सवाल उठ गया था। ठीक किया, तूने इतनी देर क्यों लगाई? छः महीने क्यों खराब किए? वहीं पूछ लेता। फर्क जानना चाहता है तो कल सुबह बताऊंगा। कल सुबह हम उठ कर गांव के बाहर चलेंगे।

सम्राट उसके साथ हो लिया, गांव के बाहर निकले। सूरज उग आया। सम्राट ने कहा, अब बता दें। उसने कहा, थोड़े और आगे चलें। दोपहर हो गई, साम्राज्य की सीमा आ गई; नदी पार होने लगे। सम्राट ने कहा, अब क्यों घसीटे जा रहे हैं? कहना हो तो कह दें। जो कहना है बता दें। कहां ले जा रहे हैं?

उस फकीर ने कहा : यह है मेरा उत्तर कि अब मैं तो जाता हूं; तुम भी मेरे साथ आते हो? मैं पीछे लौटने वाला नहीं हूं।

सम्राट ने कहा, यह कैसे हो सकता है? मैं कैसे आ सकता हूं? पीछे राज्य है, पत्नी-बच्चे, धन-दौलत, सारा हिसाब-किताब है, मेरे बिना कैसे चलेगा?

तो फकीर ने कहा : फर्क समझ में आया? मैं जा रहा हूं और तुम नहीं जा सकते।

सम्राट को एकदम फिर श्रद्धा उमड़ी। एकदम पैर पर गिर पड़ा कि नहीं महाराज। मैं भी कैसा मूढ़ कि आपको छोड़े दे रहा हूं। आप जैसे हीरे को पाकर और गंवा रहा हूं। नहीं-नहीं महाराज, आप वापस चलिए।

उस फकीर ने कहा, मैं तो चल सकता हूं, लेकिन फिर सवाल उठ आएगा। तू सोच ले। मैं तो अभी चल सकता हूं कि मुझे क्या फर्क कि इस तरफ गया कि इस तरफ गया! तू सोच ले।

सम्राट फिर संदिग्ध हो गया। फकीर ने कहा, बेहतर यही है, तेरे सुख-चैन के लिए यही बेहतर है कि मैं सीधा जाऊं, लौटूं न, तो ही तू फर्क समझ पाएगा।

फर्क एक ही है संन्यासी और संसारी में कि संसारी लिप्त है, ग्रस्त है, पकड़ा हुआ है, जाल में बंधा है। संन्यासी भी वहीं है, लेकिन किसी भी क्षण जाल के बाहर हो सकता है। पीछे लौट कर नहीं देखेगा। संन्यासी वही है जो पीछे लौट कर नहीं देखता। जो हुआ, हुआ। जो नहीं हुआ, नहीं हुआ। जहां से हट गया, हट गया।

संसारी ग्रसित हो जाता है, बंध जाता है। नहीं कि महल किसी को बांधते हैं; महल क्या बांधेंगे? तुम्हारा मोह तुम्हें बांध लेता है। इतना ही भेद है। भेद बहुत बारीक है और भेद बहुत आंतरिक है। बाहर से भेद करने में मत पड़ना, अन्यथा संसार और संन्यास में तुम एक तरह का द्वंद्व खड़ा कर लोगे। वही द्वंद्व सम्राट के मन में था। वह सोचता था संन्यासी तो त्यागी और संसारी भोगी।

नहीं, त्यागी-भोगी दोनों संसारी। संन्यासी तो साक्षी। त्याग में भी साक्षी रहता, भोग में भी साक्षी रहता। सुख में भी साक्षी रहता, दुख में भी। साक्षी स्वाद है संन्यास का।

बुद्ध ने कहा है: तुम कहीं से मुझे चखो, मेरा स्वाद तुम एक ही पाओगे। जैसे कोई सागर को कहीं से भी चखे, खारा पाता है—ऐसे बुद्ध को तुम कहीं से भी चखो, बुद्धत्व, साक्षी, जागरूकता।

ङ्जो तृप्त हुआ ज्ञानीपुरुष भाव और अभाव से रहित है और निर्वासना है, वह लोक-दृष्टि में कर्म करता हुआ भी कुछ नहीं करता है।ङ्क

भावाभावविहीनो यस्तृप्तो निर्वासनो बुधः।

वही है बुद्धपुरुष। वही है जागा हुआ। वही है ज्ञानी। जो भाव से भी रहित है, अभाव से भी रहित है। न तो उसका कोई पक्ष है न कोई विपक्ष है। न तो वह कहता है ऐसा ही हो और न वह कहता कि ऐसा होगा तो मैं दुखी हो जाऊंगा। न कोई भाव न कोई अभाव।

भावाभावविहीनो यस्तृप्तो निर्वासनो बुधः।

और ऐसा भाव-अभाव में शून्य होकर जो अपने स्वभाव में तृप्त हो गया, वही है बुद्धपुरुष।

नैव किंचित कृतं तेन लोकदृष्ट्या विकुर्वता।

ऐसा व्यक्ति सांसारिक दृष्टि से तो सांसारिक ही मालूम होगा। वही कर रहा जो और कर रहे। वैसा ही कर रहा जैसा और कर रहे।

पूछा है किसी ने बोकोजू को कि तुम तो ज्ञानी हो, तुम्हारी साधना क्या है? तो बोकोजू ने कहाः जब भूख लगती है भोजन कर लेता; जब नींद आती है तब सो जाता।

तो उस आदमी ने कहा, यह भी कोई साधना हुई? यह तो हम सभी करते हैं। जब भूख लगती है, खा लेते हैं; जब नींद आती, सो जाते।

बोकोजू ने कहा कि नहीं, तुम जब भोजन करते हो तब और हजार काम भी मन में करते हो, मैं सिर्फ भोजन करता। और तुम जब सोते हो, तब तुम हजार सपने भी देखते हो; मैं सिर्फ सोता हूं। तुम जागते हो तो भी पूरे जागते नहीं; सोते हो तो भी पूरे सोते नहीं। तुम बंटे-बंटे हो, हजार खंडों में हो। तुम एक भीड़ हो। मैं भीड़ नहीं हूं। मेरा सोना शुद्ध है। तुम्हारा सोना भी अशुद्ध, जागने की तो बात ही छोड़ दो।

क्या कह रहा है बोकोजू? बोकोजू यही कह रहा है कि लोक-दृष्टि में कर्म करता हुआ भी कुछ नहीं करता है; भीतर अकर्ता बना रहता है। कर्म की रेखा भी नहीं खिंचती। भीतर तो जानता रहता है, मैं सिर्फ द्रष्टा हूं।

'जब कभी जो कुछ कर्म करने को आ पड़ता है उसको करके धीरपुरुष सुख-पूर्वक रहता है और प्रवृत्ति अथवा निवृत्ति में दुराग्रह नहीं रखता।'

सुनते हो!

प्रवृत्तौ वा निवृत्तौ वा नैव धीरस्य दुर्ग्रहः।

उसका कोई आग्रह नहीं है, क्योंकि सभी आग्रह दुराग्रह हैं। सत्याग्रह तो कोई होता ही नहीं। आग्रह मात्र दुराग्रह है। जहां तुमने कहा ऐसा ही हो, वैसे ही चिंता तुमने बुला ली। जहां तुमने कहा ऐसा ही होना चाहिए, वहीं तुम अड़चन में पड़ गए। अगर वैसा न होगा तो दुखी होओगे। और वैसा होने का कोई पक्का नहीं है।

यह जगत किसी की आकांक्षाएं तृप्त नहीं करता। इस जगत ने कोई ठेका नहीं लिया है किसी की आकांक्षाएं तृप्त करने का। तुम्हारी निजी आकांक्षाएं इस पूरे विश्व की आकांक्षाओं से मेल खा जाती हैं कभी तो तृप्त हो जाती हैं; कभी मेल नहीं खाती हैं तो तृप्त नहीं होतीं। और अधिकतर तो मेल नहीं खाती हैं। क्योंकि इस विराट आयोजन का तुम्हें पता ही नहीं है। तुम तो अपना छोटा-छोटा खयाल लिए चल रहे हो।

हमारी हालत वैसे ही है जैसे तुम्हारे चौके में घूमती हुई चींटियों की हालत है। वह शायद यही सोचती हैं कि वह जो भोजन इत्यादि गिर जाता है, उसी के लिए तुम

भोजन बनाने का आयोजन करते हो। वे जो शक्कर के दाने नीचे पड़े रह जाते हैं फर्श पर, शायद उसी के लिए दूकान चलाते, दफ्तर जाते, रोटी-रोजी कमाते, भोजन बनाते, इतना सब आयोजन करते हो। ये सब आदमी जो घर में घूमते-फिरते दिखाई पड़ते हैं, ये सब इसी काम के लिए घूम रहे हैं कि चौके में कुछ शक्कर के दाने गिर जाएं और चींटियां उनका मजा ले लें।

हमारी हालत भी ऐसी है। यह जो विराट विश्व है, हम सोचते हैं हमारे लिए चल रहा है; हमारी इच्छा की तृप्ति के लिए चल रहा है।

प्रवृत्तौ वा निवृत्तौ वा नैव धीरस्य दुर्ग्रहः।
यदा यत् कर्तुमायाति तत्कृत्वा तिष्ठतः सुखम्।।

जब कभी जो कुछ कर्म करने को आ पड़ता है—बुलाता भी नहीं कि ऐसा आए—जो आ पड़ता है, उसको करके धीरपुरुष सुखपूर्वक रहता है। सफल हो असफल, इसकी भी फिकर नहीं है। कर देता है, अपने से जो बनता है कर देता है। जो स्थिति आ जाती है, जैसी चुनौती आ जाती है वैसा कर देता है। और प्रवृत्ति अथवा निवृत्ति में कोई दुराग्रह नहीं रखता है। न तो वह यह कहता है कि मैं संन्यासी हूं, यह मैं कैसे करूं!

तेरापंथ जैनों का एक संप्रदाय है। अगर कोई रास्ते के किनारे मर रहा हो और तेरापंथी साधु निकल रहा हो और वह आदमी चिल्लाता हो कि मुझे प्यास लगी, मुझे पानी पिला दो, तो भी तेरापंथी साधु पानी नहीं पिलाएगा। क्योंकि वह संन्यासी है, वह कैसे पानी पिला सकता है! और उन्होंने बड़े तर्क-जाल खोज लिए हैं। वे कहते हैं, यह आदमी तड़फ रहा है किसी पिछले जन्म के पाप के कारण। इसने कुछ पाप किया होगा, किसी को तड़फाया होगा, इसलिए तड़फ रहा है। अब इसके कर्म में हम बाधा क्यों डालें? हम अगर पानी पिला दें तो हम बाधा हो गए। हमने इसको इसका कर्मफल न भोगने दिया, फिर बेचारा भविष्य में भोगेगा। भोगना तो पड़ेगा ही, तो हमने और इसका जाल बढ़ा दिया। इसी जन्म में छूट जाता, अब अगले जन्म में भोगेगा। तो बेहतर है हम कुछ बाधा न दें, हम अपने रास्ते चले जाएं।

यह तो बड़ी कठोर बात हो गई। यह तो बड़ी हिंसक बात हो गई। और बड़े तर्क आदमी खोज सकता है। तेरापंथियों ने बड़े तर्क खोजे हैं। वे कहते हैं, कोई आदमी कुएं में गिर पड़ा है तो उसे निकालना मत, क्योंकि अगर मान लो उसे तुमने निकाला और वह जाकर गांव में किसी की हत्या कर दे, तो तुम भी जुम्मेवार हुए हत्या में। क्योंकि न तुम निकालते न वह हत्या करता। तो असली जुम्मेवार तो तुम्हीं हो गए। तुम भी साझीदार हो गए। पाओगे फल इसका। सड़ोगे नरकों में।

इसलिए कोई आदमी गिर गया है, कुएं में गिर गया है, चिल्ला रहा है, तुम चुपचाप गुजर जाना। तुम दखल मत देना।

लेकिन यह साक्षी-पुरुष की बात न हुई। साक्षी-पुरुष की तो बात यही है : ञ्जजब कभी जो कुछ कर्म करने को आ पड़ता है।ङ्ग कोई कुएं में गिर पड़ा है तो वह बचा लेगा। ऐसा भी नहीं सोचता कि मेरे बचाने से यह बचता है। न ऐसा ही सोचता है कि यह कल हत्या कर देगा किसी की, तो मैं जुम्मेवार होता हूं। कर्ता तो वह अपने को मानता ही नहीं। उसने तो सारा कर्तृत्व परमात्मा पर छोड़ दिया है। अगर उसकी मर्जी होगी तो बच रहा है। उसकी मर्जी है, इसीलिए मैं कुएं के किनारे आ गया हूं। सामने स्थिति आ गई है, जो बन पड़े कर देता है—जो हो परिणाम हो।

यदा यत्कर्तुमायाति तत्कृत्वा तिष्ठतः सुखम्।

और ऐसा जो हो जाए जब, वैसा करके सुख में प्रतिष्ठित रहता है। उसके सुख को कोई छीन नहीं सकता। उसके कोई आग्रह नहीं हैं। वह ऐसा नहीं कहता है कि मैं संन्यासी हूं, इसलिए इतना ही व्यवहार करूंगा; कि मैं गृहस्थ हूं, इसलिए ऐसा व्यवहार करूंगा; कि मैं ब्राह्मण हूं तो मैं ऐसा व्यवहार करूंगा। नहीं, उसके कोई आग्रह नहीं हैं। मुक्त भाव से जो परिस्थिति उत्पन्न हो जाती है, जो उस परिस्थिति में उसके चैतन्य में सहज स्फुरणा होती है, वैसा कर देता है। बात खतम हो गई। उसका कुछ लेखा-जोखा भी नहीं रखता। प्रभु जो करवा लेता कर देता। जिस बात में उपकरण बना लेता उसी में उपकरण बन जाता। लेकिन सदा याद रखता कि मैं निमित्त मात्र हूं।

यदा यत् कर्तुम् आयाति...।

जो आ जाए उसे कर लेना। जो स्फुरणा उठे, उसे हो जाने देना। सहज भाव से जीना। जीने के लिए कोई पहले से योजना मत रखना। जीवन पर कोई जबरदस्ती का ढांचा मत बिठाना। जीवन में 'ऐसा कर्तव्य है और ऐसा कर्तव्य नहीं है' यह भी सोच कर मत चलना। मुक्त रहना। क्षण के लिए खुले रहना। क्षण जो जगा दे, जो उठा दे, उसको कर लेना और फिर भूल जाना और आगे बढ़ जाना। बोझ भी मत ढोना। इसको खींचना भी मत अपने सिर पर कि देखो मैंने एक आदमी को कुएं से बचा लिया; मर रहा था, मैंने बचाया! अतीत का बोझ मत ढोना, भविष्य की योजना मत रखना; वर्तमान में जो हो जाए।

यह 'वर्तमान' शब्द देखते हो, वर्तन से बना है! 'जो यहां वर्तन में आ जाए'। अतीत तो वह है जो जा चुका, अब है नहीं। भविष्य वह है जो अभी आया नहीं। वर्तमान वही है जो वर्तन में आ रहा है। जो इस क्षण वर्तन हो रहा है, वही वर्तमान है।

सिर्फ साक्षी-पुरुष का ही वर्तमान होता है। तुम तो पीछे से चलते हो। तुम तो अतीत से प्रभावित होते हो। वह वर्तमान नहीं है। या तुम भविष्य से प्रभावित होते हो। तुम तो किसी आदमी को जयराम जी भी करते हो तो सोच लेते हो कि करना कि नहीं, यह किसी मतलब का है, मेयर होने वाला है कि मिनिस्टर होने वाला है, कभी काम पड़ेगा! तो तुम नमस्कार करते हो। नमस्कार भी तुम आगे की योजना से करते हो, या पीछे के हिसाब से, कि इसने पीछे साथ दिया था; वक्त पड़ा था, काम आया था—नमस्कार कर लो! तुम तो नमस्कार भी शुद्ध वर्तमान में नहीं करते।

साक्षी का पूरा जीवन वर्तमान में है। जो होता है बिना किसी कारण के, सहज भाव से।

यदा यत् कर्तुम् आयाति तत् सुखं कृत्वा।

और तब स्वभावतः सहज भाव में सुख उत्पन्न होता है। सहज भाव सुख है। सहज भाव में सुख के फूल लगते हैं।

तिष्ठतः धीरस्य।

और ऐसा जो धीरपुरुष है उसकी अपने में प्रतिष्ठा हो जाती है। उसका अपने में आसन जम जाता है। वह सम्राट हो जाता है, सिंहासन पर बैठ जाता है। सुख के सिंहासन पर, स्वयं के सिंहासन पर, शांति के, स्वर्ग के सिंहासन पर।

प्रवृत्तौ वा निवृत्तौ।

न तो प्रवृत्ति में उसे रस है न निवृत्ति में। न तो वह कहता है कि मैं संसारी हूं, न वह कहता मैं त्यागी हूं।

मेरे संन्यास का यही अर्थ है: न त्यागी न भोगी। सहज। मध्य में। कभी भोगी जैसा व्यवहार करना पड़े तो भोगी जैसा कर लेना, कभी त्यागी जैसा व्यवहार करना पड़े तो त्यागी जैसा कर लेना। लेकिन सदा मध्य को मत खोना, बीच में आ जाना। वह जो सम्यक दशा है मध्य की, उसी का नाम संन्यास है। 'सम्यक न्यास' अर्थात संन्यास। बीच में ठहर जाना। संतुलित हो जाना। सहज भाव में संतुलन संन्यास है। क्योंकि सहज भाव ही मध्य भाव है। वही स्वर्ण-सूत्र है।

ऐसे ये अनूठे सूत्र हैं। सुन कर ही मत समझ लेना पूरे हो गए। सुनने से तो यात्रा शुरू होती है। गुनना! खूब-खूब चूसना इन सूत्रों को। इनका स्वाद लेना। चबाना। पचाना। ये धीरे-धीरे तुम्हारे रक्त-मांस-मज्जा में मिल जाएंगे। और तब इनसे अपूर्व सुगंध उठेगी। ऐसी सुगंध, जो तुमने पहले नहीं जानी। और ऐसी सुगंध, जो तुम्हारे भीतर छुपी है। कस्तूरी कुंडल बसै! तुम्हारी कस्तूरी खुल जाए, तुम्हारी कस्तूरी प्रकट हो जाए कि परमात्मा फिर विजयी हुआ, तुममें फिर से जीता। फिर एक फूल खिला। फिर परमात्मा के लिए एक उत्सव का क्षण आया।

इन सूत्रों को सुनने में भी रस है, गुनने में तो बहुत महारस होगा। और जब तुम इन्हें जीयोगे तब तुम पाओगे जीवन का पूरा अर्थ, जीवन की पूरी निर्झरणी तुम्हें उपलब्ध हो जाएगी।

अमृत के द्वार खुल सकते हैं। और तुम द्वार पर खड़े हो, दस्तक देने की ही बात है।

जीसस ने कहा है: खटखटाओ और द्वार खुल जाएंगे।

फकीर हसन एक मस्जिद के सामने खड़ा चिल्ला रहा था कि प्रभु द्वार खोलो, मैं कब से बुला रहा हूं! एक दूसरी फकीर औरत राबिया निकलती थी पास से, उसने कहा: 'हसन, बंद कर बकवास! द्वार बंद कहां हैं? द्वार खुले हैं, आंख खोल!'

राबिया ठीक कहती है। जीसस से भी ज्यादा ठीक है उसका वचन। जीसस कहते हैं: खटखटाओ और द्वार खुल जाएंगे। हसन वही तो कर रहा था। वह कह रहा था: हे प्रभु द्वार खोलो। और राबिया ने कहा: बंद कर बकवास, हसन। द्वार खुले हैं, आंख खोल। खटखटाने की भी कोई जरूरत नहीं है।

तुम मंदिर में विराजमान ही हो, भीतर जाने की भी कोई जरूरत नहीं। भीतर तुम हो। तुम जहां हो, वहीं सब उपलब्ध है। थोड़े जागो। तो द्वार खटखटाओ, इसका अर्थ अपने को थोड़ा खटखटाओ, अपने को थोड़ा झकझोरो। जैसे सुबह नींद से उठ कर झकझोरते हो, ऐसे इस संसार की नींद से अपने को झकझोरो। नहीं तो दुख ही दुख है; सार जरा भी नहीं। जागे तो ही सार है।

हरि ॐ तत्सत्!

* * *

प्रवचन : 60

प्रभु-मंदिर यह देह री

10 दिसंबर, 1976

पहला प्रश्न : अष्टावक्र-गीता में जीवन-मुक्त की चर्चा कई बार हुई है। जीवन-मुक्त पर कुछ प्रकाश डालने की अनुकंपा करें।

जीवन जैसा है वैसी ही मृत्यु होगी। जो उस पार है वैसा ही इस पार होना पड़ेगा। जैसे तुम यहां हो वैसे ही वहां हो सकोगे। क्योंकि तुम एक सिलसिला हो, एक तारतम्य हो। ऐसा मत सोचना कि मृत्यु के इस पार तो अंधेरे में जीयोगे और मृत्यु के उस पार प्रकाश में। जो यहां नहीं हो सका, वह केवल शरीर छूट जाने से नहीं हो जाएगा। तुम तुम ही रहोगे। मौत से कुछ भेद नहीं पड़ता है। तुम आनंदित थे जीवन में, तो मृत्यु के पार भी आनंदित रहोगे; मृत्यु के मध्य भी आनंदित रहोगे। तुम दुखी थे तो मृत्यु तुम्हें सुख न दे पाएगी। अगर तुम जीवन में नरक में हो तो जीवन के पार भी नरक ही तुम्हारी प्रतीक्षा करेगा। इसे तुम ठीक से समझ लो।

आदमी बहुत बेईमान है। टालने की बड़ी इच्छा होती है। वह सोचता है : कर लेंगे। मुक्त भी होना है तो मृत्यु के बाद, अभी तो कुछ जल्दी नहीं है। प्रभु स्मरण भी करना है तो कर लेंगे मरते समय, कर लेंगे तीर्थ-यात्रा, मरते समय सुन लेंगे पाठ। बुढ़ापे में संन्यास।

कल पर हम छोड़ते हैं; आज तो जी लें उसी ढांचे में, जिसमें हम जीते रहे हैं। आज तो कर लें बुरा, कल अच्छा कर लेंगे। अच्छे को हम टालते हैं, बुरे को हम कभी नहीं टालते। तो बंधन तो आज, मुक्ति कल—ऐसा हमारा गणित है। इस गणित को तोड़ने का उपाय है जीवनमुक्त सत्य में।

जीवन में ही मुक्ति हो, तो ही मुक्ति होगी। जीते-जी जागोगे, तो ही जागोगे। सोचो, जीते-जी जो न जाग सका, वह मरने में कैसे जागेगा? मृत्यु तो जीवन का चरम निष्कर्ष है। मृत्यु तो कसौटी है। तुम्हारे जीवन भर का सारा सार-संचित मृत्यु के क्षण में तुम्हारी आंखों के सामने प्रगट हो जाएगा। मृत्यु तो निर्णायक है। वह तो सारे जीवन की कथा का सार-निचोड़ है।

मृत्यु में जीवन समाप्त नहीं होता, तुम सारे जीवन को इकट्ठा करके नई यात्रा पर निकल जाते हो। अगर तुम क्रोधित थे तो तुम्हारी मृत्यु में भी क्रोध होगा। अगर तुम दुखी थे तो दुख की घनी अमावस होगी। अगर तुम्हारे जीवन का प्रत्येक पल प्रफुल्ल था, आनंदमग्न थे, नृत्य था, गीत था, संगीत था, सुगंध थी—तो मृत्यु महोत्सव हो जाएगी।

व्यक्ति जैसा जीता वैसा ही मरता। हम अलग-अलग जीते ही नहीं, हम अलग-अलग मरते भी हैं। हमारी जीवन-शैली ही भिन्न नहीं होती, हमारी मृत्यु-शैली भी भिन्न होती है। तुम न तो ठीक से जीते न तुम ठीक से मरते। तुम अंधे की तरह जीते हो, अंधे की तरह मरते हो। इसलिए मृत्यु का पूरा दर्शन नहीं हो पाता।

जर्मनी का महाकवि गेटे मरण-शय्या पर पड़ा था। उसने आंख खोली, उसके चेहरे पर एक मुस्कुराहट फैल गई। और उसने कहा : ये दीये बुझा दो। उसके आस-पास दीये जल रहे थे। उसने कहा : ये दीये बुझा दो, क्योंकि अब मुझे महाप्रकाश दिखाई पड़ने लगा है। आंख बंद कर ली और मर गया। अब इन दीयों की कोई जरूरत नहीं है। अब मिट्टी के दीये आवश्यक नहीं। अब चैतन्य का दीया जल उठा है।

ऐसी प्रतीति तो तभी हो सकती है जब तुमने जीवन की रत्ती-रत्ती स्वर्णमय बना ली हो। जब प्रकाश तुम्हारे जीवन के कण-कण से झरा हो, तो ही मृत्यु के क्षण में महासूर्य प्रगट होगा।

इसलिए मृत्यु का अनुभव सभी का अलग-अलग है। और जब तक मृत्यु तुम्हें मुक्ति जैसी अनुभव न हो, समझना जीवन व्यर्थ गया। जब तक मृत्यु तुम्हें प्रभु के द्वार पर खड़ा न कर दे, मृत्यु में तुम्हें प्रभु की भुजाएं स्वागत करती हुई न मिलें, उसकी बांहें फैली हुई तुम्हारे आलिंगन को तत्पर न हों—तब तक समझ लेना कि जीवन व्यर्थ गया। मृत्यु ने प्रमाण-पत्र नहीं दिया। तुम्हें फिर आना पड़ेगा।

मुक्त का अर्थ होता है : जो फिर न आएगा, जो दुबारा न आएगा। बुद्ध ने उसके लिए शब्द दिया है : 'अनागामिन', जो फिर नहीं आएगा, जो दुबारा नहीं लौटेगा। मुक्त का अर्थ है, जिसने जीवन का पाठ सीख लिया; अब इस पाठशाला में दुबारा आने की जरूरत नहीं होगी।

मृत्यु में अगर तुम्हें मुक्ति अनुभव हो जाए तो बस फिर कोई जन्म नहीं है। लेकिन मृत्यु में मुक्ति अनुभव कैसे होगी? जीवन में ही अनुभव नहीं हुई तो मृत्यु में कैसे अनुभव होगी? जब सब सुविधा थी, जब आंखें साबित थीं, हाथ-पैर स्वस्थ थे, मन में बल था, भीतर ऊर्जा थी; जब तरंग थी मौजूद; जब तुम चढ़ सकते थे लहर पर और दूर के किनारों तक यात्रा कर सकते थे; जब पाल भर खोल देने की जरूरत थी और जीवन की हवाएं तुम्हें दूर की यात्रा पर ले जातीं—तब तुम इंच भर न हिले। तो मृत्यु के क्षण में जब सब शिथिल हो जाएगा, पाल फट जाएगा, हवाएं सो जाएंगी, ऊर्जा खो जाएगी, सब तरफ गहन सन्नाटा होने लगेगा, तुम थके-हारे गिरने लगोगे कब्र में—तब! तब तुम कैसे कर पाओगे? तब बहुत मुश्किल हो जाएगा।

टालो मत। जो करना है उसे आज कर लो। कल पर भी मत टालो; क्योंकि कल मृत्यु है, जीवन आज है। जीवन सदा आज है। मृत्यु सदा कल है। अभी तक तुम मरे नहीं। आज तो जीवन है। अभी तो जीवन है। क्षण भर के बाद की कौन कहे! क्षण भर बाद तुम हो या न हो, इस जीवन का उपयोग कर लो।

इस जीवन का उपयोग तुम करते हो क्षुद्र में, व्यर्थ में; और सोचते हो : कल, जब सब काम चुक जाएगा, जीवन की दूकान बंद करने का समय आ जाएगा, तब फिर याद कर लेंगे परमात्मा को। तुम धोखा दे रहे हो, अपने को धोखा दे रहे हो।

मुक्त होना है तो अभी होना है। ध्यान करना है तो अभी करना है। प्रार्थना से भरना है तो अभी भरना है। एक-एक क्षण में तुम धीरे-धीरे प्रार्थना के मनके पिरोते चले जाओ तो मृत्यु के समय तक तुम्हारे जीवन की माला तैयार हो जाएगी।

जीवन-मुक्त का अर्थ होता है, जिसने स्थगन नहीं किया; जो बाट नहीं जोह रहा; जो आज अपने को रूपांतरित कर रहा है; इस क्षण का उपयोग कर रहा है; इस अवसर को खाली नहीं जाने दे रहा है। इस अवसर की जो क्षमता है उसका पूरा सदुपयोग कर लो।...यह एक आयाम।

दूसरा आयाम जीवन-मुक्त का होता है : भगोड़े मत बनो। जीवन से भाग कर मुक्ति नहीं है। पहला अर्थ : मृत्यु की आशा मत करो। जो जीवन में नहीं मिलेगा वह मृत्यु में भी नहीं मिलेगा। दूसरा अर्थ : जीवन से भागो मत, भगोड़े मत बनो। हिमालय की गुफा-कंदराओं में नहीं है मुक्ति। यहां, जहां जीवन का संघर्ष है, बाजार में, ठेठ

भीड़-भाड़ में, यहीं मुक्ति है। कहीं जाओ मत। कहीं जाने से कुछ हल न होगा। तुम तुम ही रहोगे। तुम जैसे हो वैसे ही रहोगे। तुम हिमालय की गुफा में बैठ जाओगे, इससे क्या फर्क पड़ेगा? न बैठे अपने घर में, बैठ गए हिमालय की गुफा में—इससे क्या फर्क पड़ेगा? तुम्हारा चित्त तो न बदल जाएगा। तुम्हारी चैतन्य की धारा तो अविच्छिन्न वही की वही रहेगी। इतना ही होगा कि गुफा और अपवित्र हो जाएगी तुम्हारी मौजूदगी से। तुम गुफा में भी बाजार की दुर्गंध ले आओगे।

जीवन-मुक्त का अर्थ होता है: भागो मत; जहां हो वहीं बदलो। बदलाहट असली सवाल है; भगोड़ापन नहीं; पलायन नहीं। तो घर में हो...तो घर में पति हो तो पति, पत्नी हो तो पत्नी, बाप हो तो बाप, दूकानदार कि मजदूर, जहां हो, जैसा है।

अष्टावक्र ने बार-बार कहा है: जीवन जैसा मिले उसे वैसा ही जी लेना; अन्यथा की मांग न करना। जीवन जैसा मिले उसे परम स्वीकार से जी लेना। प्रभु ने जो दिया है उसमें राज होगा। प्रभु ने जो दिया है उसमें प्रयोजन होगा; उसमें कुछ कीमिया होगी; तुम्हें बदलने का कोई उपाय छिपा होगा। दुख दिया है तो तुम्हें निखारने को दिया होगा। दुख में आदमी निखरता है; सुख में तो जंग खा जाता है। सुख ही सुख में तो आदमी मुर्दा-मुर्दा, थोथा हो जाता है।

तुम देखते, जिसको तुम तथाकथित सुखी आदमी कहते हो, वह कैसा पोचा हो जाता है! उसके जीवन में कोई गहराई नहीं होती। संघर्ष ही न हो तो गहराई कहां! और जीवन में दुख न झेला हो तो निखार कहां! सोना तो आग से गुजर कर ही स्वच्छ होता है, सुंदर होता है, शुद्ध होता है। जीवन की आग से ही गुजर कर आत्मा भी शुद्ध होती है, निखरती है, स्वर्ण बनती है।

तो जो हो, जैसा हो, उससे भागना मत, वहीं जागना। असली प्रक्रिया जागने की है। जो करो, होशपूर्वक करना। दुख आ जाए, दुख को भी होशपूर्वक झेलना, अंगीकार कर लेना। इनकार जरा भी न करना। स्वीकार-भाव से मान कर कि जरूर कोई प्रयोजन होगा—और निश्चित तुम पाओगे प्रयोजन है। दुख तुम्हें बदलेगा, मांजेगा, निखारेगा, ताजा करेगा, और किसी बड़े सुख के लिए तैयार करेगा। जीवन तपश्चर्या है।

जीवन-मुक्त का दूसरा आयाम, दूसरा अर्थ: जीवन में ही मुक्ति है, इससे भिन्न नहीं।

और तीसरा अर्थ। साधारणतः तथाकथित धर्मगुरुओं ने मोक्ष को और जीवन को विपरीत बना दिया है। जैसे अगर तुम्हारा जीवन में रस है तो परमात्मा में तुम विरस हो गए। साधारणतः जीवन और परमात्मा के बीच एक विरोध खड़ा कर दिया, एक द्वंद्व

खड़ा कर दिया है। और बड़े आश्चर्य की बात है, यह उन्हीं लोगों ने जो अद्वैत की बात करते हैं; उन्हीं लोगों ने जो कहते हैं निर्द्वंद्व हो जाओ, जिनकी सारी शिक्षा निर्द्वंद्व की है, उन्हीं ने यह भेद खड़ा कर दिया है। तो तुम्हें बड़ी फांसी लग गई है, तुम्हारे गले में। ऐसा लगता है जीवन में रस लिया तो अपराध हो गया और जीवन में रस न लो, तभी परमात्मा मिलेगा।

अब जीवन में रस बिलकुल स्वाभाविक है—परमात्मा का ही दिया हुआ है। वह रसधार उसी ने बहाई है। तुम्हारा हाथ नहीं है जीवन के रस में। तुम्हारा हाथ होता तो तुम अलग भी कर लेते। तुम्हारे हाथ में परमात्मा का ही हाथ पिरोया हुआ है। तुम अलग न कर पाओगे। यह कोई तुम्हारी मर्जी थोड़े ही है कि जीवन में रस है, कि फूल सुंदर लगते हैं, कि संगीत मस्ती से भर देता है, कि नीले आकाश को देख कर मन शांत होता है, कि सौंदर्य को देख कर मन पुलकित होता है। यह रस बहता है; यह तुम्हारा कुछ अपना निर्णय थोड़े ही है। ऐसा तुमने पाया है। ऐसी प्रभु की मर्जी है।

जार्ज गुरजिएफ कहा करता था कि अब तक जमीन पर जो धर्म रहे हैं, करीब-करीब सभी परमात्मा-विरोधी हैं। यह बात बहुत अजीब सी लगती है; क्योंकि धर्म तो परमात्मा की पूजा करते हैं और गुरजिएफ कहता है, परमात्मा-विरोधी! और गुरजिएफ कहता है, तुम्हारे जो अब तक के महात्मा हैं, वे सब परमात्मा के दुश्मन हैं। क्योंकि वे सब उस चीज के विपरीत तुम्हें ले जाते हैं जो परमात्मा ने दी है। परमात्मा ने दिया है नाच, यह सारा जीवन उत्सव से भरा है। यहां फूल-फूल पत्ती-पत्ती पर नृत्य की छाप है। यहां सब तरफ इंद्रधनुषी रंग हैं। तुम्हारे महात्मा में कोई इंद्रधनुष होता ही नहीं, तुम्हारे महात्मा में कोई फूल खिलता ही नहीं। तुम्हारा महात्मा करीब-करीब मुर्दा है—जीवन से क्षीण और रिक्त। नदी कभी वहां बहती थी, अब नदी बहती नहीं। सब सूख गया है; सिर्फ रेत का पाट भर पड़ा रह गया है, सूखी धार रह गई है। नदी बहती थी, इसका स्मरण रह गया है। नदी अब बची नहीं।

परमात्मा सब जगह हरा है। इस हरियाली के विपरीत जाने की कोई जरूरत नहीं। इस हरियाली में ही उसे खोज लेना है। तो जो सच में परम ज्ञानी हुए—अष्टावक्र कि कबीर कि नानक कि मुहम्मद कि लाओत्सु—उन सबकी शिक्षा का एक बहुत महत्वपूर्ण सार है, और वह यह है कि जहां-जहां जीवन है वहां-वहां परमात्मा छिपा है। तुम्हें दिखाई न पड़े तो अपनी आंख आंजो, अपनी आंख पर ध्यान का काजल लगाओ। तुम्हें दिखाई न पड़े तो समझना कि पर्दा तुम्हारे ऊपर है। अपना पर्दा हटाओ। अपने हृदय के किवाड़ खोलो। घूंघट हटाओ। लेकिन जीवन में ही परमात्मा है। जीवन में ही मोक्ष है।

जापान के बहुत बड़े फकीर रिंझाई ने कहा है : संसार और निर्वाण एक ही हैं। जीवन-मुक्त में दोनों मिल जाते हैं। जीवन-मुक्त अद्वैत की परम अवस्था है : जीवन भी मिल गया, मोक्ष भी मिल गया। जहां जीवन और मोक्ष का संगम होता है वहां जीवन-मुक्त।

साधारणतः तुम्हें जीवित आदमी मिलेंगे, उनमें मोक्ष नहीं है। और तुम्हें मुर्दा आदमी मिलेंगे, उनमें मोक्ष है, लेकिन जीवन नहीं है। दोनों चूक गए।

तुमने पुरानी कहानी सुनी है? एक जंगल में आग लग गई और एक अंधा और एक लंगड़ा दोनों उस जंगल में थे, दोनों ने विचार किया कि बचने का एक ही उपाय है कि लंगड़ा अंधे के कंधों पर सवार हो जाए। अंधे को दिखाई नहीं पड़ता, पैर साबित हैं, चल सकता है। लेकिन अंधा अगर अपने ही पैर से चले और अपनी ही अंधी आंखों से देखे तो जल मरेगा; जंगल चारों तरफ लपटों से भरा है, निकलना बहुत मुश्किल है। टटोल न सकेगा, रास्ता खोज न सकेगा। लंगड़े को दिखाई पड़ता है, लेकिन पैर नहीं हैं। मालूम है कि कहां लपटें नहीं हैं; दौड़ सकता है, लेकिन दौड़े कैसे!

उन दोनों ने निर्णय कर लिया और एक आपसी समझौता किया। लंगड़ा अंधे के कंधों पर सवार हो गया। वे दोनों उस आग लगे जंगल से बाहर निकल आए। दोनों अलग-अलग मर जाते। दोनों साथ होकर बाहर निकल आए। एक संगम हुआ। एक बड़ी अदभुत घटना घट गई। लंगड़े ने अंधे को आंखें दे दीं; अंधे ने लंगड़े को पैर दे दिए।

जीवन-मुक्त ऐसी ही दशा है—जहां जीवन के कंधों पर परमात्मा सवार हो जाता है; जहां जीवन की साधारणता में परमात्मा की असाधारणता प्रकट होती है। इसलिए तो अष्टावक्र कहते हैं : जीवन-मुक्त ऊपर से देखने पर तो साधारण जैसा ही मालूम पड़ता, साधारण आदमी जैसा ही मालूम पड़ता है। उसका वर्तन, उसका व्यवहार ऊपर से तो साधारण आदमी जैसा होता है, लेकिन भीतर बड़ी असाधारणता होती है, बड़ी भिन्नता होती है। क्या भिन्नता होती है? रहता है जगत में, लेकिन लिप्त नहीं होता। जीता है जगत में, लेकिन बंधनग्रस्त नहीं होता। चलता है, उठता है, बैठता है, काम करता है, परमात्मा जो करवाए करता है—लेकिन कर्ता नहीं बनता, निमित्त मात्र रहता है। जो हो, हो। जो न हो, न हो। न तो कुछ होना चाहिए, ऐसा उसका आग्रह है; न ऐसा नहीं होना चाहिए, ऐसा उसका कोई आग्रह है। ऐसा व्यक्ति संसार में रहता है और फिर भी संसार में नहीं रहता।

अष्टावक्र कहते हैं : ऐसा व्यक्ति देखता है और नहीं देखता; होता है और नहीं होता। यह अपूर्व घटना है। इस जगत में जो सबसे महत्वपूर्ण घटना है, सबसे

उत्कृष्ट, वह है जीवन-मुक्ति—जहां जीवन और मोक्ष का मिलन हो गया; जहां जीवन के कंधों पर, जीवन की ऊर्जा पर मोक्ष सवार हो गया।

तुम दो तरह के लोग तो साधारणतः देख लोगे, वे तुम्हारे पहचाने हुए हैं। एक है भोगी, वह अंधा है। वह टकराता फिरता है, टटोलता फिरता है और जलता रहता है, दुख भोगता रहता है। और एक है तुम्हारा महात्मा, वह लंगड़ा है। वह बैठा है मुर्दे की तरह। उसे दिखाई तो पड़ता है कि रास्ता कहां है, लेकिन चल नहीं पाता, क्योंकि लंगड़ा चले कैसे! परमज्ञानी दोनों का जोड़ है। संसार से भागता नहीं; संसार में ही परमात्मा को उपलब्ध कर लेता है। जीवन ही साधना बन जाती है। जीवन ही मंदिर बन जाता है। देह ही मंदिर बन जाती है।

प्रभु-मंदिर यह देह री!
क्षिति की क्षमता जल की समता
पावक दीपक जाग्रत ज्योतित
निशि-दिन प्रभु का नेह री!
प्रभु-मंदिर यह देह री!
गगन असीमित पवन अलक्षित
प्रभु कर उनसे पल-पल रक्षित
यह पंचमहला गेह री!
प्रभु-मंदिर यह देह री।!
अतिथि पधारो, भाग्य संवारो
क्षण भर को कंचन छवि पाए
चरण बिछी यह खेह री!
प्रभु-मंदिर यह देह री!

यह देह जब प्रभु-मंदिर बन जाती और यह संसार जब परमात्मा का ही विस्तार हो जाता है और पदार्थ में भी जब परमात्मा की झलक दिखाई पड़ने लगती है, तब जीवन-मुक्त। या अगर तुम विरोधाभास में कहना चाहो, क्योंकि विरोधाभास धर्म की भाषा है: जहां कारागृह ही घर हो जाता है और जहां बंधन ही आभूषण मालूम होने लगते हैं, वहीं जीवन-मुक्त फलित होता है।

जीवन-मुक्त जैसा है, जहां है, उससे रत्ती भर अन्यथा होने की आकांक्षा नहीं है। सब असंतोष गया। एक महातृप्ति उदित हुई। सब भांति परितुष्ट।

जीवन-मुक्त को जगत परिपूर्ण है; जैसा होना चाहिए ठीक वैसा है। इससे श्रेष्ठतर हो नहीं सकता। उसकी शिकायत नहीं है। और अगर ऐसा संगम सध जाए तो

मौत फिर तुम्हें नष्ट न कर पाएगी। क्योंकि यह मौत से ऊपर कुछ तुमने पा लिया जिसको मौत नहीं मिटा सकती। फिर मौत की लपटें तुम्हें जला न पाएंगी। अगर तुम्हारे भीतर अंधे और लंगड़े का मिलन हो गया; अगर तुम्हारे भीतर देह और आत्मा का मिलन हो गया, संसार और मोक्ष का मिलन हो गया; अगर तुम्हारे भीतर साधारण और असाधारण का मिलन हो गया; अगर तुम्हारे भीतर बाहर और भीतर का मिलन हो गया; कोई भेद न रहा बाहर और भीतर में, बाहर भीतर हो गया, भीतर बाहर हो गया, सब संयुक्त हो गया—ऐसी संयुक्त घटना अगर तुम्हारे भीतर घट गई तो फिर मृत्यु की लपटें कितनी ही जलती रहें, चिता कितनी ही धधके, तुम्हें न धधका सकेगी। तुम पार हो गए। जंगल में आग लगी रहे, चिता जलती रहे, तुम्हारा अंधा और तुम्हारा लंगड़ा, तुम्हारे खंड अखंड हो गए। जुड़ गए। इस जोड़ का नाम योग है। इस जोड़ की स्थिति को ही हम योगी की दशा कहते हैं।

यह समझना कठिन मालूम होता। संसार में तुम जीते हो, भोगी तुम हो, भोग का कष्ट तुमने देखा है। और तुम्हारे आस-पास महात्मा हैं जो तुम्हें समझा रहे हैं कि छोड़ दो यह सब, भाग जाओ इस सब से। उनकी बात भी जंचती है, क्योंकि तुमने दुख तो पाया है, सच कहते हैं। और ऐसा लगता है कि अब इस दुख से छूटने का और कोई उपाय नहीं, छोड़ कर भाग जाओ।

लेकिन तुम कभी इन साधु-महात्माओं की आंख में झांको तो, थोड़े इनका हाथ हाथ में लेकर देखो—तो इनके भीतर जीवन बचा है या सिर्फ खंडहर हैं? इनकी आंख में झांको, कोई गहराई है? इनके पास बैठो, इनके पास कोई प्रेम की वर्षा है? अमृतधार बहती है?

नहीं, तुम्हारी धारणाएं तुम अगर बना कर बैठ गए हो तो बात अलग है। तुम्हारी धारणा है कि महात्मा होने का अर्थ कि जो दिन में एक बार भोजन करे। तो फिर ठीक है, यह आदमी दिन में एक बार भोजन करता है—महात्मा होना चाहिए। तुमने महात्मा की बड़ी सस्ती व्याख्या कर ली है। यही आदमी मुसलमान को महात्मा न मालूम पड़ेगा, जैन को महात्मा मालूम पड़ता है। मुसलमान का फकीर मुसलमान को महात्मा मालूम पड़ता है, जैन को बिलकुल महात्मा नहीं मालूम पड़ता। अब यह भी क्या पागलपन है कि दिन भर उपवास किया, रमजान रखा और रात भोजन कर रहे हो! यह कोई महात्मापन हुआ? रात में तो अज्ञानी भोजन करते हैं, अज्ञानी तक नहीं करते। ये सूफी फकीर हैं? ये दिन भर तो उपवास किए हैं, अब रात भोजन कर रहे हैं सूरज ढलने के बाद! इनका दिमाग खराब हो गया है! लेकिन मुसलमान को इसमें फकीर दिखाई पड़ता है। उसकी धारणा है।

दिगंबर जैन का मुनि अगर खड़ा हो तो सारी दुनिया को पागल मालूम पड़ेगा—नंगा सड़क पर खड़ा हो गया। और दिगंबर जैन मुनि जब उसके बाल बढ़ जाते हैं तो केश-लुंच करता है, अपने केश नोच लेता है, उखाड़ देता है। तुम भी जानते हो, कभी-कभी स्त्रियां क्रोध में आ जाती हैं तो बाल उखाड़ने लगती हैं। तो मनोवैज्ञानिक कहते हैं, यह तो कुछ पागलपन का लक्षण है। आदमी कहता है कि ऐसा हो रहा है कि अपने बाल नोच डालूं, क्रोध की हालत में ऐसा हो जाता है। तो यह तो पागलपन है। और पागलखानों में ऐसे पागल हैं जो बाल नोच लेते हैं अपने। अब ये जैन मुनि, दिगंबर को तो लगेगा अहा! जब जैन मुनि केश-लुंच करते हैं तो सारे जैनी इकट्ठे होते हैं, उत्सव मनाते हैं। बीच में मुनि केश लोंचता है और वे सारे उत्सव मनाते हैं कि कैसी महान घटना का दर्शन कर रहे हैं! लेकिन दूसरे सब हंस रहे हैं। दूसरे सब समझ रहे हैं कि ये दिमाग खराब होने की बातें हैं। यह कोई बात हुई?

तुम्हारी धारणा से अगर तुम चल रहे हो, तब तो तुम्हें महात्मा दिखाई पड़ जाएगा, क्योंकि तुमने एक बंधा हुआ दृष्टिकोण बना रखा है। लेकिन निर्धारणा होकर जाओ। धारणा छोड़ कर जाओ। किसी धारणा से मत देखो। सहज देखो। तो तुम अड़चन में पड़ जाओगे। तब तुम्हें जो महात्मा दिखाई पड़ते थे वे महात्मा न दिखाई पड़ेंगे। और हो सकता है, जिनमें तुम्हें कभी महात्मा नहीं दिखाई पड़ा था उनमें कहीं महात्मा के दर्शन हो जाएं।

महात्मा का अर्थ ही यही होना चाहिए कि जिसके जीवन में और परमात्मा में तालमेल हो गया, संगीत बैठ गया, सुर एक हो गया; जो भोजन करते वक्त ध्यान मग्न है और दूकान पर बैठा हुआ प्रभु का स्मरण कर रहा है; जिसके प्रभु-स्मरण में और जीवन-कृत्य में जरा भी भेद नहीं रह गया है।

कबीर ने कहा है: 'उठूं-बैठूं सो सेवा!' मेरा उठना-बैठना ही प्रभु की सेवा है। 'चलूं-फिरूं सो परिक्रमा!' अब मंदिर में जाकर परिक्रमा नहीं करता। क्या फायदा? ऐसा चलता-फिरता हूं, उसमें प्रभु की ही परिक्रमा हो रही है; किसी और की तो परिक्रमा हो नहीं सकती, क्योंकि प्रभु ही तो है, कोई और तो है नहीं। उसके अतिरिक्त तो कुछ भी नहीं है। 'खाऊं-पीऊं सो सेवा।' मंदिर में लोग जब भगवान को भोग लगाते हैं, तो कहते हैं, सेवा कर रहे हैं। और कबीर कहते हैं कि मैं खुद ही खा-पी लेता हूं वह सेवा है; क्योंकि भीतर बैठा तो भगवान ही है, उसी के लिए भोग लगा रहा हूं।

जब जीवन के साधारण से कृत्य भी असाधारण की महिमा से मंडित हो जाते हैं; जब क्षुद्रतम दिखाई पड़ने वाली बात में भी विराट की झलक आ जाती है; जब अणु में ब्रह्मांड झलकने लगता—तब जीवन-मुक्ति।

और तुमसे मैं यही कह रहा हूं। मेरी सारी देशना यही है। इसलिए मैं तुमसे कहता हूं: संन्यास तो ले लो लेकिन घर छोड़ कर भाग मत जाना। तुम संन्यास को अपने घर में लाओ। संन्यास इतनी बड़ी महाक्रांति है कि तुम उसे अपने घर में लाओ; जहां हो वहीं खींचो, वहीं पुकारो। तुम्हारा घर मंदिर बने। तुम्हारा जीवन का जो सहज क्रम है, उसको असहज मत करो। उलटा-सीधा करने से कुछ सार नहीं है। परमात्मा सीधे-सीधे उपलब्ध है। परमात्मा बहुत सरलता से उपलब्ध है। तुम जरा सरल हो जाओ। जटिलता तुम्हारी है; परमात्मा की नहीं है। परमात्मा बहुत पास है, पास से भी पास है। मुहम्मद कहते हैं कि वह जो गले की नस है, जिसे काटने से आदमी मर जाता है, वह भी दूर है; परमात्मा उस पास से भी ज्यादा पास है। हृदय की धड़कन से भी ज्यादा पास है। सच तो यह है, यह कहना कि परमात्मा पास है, ठीक नहीं; क्योंकि परमात्मा और तुम में जरा भी फासला नहीं है। पास में भी तो फासला हो जाता है। तुम मेरे पास बैठे तो भी हो तो अलग ही; कि दूर बैठे कि पास बैठे-क्या फर्क पड़ता है! थोड़ी दूरी कम है, लेकिन दूरी तो है ही। लेकिन परमात्मा तुम्हीं हो।

इस बात की उदघोषणा है संन्यास कि परमात्मा तुम हो। तुम जैसे हो, यही प्रभु-पूजा, यही प्रभु-सेवा, यही परिक्रमा। तुम्हारा सामान्य व्यवहार प्रार्थना है, ध्यान है। बस इतना ही करो कि तुम प्रत्येक कृत्य को होश से, साक्षी-भाव से करने लगो।

दूसरा प्रश्न : जब कभी कोई आपसे पूछता है कि ध्यान में ऐसा-ऐसा अनुभव हो रहा है और आप कह देते हैं ऐसा होना शुभ है, तब तो अहंकार और बड़ा होंने लगता है। और सब समय तो अहंकार ही सिर उठाता रहता है। यह प्रश्न लिखते समय भी अहंकार ने बहुत सोच-विचार किया, फिर भी।... ?

अहंकार के संबंध में एक बात समझो। अहंकार छोटा हो तो उससे मुक्त होना असंभव है। बात तुम्हें बड़ी उल्टी लगेगी, पर मैंने उल्टी बातें कहने का तय ही कर रखा है।

अहंकार छोटा हो तो छोड़ना बहुत मुश्किल। अहंकार जितना बड़ा हो उतना ही जल्दी छूट सकता है। जैसे पका फल गिर जाता है, ऐसे ही पका अहंकार गिरता है; कच्चा फल नहीं गिरता। जैसे कोई बच्चा गुब्बारे में हवा भरता जाए, भरता जाए, फुग्गा बड़ा होता जाता, होता जाता, फिर फड़ाक से फूट जाता। ऐसा कभी-कभी मैं तुम्हारे अहंकार में हवा भरता हूं। तुम कहते हो, ध्यान; मैं कहता हूं, अरे कहां ध्यान, तुम तो समाधिस्थ हो गए! तुम कहते हो, कमर में दर्द होता है; मैं कहता, दर्द नहीं,

यह तो कुंडलिनी-जागरण है! तुम कहते हो, सिर में बड़ी पीड़ा बनी रहती है; मैंने कहा, कहां की बातों में पड़े हो, यह तो तीसरा नेत्र, शिव-नेत्र खुल रहा है।

सावधान रहना! यह फुग्गे में हवा भरी जा रही है। फिर फूटेगा। जब फूटेगा तब तुम समझोगे।

अहंकार के संबंध में एक बात बहुत आवश्यक है समझ लेनी। इधर मेरे पास पश्चिम से बहुत लोग आते हैं, पूरब के बहुत लोग आते हैं। एक बात देख कर मैं हैरान हुआ हूं: पूर्वीय व्यक्ति को समर्पण करना बहुत सरल है। वह आकर चरणों में एकदम गिर जाता है। पश्चिमी व्यक्ति को समर्पण करना बहुत कठिन है; चरण छूना ही संभव नहीं मालूम होता, बड़ा कठिन! लेकिन एक और चमत्कार की बात है कि जब पश्चिम का आदमी झुकता है तो निश्चित झुकता है। और पूरब का जब झुकता है तो पक्का भरोसा नहीं। पूरब का आदमी झुकता है तो हो सकता है महज उपचारवश झुक रहा है; झुकना चाहिए, इसलिए झुक रहा है; झुकने की आदत ही हो गई है; बचपन से ही झुकाए जा रहे हैं।

मेरे पिता मुझे कहीं ले जाते थे बचपन में, वे फौरन बता देते कि जल्दी छुओ इनके पैर। तो मैं उनसे कहता कि आप कहते हैं तो मैं छू लेता हूं, बाकी इन सज्जन में मुझे छूने योग्य, पैर छूने योग्य कुछ दिखाई नहीं पड़ता। वे कहते, तुम यह बात ही मत करो। यह मामला रिश्तेदारी का है, औपचारिकता का है; तुम यह विवाद में मत पड़ो। मैं तो जहां तुम्हें कहूं, तुम पैर छुओ।

'तुम जहां कहो मैं छू लूंगा। मुझे कोई अड़चन नहीं है। लेकिन एक बात आप खयाल रखना, मैं छू नहीं रहा हूं।'

औपचारिकता है। पूर्वीय आदमी को अभ्यास कराया गया है सदियों से: झुक जाओ, विनम्र रहो। अहंकार को बढ़ने का मौका नहीं दिया गया। तो झुक तो जाता है, लेकिन झुकने में कुछ बल नहीं है। बल तो अहंकार से ही आता है और अहंकार तो बढ़ा ही नहीं कभी। पहले से ही पिटी-पिटाई हालत है। पश्चिम का आदमी आता है; झुकने की बात उसे कभी सिखाई नहीं गई; किसी के चरणों में झुकने की बात ही बेहूदी मालूम पड़ती है, संगत नहीं मालूम पड़ती। क्यों? क्यों किसी के चरणों में झुकना? अपने पैर पर खड़े होने की बात समझाई गई। संकल्प को बढ़ाओ। मनोबल को बढ़ाओ। आत्मबल को बढ़ाओ। पश्चिम के आदमी को अहंकार को मजबूत करने का शिक्षण दिया गया है। लेकिन जब भी पश्चिम का कोई आदमी झुकता है तो तुम भरोसा कर सकते हो कि यह झुकना वास्तविक है। नहीं तो वह झुकेगा ही नहीं, क्योंकि औपचारिक तो झुकने का कोई कारण ही नहीं है। पूरब के आदमी का कुछ पक्का नहीं है। कभी-कभी पूरब का आदमी जब नहीं झुकता है, तब

सुंदर मालूम पड़ता है, क्योंकि कम से कम इतनी हिम्मत तो है कि उपचार के, परंपरा के, झूठे शिष्टाचार के विपरीत खड़ा हो सकता है; यह कह सकता है कि नहीं, मेरा झुकने का मन नहीं है।

मैं तुमसे यह कहना चाहता हूं कि झुकने के लिए पहले कुछ अहंकार तो होना चाहिए जो झुके। अगर दुनिया की शिक्षा ठीक रास्ते पर चले तो हम पहले अहंकार को बढ़ाने का शिक्षण देंगे। हम प्रत्येक बच्चे को उसके पैर पर खड़ा होना सिखाएंगे। और कहेंगे, संकल्प ही एकमात्र जीवन है। लड़ो! जूझो! संघर्ष करो! झुको मत! टूट जाओ, मिट जाओ, मगर झुको मत! हारना ठीक नहीं, मिट जाना ठीक है। जूझो! जब तक बने, जूझो! और अपने अहंकार को जितनी धार दे सकते हो, धार दो।

यह जीवन का पूर्वार्ध, कम से कम पैंतीस साल की उम्र तक तो अहंकार को परिपक्व करने का शिक्षण मिलना चाहिए। फिर पैंतीस साल के बाद जीवन का दूसरा अध्याय शुरू होता है—उत्तरार्ध। फिर समर्पण की शिक्षा शुरू होनी चाहिए। फिर आदमी को सिखाया जाना चाहिए कि अब तुम्हारे पास है चरणों में रखने को कुछ, अब झुकने का मजा है। पहले तो फल को कहना चाहिए कि 'तू लटका ही रहना, छोड़ना मत झाड़ को; जल्दी मत छोड़ देना, नहीं तो कच्चा रह जाएगा। पक! जितना रस ले सके ले।' लेकिन फिर जब फल पक जाए तब भी अटका रहे तो सड़ेगा। जब फल पक जाए तो छोड़ दे झाड़ को, अब बात खतम हो गई।

जीवन का यह अनिवार्य हिस्सा है कि जीवन को हमें विरोध से ले चलना पड़ता है।

एक सूफी फकीर बायजीद अपने गुरु के साथ नदी पार कर रहा था। वह उससे पूछने लगा, अपने गुरु से, कि आप सदा कहते हैं : संकल्प भी चाहिए, समर्पण भी चाहिए। दोनों बातें विपरीत हैं। कोई एक कहें; आप उलझा देते हैं।

गुरु पतवार चला रहा था नाव की। उसने एक पतवार उठा कर नाव में रख ली और एक ही पतवार से नाव चलाने लगा। नाव गोल-गोल घूमने लगी। बायजीद ने कहा, आप यह क्या कर रहे हैं? कहीं एक पतवार से नाव चली? यह तो गोल-गोल ही घूमती रहेगी। यह कभी उस पार जाएगी ही नहीं।

तो उसके गुरु ने कहा : एक पतवार का नाम है संकल्प और एक पतवार का नाम है समर्पण। दोनों से ही उस तरफ जाने की यात्रा हो पाती है। दो पंख से पक्षी उड़ता है। दो पैर से आदमी चलता है।

और तुम तो चकित होओगे यह जान कर कि मस्तिष्क की जो खोजबीन हुई है उससे पता चला है कि तुम्हारे पास दो मस्तिष्क हैं दोनों तरफ, उसके कारण ही सोच-विचार संभव होता है; चिंतन, मनन, ध्यान संभव होता है।

यह सारा जगत दिन और रात, जीवन और मौत, अंधेरा-उजाला, प्रेम और घृणा, करुणा और क्रोध—ऐसे विराधों से बना है। यह जगत विरोधों का संगम है। स्त्री और पुरुष। साथ भी नहीं रह पाते, अलग भी नहीं रह पाते। अलग रहें तो पास आने की इच्छा होती है; पास आएं तो फांसी लग जाती है, अलग होने की इच्छा होती है। और दोनों के बीच जीवन की धारा बहती है। दो किनारे, उनके बीच जीवन की सरिता बहती है।

ठीक वैसी ही संकल्प और समर्पण की बात है। विनम्रता तो तभी आएगी जीवन में जब तुम्हारे पास अपने पैरों पर खड़े होने का बल हो।

तो मैं तुमसे जल्दी करने को नहीं कहता। मैं नहीं कहता कि जल्दी से तुम जल्दबाजी में और अहंकार छोड़ दो। कच्चा अहंकार छोड़ दिया तो भीतर घाव छूट जाएगा। और वह घाव कभी भरेगा नहीं। अहंकार को मजबूत होने दो, घबड़ाते क्या हो? पहले ङ्ममैंङ्ख को घोषणा करने दो कि मैं हूं। जब घोषणा पूरी हो जाए और पक जाए, तब एक दिन मैं को परमात्मा के चरणों में चढ़ा देना। पका फल चढ़ाना, खिला फूल चढ़ाना; कच्चा फल मत चढ़ा देना, कच्चा फूल मत चढ़ा देना। पक जाए जब अहंकार तो चढ़ा देना। तब तुम्हारे पीछे कोई रेखा भी नहीं छूटेगी। तब एक अदभुत घटना तुम्हें अनुभव होगी : अहंकार हट जाएगा और निर-अहंकारिता की अकड़ न आएगी। नहीं तो अहंकार हट जाता है और विनम्र होने की अकड़ आ जाती है कि मैं विनम्र हूं, कि मैं दासों का दास! मगर पकड़ वही है। अभी भी घोषणा वही चल रही है। अभी भी तुम यही कह रहे हो कि 'मुझसे ज्यादा विनम्र और कौन है! दिखा दो कोई और जो हो मुझसे ज्यादा विनम्र!' दौड़ अभी भी वही है, प्रतिस्पर्धाएं अभी भी वही हैं। दूसरों से ऊपर होने की पहले दौड़ थी; अब भी वही दौड़ जारी है। फर्क नहीं पड़ा। तुम्हारे मूल गणित में जरा भी फर्क नहीं पड़ा।

तुमने देखे विनम्र आदमी, तथाकथित विनम्र आदमी! उनकी आंखों में कैसा अहंकार झांकता है! वास्तविक विनम्र आदमी में न तो विनम्रता होती और न ही अहंकार होता, दोनों नहीं होते। झूठे विनम्र आदमी में विनम्रता का बड़ा आरोपण होता है और भीतर छिपा हुआ अहंकार होता है। तुम जरा खरोंच दो और तुम पाओगे अहंकार निकल आया।

और रही बात यह कि मेरे कहने न कहने से कुछ भी न होगा। आदमी इतना होशियार है कि हर चीज से अपने अहंकार को भरने के उपाय खोज लेता है। अगर मैं तुम्हारे प्रश्न का उत्तर दूं तो तुम सोचते हो कि जरूर मेरा प्रश्न बहुत महत्वपूर्ण था, इसलिए उत्तर दिया; आखिर मेरा प्रश्न था! अगर तुम्हारे प्रश्न का उत्तर न दूं तो तुम

सोचते हो, क्या उत्तर देंगे वे! प्रश्न मेरा था! बड़े-बड़े उत्तर देने वाले देख लिए, कोई उत्तर नहीं दे सकता!

आदमी ऐसा चालाक है, ऐसा कुशल है!

मैंने सुना कि मुल्ला नसरुद्दीन ने पूना के सब पहलवानों को हरा दिया। फिर तो उसके दिल में योजना बनने लगी कि वह भारत केसरी हो जाए, लंगोटा घुमा दे सारे भारत में। और तभी उसको पता चला कि घोड़नदी में एक गंवार पहलवान है और वह कहता है, अरे ऐसे देख लिए! अपने घोड़े पर सवार होकर घोड़नदी गया। नदी के किनारे ही वह गंवई पहलवान...वह कोई पहलवान नहीं था, गंवार था, मगर था मजबूत आदमी, वह अपने खेत में कुछ काम कर रहा था। नसरुद्दीन ने घोड़ा उसके बगल में खड़ा किया और कहा : भई सुनते हो, कि मैंने सुना, तुमने ऐसा कहा कि कौन है पहलवान! मैं हूं पहलवान। मुझसे लड़ोगे?

उस आदमी ने एक नजर देखा, दोनों पैर पकड़ कर मुल्ला को उठाया, घुमाया और नदी के उस तरफ फेंक दिया। कपड़े झाड़ कर मुल्ला खड़ा हुआ और बोला : भई, अगर नहीं लड़ना है तो साफ क्यों नहीं कहते! यह कोई बात हुई? नहीं लड़ना है, मत लड़ो। और अब कृपा करके मेरे घोड़े को भी इस तरफ फेंक दो, क्योंकि मुझे शहर वापिस लौटना है।

मगर आदमी ऐसा है। तुम हर स्थिति में जो चाहते होकर लोगे। तुम अपने अहंकार को सजाते ही रहते हो, किस-किस भांति सजाते हो! कभी तुम अपनी इन सब कलाबाजियों को देखोगे तो बड़े चकित हो जाओगे। और अहंकार से मुक्त होना है तो इन सारी कलाबाजियों का ठीक-ठीक दर्शन करना होगा। इनका साक्षी बनना होगा।

मैं तुम्हें तुम्हारे अहंकार से मुक्त नहीं करवा सकता—कोई तुम्हें नहीं करवा सकता। तुम चाहो तो हो सकते हो। तुम न चाहो तो कोई उपाय नहीं है। तुम चाहो तो जरूर हो सकते हो। लेकिन चाह को बड़ी गहरी क्रांति से गुजरना होगा।

पहला नियम है अहंकार से मुक्त होने का कि तुम पहले मुक्त होने की चेष्टा न करो; इस चेष्टा के बजाय अपने अहंकार की सारी सूक्ष्म गतिविधियों को पहचानो कि कहां-कहां से अहंकार मजबूत होता है; कैसे-कैसे मजबूत होता है; कैसे-कैसे तर्क खोजता है; कैसी-कैसी तरकीबें निकालता है। उन सारी तरकीबों को अगर तुम जाग कर देखने लगो तो धीरे-धीरे तुम पाओगे : जैसे-जैसे तुम जागने लगे वैसे-वैसे अहंकार क्षीण होने लगा।

अहंकार कुछ है नहीं। तुम अपने को धोखा दे रहे हो। अब तुम ही अपने को धोखा देना चाहते हो तो बड़ी कठिनाई है। कोई सोया हो तो जगा दो; लेकिन कोई पड़ा

हो जागा हुआ और सोने का बहाना कर रहा हो तो कैसे जगाओगे! तुम धक्का दो, वह करवट लेकर फिर पड़ा रहेगा। सोए आदमी को जगाया जा सकता है; जागे हुए को, जो सोने का बहाना कर रहा है, कैसे जगाओगे! कोई उपाय नहीं है।

अहंकार कुछ है थोड़े ही—सिर्फ धारणा है। वास्तविक होता तो आपरेशन हो सकता था; काट कर अलग कर देते। लेकिन वास्तविक है नहीं। तुम भी अपने भीतर जाकर खोजोगे तो कहीं न पाओगे।

बोधिधर्म चीन गया तो चीन का सम्राट उससे मिलने आया और उसने कहा: और सब तो ठीक है, यह अहंकार मुझे बहुत अशांत किए रहता है। बोधिधर्म ने कहा: ऐसा करो, सुबह तीन बजे आ जाओ और अहंकार को साथ लेकर आना। मैं बिलकुल शांत ही कर दूंगा।

वह थोड़ा डरा। तीन बजे रात! और यह आदमी कह रहा है अहंकार को साथ ही ले आना। और मैं बिलकुल शांत ही कर दूंगा, एकबारगी में निपटारा कर दूंगा! यह आदमी पागल तो नहीं है! यह क्या कह रहा है! लेकिन यह आदमी था बड़ा प्रभावशाली—बोधिधर्म। इसकी प्रतिभा बड़ी अदभुत थी। इसके आस-पास की हवा में बात थी। तो सम्राट आकर्षित तो हुआ। और ऐसा किसी ने कभी कहा भी नहीं था कि बस आ जाओ, खतम कर देंगे एक बार में, यह क्या बार-बार लगा रखना!

जब वह लौटने लगा, सीढ़ियां उतर रहा था, तब बोधिधर्म ने फिर डंडा बजा कर कहा कि सुनो, भूल मत जाना, तीन बजे आ जाना और यह मत भूल जाना कि अहंकार साथ ले आना, नहीं तो कहीं घर छोड़ आओ! सम्राट सोचने लगा, यह क्या पागल है आदमी! घर छोड़ आऊंगा! अहंकार कोई चीज है जो घर छोड़ आऊंगा! रात भर सो न सका। कई बार सोचा कि न जाए, क्योंकि उस अंधेरी रात में, तीन बजे रात उस मंदिर में, एकांत में, यह आदमी कुछ भरोसे का नहीं, डंडा मारने लगे या कुछ करने लगे! इसकी बात-चीत ऐसी है। लेकिन आकर्षण अदम्य था, रुक भी न पाया; तीन बजे उठ ही आया। उसके वजीरों ने भी कहा कि यह उचित नहीं है, क्योंकि यह आदमी कुछ अभी नया-नया आया है...कुछ देर रुकें। यह कुछ भरोसे का नहीं है। इसकी बातें उल्टी हैं। और भी लोगों से इसने कुछ इसी तरह की अनर्गल बातें कही हैं। आप थोड़े ठहरें।

लेकिन सम्राट ने कहा कि नहीं, उसने बुलाया और ऐसा किसी ने कभी कहा भी तो नहीं था, आश्वासन भी किसी ने नहीं दिया था; मैं जाऊंगा, देखूं क्या होता है।

सम्राट गया। कंपता-कंपता, डरता-डरता सीढ़ियां चढ़ा। बोधिधर्म बैठा था वहां डंडा लिए। उसने कहा: बैठे जाओ सामने। ले आए अहंकार?

सम्राट ने कहा : आप कैसी बातें करते हैं! अहंकार कोई चीज थोड़े ही है, मैं ले आऊं!

तो बोधिधर्म हंसा। उसने कहा : तो पचास प्रतिशत काम तो हल ही हो गया। चीज नहीं है अहंकार, वस्तु नहीं है, कुछ है नहीं!

सम्राट ने कहा : कोई वस्तु थोड़े ही है; सिर्फ खयाल है।

तो उसने कहा : चलो आधा तो मामला हल ही हुआ। अब खयाल ही रह गए, खयाल को ही हटाना है, आंख बंद कर लो और खयाल को खोजो कि कहां है! भीतर जाओ, ठीक से जांच-पड़ताल करो कि अहंकार कहां छिपा बैठा है। और मैं यहां डंडा लिए बैठा हूं; जैसे तुम पकड़ लो भीतर, सिर हिला देना, उसी वक्त खात्मा कर दूंगा।

अब तो सम्राट बहुत घबड़ाया। आंख तो बंद कर ली और इस डर में और घबड़ाहट में गया भी भीतर, सब तरफ झांकने भी लगा। अहंकार का तो कहीं पता भी न चला। घंटे बीत गए, वह एक गहरे ध्यान में लीन हो गया। सूरज उगने लगा सुबह का और वह तल्लीन हो गया। इस अहंकार को खोजने के लिए इतनी आतुरता से गया कि विचार तो बंद हो गए।

जब तुम वस्तुतः त्वरा और तीव्रता से भीतर जाओगे, विचार बंद हो जाएंगे। मेरे पास लोग आते हैं। वे कहते हैं, क्या करें, ध्यान नहीं होता, विचार-विचार चलते रहते हैं! तुम कभी...भीतर जाने की त्वरा ही नहीं तुम्हारे भीतर। मुर्दे-मुर्दे जाते हो कि चलो देखें, शायद! इस ङशायदङ्क से काम नहीं होता कि चलो ये कहते हैं, जरा आंख बंद करके देख लें एक सेकेंड कि क्या होता है!

और बोधिधर्म सामने बैठा था डंडा लिए और वह डंडा मार सकता है। सम्राट गया। उसने सब तरफ खोजा। कहीं कोई अहंकार नहीं। अहंकार की तो बात दूर, अहंकार की छाया भी नहीं। ङमैंङ्क का भाव ही कहीं भीतर नहीं है। तुम हो; ङमैंङ्क नहीं है। अस्तित्व है; ङमैंङ्क नहीं है। ङमैंङ्क का कोई कांटा ही नहीं गड़ा है कहीं भीतर।...शांत होने लगा। फिर तो बोधिधर्म ने, जब सूरज उगने लगा, उसे हिलाया और कहा कि बस आंख खोलो, अब मुझे उत्तर दे दो।

सम्राट पैरों पर गिर पड़ा। उसने कहा : आपने ठीक वचन दिया था, आपने निश्चित ही मिटा दिया। मैं कभी भीतर गया ही नहीं। मैं बाहर ही तलाश करता रहा कि अहंकार से कैसे छुटकारा हो। और अहंकार तो केवल धारणा मात्र है।

कोई भी बच्चा अहंकार लेकर थोड़े ही पैदा होता है; हम सिखा देते हैं। सीखी हुई बात है। सिर्फ सीखी हुई बात को भूलना है। कुछ है नहीं।

तुम कभी शांत बैठ कर खोजो : क्या है अहंकार? तुम कुछ नहीं पाओगे। जो वू, सम्राट वू ने नहीं पाया, तुम भी नहीं पाओगे। अहंकार सिर्फ एक खयाल है, एक

सपना है कि मैं कुछ हूं। इसीलिए तो हर कोई तोड़ देता है तुम्हारे अहंकार को। रास्ते पर चले जा रहे हैं, किसी ने धक्का दे दिया...।

मुल्ला नसरुद्दीन मुझसे बोला कि जिंदगी बड़ी अजीब है। पहले मैं अपनी प्रेयसी को लेकर चौपाटी जाता था तो उधर बैठता था; एक आदमी आया, होगा कम से कम डेढ़ सौ किलो वजन का आदमी। उसने ऐसा लात मार कर...और रेत मेरी आंख में फेंक दी। अब प्रेयसी के सामने बड़ी बदनामी हो गई। अब मैं दुबला-पतला आदमी। मैंने सोचा, यह हड्डी-पसली तोड़ देगा। तो मैंने दो साल तो प्रेम इत्यादि एक तरफ रख दिया, बस दंड-बैठक, दंड-बैठक। जब तक डेढ़ सौ किलो वजन नहीं हो गया, तब तक फिर मैं चौपाटी नहीं गया। फिर अपनी प्रेयसी को लेकर चौपाटी पहुंचा; एक आदमी आ गया, वह कोई होगा दो सौ किलो वजन का। उसने फिर पैर मारा और रेत मेरी आंखों में उछाल दी। फिर मेरी प्रेयसी के सामने भद्द हो गई।

पर मुझसे वह कहने लगा : अब मैं करूं क्या? अगर ऐसे ही चलता रहा तो मैं जिंदगी भर दंड-बैठकें मार-मार कर मर जाऊंगा। और कोई न कोई हमेशा मौजूद है। कोई न कोई आंख में रेत फेंक ही सकता है।

तुमने देखा, तुम जिंदगी भर करते क्या हो! तुमने बामेहनत, मुश्किल कर-करा कर किसी तरह फिएट खरीदी, तुम्हारा पड़ोसी एंबेसेडर खरीद लाया। फिर किसी ने आंख में धूल फेंक दी! तुम किसी तरह दंड-बैठक लगा-लगा कर एंबेसेडर खरीद लाए, फिर पड़ोसी ने इंपाला खरीद ली। तुमने किसी तरह मकान बनाया, किसी ने और बड़ा मकान बना लिया। जिंदगी ऐसे ही दुख में बीत जाती है।

अहंकार कभी तृप्त नहीं हो सकता, क्योंकि अहंकार तो तुम्हारा खयाल मात्र है और कोई भी उसे तोड़ देता है। कोई भी जरा अकड़ कर खड़ा हो गया कि तुम्हारा अहंकार दो कौड़ी का हो जाता है। तुम्हारा अहंकार तुम्हारा खयाल है—दूसरों की तुलना में। तुम सोचते हो, मैं बड़ा हूं, विशिष्ट हूं! यही सब सोच रहे हैं। यह बीमारी सभी की एक जैसी है।

यहां करोड़ों-करोड़ों लोग हैं और सभी एक ही बीमारी से परेशान हैं कि मैं बड़ा। और सब यह सिद्ध करने की कोशिश कर रहे हैं कि मैं बड़ा, मैं तुमसे बड़ा!

कोई यहां बड़ा नहीं है, कोई यहां छोटा नहीं है। सब बस अपने जैसे हैं। यहां प्रत्येक व्यक्ति अद्वितीय है। अहंकार की दौड़ भ्रांत है। तुम जैसा न कोई कभी हुआ है, न कोई कभी फिर होगा। तुम जैसे बस तुम हो। तुलना का कोई उपाय नहीं है। तुलना की कोई जरूरत नहीं है। तुलना में अहंकार है।

तुम थोड़ा सोचो, सारी दुनिया मर जाए, सब लोग मर जाएं, अकेले तुम बचे, बैठे अपने वृक्ष के तले-उस वक्त अहंकार होगा? क्या मतलब होगा अहंकार का? कोई और है ही नहीं। कोई और लकीर ही नहीं है, जिसके सामने तुम अपनी लकीर बड़ी करो। तुम अकेले हो तो फिर कैसा अहंकार!

और मैं तुमसे कहता हूं: यही घटना घटी सम्राट वू को; जब वह भीतर गया और विचार शून्य हो गए तो बिलकुल अकेला रह गया, दुनिया मिट गई।

गहरी नींद में देखते हो, रोज क्या होता है! फिर भी तुम्हें समझ नहीं आती। गहरी नींद में अहंकार रह जाता है? सम्राट की गहरी नींद में और भिखारी की गहरी नींद में तुम समझते हो कुछ फर्क रह जाता है? सम्राट भी गहरी नींद में सम्राट नहीं रह जाता; भिखारी भिखारी नहीं रह जाता। गहरी नींद में याद ही नहीं रह जाती कि तुम हिंदू कि मुसलमान कि ईसाई, कि महात्मा कि गृहस्थ, कुछ याद नहीं रह जाता। किसके पति, किसकी पत्नी, किसके बेटे, किसके बाप—कुछ याद नहीं रह जाता। कितने सर्टिफिकेट, कितनी उपाधियां-कुछ याद नहीं रह जाता। गहरी नींद में तुम्हारा अहंकार कहां होता है? गहरी नींद में विचार नहीं होता तो अहंकार नहीं होता। इसका अर्थ हुआ कि विचारों का संग्रह ही अहंकार है, भाव मात्र है।

ऐसी ही एक और दशा है गहरी नींद जैसी, सुषुप्ति जैसी एक और दशा है, जिसको हम समाधि कहते हैं। फर्क थोड़ा ही है। सुषुप्ति में भी विचार खो जाते, अहंकार खो जाता, परम शांति रह जाती, लेकिन बेहोशी होती है। समाधि में भी विचार खो जाते, अहंकार खो जाता, लेकिन मूर्च्छा नहीं होती, होश होता है। बस इतना ही फर्क है। इसलिए पतंजलि ने तो योगसूत्र में कहा है: समाधि सुषुप्ति जैसी है—थोड़े से फर्क के साथ। और वह थोड़ा सा फर्क है होश का।

ऐसा ही समझो कि तुम्हारे कमरे में दीया नहीं जला है, सब फर्नीचर निकाल लिया गया, दीवालों से तस्वीरें निकाल ली गईं, कुछ सामान कमरे में नहीं, कमरा बिलकुल खाली है, लेकिन अंधेरा है, दीया नहीं जला—यह सुषुप्ति। फिर तुमने दीया जला लिया, कमरा अब भी खाली है, लेकिन अब दीया जल रहा है—यह समाधि। इन दोनों के बीच में कमरा भरा है, बहुत फर्नीचर—उसी फर्नीचर के इकट्ठे उपद्रव का नाम अहंकार, विचार-विचार, भाव, मैं यह, मैं वह, मैं ऐसा! कहीं भीतर तुम पूरे वक्त इसी चेष्टा में लगे हो कि सिद्ध कर दो कि तुम कौन हो। पता है ही नहीं कि तुम कौन हो और सिद्ध करने में लगे हो!

देखते हो, कोई आदमी का पैर पैर पर पड़ जाता है तो तुम कहते हो: ङ्कजानते नहीं हो मैं कौन हूं!ङ्क तुम्हें खुद पता है?

ऐसा हुआ एक बार मैं एक स्टेशन पर ट्रेन में सवार हो रहा था। भीड़-भाड़ थी डब्बे के बाहर। लोग बड़ा धक्कम-धुक्की कर रहे थे। एक आदमी के पैर पर मेरा पैर पड़ गया। वह बोला कि 'आप देखते नहीं, अंधे हैं? देखते नहीं मैं कौन हूं?' मैंने कहा: मैं एक ज्ञानी की तलाश में ही था, आप मुझे बताएं कौन हैं? छोड़ें यह ट्रेन, जाने दें।

मैंने कहा: यह बिस्तर रहा नीचे, आप बैठें। आप कृपा करके विराजें। अब और तो यहां कुछ है नहीं, सूटकेस पर ही बैठ जाएं और मैं यहां स्टेशन पर प्लेटफार्म पर बैठ कर आपसे निवेदन करता हूं, आप मुझे समझा दें कि कौन हैं।

वे कहने लगे कि आप पागल हैं।

'तुम्हीं कहे कि आपको पता है कि मैं कौन हूं, तो मैं समझा कि कम से कम आपको तो पता होगा ही।'

तुम्हें पता नहीं तुम कौन हो। सारी दुनिया को पता करवाना चाह रहे हो कि पता चल जाए कि मैं कौन हूं! पहले खुद तो पता लगा लो। जिसने खुद पता लगाया वह तो हंसने लगता है। वह तो कहता है: मैं हूं ही नहीं। अब यह बड़े मजे की बात है। यह खूब मजाक रही: जिसको पता चल जाता है कि मैं कौन हूं, वह तो कहता मैं हूं ही नहीं; और जिसको पता नहीं, वह लाख उपाय कर रहा है सिद्ध करने के कि मैं कौन हूं, मैं यह हूं, मैं वह हूं! हजार उपाधियां इकट्ठी कर रहा है, लेबिल चिपका रहा है, रंग-रोगन कर रहा है—मैं यह हूं! अज्ञानी सिद्ध करने की कोशिश में लगा है कि मैं हूं और ज्ञानी जानता है कि मैं हूं ही नहीं, केवल परमात्मा है।

कोई हर्जा नहीं। अगर अभी अज्ञान है तो अज्ञान है। तुम जरा भीतर जाओ। जरा खोजो। इस अंधेरे में कहीं परमात्मा बैठा है; तुम जरा दीया जलाओ।

हम ऐसे मूर्च्छित हैं कि हमें पता नहीं।

मुल्ला नसरुद्दीन ने एक दिन अपने फेमिली—डाक्टर को फोन करके बुलाया। डाक्टर साहब आए। गप्पें होती रहीं। ताश खेला गया। जब शाम होने लगी तो डाक्टर उठे, बोले अब चलता हूं, घर में सब ठीक-ठाक तो है न? मुल्ला ने सिर पीट लिया। बोला: अरे दोपहर से पत्नी बेहोश पड़ी है, इसलिए तो आपको बुलाया था। लेकिन होश मुल्ला को भी कहां! पत्नी बेहोश पड़ी, यह तो ठीक है; ये बेहोश बैठे हैं। डाक्टर आया तो गपशप होने लगीं, तो ताश खेलने लगे, तो शराब ढाली गई होगी। पुराने दोस्त, पुराने यार मिल बैठे, तो गपशप हुई। भूल ही गए। अब याद आई कि पत्नी बेहोश पड़ी है।

पत्नी बेहोश पड़ी है, क्या मुल्ला होश में है? होश में यहां बहुत कम लोग

दिखाई पड़ते हैं। करीब-करीब लोग बेहोश हैं। कभी-कभी क्षण भर को तुम्हें होश आता है। उसी क्षण भर में तुम्हें याद आती है परमात्मा की। फिर होश खो जाता है।

गुरजिएफ कहता था कि मैंने सैकड़ों लोगों के जीवन का अध्ययन किया तो पाया कि अगर एक आदमी के सत्तर साल के जीवन में सात क्षण के लिए भी होश आ जाता हो तो बहुत है। सात क्षण के लिए—सत्तर साल के जीवन में!

एक क्षण के लिए भी होश आ जाए तो तुम अचानक पाओगे : अरे, तुम जिसे अब तक जीवन समझ रहे थे, वह सपना; और जो जीवन था वास्तविक, उस तरफ तुमने देखा ही नहीं! कंकड़-पत्थर बीनते रहे; हीरे-जवाहरात ऐसे ही पड़े रहे। कूड़ा-कर्कट इकट्ठा करते रहे; खजाना जो मिला था, वह ऐसा ही पड़ा रहा। गंवाते रहे जीवन को; कमाया कुछ भी नहीं। कमाना तो दूर, जो अपना था उसको भी नहीं भोगा। जो मिला ही था, उसका भी रस न लिया, स्वाद न लिया।

बुद्ध के पास एक दिन एक आदमी आया और उसने कहा कि मुझे बड़ी दया आती है लोगों पर, मैं कुछ सेवा करना चाहता हूं, आप मुझे निर्देश दें। कहते हैं, बुद्ध उसकी तरफ गौर से देखते रहे और उनकी आंख में एक आंसू टपक आया। वह आदमी तो घबड़ा गया और उसने कहा कि आपकी आंख में आंसू, बात क्या है! आप मुझमें क्या देख रहे हैं? आप ऐसी क्या तलाश कर रहे हैं मुझमें?

वह थोड़ा बेचैन भी हो गया। बुद्ध ने कहा कि मुझे तुम पर दया आती है। तुम दूसरों पर दया करने चले हो। तुमने अभी अपने पर भी दया नहीं की। तुम पहले अपने पर तो दया करो!

वह आदमी कहने लगा : क्या मतलब आपका? मेरे पास सब है—धन-संपत्ति, सुविधा, घर-द्वार, मकान। मैं सेवा कर सकता हूं, मैं दान भी दे सकता हूं। आप जरा आज्ञा दें।

बुद्ध ने कहा : उसकी मैं बात ही नहीं कर रहा; वह सब पड़ा रह जाएगा। तुम्हें अपनी भीतरी संपत्ति का कुछ पता है? मुझे उस पर दया आ रही है कि यह आदमी इतनी भीतर संपत्ति लिए बैठा है और ऐसे ही मर जाएगा!

मैं भी तुमसे कहता हूं : मुझे तुम पर दया आ रही है। इसलिए नहीं कि तुम्हारे पास कुछ भी नहीं है; इसलिए कि तुम्हारे पास सब कुछ है और तुम पीठ किए बैठे हो। जो तुम्हारा है उस पर भी तुमने दावा नहीं किया। जिसके तुम मालिक हो, उसको भी नहीं देख रहे। जो बस मांगने से तुम्हारा हो सकता है, जरा आंख खोलने से तुम्हारा हो सकता है; जो साम्राज्य तुम्हारा है; जो प्रभु का साम्राज्य तुम लेकर ही पैदा हुए थे—वह ऐसा ही पड़ा सड़ रहा है और तुम क्षुद्र के पीछे भागे जा रहे हो।

विराट को छोड़ कर क्षुद्र के पीछे भाग रहे हो। सार्थक को छोड़ कर व्यर्थ के पीछे भाग रहे हो। आत्मा को खो कर तुम हो क्या गए हो? सिर्फ छाया मात्र!

जर्मनी में एक लोक कथा है कि एक आदमी पर एक भूत नाराज हो गया, एक प्रेत नाराज हो गया और उस प्रेत ने अभिशाप दे दिया उस आदमी को कि आज से तेरी छाया खो जाएगी। वह आदमी तो हंसने लगा। उसने कहा कि यह भी कोई अभिशाप हुआ, इससे मेरा क्या बनेगा-बिगड़ेगा? उसने कहाः तू देखना। उस आदमी ने बहुत सोचाः इससे मेरा क्या बनेगा-बिगड़ेगा? छाया से कुछ ले-दे भी नहीं रहा था। काम भी क्या था छाया का! लेकिन आया शहर में तो पता चला झंझट हो गई। गांव में खबर फैल गई। लोग देखने लगे, इसकी छाया नहीं बनती! उन्होंने कहाः यह तो खतरा है। ऐसा कभी सुना? कथाएं हैं कि भूत-प्रेत की छाया नहीं बनती; यह आदमी भूत-प्रेत हो गया है। उसके पहले कि वह घर पहुंचता, घर खबर पहुंच गई। पत्नी तो ताला लगा कर भाग गई पड़ोस में, मित्र कन्नी काटने लगे। जहां जाए...दुकान पर पहुंचे तो लोग दूकान बंद कर लें कि बाबा, क्षमा करो। कोई भोजन देने को तैयार नहीं। अपने घर में शरण न मिले। उसने कहाः यह तो बड़ी मुश्किल हो गई। तो मैं तो सोचता था, छाया खोने से क्या बिगड़ेगा? छाया खोने से इतना बिगड़ गया!

और मैं तुमसे कहता हूंः तुम सिर्फ छाया ही बचे हो, आत्मा खो दी है। तो तुम्हारी दुर्गति कैसी होती होगी! छाया खोने से इतनी मुसीबत हो गई; तुमने आत्मा खो दी है और छाया ही बचा ली है। लेकिन मुसीबत ज्यादा नहीं होती मालूम पड़ती, क्योंकि जिनके बीच तुम रहते हो उन सबने भी अपनी आत्मा खो दी है। सच तो यह है, अगर तुम आत्मा पा लो तो अड़चन शुरू होगी। क्योंकि वे, जिनके पास आत्मा नहीं है, वे तत्क्षण तुम्हारे दुश्मन हो जाएंगे। अन्यथा लोग क्यों महावीर को पत्थर मारें, क्यों बुद्ध का तिरस्कार करें, क्यों मंसूर को सूली लगाएं, क्यों सुकरात को जहर पिलाएं, क्यों जीसस की हत्या करें! ये जिनकी आत्माएं खो गई हैं इनकी भीड़ है। जब भी कोई आत्मवान आदमी इनके बीच खड़ा होता है, इनको बड़ी बेचैनी होती है।

कैसी मूढ़ता है! आत्मवान आदमी से सीखनी थी कला कि हम भी कैसे आत्मवान हो जाएं। लेकिन आत्मवान आदमी को देख कर इन्हें बेचैनी होती है। इनको घबड़ाहट होती है। ये कहते हैं कि यह आदमी खड़ा है मौजूद, इससे सिद्ध होता है कि हम जो होना चाहिए थे वह नहीं हो पाए हैं। हम हार गए। इससे चिंता पैदा होती है कि अरे, हमारा जीवन व्यर्थ है! हटाओ इस आदमी को, इसकी मौजूदगी उपद्रव करती है।

तुमने सुनी एक स्त्री की बात? सुना है, एक स्त्री बड़ी कुरूप थी। वह कभी दर्पण में नहीं देखती थी। क्योंकि वह कहती थी कि सब दर्पण साजिश कर रहे हैं। दर्पण कोई उसके सामने ले आता तो दर्पण तोड़ देती थी, क्योंकि उसका खयाल था कि दर्पण उसको कुरूप बना रहे हैं। अब, दर्पण किसी को कुरूप नहीं बनाता। दर्पण तो तुम जैसे हो वैसे बतला देता है तुम्हें, तुम्हारी छवि प्रगट कर देता है।

बुद्ध, महावीर, कृष्ण, क्राइस्ट दर्पण हैं। तुम्हारी कुरूपता दिखाई पड़ती है, तुम नाराज हो जाते हो। तुम दर्पण तोड़ने को तैयार हो जाते हो। तुम अपना चेहरा बदलने को राजी नहीं होते। तुम बड़े दया योग्य हो।

मैं तुमसे कहना चाहूंगा: जागो! धीरे-धीरे मूर्च्छा छोड़ो। अभी तुम उठते भी हो नींद-नींद में, चलते भी हो नींद-नींद में, बात भी कर लेते हो, उत्तर भी दे देते हो। लेकिन तुमने कभी खयाल किया कि तुम होश से कर रहे हो यह? कोई तुम्हें गाली देता है तो तुम फिर होशपूर्वक क्रोध करते हो या क्रोध हो जाता है? जैसे किसी ने बटन दबा दी, बिजली की बटन दबा दी, पंखा चल पड़ा। पंखा यांत्रिक है। किसी ने तुम्हारी बटन दबा दी और तुम क्रोधित हो गए। यह भी यांत्रिक है। यह भी यंत्रवत है। इसमें तुम्हें होश कहां, तुम्हारा होश कहां, तुम्हारी जागृति कहां?

जब कोई गाली दे, तब शांत खड़े हो जाना। एक क्षण सोचना, ध्यान करना। हो सकता है गाली ठीक ही हो। तो धन्यवाद दे देना आदमी को। या हो सकता है गाली बिलकुल गलत हो, तब हंस कर अपने रास्ते पर चले जाना, क्योंकि गलत से क्या झगड़ना! या तो ठीक होगी गाली या गलत होगी गाली। ठीक हो तो इस आदमी ने बड़ी कृपा की, कष्ट उठाया और तुम्हारा सत्य तुम्हें बताने आया। गलत हो तो यह आदमी बेचारा नाहक झंझट में पड़ा, नाहक जनता की सेवा कर रहा है! कोई इसकी सेवा चाहता भी नहीं, मगर यह मेहनत कर रहा है। तो धन्यवाद देकर अपने रास्ते पर बढ़ जाना, कि भाई तुम अपनी जनसेवा जारी रखो; मगर तुम जो कहते हो वह मुझ पर लागू नहीं होता, हो सकता है किसी और पर लागू होता हो, या हो सकता है तुम्हें लगता हो कि मुझ पर लागू होता हो, फिर भी तुमने कृपा की, इतना श्रम उठाया, उसके लिए धन्यवाद है। तब तुम अचानक पाओगे तुम्हारे जीवन में होश की एक किरण आई। और उस होश की किरण के साथ ही अहंकार विदा होने लगता है।

तीसरा प्रश्नः एक बार आपके चित्र के सामने बैठे-बैठे मन में कई तरह के द्वंद्व-जाल पैदा हुए। एक भाव आया कि यह तो खतम नहीं होगा, खोपड़ी चलती ही रहेगी, इसलिए आप ही सम्हालें। तत्क्षण एक हलकापन महसूस हुआ और मैं मस्ती में डूब गया। और तब आपका वह गंभीर मुद्रावाला चित्र खिलखिला कर हंस पड़ा। आज तक उसका स्मरण बना है। भगवान, आपको प्रणाम!

ऐसा ही सरल है। इतनी ही सरल है बात। खोपड़ी चलाते रहो तो चलती रहेगी। खोपड़ी तुम्हारी है। तुम इसको सहयोग देते हो तो चलती है; पैडल मारते रहते हो तो चलती है। तुम एक बार भी तय कर लो कि ठीक, हो गया बहुत; छोड़ दो गुरु पर, छोड़ दो प्रभु पर, छोड़ दो किसी पर—कि अब ठीक है, चलाना हो तो चला, न चलाना हो तो न चला; लेकिन मैं अब इसमें उत्सुक नहीं हूं; न इसके पक्ष में हूं न इसके विपक्ष में हूं। यही बात महत्वपूर्ण है। जब तक तुम विपक्ष में हो, तब तक तुम्हारी खोपड़ी चलती ही रहेगी। क्योंकि विपक्ष का भी मतलब यह होता है कि तुम अभी रस ले रहे हो।

सच तो यह है, विपक्ष से खोपड़ी और भी चलती है। अगर तुम्हारे मन में कोई विचार आता और तुम चाहते हो यह न आए तो और भी आएगा। तुम्हारे न लाने की चेष्टा बार-बार स्मरण बन जाएगी। तुम चाहते हो न आए, हट जाए—इसी से घाव पैदा हो जाएगा। और-और आएगा, बार-बार आएगा। तुम जिस विचार से मुक्त होना चाहोगे वही विचार तुम्हारा पीछा करेगा। इसके पीछे गणित है। मनस्विद कहते हैं: विपरीत का नियम।

तुम कोशिश करके देखो। जिस चीज को तुम भुलाना चाहोगे, उसकी याद और आएगी। क्योंकि भुलाने में भी तो याद आती है। भुलाने में भी तो याद हो रही है। तुम चाहते हो पत्नी भूल जाए, मायके गई है, वह नहीं भूलती है। और याद आती है। तुम चाहते हो बेटा चल बसा, शरीर छोड़ गया, भूल जाए। तुम जितना भूलने की कोशिश करते हो उतनी ही याद आती है।

भूलने का मतलब क्या है? यह भी याद करने का एक ढंग है। तो याद मजबूत होती है। चाहते हो कुछ, होता कुछ है। विपरीत का परिणाम होता रहता है। विपरीत परिणाम होता रहता है।

नहीं, अगर खोपड़ी को सच में ही चाहते हो कि बंद हो जाए तो यह चाहत भी छोड़ दो कि खोपड़ी बंद हो जाए। कहनाः चलना हो चल, न चलना हो न चल; हमारी तरफ से अब कोई फर्क नहीं पड़ता। यही अर्थ है समर्पण का। इसलिए यह घटना घट गई होगी।

'खयाल आया कि यह तो खोपड़ी चलती ही रहेगी, इसलिए आप ही सम्हालें!'

बस इस खयाल में घटना घट गई होगी। 'आप ही सम्हालें' यह महासूत्र बन सकता है। तुमसे जो न सम्हले, मुझ पर छोड़ कर देखो। नहीं कि मैं सम्हाल लूंगा। इसकी फिकर मत करो। तुम्हारे छोड़ने से सम्हल जाता है; मेरे सम्हालने का कहां सवाल है! मुझे तो पता भी नहीं यह कब हुआ! मैं किस-किस खोपड़ी का हिसाब रखूं! इतनी खोपड़ियां हैं!

तो मैंने कुछ किया, ऐसा तो मत सोचना। वह तो गलती हो जाएगी। तुम ने ही कुछ किया। तुमने छोड़ा। तुमने समर्पण किया। तुमने कहा, आप सम्हालें! यह तुम्हारा भाव ही गजब कर गया।

लोग मुझसे पूछते हैं: हम अगर आपको समर्पण करें तो कुछ होगा? मैं उनसे कहता हूं कि मेरे करने का कोई सवाल ही नहीं है। तुम्हारा समर्पण है, तुम्हारे करने से कुछ होता है। समर्पण करने से होता है। इसलिए कभी पत्थर की मूर्ति के सामने भी बैठ कर अगर तुम समर्पण कर दोगे तो वहां भी हो जाएगा। यह मत सोच लेना कि पत्थर की मूर्ति कुछ करती है। पत्थर तो पत्थर ही है। पत्थर क्या करेगा? लेकिन तुमने अगर समर्पण कर दिया तो पत्थर की मूर्ति तो बहाना हो गई, निमित्त हो गई; इस बहाने तुमने अपनी खोपड़ी उतार कर रख दी। तुमने कहा: अब ठीक, तू सम्हाल।

तुम किसी भी बहाने अगर अपने को खाली कर सकते हो, कर तुम्हीं रहे हो। बहाना चाहिए। बिना बहाना मुश्किल होता है, कठिनाई होती है। इसलिए ये सब बहाने हैं। गुरु एक बहाना है। और पतंजलि ने तो योगसूत्र में कहा कि परमात्मा भी एक बहाना है। तुम बहुत घबड़ाओगे। मगर बात तो सही है। परमात्मा भी एक विधि है। परमात्मा के बहाने तुम्हें छोड़ना आसान हो जाता है। तुम कहते हो: अब प्रभु तुम सम्हालो। ऐसा नहीं कि कोई वहां झपट कर सम्हाल लेता है। कोई वहां नहीं है। कोई वहां नहीं है। कोई सम्हालने वाला नहीं है। लेकिन जिस क्षण तुम छोड़ पाते हो, उसी क्षण क्रांति घट जाती है। तुम्हारे छोड़ते ही बोझ हलका हो जाता है।

'जैसे ही कहा आप ही सम्हालें, तत्क्षण एक हलकापन महसूस हुआ और मैं मस्ती में डूब गया।'

वही ऊर्जा जो खोपड़ी में चल रही थी, मुक्त हो गई, मस्ती बन गई। न तो मैंने तुम्हें सम्हाला, न मैंने तुम्हें मस्ती दी। मस्ती उसी ऊर्जा से बन गई। वे ही अंगूर जो विचारों और शब्दों में खोए जा रहे थे, मुक्त हो गए विचार-शब्दों से। क्षण भर में

मदिरा तैयार हो गई, तुम मस्त हो गए, लवलीन हो गए। तुम्हारी मस्ती तुम्हारे भीतर। तुम्हारी मधुशाला तुम्हारे भीतर।

गुरु तो तुम्हें तुम्हारे ही भीतर पहुंचा देता है। गुरु तो गुरुद्वारा है। वह तो दरवाजा है। वह तो तुम्हें तुम्हारे ही भीतर पहुंचा देता है।

तुम अगर सचाई की बात पूछो तो मैं तुम्हें वही दे सकता हूं जो तुम अपने को देने को राजी हो। उससे ज्यादा नहीं।

तो यहां कोई आता है, परम आनंद से भर जाता है और कोई आकर वैसे का वैसा ही लौट जाता है। जो वैसा का वैसा ही लौट जाता है, वह कहता है कि हमें तो कुछ भी न हुआ। जो परम आनंद से भर कर लौटा, वह कहता है कि बड़ी गुरु-कृपा हुई! जो आनंद से भर कर नहीं लौटा, वह समर्पण न कर पाया। जो आनंद से भर कर लौटा, वह समर्पण कर पाया। समर्पण करने से घटना घटी।

मैं कुछ भी नहीं कर रहा हूं। इसलिए तो मैं तुमसे कहता हूं कि मेरे जाने के बाद भी तुम अगर समर्पण करोगे तो काम जारी रहेगा, क्योंकि अभी भी मैं कुछ नहीं कर रहा हूं। तो जाने से भी कोई फर्क नहीं पड़ेगा। इसीलिए तो क्राइस्ट को गए दो हजार साल हो गए, कोई फर्क नहीं पड़ता : अब भी जो क्राइस्ट को प्रेम करता है, घटना घट जाती है। बुद्ध को गए ढाई हजार साल हो गए, कोई फर्क नहीं पड़ता। जो बुद्ध की मूर्ति के सामने आज भी भावपूर्ण होकर डूब जाता है, घटना घट जाती है। वह सोचता है कि अदभुत, ढाई हजार साल हो गए, फिर भी प्रभु तुम अभी तक कृपा किए जा रहे हो! प्रभु तब भी कृपा नहीं करते थे। तब भी बहाना थे। तब भी मूर्ति ही थे।

इसे तुम समझो तो तुम्हारे पास अपनी मालकियत आ जाए। गुरु तुम्हें निर्भर नहीं बनाना चाहता। और जो बनाना चाहे वह गुरु नहीं है। गुरु तुम्हें आत्मनिर्भर करना चाहता है, तुम्हें मुक्त करना चाहता है। गुरु तुम्हें बांध ले तो दुश्मन हो गया।

मैं तुम्हें परिपूर्ण रूप से मुक्त करना चाहता हूं। मैं तुम्हें हर स्थिति में मुक्त करना चाहता हूं। मैं तुम्हें अपने से भी मुक्त करना चाहता हूं। तभी मुक्ति की मदिरा तुम्हारे जीवन में पूरी-पूरी उतरेगी।

तो मैं फिर से दोहरा दूं। मैं तुम्हें वही देता हूं जो तुम अपने को देने को राजी हो जाते हो। लेकिन तुम अभी इतने कुशल नहीं हो कि सीधे-सीधे एक हाथ से अपने दूसरे हाथ को दे दो; पहले तुम मुझे देते हो, फिर मैं तुम्हें देता हूं। ऐसे जिस दिन तुम समर्थ हो जाओगे, तुम सीधा-सीधा दे लोगे। तुम कहोगे : आपको क्यों कष्ट दें! जब तक ऐसा नहीं हुआ है, तुम मजे से मुझे कष्ट दिए चले जाओ; मुझे कोई कष्ट नहीं हो रहा है।

चौथा प्रश्न : आपने मुझे वीणा दी, मैंने बहुत कुछ बजाना भी चाहा—जैजैवंती, भैरवी, भैरव, मेघमल्हार, क्या-क्या नहीं! लेकिन शोरगुल के अतिरिक्त कुछ भी न हुआ। अब रखता हूं आपकी वीणा आपके ही चरणों में, आप ही बजाएं!

बस अब वीणा बजेगी। अब वीणा बजेगी—बिना मेरे बजाए बजेगी। तुम रखो भर। तुम समर्पण भर करो।

तुम गा दो,
मेरा गान अमर हो जाए।
मेरे वर्ण-वर्ण विश्रृंखल
चरण-चरण भरमाए
गूंज-गूंज कर मिटने वाले
मैंने गीत बनाए
कूक हो गई हूक गगन की
कोकिल के कंठों पर
तुम गा दो,
मेरा गान अमर हो जाए।
दुख से जीवन बीता फिर भी
शेष अभी कुछ रहता
जीवन की अंतिम घड़ियों में भी
तुमसे यह कहता
सुख की एक सांस पर होता
है अमरत्व निछावर
तुम छू दो,
मेरा प्राण अमर हो जाए।
तुम गा दो,
मेरा गान अमर दो जाए।

तुम रखो बांसुरी प्रभु के चरणों में। तुम रख दो वीणा। तुम अपना कंठ भी उसे दे दो।

कूक हो गई हूक गगन की
कोकिल के कंठों पर
तुम गा दो,
मेरा गान अमर हो जाए।

तुम जब तक गाओगे, शोरगुल ही होगा, क्योंकि तुम शोरगुल ही हो। तुम्हारा हर प्रयास तनाव लाएगा। तुम्हारी यह धारणा ही कि मेरे किए कुछ हो सकता है, तुम्हारे जीवन की सबसे बड़ी दुविधा है। तुम्हारा यह खयाल ही कि मेरा प्रयास मुझे पहुंचाएगा, तुम्हें प्रभु के प्रसाद से वंचित किए है। तुम हलके हो लो। तुम रखो, उतार दो सब बोझ। तुम कह दो : ङ्गतू चल मेरे भीतर। तू गा मेरे भीतर। तू बोल मेरे भीतर। या तुझे चुप होना हो तो चुप रह मेरे भीतर। अब मैं न चलूंगा, तू चल।

तुम गा दो,
मेरा गान अमर हो जाए।

और निश्चित ही तुम्हारे रखते ही, वीणा में स्वर उठने शुरू होते हैं। अनूठे स्वर! अज्ञात के स्वर! ऐसे—जो कभी नहीं सुने गए! ऐसे—जो किन्हीं मर्त्य अंगुलियों से पैदा नहीं होते!

लेकिन फिर भी मैं तुमसे कहना चाहता हूं : कोई प्रभु आकर बजाता नहीं है, तुम ही बजाते हो। लेकिन जैसे ही तुम अपने को छोड़ देते हो, तुम प्रभु हो जाते हो। तुम्हारी सीमा उसी क्षण मिट जाती है जिस क्षण तुमने कहा, अब मैं नहीं, तू! बस तुम्हारे भीतर वही बहने लगा। वही पहले भी बह रहा था, लेकिन तुम्हारी तू-तू के कारण शोरगुल मचता था; तुम्हारी मैं-मैं तू-तू के कारण उपद्रव होता था। अब तुमने सब हटा कर रख दिया। तत्क्षण उसकी धार बहने लगती है।

सहज हो जाओ और निर्भार।

'अब रखना चाहता हूं आपकी वीणा आपके ही चरणों में, आप ही बजाएं!'

बजेगी वीणा। तुम अगर रख दो तो तुम्हारे कारण जो बाधा पड़ती थी, न पड़ेगी अब। बस बाधा न पड़ी, सब होने लगेगा। धार बहेगी, सागर में उतरेगी। सीमा चलेगी, असीम से मिलेगी। तुम्हारे कारण, तुम्हारी चेष्टा के कारण अड़चन पैदा हो रही है। तुम्हारी सब चेष्टाएं धार के विपरीत ले जाती हैं। चेष्टा का मतलब ही होता है : नदी के विपरीत बहना। निश्चेष्टा का अर्थ होता है : नदी के साथ बहना।

मुल्ला नसरुद्दीन अपने घर के बाहर बैठा था और लोग दौड़े आए, उन्होंने कहा कि सुनो, तुम्हारी पत्नी नदी में गिर गई और पूर आया है। तो मुल्ला भागा। एकदम नदी में कूद पड़ा। और बड़े तेजी से उल्टी धार की तरफ हाथ-पैर मार कर तैरने लगा। लोग घाट से चिल्लाए कि नसरुद्दीन, यह क्या कर रहे हो? तुम्हारी पत्नी बह गई और तुम ऊपर की तरफ जा रहे हो!

उसने कहा : तुम चुप रहो। तीस साल से उसके साथ रहता हूं; अगर सब स्त्रियां नीचे की तरफ जाती हैं तो वह ऊपर की तरफ गई होगी। उसे मैं तुमसे भलीभांति

जानता हूं। तुम क्या खाक मुझे समझा रहे हो। मेरी पत्नी और धार के साथ बह जाए, कभी हो नहीं सकता। वह ऊपर की तरफ गई होगी।

अगर तुम लोगों को देखो तो तुम उनको पाओगे : सब अहंकार धार के विपरीत बहने की चेष्टाएं कर रहे हैं। जो नहीं होता, वह हो जाए! जो नहीं हुआ है, हो जाए! किसी तरह परमात्मा की धार मोड़ दें हम!

हम मालिक होना चाहते हैं अस्तित्व के। बस वहीं सारी अड़चन है। वीणा वही खंडित हो जाती है, तार टूट जाते हैं! तुम नदी के साथ बहो। नदी तो जा रही है महासागर की तरफ, तुम क्यों व्यर्थ शोरगुल मचाते हो?

रामकृष्ण ने कहा है : पतवारें बंद करो, पाल खोलो! प्रभु की हवाएं तो बह ही रही हैं, वे तुम्हें ले जाएंगी।

तैरो मत, बहो!

वीणा बोलेगी, गान उठेगा। और ऐसा गान उठेगा, जिसको अनाहत कहते हैं। एक तो आहत है, जो चोट करने से पैदा होता है; एक अनाहत है, जो चोट करने से पैदा नहीं होता। उसी को हमने नादब्रह्म कहा है।

तुम भर चेष्टा मत करो। तुम शांत होकर बैठ जाओ, रख दो वीणा को। और अचानक तुम पाओगे : शून्य से उठने लगा संगीत-शून्य का संगीत! नीरव है। कहीं स्वर भी सुनाई नहीं पड़ता, फिर भी मस्त होने लगोगे, डोलने लगोगे! रोआं-रोआं एक अपूर्व पुलक से भर जाएगा!

पांचवां प्रश्न : ध्यान में रोती हूं, आपका चित्र देख कर विभोर होती हूं और आपकी याद से भी भीतर बहुत कुछ घटित होता है। क्या करूं?

पूछा है धर्मरक्षिता ने।

अगर ध्यान में रोना आता है तो इससे सुंदर और कुछ भी नहीं हो सकता। रोओ! आंसुओं से ज्यादा बहुमूल्य मनुष्य के पास कुछ भी नहीं प्रभु के चरणों में चढ़ाने को। और सब फूल फीके हैं—आंसुओं के फूल जीवंत फूल हैं; तुम्हारे प्राणों से आ रहे हैं; तुम्हारे हृदय से आ रहे हैं।

रोओ! रोने में बाधा मत डालना। ऐसा मत सोचना, संकोच मत करना। ऐसा मत सोचना कि क्या रो रही हूं, ठीक नहीं। दिल खोल कर रोओ। आनंदित होकर रोओ। मगन होकर रोओ।

रोने का अर्थ ही यही है : हृदय बहने लगा। रोने का अर्थ क्या होता है?

साधारणतः हमने रोने के साथ बड़े गलत संबंध जोड़ लिए हैं। हम सोचते हैं, लोग दुख में ही रोते हैं। गलत बात। हां, दुख में भी रोते हैं; सुख में भी रोते हैं। और जब महासुख बरसता है तो ऐसे रोते हैं जैसे कि कभी नहीं रोए थे।

रोने का कोई संबंध सुख-दुख से नहीं है। रोने का संबंध किसी और बात से है। वह बात है : जब भी तुम्हारे हृदय में कोई भाव इतना हो जाता है कि समाता नहीं, अटता नहीं, सम्हाले नहीं सम्हलता, तब आंसुओं की धार लगती है। दुख ज्यादा हो तो भी आदमी रोता है; महासुख हो जाए तो भी रोता है। गहन शांति में भी आंसू उतर आते हैं। बड़े प्रेम में भी आंखें झरने लगती हैं, झड़ी लग जाती है।

'ध्यान में रोती हूं। आपका चित्र देख कर विभोर होती हूं। आपकी याद से भी बहुत कुछ घटित होता है। अब क्या करूं?'

अब कुछ करने की बात ही नहीं है। करना तो उन्हीं के लिए है जो रोने में असमर्थ हैं। करना तो उन्हीं के लिए है जिनके हृदय कठोर हो गए हैं और आंसुओं के फूल नहीं लगते हैं। करना तो उन्हीं के लिए है जिनके जीवन की भक्ति सूख गई है, भाव सूख गया है, बहाव सूख गया है। जो रो सकता है उसके लिए तो परमात्मा का रास्ता खुला है।

तुम्हारे लिए तो द्वार मंदिर के खुल गए। रोओ! आनंद-मग्न होकर रोओ! ऐसे भाव से रोओ कि रोना ही रह जाए। तुम्हारा अपना यह खयाल ही मिट जाए कि मेरे भीतर कोई रोने वाला है; रोना ही रोना रह जाए। बस, ध्यान पूरा हो जाएगा। वहीं से समाधि उतरेगी।

एक रास्ता है ध्यान का, एक रास्ता है प्रेम का। और प्रेम का रास्ता बड़ा रसपूर्ण है। ध्यान का रास्ता बड़ा सूखा-सूखा है। जिसे प्रेम का रास्ता मिल जाए, वह भूले ध्यान की बात, भूले। बिसारो यह बात। प्रेम ही तुम्हारे लिए पर्याप्त है।

पिया खोलो किवाड़
पिया खोलो किवाड़!
कोयल की गूंजी पुकारें
बगिया में मरमर
दुनिया में जगहर
उतरी किरण की कतारें
पिया खोलो किवाड़
पिया खोलो किवाड़!
कोयल की गूंजी पुकारें

कलियों में गुनगुन
गलियों में रुन-झुन
अंबर से गाती बहारें
पतझर को भूली
हर डाली फूली
बीती को हम भी बिसारें
गूंगी थीं घड़ियां
गीतों की कड़ियां
वीणा को फिर झनकारें
माना कि दुख है
विधना विमुख है
आओ उसे ललकारें
पिया खोलो किवाड़
पिया खोलो किवाड़!
कोयल की गूंजी पुकारें।

जो रो उठा, उसने तो प्रभु के द्वार पर दस्तक दे दी। उसने तो कह दिया : पिया खोलो किवाड़! पिया खोलो किवाड़!

रोने से ज्यादा बेहतर कोई दस्तक मंदिर के द्वार पर कभी दी ही नहीं गई है। वह तो श्रेष्ठतम दस्तक है। उससे श्रेष्ठतर फिर कुछ भी नहीं है।

तो तुम अगर रो सकते हो तो प्रभु की तुम पर बड़ी कृपा है, अनंत कृपा है।

आंसुओं को प्रार्थना बनने दो। कुछ और करने को नहीं है। कुछ और करने की बात ही मत उठाना। क्योंकि करने में तो कर्ता आ जाएगा। रोने में कर्ता बड़ी सरलता से पिघल जाता है। रोना तो एक तरह का पिघलना है। इसीलिए तो रोने में आदमी डरते हैं।

पुरुषों ने तो रोना छोड़ ही दिया है। वे तो भूल ही गए रोने की कला।

तुम्हें पता है, दुनिया में पुरुष स्त्रियों से दो गुने ज्यादा पागल होते हैं! और हर दस साल में महायुद्ध चाहिए पुरुषों को। अगर दुनिया में महायुद्ध अगर बंद हो जाएं तो मैं समझता हूं पुरुष सब के सब पागल हो जाएंगे, बच ही नहीं सकते फिर वे। लड़ाई-झगड़े में निकाल लेते हैं पागलपन, दुश्मनी, दंगा-फसाद, हिंदू-मुसलमान का दंगा, गुजराती-मराठी का दंगा। कोई भी बहाना, मरने-मारने को तैयार हैं।

और पुरुषों को बचपन से सिखलाया जाता है। बच्चों को हम कहते हैं : ङ्गरोना मत, मर्द रोते नहीं!ङ्ख क्या पागलपन की बात है! मर्द की आंखों में उतनी ही आंसू की

ग्रंथियां हैं जितनी स्त्री की आंखों में। परमात्मा ने भेद नहीं किया है। परमात्मा ने मर्द को भी रोने के लिए आंखें दी हैं, आंसू दिए हैं; नहीं तो आंसू देते ही नहीं। अगर मर्द रोते ही नहीं, मर्द को रोना ही नहीं चाहिए तो परमात्मा ने आंसू दिए ही क्यों? तो परमात्मा ने तुम्हारी आंख में आंसू न भरे होते। लेकिन उतनी ही ग्रंथियां हैं। कोई पुरुष रोने लगे तो लोग कहते हैं अरे, अरे बंद करो, क्या गैर-मर्दानी बात कर रहे हो!

ये पागलपन की बातें हैं। इनके कारण आदमी जड़ हो गया है। स्त्रियां अब भी थोड़ी बेहतर हालत में हैं। रो सकती हैं, कोई उन्हें रोकता नहीं। कहते हैं: स्त्रियां हैं, चलो रोने दो! स्त्रियां सौभाग्यशाली हैं इस दृष्टि से। और सब तो उनसे छिन गया है, लेकिन आंसू कम से कम उनके पास हैं। यह उनकी बड़ी धरोहर है।

घबड़ाओ मत। कुछ और करने की जरूरत नहीं है। रोओ और पुकारो! पुकारो और रोओ! धीरे-धीरे पुकार भी बंद हो जाए, फिर आंसू ही पुकारेंगे। पुकारने वाला भी खो जाए, फिर आंसू ही एकमात्र बात रह जाएगी। और तुम पाओगे इन्हीं आंसुओं से मंजिल करीब आने लगी।

पंथ जीवन का, चुनौती दे रहा है हर कदम पर
आखिरी मंजिल नहीं होती कहीं भी दृष्टिगोचर
धूल से लद, स्वेद से सिंच, हो गई है देह भारी
कौन सा विश्वास मुझको खींचता जाता निरंतर
पंथ क्या, पद की थकन क्या, स्वेद-कण क्या?
दो नयन मेरी प्रतीक्षा में खड़े हैं!
एक भी संदेश आशा का नहीं देते सितारे
प्रकृति ने मंगल-शकुन पथ में नहीं मेरे संवारे
विश्व का उत्साहवर्धक शब्द भी मैंने सुना कब
किंतु बढ़ता जा रहा हूं लक्ष्य पर किसके सहारे
विश्व की अवहेलना क्या, अपशकुन क्या?
दो नयन मेरी प्रतीक्षा में खड़े हैं!

रोओ! रोने से तुम्हारी आंखें साफ होंगी। और तुम्हारी आंखों के साफ होते ही तुम पाओगे कि दो और नयन प्रगट होने लगे तुम्हारे आंसुओं में।

दो नयन मेरी प्रतीक्षा में खड़े हैं!

वे प्रभु के नयन! वे परमात्मा की आंखें!

तुम्हारे आंसू तुम्हारी आंखों से सारे घूंघट को हटा देंगे। आंखों के सारे धूलिकण बह जाएंगे। आंखों की सारी कालिख बह जाएगी। जन्मों-जन्मों का उपद्रव आंखों पर इकट्ठा है, वह बह जाएगा। तत्क्षण, जब तुम आंसुओं से भीगी आंखों को ऊपर उठाओगे, तुम पाओगे:

पंथ क्या, पद की थकन क्या, स्वेद कण क्या?
दो नयन मेरी प्रतीक्षा में खड़े हैं!
किंतु बढ़ता जा रहा हूं लक्ष्य पर किसके सहारे
विश्व की अवहेलना क्या, अपशकुन क्या?
दो नयन मेरी प्रतीक्षा में खड़े हैं!

वे दो नयन उसी क्षण दिखाई पड़ने शुरू होते हैं जब तुम्हारे दो नयन शुद्ध, साफ, निर्दोष हो जाते हैं। आंसुओं से बड़ी आंख को साफ करने की कोई कला नहीं है। शरीर के तल पर भी यही सही है और आत्मा के तल पर भी यही सही है। तुम जाकर आंख के डाक्टर से पूछना। वह कहता है: आंसू आंख की सारी बीमारियों को शुद्ध करते हैं। आंख पर कोई भी कीटाणु आ जाए, बीमारी का कोई इन्फेक्शन आ जाए, आंसू उसे मार डालते हैं। एक-एक आंसू लाख-लाख कीटाणुओं को मारने में सफल हो जाता है।

यह तो शरीर की बात हुई। मैं कोई शरीर का डाक्टर नहीं हूं। लेकिन मैं तुमसे कहता हूं: आंसू तुम्हारे भीतर के भी बहुत से रोगों को मार डालते हैं। जो दिल खोल कर रो सकता है उसका क्रोध समाप्त हो जाएगा। जो दिल खोल कर रो सकता है उसका अहंकार पिघल जाएगा। जो दिल खोल कर रो सकता है, वह अचानक पाएगा निर्बोझ हो गया, निर्भार हो गया, उड़ने को तैयार हो गया। गुरुत्वाकर्षण कम हो जाता है। तुम्हारी आत्मा आकाश की यात्रा पर निकल सकती है।

आखिरी प्रश्न: कल आपका जन्म-दिवस है। आपके प्रेमी, आपके शिष्य, आपके संन्यासी बड़ी-बड़ी भावपूर्ण भेंट लाए हैं। मेरे पास कुछ भी नहीं है। मेरे पास भेंट करने के लिए शून्य के अतिरिक्त और कुछ भी नहीं है। क्या आप इसे स्वीकार करेंगे?

शून्य से बड़ी और क्या भेंट हो सकती है! शून्य ही तुम ले आओ, इसी की तो मैं प्रतीक्षा करता हूं, तुम कुछ और लाए, व्यर्थ। तुम शून्य ले आए, सार्थक। शून्य यानी समाधि। शून्य यानी ध्यान। शून्य यानी पूर्ण को पाने का द्वार।

और यह सवाल नहीं है कि तुम कुछ लाओ। तुम आ गए, इतना काफी है। प्रेम अपने में पर्याप्त है। कोई और भेंट आवश्यक नहीं है।

कोकिला अपनी व्यथा जिससे जताए
सुन पपीहा पीर अपनी भूल जाए
वह करुण उदगार तुमको दे सकूंगा
प्राण! केवल प्यार तुमको दे सकूंगा
प्राप्त मणि-कंचन नहीं मैंने किया है

ध्यान तुमने कब वहां जाने दिया है
आंसुओं का हार तुमको दे सकूंगा
प्राण! केवल प्यार तुमको दे सकूंगा
फूल ने खिल मौन माली को दिया जो
बीन ने स्वरकार को अर्पित किया जो
मैं वही उपहार तुमको दे सकूंगा
प्राण! केवल प्यार तुमको दे सकूंगा
आ उजेली रात कितनी बार भागी
सो उजेली रात कितनी बार जागी
पर छटा उसकी कभी ऐसी न छाई
हास में तेरे नहाई यह जुन्हाई
ओ अंधेरे-पाख क्या मुझको डराता
अब प्रणय की ज्योति के मैं गीत गाता
प्राण में मेरे समाई यह जुन्हाई
हास में मेरे नहाई यह जुन्हाई
प्राण! केवल प्यार तुमको दे सकूंगा

तुम प्रेम ले आए, सब ले आए! तुम शून्य ले आए तो समर्पण ले आए, समाधि ले आए। कुछ और चाहिए नहीं। इससे और बड़ी कोई भेंट हो नहीं सकती है।

यही तुम्हें सिखा रहा हूं कि किस भांति प्रेम बन जाओ, किस भांति शून्य बन जाओ। तुम शून्य बन जाओ तो परमात्मा तुम्हारे भीतर उतर आए।

धन्य हैं वे जो मिट जाते हैं, क्योंकि प्रभु को पाने के वे ही अधिकारी हो जाते हैं। अभागे हैं वे जो नहीं मिट पाते, क्योंकि वे भटकेंगे और प्रभु को कभी पा न सकेंगे। मिटो-पाना हो तो।

वर्षा होती है पहाड़ों पर, पहाड़ खाली रह जाते हैं, क्योंकि पहले से ही भरे हैं। झीलें भर जाती हैं, क्योंकि खाली हैं।

तुम अगर खाली हाथ लेकर आ गए हो तो तुम भरे हाथ लेकर लौटोगे। भरे हाथ लाने की कोई जरूरत नहीं है। भरे हाथ आने की कोई जरूरत नहीं है।

तो घबड़ाओ मत। शून्य ले आए, सब ले आए। प्रेम ले आए, सब ले आए।

हरि ॐ तत्सत्!

* * *

ओशो—एक परिचय

सत्य की व्यक्तिगत खोज से लेकर ज्वलंत सामाजिक व राजनैतिक प्रश्नों पर ओशो की दृष्टि उनको हर श्रेणी से अलग अपनी कोटि आप बना देती है। वे आंतरिक रूपांतरण के विज्ञान में क्रांतिकारी देशना के पर्याय हैं और ध्यान की ऐसी विधियों के प्रस्तोता हैं जो आज के गतिशील जीवन को ध्यान में रख कर बनाई गई हैं।

अनूठे ओशो सक्रिय ध्यान इस तरह बनाए गए हैं कि शरीर और मन में इकट्ठे तनावों का रेचन हो सके, जिससे सहज स्थिरता आए व ध्यान की विचार रहित दशा का अनुभव हो।

ओशो की देशना एक नये मनुष्य के जन्म के लिए है, जिसे उन्होंने 'ज़ोरबा दि बुद्धा' कहा है—जिसके पैर जमीन पर हों, मगर जिसके हाथ सितारों को छू सकें। ओशो के हर आयाम में एक धारा की तरह बहता हुआ वह जीवन-दर्शन है जो पूर्व की समयातीत प्रज्ञा और पश्चिम के विज्ञान और तकनीक की उच्चतम संभावनाओं को समाहित करता है। ओशो के दर्शन को यदि समझा जाए और अपने जीवन में उतारा जाए तो मनुष्य-जाति में एक क्रांति की संभावना है।

ओशो की पुस्तकें लिखी हुई नहीं हैं बल्कि पैंतीस साल से भी अधिक समय तक उनके द्वारा दिए गए तात्कालिक प्रवचनों की रिकार्डिंग से अभिलिखित हैं।

लंदन के 'संडे टाइम्स' ने ओशो को 'बीसवीं सदी के एक हजार निर्माताओं' में से एक बताया है और भारत के 'संडे मिड-डे' ने उन्हें गांधी, नेहरू और बुद्ध के साथ उन दस लोगों में रखा है, जिन्होंने भारत का भाग्य बदल दिया।

ओशो इंटरनेशनल मेडिटेशन रिजॉर्ट

ओशो मेडिटेशन रिजॉर्ट का निर्माण इसलिए किया गया ताकि लोग जीने की नई कला का सीधा अनुभव ले सकें—अधिक होशपूर्वक होकर, हास्य और आराम के साथ। यह भारत के मुंबई शहर से सौ मील दक्षिण पूर्व में पूना के कोरेगांव पार्क में वृक्षों से परिपूर्ण चालीस एकड़ आवासीय क्षेत्र में स्थित है। रिजॉर्ट सौ से अधिक देशों से हर साल आने वाले हजारों लोगों के लिए अलग-अलग तरह के कार्यक्रम प्रस्तुत करता है। नवनिर्मित ओशो गेस्ट हाउस परिसर में लोगों के लिए आवास की सुविधा उपलब्ध है।

मेडिटेशन रिजॉर्ट में मल्टीवर्सिटी कार्यक्रम प्रसिद्ध झेन उद्यान, ओशो तीर्थ से सटे पिरामिड परिसर में संचालित होते हैं। ये कार्यक्रम व्यक्तिगत रूपांतरण के लिए व लोगों को जीने की एक नई कला सिखाने के उद्देश्य से तैयार किए गए हैं—एक जाग्रत अवस्था जिसे वे दैनिक जीवन में उतार सकते हैं। आत्म-खोज सत्र, सैशन, कोर्स और अन्य ध्यान प्रक्रियाएं पूरे साल चलती हैं। शरीर को स्वस्थ रखने के लिए एक खूबसूरत व्यवस्था का प्रावधान है जिसमें झेन प्रक्रिया के साथ खेल और मनोरंजन का अनुभव लिया जा सकता है।

मुख्य ध्यान सभागार में सुबह छह बजे से रात ग्यारह बजे तक प्रतिदिन सक्रिय व अक्रिय ध्यान विधियां होती हैं, जिसमें रोज संध्या-सभा ध्यान भी शामिल है। रात को रिजॉर्ट का बहुसांस्कृतिक जीवन खिल उठता है-मित्रों के संग खुले आकाश के नीचे भोजन-स्थल और अक्सर संगीत व नृत्य के साथ। रिजॉर्ट की साफ व शुद्ध पीने

के पानी की अपनी व्यवस्था है और यहां परोसे गए भोजन में रिजॉर्ट के अपने फार्म हाउस में उगाई गई सब्जियों का प्रयोग होता है।

मेडिटेशन रिजॉर्ट का ऑन लाइन टूर, साथ ही यात्रा और कार्यक्रमों की जानकारी www.osho.com से प्राप्त की जा सकती है। यह अलग-अलग भाषाओं में विस्तार में दी गई वेबसाइट है, जिसमें हैं—ऑन लाइन ओशो टाइम्स पत्रिका, ऑडियो व वीडियो वेबकास्टिंग, ऑडियो बुक क्लब, ओशो प्रवचनों के संपूर्ण अंग्रेजी व हिंदी अभिलेख और ओशो के वीडियो, ऑडियो व पुस्तकों की संपूर्ण सूची। साथ ही हैं ओशो द्वारा विकसित किए गए सक्रिय ध्यानों की जानकारी जो ज्यादातर वीडियो प्रदर्शन के साथ हैं।

मेडिटेशन रिजॉर्ट में सहभागी होने व अधिक विस्तृत जानकारी के लिए संपर्क करें :

ओशो इंटरनेशनल मेडिटेशन रिजॉर्ट

17 कोरेगांव पार्क, पुणे-411001, महाराष्ट्र

फोन : 020-56019999 फैक्स : 020-56019990

e-mail - resortinfo@osho.net

Website - www.osho.com

डायमंड पॉकेट बुक्स में

ओशो का हिंदी साहित्य

गीता का मनोविज्ञान

युद्ध और शांति *(भाग-1)*

न जन्म न मृत्यु *(भाग-2)*

कर्मयोग *(भाग-3)*

सनातन सत्य *(भाग-4)*

अंतर अग्नि *(भाग-5)*

जल में कमल *(भाग-6)*

अष्टावक्र महागीता

मुक्ति की आकांक्षा

दुख का मूल

जो है सो है

सहजता में तृप्ति

न संसार न मुक्ति

समर्पित स्वतंत्रता

सुख स्वभाव

सन्नाटे की साधना

अनुमान नहीं, अनुभव

डिमाई संस्करण

जनसंख्या विस्फोट

संभोग से समाधि की ओर *(सम्पूर्ण संस्करण)*

मैं मृत्यु सिखाता हूं

एक ओंकार सतनाम

ओशो ध्यान योग

ध्यान क्या है

भारत एक सनातन यात्रा

कृष्ण वाणी

साक्षी कृष्ण और रासलीला

कृष्ण : जिज्ञासा, खोज, उपलब्धि

कृष्ण साधना रहित सिद्धि

कृष्ण और हंसता हुआ धर्म

कृष्ण गुरु भी सखा भी

शिव वाणी

शिव साधना

शिव दर्शन

कबीर वाणी

होनी होय सो होय

भगति-भजन हरिनाम

बूझे बिरला कोई

निरगुन का बिसराम

गुरु गोविन्द दोऊ खड़े

लिखा लिखी की है नहीं

मन लागो यार फकीरी में

बोले शेख फरीद
क्या मेरा क्या तेरा
हीरा पायो गांठ गठियाओ
तेरा साईं तुझ में
नहीं जोग नहीं जाप

रैदास वाणी

सत भाषै रैदास
ऐसी भक्ति करे रैदासा

मीरा वाणी

मीरा के प्रभु गिरधर नागर
राम नाम रस पीजे
मेरे तो गिरधर गोपाल

गोरख वाणी

हंसे खेलें न करे मन भंग
जीवन संगीत

दरिया वाणी

दरिया झूठ सो झूठ हैं
जित देखूं तित तू

बाबा मलूकदास की वाणी

राम दुवारे जो मरे

जगजीवन साहब की वाणी

नाम सुमिर मन बावरे
अरी, मैं तो नाम के रंग छकी

संत सुंदरदास की वाणी

ज्योति से ज्योति जले
समाधि के नृत्य गीत

भीखा वाणी

गुरु परताप साध की संगति

संत पलटूदास की वाणी

अजहूं चेत गंवार

दादू वाणी

दादू सहजै देखिए
राम नाम निज औषधि

महावीर वाणी

धर्म का परम विज्ञान
आत्मशुद्धि का सूत्र
संकल्प साधना
सत्य और साहस

धनी धरमदास की वाणी

जस पनिहार धरे सिर गागर
का सोवे दिन रैन

संत रज्जब की वाणी

सन्तो मगन भया मन मेरा
समाधि की सुराही

संत गुलाल की वाणी

झरत दसहूं दिस मोती
मन मधुकर खेलत वसंत

प्रश्नोत्तर

सुमिरन मेरा हरि करे
उड़ियो पंख पसार
मैं धार्मिकता सिखाता हूं, धर्म नहीं
चल हंसा उस देश
कहा कहूँ उस देश की
बहुतेरे हैं घाट

पत्र संकलन

पाथेय

शांडिल्य सूत्र

अथातो भक्ति जिज्ञासा
भक्ति विराट से मैत्री
भक्ति परम क्रान्ति
भक्ति ध्यान की मधुशाला

पंच महाव्रत

ज्यों की त्यों धरि दीन्हीं चदरिया
साधना पथ
शून्यता है महामुक्ति
प्रेम है द्वार सत्य का
भारत एक अनूठी संपदा
एक मात्र उपाय जागो
नव संन्यास क्या
ध्यान की कला

समाधि के सप्त द्वार (ब्लावट्स्की)
साधना-सूत्र (मेबिल कॉलिन्स)
ध्यान-सूत्र
जीवन ही है प्रभु
रोम-रोम रस पीजिए

राष्ट्रीय और सामाजिक समस्याएं

देख कबीरा रोया
स्वर्ण पाखी था जो कभी और अब है भिखारी जगत का
शिक्षा में क्रांति
नये समाज की खोज
नये भारत की खोज
नारी और क्रांति
शिक्षा और धर्म
भारत का भविष्य

विविध

अमृत-कण
मैं कहता आंखन देखी
एक एक कदम
जीवन क्रांति के सूत्र
जीवन रहस्य
करुणा और क्रांति
विज्ञान, धर्म और कला
शून्य के पार
प्रभु मंदिर के द्वार पर
तमसो मा ज्योतिर्गमय
प्रेम है द्वार प्रभु का
अंतर की खोज
अमृत की दिशा
अमृत वर्षा
अमृत द्वार
चित चकमक लागे नाहिं
एक नया द्वार
प्रेम गंगा
समुंद समाना बूंद में
सत्य की प्यास
शून्य समाधि
व्यस्त जीवन में ईश्वर की खोज
अज्ञात की ओर
धर्म और आनंद
जीवन-दर्शन
जीवन की खोज
क्या ईश्वर मर गया है
नये मनुष्य का धर्म
धर्म की यात्रा
स्वयं की सत्ता
सुख और शांति
अनंत की पुकार

ओशो के ऑडियो-वीडियो, प्रवचन एवं साहित्य के संबंध में समस्त जानकारी हेतु संपर्क सूत्र:

साधना फाउंडेशन

17, कोरेगांव पार्क, पुणे-411001
फोन : 020-6136655, फैक्स : 020-6139955
E-mail: distrib@osho.net, Website: www.osho.com

ओशो का हिंदी साहित्य

उपनिषद
सर्वसार उपनिषद
कैवल्य उपनिषद
अध्यात्म उपनिषद
कठोपनिषद
ईशावास्य उपनिषद
निर्वाण उपनिषद
आत्म-पूजा उपनिषद
केनोपनिषद
मेरा स्वर्णिम भारत (विविध उपनिषद-सूत्र)
कृष्ण
गीता-दर्शन (आठ भागों में अठारह अध्याय)
कृष्ण-स्मृति
महावीर
महावीर-वाणी (दो भागों में)
जिन-सूत्र (दो भागों में)
महावीर या महाविनाश
महावीर : मेरी दृष्टि में
ज्यों की त्यों धरि दीन्हीं चदरिया
बुद्ध
एस धम्मो सनतनो (बारह भागों में)
अष्टावक्र
अष्टावक्र महागीता (नौ भागों में)
लाओत्से
ताओ उपनिषद (छह भागों में)
कबीर
सुनो भई साधो
कहै कबीर दीवाना
कहै कबीर मैं पूरा पाया
न कानों सुना न आंखों देखा
(कबीर व फरीद)

शांडिल्य
अथातो भक्ति जिज्ञासा (दो भागों में)
अन्य रहस्यदर्शी
नाम सुमिर मन बावरे (जगजीवन)
अरी, मैं तो नाम के रंग छकी (जगजीवन)
कानों सुनी सो झूठ सब (दरिया)
अमी झरत बिगसत कंवल (दरिया)
हरि बोलौ हरि बोल (सुंदरदास)
ज्योति से ज्योति जले (सुंदरदास)
अजहूं चेत गंवार (पलटू)
सपना यह संसार (पलटू)
काहे होत अधीर (पलटू)
जस पनिहार धरे सिर गागर (धरमदास)
का सोवै दिन रैन (धरमदास)
सबै सयाने एक मत (दादू)
पिव पिव लागी प्यास (दादू)
कन थोरे कांकर घने (मलूकदास)
रामदुवारे जो मरे (मलूकदास)
भक्ति-सूत्र (नारद)
शिव-सूत्र (शिव)
भजगोविन्दम् मूढ़मते (आदिशंकराचार्य)
एक ओंकार सतनाम (नानक)
जगत तरैया भोर की (दयाबाई)
बिन घन परत फुहार (सहजोबाई)
पद घुंघरू बांध (मीरा)
नहीं सांझ नहीं भोर (चरणदास)
संतो, मगन भया मन मेरा (रज्जब)
कहै वाजिद पुकार (वाजिद)
मरौ हे जोगी मरौ (गोरख)
सहज-योग (सरहपा-तिलोपा)
बिरहिनी मंदिर दियना बार (यारी)

प्रेम-रंग-रस ओढ़ चदरिया (दूलन)
दरिया कहै सब्द निरबाना
(दरियादास बिहारवाले)
हंसा तो मोती चुगैं (लाल)
गुरु-परताप साध की संगति (भीखा)
मन ही पूजा मन ही धूप (रैदास)
झरत दसहुं दिस मोती (गुलाल)
जरथुस्त्र : नाचता-गाता मसीहा (जरथुस्त्र)

प्रश्नोत्तर

नहिं राम बिन ठांव
प्रेम-पंथ ऐसो कठिन
उत्सव आमार जाति, आनंद आमार गोत्र
मृत्योर्मा अमृतं गमय
प्रीतम छवि नैनन बसी
रहिमन धागा प्रेम का
उड़ियो पंख पसार
सुमिरन मेरा हरि करैं
पिय को खोजन मैं चली
साहेब मिल साहेब भये
जो बोलैं तो हरिकथा
बहुरि न ऐसा दांव
ज्यूं था त्यूं ठहराया
ज्यूं मछली बिन नीर
दीपक बारा नाम का
अनहद में बिसराम
लगन महूरत झूठ सब
सहज आसिकी नाहिं
पीवत रामरस लगी खुमारी
रामनाम जान्यो नहीं
सांच सांच सो सांच
आपुई गई हिराय
बहुतेरे हैं घाट
कोंपलें फिर फूट आईं
फिर पत्तों की पांजेब बजी
फिर अमरित की बूंद पड़ी
क्या सोवै तू बावरी
चल हंसा उस देस
कहा कहूं उस देस की
पंथ प्रेम को अटपटो
माटी कहै कुम्हार सूं
मैं धार्मिकता सिखाता हूं, धर्म नहीं

झेन, सूफी और उपनिषद की कहानियां

बिन बाती बिन तेल
सहज समाधि भली
दीया तले अंधेरा

तंत्र

संभोग से समाधि की ओर
तंत्र-सूत्र (पांच भागों में)

योग

पतंजलिः योग-सूत्र (पांच भागों में)
योगः नये आयाम

विचार-पत्र

क्रांति-बीज
पथ के प्रदीप

पत्र-संकलन

अंतर्वीणा
प्रेम की झील में अनुग्रह के फूल
पाथेय

बोध-कथा

मिट्टी के दीये

ध्यान, साधना

ध्यानयोग : प्रथम और अंतिम मुक्ति
नेति-नेति
चेति सकै तो चेति
हसिबा, खेलिबा, धरिबा ध्यानम्
समाधि कमल
साक्षी की साधना
धर्म साधना के सूत्र
मैं कौन हूं
समाधि के द्वार पर
अपने माहिं टटोल
ध्यान दर्शन
तृषा गई एक बूंद से
ध्यान के कमल
जीवन संगीत
जो घर बारे आपना
प्रेम दर्शन

साधना-शिविर

साधना-पथ
मैं मृत्यु सिखाता हूं

ध्यान और प्रेम
मुक्त गगन के पंछी
सत्य की पहली किरण
दुख के पार
मौलिक क्रान्ति
जीवन अमृत
मौन संगीत

उपनिषद्

आत्मपूजा उपनिषद्-भाग-1
आत्मपूजा उपनिषद्-भाग-2
प्रेम-रंग, रस ओढ़ चदरिया
अवसर बीता जाए
सद्‌गुरु समर्पण
क्रान्ति सूत्र
प्रभु की पगडंडिया

क्राउन संस्करण

संभोग से समाधि की ओर-1
संभोग से समाधि की ओर-2
संभोग से समाधि की ओर-3
संभोग से समाधि की ओर-4
मिट्टी के दीये (बोध कथा)
कुंडलिनी यात्रा
कुंडलिनी और तंत्र
कुंडलिनी जागरण और शक्तिपात
कुंडलिनी और सात शरीर
गीता : विज्ञान, कला, अध्यात्म
गीता : समस्त योगों का सार
गीता : मनोविज्ञान का परम शास्त्र
गीता : कृष्ण योग विज्ञान
सम्बोधि के क्षण
राम खुमारी
अभिनव धर्म
करुणा और क्रान्ति
मुक्ति बोध

साधना सूत्र

साधना सूत्र : आत्मा का कमल
साधना सूत्र : हेरत हेरत हे सखी
साधना सूत्र : हृदय संगीत

योग सूत्र

योग सूत्र : एक वैज्ञानिक दृष्टि
योग सूत्र : आन्तरिक अनुशासन
योग सूत्र : सतगुरु को समर्पण
योग सूत्र : प्रज्ञा और समाधि
योग सूत्र : नींद, स्वप्न और बोध
योग सूत्र : अहंकार और समर्पण
योग सूत्र : बुद्धों का मनोविज्ञान
योग सूत्र : समाधि के दो रूप

सहज योग

सहज योग : साक्षी और प्रेम
सहज योग : ध्यान और प्रेम
सहज योग : प्रार्थना और आनंद
सहज योग : महाक्रान्ति
सहज योग : अभी और यहीं

नारद भक्ति सूत्र

भक्ति : विराट का अनुभव
भक्ति : निराकार से एकाकार
भक्ति : जीवन रूपांतरण की कला
भक्ति : शून्य की झील में प्रेम का कमल
अमृत की दिशा
सम्भावनाओं की आहट
शून्य का दर्शन
प्रार्थना के बीज
नये समाज की खोज
शून्य समाधि
सहैजे रहिबा
एक एक कदम
शिक्षा और विद्रोह
शिक्षा में क्रांति

शिक्षा और जागरण
शिक्षा : नये प्रयोग
ध्यान : एक शून्य गगन
भीतर का दीया
उपनिषद शून्य संवाद
परम प्रेम रूपा भक्ति
साधना के आयाम
भारत के जलते प्रश्न
स्वर्णिभ भारत
धर्म और राजनीति
अस्वीकृति में उठा हाथ
नयी क्रान्ति की रूपरेखा
विचार क्रान्ति
गांधी पर पुनर्विचार
हरि ओऽम् तत्सत्
ओऽम् शांतिः शांतिः शांतिः
ओऽम् मणि पद्म हूं
एक महान चुनौतीः मनुष्य का स्वर्णिम भविष्य
ध्यान दर्शन
झुक आई बदरिया सावन की
पिया मिलन की आस
मेरा मुझमें कुछ नहीं
लाली मेरे लाल की
जीवित क्रांति
जीवन मन्दिर
सहज जीवन के स्वर
सहज जीवन के सूत्र
इक साधे सब सधे
क्रांति सूत्र-साक्षी भाव
सतगुरु मिलें त ऊबरे
हसिबा, खेलिबा, धरिबा, ध्यानम्
गहरे पानी पैठ
मैं कहता आंखन देखी
ध्यान सूत्र : अन्तिम यात्रा
ध्यान सूत्र : एक अपूर्व अभियान
चेति सकै तो चेति
दिया बले अगम का
नये भारत की खोज

डायमंड पॉकेट बुक्स (प्रा.) लि.

X-30, ओखला इंडस्ट्रियल एरिया, फेज-2, नई दिल्ली-20, फोनः 011-41611861
फैक्सः 011-41611866, E-mail : sales@diamondpublication.com,
Website : www.diamondpublication.com